독일외교문서
한 국 편

1874~1910

2

이 저서는 2017년 대한민국 교육부와 한국학중앙연구원(한국학진흥사업단)의 한국학 분야 토대연구지원사업의 지원을 받아 수행된 연구임 (AKS-2017-KFR-1230002)

This work was supported by Korean Studies Foundation Research through the Ministry of Education of the Republic of Korea and Korean Studies Promotion Service of the Academy of Korean Studies (AKS-2017-KFR-1230002)

■ 독일학총서 Bibliothek der Germanistik ■

독일외교문서
한국편

1874~1910

2

고려대학교 독일어권문화연구소 편

보고사
BOGOSA

개항기 한국 관련
독일외교문서 번역총서 발간에 부쳐

1. 본 총서에 대하여

본 총서는 고려대학교 독일어권문화연구소가 한국학중앙연구원에서 시행하는 토대사업(2017년)의 지원을 받아 3년에 걸쳐 출간하는 작업의 첫 결과물이다. 해당 프로젝트 〈개항기 한국 관련 독일외교문서 탈초·번역·DB 구축〉은 1866년을 전후한 한−독 간 교섭 초기부터 1910년까지의 한국 관련 독일 측 외교문서 9,902면을 탈초, 번역, 한국사 감교 후 출판하고, 동시에 체계적인 목록화, DB 구축을 통해 온라인 서비스 토대를 마련함으로써 관련 연구자 및 관심 있는 일반인에게 제공하기 위한 것이다. 본 프로젝트의 의의는 개항기 한국에서의 독일의 역할과 객관적인 역사의 복원, 한국사 연구토대의 심화·확대, 그리고 소외분야 연구 접근성 및 개방성 확대라는 측면에서 찾을 수 있다.

이번 우리 연구소가 국역하여 공개하는 독일외교문서 자료는 한국근대사 연구는 물론이고 외교사, 한독 교섭사를 한 단계 끌어올릴 수 있는 중요한 일차 사료들이다. 그러나 이 시기의 해당 문서는 모두 전문가가 아닌 경우 접근하기 힘든 옛 독일어 필기체로 작성되어 있어 미발굴 문서는 차치하고 국내에 기수집된 자료들조차 일반인은 물론이고 국내 전문연구자의 접근성이 극히 제한되어 있는 상황이다. 이런 상황에서 우리의 프로젝트가 성공적으로 마무리된다면 절대적으로 부족한 독일어권 연구 사료를 구축하여, 균형 잡힌 개항기 연구 토대를 마련하고, 연구 접근성과 개방성, 자료 이용의 효율성을 제고함과 동시에 한국사, 독일학, 번역학, 언어학 전문가들의 학제 간 협동 연구를 촉진하는 중요한 계기가 될 것이다.

2. 정치적 상황

오늘날 우리는 전 지구적 세계화가 가속화되고 있는 상황 속에 살고 있다. '물결'만으로는 세계화의 속도를 따라잡을 수 없게 되었다. 초연결 사회의 출현으로 공간과 시간,

그리고 이념이 지배하던 지역, 국가 간 간극은 점차 줄어들고 있다. 그렇다고 국가의 개념이 사라지는 것은 아니다. 오히려 국가는 국민을 안전하게 보호하고 대외적으로 이익을 대변해야 하는 역할을 이런 혼란스러운 상황 속에서 더욱 성실히 이행해야 하는 사명을 갖는다.

한국을 둘러싼 동아시아 국제정세는 빠르게 변화하고 있다. 지난 2년 사이에 남북한 정상은 두 번의 만남을 가졌고, 영원히 만나지 않을 것 같았던 북한과 미국의 정상 역시 싱가포르에 이어 하노이에서 역사적 회담을 진행하였다. 한반도를 둘러싼 오랜 적대적 긴장 관계가 완화되고 화해와 평화의 분위기가 조성된 것이다.

하지만 한반도에 완전한 평화가 정착되었다고 단언하기란 쉽지 않다. 휴전선을 둘러싼 남북한의 군사적 대치 상황은 여전히 변한 것이 없다. 동아시아에서의 주변 강대국의 패권 경쟁 또한 현재 진행형이다. 즉 한반도 평화 정착을 위해서는 한국, 북한, 미국을 비롯해서 중국, 러시아, 일본 등 동아시아 정세에 관여하는 국가들의 다양하고 때로는 상충하는 이해관계들을 외교적으로 세밀하게 조정할 필요가 있다.

한국은 다양한 국가의 복잡한 이해관계를 어떻게 조정할 것인가? 우리 프로젝트 팀은 세계화의 기원이라 할 수 있는 19세기 말에서 20세기 초 한반도의 시공간에 주목하였다. 이 시기는 통상 개항기, 개화기, 구한말, 근대 초기로 불린다. 증기기관과 증기선 도입, 철도 부설, 그 밖의 교통 운송 수단의 발달로 인해서 전 세계가 예전에 상상할 수 없을 정도로 가까워지기 시작하던 때였다. 서구 문물의 도입을 통해서 한국에서는 서구식 근대적 발전이 모색되고 있었다.

또 한편으로는 일본뿐만 아니라 청국, 그리고 서구 열강의 제국주의적 침탈이 진행되었던 시기였다. 한국 문제에 관여한 국가들은 동아시아에서 자국의 이익을 유지, 확대하려는 목적에서 끊임없이 경쟁 혹은 협력하였다. 한국 역시 세계화에 따른 근대적 변화에 공감하면서도 외세의 침략을 막고 독립을 유지하려는 데에 전력을 기울였다. 오늘날 세계화와 한국 관련 국제 정세를 이해하기 위해서는 무엇보다 그 역사적 근원인 19세기 후반에서 20세기 초반의 상황을 알아야 한다. 이에 본 연구소에서는 개항기 독일외교문서에 주목하였다.

3. 한국과 독일의 관계와 그 중요성

오늘날 한국인에게 독일은 친숙한 국가이다. 1960~70년대 약 18,000여 명의 한국인은 낯선 땅 독일에서 광부와 간호사로 삶을 보냈다. 한국인들이 과거사 반성에 미흡한 일본을 비판할 때마다 내세우는 반면교사의 대상은 독일이다. 한때는 분단의 아픔을 공유하기도 했으며, 통일을 준비하는 한국에 타산지석의 대상이 되는 국가가 바로 독일이다. 독일은 2017년 기준으로 중국과 미국에 이어 한국의 세 번째로 큰 교역 국가이기도 하다.

한국인에게 독일은 이웃과도 같은 국가이지만, 정작 한국인들은 독일 쪽에서는 한국을 어떻게 인식하고 정책을 추진하는지 잘 알지 못한다. 그 이유는 독일이 한반도 국제정세에 결정적인 역할을 끼쳐온 국가가 아니기 때문이다. 오늘날 한국인에게는 미국, 중국, 일본, 러시아가 현실적으로 중요하기에, 정서상으로는 가까운 독일을 간과하는 것이 아닐까 하는 생각이 든다.

그렇다면 우리는 독일을 몰라도 될까? 그렇지 않다. 독일은 EU를 좌우하는 핵심 국가이자, 세계의 정치, 경제, 사회, 문화를 주도하는 선진국이자 강대국이다. 독일은 유럽뿐만 아니라 동아시아를 비롯한 전 세계의 동향을 종합적으로 고려하는 가운데 한국을 인식하고 정책을 시행한다. 독일의 대한정책(對韓政策)은 전 지구적 세계화 속에서 한국의 위상을 보여주는 시금석과 같다.

세계화의 기원인 근대 초기도 지금과 상황이 유사하였다. 미국, 영국에 이어서 한국과 조약을 체결한 서구 열강은 독일이었다. 청일전쟁 직후에는 삼국간섭을 통해서 동아시아 진출을 본격화하기도 했다. 하지만 당시 동아시아에서는 영국, 러시아, 일본, 청국, 그리고 미국의 존재감이 컸다. 19세기 말에서 20세기 초 한반도를 둘러싼 국제정세에서 독일이 차지하는 위상은 상대적으로 높지 않았다.

하지만 당시 독일은 동아시아 정세의 주요 당사국인 영국, 러시아, 일본, 청국, 미국 등의 인식과 정책 관련 정보를 집중적으로 수집하고 종합적으로 분석하였다. 세계 각국의 동향을 종합적으로 판단한 과정에서 독일은 한국을 평가하고 이를 정책으로 구현하고자 했다.

그렇기 때문에 개항기 한국 관련 독일외교문서는 의미가 남다르다. 독일외교문서에는 독일의 한국 인식 및 정책뿐만 아니라, 한국 문제에 관여한 주요 국가들의 인식과 대응들이 담겨 있는 보고서들로 가득하다. 독일은 자국 내 동향뿐만 아니라 세계 각국의 동향을 고려하는 과정에서 한국을 인식, 평가하고 정책화하였다. 그렇기에 독일외교문서는 유럽 중심에 위치한 독일의 독특한 위상과 전 지구적 세계화 속에서 세계 각국이 한국을 이해한 방식의 역사적 기원을 입체적으로 추적하기에 더할 나위 없이 좋은 자료인 것이다.

4. 이번 번역총서 작업과정에 대해

1973년 4월 4일, 독일과의 본격적인 교류를 위하여 〈독일문화연구소〉라는 이름으로 탄생을 알리며 활동을 시작한 본 연구소는 2003년 5월 15일 자로 〈독일어권문화연구소〉

로 명칭을 바꾸고 보다 폭넓은 학술 및 연구를 지향하여 연구원들의 많은 활동을 통해, 특히 독일어권 번역학 연구와 실제 번역작업에 심혈을 기울여 왔다. 이번에 본 연구소에서 세상에 내놓는 4권의 책은 모두(冒頭)에서 밝힌 대로 2017년 9월부터 시작한, 3년에 걸친 한국학중앙연구원 프로젝트의 1년 차 연구의 결과물이다. 여기까지 오기까지 작업의 역사는 상당히 길고 또한 거기에 참여했던 인원도 적지 않다. 이 작업은 독일어권연구소장을 맡았던 한봉흠 교수로부터 시작된다. 한봉흠 교수는 연구소소장으로서 개항기때 독일 외교관이 조선에서 본국으로 보낸 보고 자료들을 직접 독일에서 복사하여 가져옴으로써 자료 축적의 기본을 구축하였다. 그 뒤 김승옥 교수가 연구소 소장으로 재직하면서 그 자료의 일부를 번역하여 소개한 바 있다(고려대 독일문화연구소 편, 『(朝鮮駐在)獨逸外交文書 資料集』, 우삼, 1993). 당시는 여건이 만만치 않아 선별적으로 번역을 했고 한국사 쪽의 감교를 받지도 못하는 상태였다. 그러나 당시로써 옛 독일어 필기체로 작성된 보고문을 정자의 독일어로 탈초하고 이를 우리말로 옮기는 것은 생면부지의 거친 황야를 걷는 것과 같은 것이었다.

우리 연구팀은 저간의 사정을 감안하여 이번 프로젝트를 위해 보다 철저하게 다양한 팀을 구성하고 연구 진행에 차질이 없도록 하였다. 연구팀은 탈초, 번역, 한국사 감교팀으로 나뉘어 먼저 원문의 자료를 시대별로 정리하고 원문 중 옛 독일어 필기체인 쿠렌트체와 쥐털린체로 작성된 문서들을 독일어 정자로 탈초하고 이를 타이핑하여 입력한 뒤 번역팀이 우리말로 옮기고 이후 번역된 원고를 감교팀에서 역사적으로 고증하여 맞는 용어를 선택하고 필요에 따라 각주를 다는 등 다양한 협력을 수행하였다. 이번에 출간된 4권의 책은 데이터베이스화하여 많은 연구자들이 널리 이용할 수 있을 것이다. 총서는 전체 15권으로 구성될 예정이다.

2017년 9월부터 2018년 8월까지 작업한 1차분 4권을 드디어 출간하게 된 것을 연구책임자로서 기쁘게 생각한다. 무엇보다 긴밀하게 조직화된 팀워크를 보여준 팀원들(번역자, 탈초자, 번역탈초 감수 책임자, 한국사 내용 감수 책임자, 데이터베이스팀 책임자)과 연구보조원 한 분 한 분에게 감사드린다. 그리고 프로젝트의 준비단계에서 활발한 역할을 한 김용현 교수와 실무를 맡아 프로젝트가 순항하도록 치밀하게 꾸려온 이정린 박사와 한승훈 박사에게 감사의 뜻을 전한다. 본 연구에 참여한 모든 연구원의 해당 작업과 명단은 각 책의 말미에 작성하여 실어놓았다.

2019년 봄날에
고려대학교 독일어권문화연구소장
김재혁

일러두기

1. 『독일외교문서 한국편 1874~1910』은 독일연방 외무부 정치문서보관소(Archives des Auswärtigen Amts)에서 소장하고 있는 근대 시기 한국 관련 독일외교문서를 번역한 것이다. 구체적으로는 1874년부터 1910년에 이르는 시기 독일 외무부에서 생산한 한국 관련 사료군에 해당하는 I. B. 16 (Korea)과 I. B. 22 Korea 1에 포함된 문서철을 대상으로 한다. ※ Peking II 127, 128에 수록된 한국 관련 기사(시기 : 1866~1881)는 별도 권호를 지정해서 출판할 예정(2020년)임을 알려둔다.

2. 당시 독일외무부는 문서의 외무부 도착일, 즉 수신일을 기준으로 문서를 편집하였다. 이에 본 문서집에서는 독일외무부가 문서철 편집과정에서 취했던 수신일 기준 방식을 따랐다.

3. 본 문서집은 한국어 번역본과 독일어 원문 탈초본으로 구성되어 있다.

   1) 한국어 번역본에는 독일어 원문의 쪽수를 기입함으로써, 교차 검토를 용의하게 했다.
   2) 독일어 이외의 언어로 작성된 문서는 한국어로 번역하지 않되, 전문을 탈초해서 문서집에 수록하였다. 해당 문서가 주 보고서인 경우는 한국어 번역본과 독일어 원문 탈초본에 함께 수록하였으며, 첨부문서에 해당할 경우에는 한국어 번역본에 수록하지 않고, 독일어 탈초본에 수록하였다. ※ 주 보고서에 첨부문서로 표기되지 않은 상태에서 추가된 문서(언론보도, 각 국 공문서 등)들은 [첨부문서]로 표기하였다.

4. 당대 독일에서는 쿠렌트체(Kurrentschrift)로 불리는 옛 독일어 필기체와 프로이센의 쥐털린체(Sütterlinschrift)가 부가된 형태의 외교문서를 작성하였다. 이에 본 연구팀은 쿠렌트체와 쥐털린체로 되어 있는 독일외교문서 전문을 현대 독일어로 탈초함으로써 문자 해독 및 번역을 용이하게 했다.

   1) 독일어 탈초본은 작성 당시의 원문을 그대로 현대 독일어로 옮기는 것을 원칙으로 했다. 그 때문에 독일어 탈초본에는 문서 작성 당시의 철자법과 개인의 문서 작성 상의 특성이 드러나 있다. 최종적으로 해독하지 못한 단어나 철자는 [*sic.*]로 표기했다.

2) 문서 본문 내용에 대한 다양한 종류의 제3자의 메모는 각주에 [Randbemerkung]을 설정하여 최대한 수록하고 있다.

3) 원문서 일부에 있는 제3자의 취소 표시(취소선)는 취소선 맨 뒤에 별도의 각주를 만들어 제3자의 취소 영역을 표시했다. 편집자의 추가 각주 부분은 모두 대괄호를 통해 원주와 구분하고 있다.

4) 독일어 탈초본에서는 연구자들의 편의를 돕기 위해서 각 문건 상단에 원문출처, 문서수발신 정보, 문서의 수신 과정에서 추가된 문구 등을 알아볼 수 있도록 표를 작성하였다.

예)

Die Rückkehr Li hung chang's nach Tientsin. —❶

PAAA_RZ201-018901_162 —❷			
Empfänger	Bismarck —❸	Absender	Brandt —❹
A. 6624. pr. 30 Oktober 1882. —❺		Peking, den 7. September 1882. —❻	
Memo	Orig. 1. 11. nach Hamburg —❼		

① 문서 제목 : 원문서에 제목(문서 앞 또는 뒤에 Inhalt 또는 제목만 표기됨)이 있는 경우 제목을 따르되, 제목이 없는 경우는 "[   ]"로 표기해 원문서에 제목이 없음을 나타냄.

② 원문출처 : 베를린 문서고에서 부여한 해당 문서 번호에 대한 출처 표기. 문서번호−권수_페이지 수로 구성

③ 문서 수신자

④ 문서 발신자

⑤ 문서 번호, 수신일

⑥ 문서 발신지, 발신일

⑦ 문서 수신·전달 과정에서 추가적으로 작성된 문구

이 같은 표가 작성되지 않은 문서는 베를린 자체 생성 문서이거나 정식 문서 형태를 갖추지 않은 문서들이다.

5. 본 연구팀은 독일외교문서의 독일어 전문을 한국어로 번역·감교하였다. 이를 통해 독일어 본래의 특성과 당대 역사적 맥락을 함께 담고자 했다. 독일외교문서 원문의 번역 과정에서 뜻이 분명하지 않은 경우에는 [번역 주석]을 부기하였으며, [감교 주석]을 통해서 당대사적 맥락을 보완하였다. 아울러 독일외교문서 원문에 수록된 주석의 경우는 [원문 주석]으로 별도로 표기하였다.

6. 한국어 번역본에서는 중국, 일본, 한국의 지명, 인명은 모두 원음으로 표기하되, 관직과 관청명의 경우는 한국 학계에서 일반적으로 통용되는 한문의 한국어 발음을 적용하였다. 각 국가의 군함 이름 등 기타 사항은 외교문서에 수록된 단어를 그대로 병기하였다. 독일외교관이 현지어 발음을 독일어로 변환되는 과정에서 실체가 불분명해진 고유명사의 경우, 독일외교문서 원문에 수록된 단어 그대로 표기하였다.

7. 한국어 번역본에서는 연구자들의 편의를 돕기 위해서 각 문건 상단에 문서제목, 문서 수발신 정보(날짜, 번호), 문서의 수신 과정에서 추가된 문구 등을 알아볼 수 있도록 표를 작성하였다.

예)

01
조선의 현황 관련 ─❶

발신(생산)일	1889. 1. 5 ─❷	수신(접수)일	1889. 3. 3 ─❸
발신(생산)자	브란트 ─❹	수신(접수)자	비스마르크 ─❺
발신지 정보	베이징 주재 독일 공사관 ─❻ No. 17 ─❽	수신지 정보	베를린 정부 ─❼ A. 3294 ─❾
메모	3월 7일 런던 221, 페테르부르크 89 전달 ─❿		

① 문서 제목, 번호 : 독일어로 서술된 제목을 따르되, 별도 제목이 없을 경우는 문서 내용을 확인 후 "[   ]"로 구별하여 문서 제목을 부여하였음. 제목 위의 번호는 본 자료집에서 부여하였음.
② 문서 발신일 : 문서 작성자가 문서를 발송한 날짜
③ 문서 수신일 : 문서 수신자가 문서를 받은 날짜
④ 문서 발신자 : 문서 작성자 이름
⑤ 문서 수신자 : 문서 수신자 이름
⑥ 문서 발신 담당 기관
⑦ 문서 수신 담당 기관
⑧ 문서 발신 번호 : 문서 작성 기관에서 부여한 고유 번호
⑨ 문서 수신 번호 : 독일외무부에서 문서 수신 순서에 따라 부여한 번호
⑩ 메모 : 독일외교문서의 수신·전달 과정에서 추가적으로 작성된 문구

8. 문서의 수발신 관련 정보를 특정하기 어려운 문서(예를 들어 신문 스크랩)의 경우는 독일외무부에서 편집한 날짜, 문서 수신 번호, 그리고 문서 내용을 토대로 문서 제목

을 표기하였다.

9. 각 권의 원문 출처는 다음과 같다.

자료집 권	독일외무부 정치문서고 문서 분류 방식			
	문서분류 기호	일련번호	자료명	대상시기
1	I. B. 16 (Korea)	R18900	Akten betr. die Verhältnisse Koreas (1878년 이전) 조선 상황	1874.1~1878.12
1	I. B. 22 Korea 1	R18901	Allgemiene Angelegenheiten 1 일반상황 보고서 1	1879.1~1882.6
1	I. B. 22 Korea 1	R18902	Allgemiene Angelegenheiten 2 일반상황 보고서 2	1882.7~1882.11
2	I. B. 22 Korea 1	R18903	Allgemiene Angelegenheiten 3 일반상황 보고서 3	1882.11~1885.1.19
2	I. B. 22 Korea 1	R18904	Allgemiene Angelegenheiten 4 일반상황 보고서 4	1885.1.20~1885.4.23
2	I. B. 22 Korea 1	R18905	Allgemiene Angelegenheiten 5 일반상황 보고서 5	1885.4.24~1885.7.23
3	I. B. 22 Korea 1	R18906	Allgemiene Angelegenheiten 6 일반상황 보고서 6	1885.7.24~1885.12.15
3	I. B. 22 Korea 1	R18907	Allgemiene Angelegenheiten 7 일반상황 보고서 7	1885.12.16~1886.12.31
3	I. B. 22 Korea 1	R18908	Allgemiene Angelegenheiten 8 일반상황 보고서 8	1887.1.1~1887.11.14
4	I. B. 22 Korea 1	R18909	Allgemiene Angelegenheiten 9 일반상황 보고서 9	1887.11.15~1888.10.3
4	I. B. 22 Korea 1	R18910	Allgemiene Angelegenheiten 10 일반상황 보고서 10	1888.10.4~1889.2.28
4	I. B. 22 Korea 1	R18911	Allgemiene Angelegenheiten 11 일반상황 보고서 11	1889.3.1~1890.12.13
4	I. B. 22 Korea 1	R18912	Allgemiene Angelegenheiten 12 일반상황 보고서 12	1890.12.14~1893.1.11

10. 본 문서집은 조선과 대한제국을 아우르는 국가 명의 경우는 한국으로 통칭하되, 대한제국 이전 시기를 다루는 문서의 경우는 조선, 대한제국 선포 이후를 다루는 문서의 경우는 대한제국으로 표기하였다.

11. 사료군 해제

I. B. 16 (Korea)와 I. B. 22 Korea 1은 개항기 전시기라 할 수 있는 1874년부터 1910년까지 한국 관련 독일외교문서를 연, 월, 일에 중심으로 분류하여 정리한 사료군이다. 개항기 한국과 독일의 거의 전 분야에 걸친 다양한 관계를 확인할 수 있는 기초적인 사료라 할 수 있다. 한국과 독일의 관계 전반을 확인할 수 있는 편년체식 사료군은 독일이 동아시아정책에 기반을 둔 한국정책을 수립하는 데 기본이 되었다.

• I. B. 16 (Korea) : 1859년 오일렌부르크의 동아시아 원정 이후 베이징과 도쿄에 주재한 독일 공사들이 조선과 독일의 수교 이전인 1874~1878년간 조선 관련하여 보고한 문서들이 수록되어 있다. 이 시기는 조선이 최초 외세를 향해서 문호를 개방하고 후속 조치가 모색되었던 시기였다. 특히 쇄국정책을 주도하였던 흥선대원군이 하야하고 고종이 친정을 단행함으로써, 국내외에서는 조선의 대외정책 기조가 변화할 것이라는 전망이 나오던 시절이었다. 이러한 역사적 배경 속에서 I. B. 16 (Korea)에는 1876년 이전 서계문제로 촉발되었던 조선과 일본의 갈등과 강화도조약 체결, 그리고 조선의 대서구 문호개방에 관련해서 청국, 일본을 비롯해서 조선의 문호개방에 관여한 국가에 주재한 외교관의 보고서 및 언론기사를 비롯한 참고문서들이 수록되어 있다.

• I. B. 22 Korea 1 : 독일 외무부는 조선과 조약 체결을 본격화하기 시작한 1879년부터 별도로 "Korea"로 분류해서 한국 관련 문서를 보관하기 시작하였다. 영국외무부가 한국 관련 문서를 "China"와 "Japan"의 하위 목록에 분류한 것과 비교해보면, 독일외무부는 일찍부터 한국에 대한 중요성을 인식하고 대응했던 것으로 볼 수도 있다.

그 중에서 I. B. 22 Korea 1은 1879년부터 1910년까지 한국에 주재한 독일외교관을 비롯해서 한국 관련 각종 문서들이 연, 월, 일의 순서로 편집되어 있다. 개항기 전시기 독일의 대한정책 및 한국과 독일관계를 조망하는 본 연구의 취지에 부합한 사료군이라 할 수 있다. 그러기에 I. B. 22 Korea 1에는 한국의 국내외 정세 관련해서 한국에 주재한 독일외교관을 비롯해서 청국, 일본, 영국, 러시아 등 한국 문제에 관여한 국가에 관한 보고서 및 언론 기사를 비롯한 참고문서들이 수록되어 있다.

차례

발간사 … 5

일러두기 … 9

외무부 정치 문서고 조선 관계 문서
1882.11~1885.1.19

01. 조선 사건에 관하여 ··· 22

02. 조선에서의 폭동 ··· 26

03. 조선 상황의 형세 : "신보"의 기사와 톈진에서의 조선사절단 ··········· 27

04. 조선에 관하여 : 대원군 처벌에 관한 청국 황제의 칙령과
    조선에서의 청국전권사절의 성명 ······································ 33

05. 조선사절의 방문과 해명에 관하여 ······································· 39

06. [조선 관련 보고서 전달] ··· 40

07. 그의 부친의 석방을 요청한 조선 왕의 청원을 거부한 청국 황제의 칙령과
    청국 세력권으로 인정하지 않은 세력의 최근 칙령에 대한 반응 ········· 42

08. 조선정세에 관하여 : 왕비의 구출과 일본군대의 철수 ·················· 46

09. [조선 관련 보고서 전달] ··· 47

10. [조선 관련 보고서 전달] ··· 48

11. 조선 ··· 49

12. [조선 관련 보고서 전달] ··· 51

13. [조선 관련 보고서 전달] ··· 54

14. [조선 관련 보고서 전달] ··· 55

15. 청국 주재관의 조선 파견에 관하여 ······································ 57

16. [조미수호통상조약의 효력 발휘에 관한 건] ······························ 62

17. 조선 중립화에 관한 일본의 계획 ··· 64

18. 조선의 차관 체결에 관하여 ……………………………………………………… 67

19. [North China Daily News의 조선 관련 기사 첨부] ……………………… 69

20. [North China Daily News의 조선 관련 기사 첨부] ……………………… 70

21. [조선의 인구] ………………………………………………………………………… 71

22. [우편선 침몰에 따른 보고서 재발송] ……………………………………… 73

23. 조선의 인구 ………………………………………………………………………… 74

24. 조선과 러시아 사이의 통상 조약 …………………………………………… 75

25. 조선 왕의 생신 축하에 관하여 ……………………………………………… 76

26. [갑신정변 발발과 청일 군대의 충돌] ……………………………………… 78

27. [세창양행의 갑신정변 발발 보고] …………………………………………… 80

28. [갑신정변 발발과 청일 군대의 충돌] ……………………………………… 82

29. [영국으로부터 전한 갑신정변 발발 소식] ………………………………… 83

30. [갑신정변 발발에 따른 서구 열강 군함의 조선 파견 건] ……………… 87

31. [갑신정변 발발에 따른 서구 열강 군함의 조선 파견 건] ……………… 88

32. [해군 본부에 발송한 전보 보고] ……………………………………………… 90

33. [러시아 함대의 조선 파견 건] ………………………………………………… 92

34. [러시아 함대의 조선 파견 건] ………………………………………………… 94

35. [결빙으로 톈진 주둔 독일 군함의 제물포행 불가 보고] ……………… 96

36. [갑신정변을 위정척사 세력이 일으킨 것으로 보고함] ………………… 97

37. 동아시아에 관한 폰 기르스의 발언 ………………………………………… 99

38. 일본에 지불해야 할 조선의 배상금을 면제시켜준
    일본 정부의 조치에 대한 조선 주재 총영사 젬부쉬의 보고 ………… 103

39. [조일 갈등 관련 영국의 공동 중재 제안] ………………………………… 104

40. [조일 갈등 관련 영국의 공동 중재 제안] ………………………………… 105

41. [한성조약 체결] …………………………………………………………………… 109

외무부 정치 문서고 조선 관계 문서
1885.1.20~1885.4.23

01. 조선의 분쟁과 이노우에의 조선 파견 …………………………………… 113

02. [이노우에의 조선 파견 목적] ·· 115

03. [갑신정변 전말 보고] ·· 118

04. [갑신정변 전말 보고] ·· 121

05. 조선에서의 폭동 ·· 127

06. [독일 함대 일티스호의 조선 파견] ·· 130

07. 이노우에의 조선 파견 ·· 132

08. 조선과 일본의 강화 협상 ·· 134

09. 12월 4일부터 7일 사이 발생한 사건에 대한 일본과 조선의 진술 내용 ········· 137

10. 조선과 일본의 화해를 모색하기 위한 협상들 ·· 139

11. [갑신정변 관련 정보 보고] ·· 143

12. 조선에서 발생한 정변 및 이에 대한 청국 정부의 조처들 ······························· 147

13. 조선에서 발생한 정변 및 청일 양국 정부의 관계 ·· 149

14. 이노우에 사절단의 조선행 ·· 151

15. [이토 히로부미의 청국 파견] ·· 153

16. 조선의 정변 : 일본과 청국 양측의 군대 파견과 청국 특사단의 전권 문제 ···· 156

17. 조선의 정변 : 조선 국왕의 교지와 청국 정부의 태도 ····································· 158

18. [제물포 파견 독일 군함의 귀환 건] ·· 161

19. 서울에서 귀환한 이노우에 대신과 서울에서 체결된 조약 ······························· 164

20. 일본과 청국의 대립적 형세에 대한 비밀 보고 ·· 168

21. 1884년 12월 4일부터 7일 사이 발생한 사건에 관한

    조선 외아문의 진술서 제출 ·· 170

22. 12월 4일부터 7일 사이 발생한 사건과 관련된 조선과 일본의 조약 체결 ······· 172

23. 조선과 일본의 조약 체결 ·· 175

24. 현재 조선의 정세 ·· 180

25. 조선이 일본에 갚아야 할 배상금 면제 건 ·· 183

26. 조선의 정변 : 조약 체결에 의한 일본과 조선의 분쟁 해결 ···························· 191

27. 1884년 12월 4일부터 7일 사이에 발생한 살인행위에 대한 처벌 ·················· 193

28. 파셴의 조청 관계 보고서 전달 ·· 195

29. 이토 히로부미의 일본행 ·· 196

30. 조선의 정변 ·· 197

31. 독일제국 포함 "일티스"호가 조선에서 귀환했다는 통지에 관한

　　상하이발 1885년 2월 5일 자 No. 21 보고 ······················· 200

32. 최근의 사건들 및 조일 조약의 실행 ····················· 202

33. 조선과 관련한 청일 양국 관계 ························· 205

34. 일본에 온 조선 사절들 ······························· 206

35. 베이징에 파견되는 이토 백작의 임무 ···················· 207

36. 정치적 상황 ····································· 209

37. [청일 톈진조약 체결] ······························ 212

38. 베베르의 서울 주재 러시아 공사 임명 ··················· 213

39. 소위 조선에 대한 러시아의 계획들 ···················· 214

40. 베베르의 조선 주재 러시아제국 대리공사 임명 ·············· 215

외무부 정치 문서고 조선 관계 문서
1885.4.24~1885.7.23

01. 조선과 관련된 청일 관계와 일본에 대한 프랑스의 반청동맹 제안 ·············· 219

02. 조선에 관한 (영국) 의회의 보고서 ······················ 221

03. 전쟁에 대한 공포와 정치적 상황 ······················· 224

04. [영국의 거문도 점령 통지] ··························· 228

05. 청국-일본의 갈등과 협상 상황 ························ 234

06. [톈진조약 체결에 관한 건] ·························· 236

07. 청국과 일본의 갈등과 협상의 상황 ····················· 238

08. 황제 폐하의 탄신일 축제 ··························· 239

09. 정치적 상황 ···································· 240

10. 청국-일본의 갈등. 이토 대사 도착 ···················· 245

11. [영국의 거문도 점령과 조선 측의 불안] ·················· 253

12. 청국과 일본의 갈등과 순탄치 않은 협상 과정 ·············· 255

13. [영국의 거문도 점령 확인] ·························· 257

14. 일본과 청국의 갈등 해결 ··························· 259

15. [이노우에의 영국의 거문도 점령에 대한 우려] ·············· 261

16. [톈진조약 체결에 관한 사실 여부 확인] ··· 262

17. 현재의 정치정세와 상업적 상황 ··· 263

18. 청국-일본 양국의 갈등과 조정 ··· 266

19. 금년 4월 18일 톈진에서 조인된 조약 및 외국 장교가 통솔하는
    조선인 치안헌병대의 구성과 관련된 청일 양국의 갈등 ······················· 268

20. 청국과 일본의 조약 체결 ··· 271

21. 일본-청국 양국의 갈등과 1885년 4월 18일 체결된 조약의 번역본 ··········· 273

22. 갑신정변 이후 러시아의 대조선 방침 ··· 276

23. 청국과 일본의 갈등과 금년 4월 18일 체결된 청국과 일본의 조약 ··········· 277

24. [영국의 거문도 점령 및 임대 협상에 관한 건] ··· 280

25. 금년 4월 18일 체결된 일본과 청국의 조약 ··· 281

26. [젬부쉬의 조선 중립화 견해] ··· 285

27. [젬부쉬의 조선 중립화 견해] ··· 287

28. [영국의 상하이-거문도-제주도 전신 설치에 관한 건] ····························· 291

29. [슈뻬이예르의 조선행과 묄렌도르프의 해임 위기] ··································· 294

30. 조선과 관련한 일본과 청국의 조약 비준 및 대원군을 조선으로
    귀환시키려는 노력과 그로 인해 야기될 수 있는 결과들 ······················· 300

독일어 원문 탈초본 ··· 303

연구 참여자 ··· 645

외무부
A편

외무부 정치 문서고
조선 관계 문서

1882년 11월부터
1885년 1월 19일까지

3권
참조: 4권

조선. No. 1

베를린, 1882년 11월 14일   A. 6829

독일제국 공사   1877년 1월 23일부 (3번) 본인의 훈령[1]에 의하여 각
폰 벤첼 각하 귀하   하에게 금년 9월 12일부 조선폭동[2]에 관한 베이징
                                    주재 독일제국 공사의 첨부한 보고서를 삼가 전해
함부르크   드리게 되어 영광입니다.
40번

---

1 [감교 주석] 1870년 1월 23일 훈령은 독일의 재외공관 관련 규정 등을 의미하는 것으로 볼 수 있음.
2 [감교 주석] 임오군란

조선 사건에 관하여

발신(생산)일	1882. 9. 20	수신(접수)일	1882. 11. 14
발신(생산)자	펠드람	수신(접수)자	비스마르크
발신지 정보	톈진 주재 독일 영사관	수신지 정보	베를린 정부
	No. 54		A. 6894

A. 6894   1882년 11월 14일 수신

톈진, 1882년 9월 20일

No. 54

비스마르크 각하 귀하

조선-일본 간의 불화[1]에 관한 이번 달 11일의 보고 49번과 관련하여 전하에게 삼가 다음과 같이 보고하게 되어 영광입니다. 즉 본인은 베이징 주재 독일 제국 공사님의 명령에 따라 이곳에 도착한 조선사절[2]들에게 - 그들 중 둘은 이미 지난번 보고에서 말씀 드린 바 있는 독일-조선 조약에 함께 서명한 사람들입니다 - 그들이 금년 7월 23일의 폭동[3] 때에 무사히 도피했다는 데 대한 공사님의 기쁨을 표명하는 기회를 찾으려 했습니다.

그 결과로서 그들 세 조선사절과의 회합이 이루어졌습니다. 즉 전 왕의 미망인이고 현 왕의 양어머니[4]의 조카인 조영하[5]는 폭동 중 이 대비와 함께 은신하였다고 말하였습니다. 그는 모든 위험에서 이 대비를 보호하는데 성공하였다고 합니다. 성공한 이유는 하나는 폭도들이 그들에게 여전히 타당한 존경심을 가지고 있었기 때문이며, 두 번째는 그가 최근의 조약 체결을 함께 수행했기 때문이라는 것입니다.[6]

---

1   [감교 주석] 임오군란 당시 일본인 사망 및 일본공사관 파괴에 따른 조선과 일본의 교섭 상황을 의미함.
2   [감교 주석] 조선과 독일은 1882년 6월 30일(음력 5월 15일)에 제1차 조독수호통상조약을 체결하였음. 체결 당시 조선 측 전권대신은 조영하(趙寧夏)였으며, 부대신은 김홍집(金弘集)이었음. 임오군란 직후 조영하와 김홍집은 각각 진주정사(陳奏正使)와 진주부사(陳奏副使)로 임명되어서 청국에 다녀옴.
3   [감교 주석] 임오군란
4   [감교 주석] 대왕대비 조 씨
5   [감교 주석] 조영하(趙寧夏)

김홍집[7]은 폭동 당시에 몸이 아파서 수도 외부에 있었기 때문에 그의 일신상의 모든 곤란을 면하였다고 말했습니다. 그러나 그는 자신의 처와 자식들에 대해서는 아무 것도 모른다고 합니다. 그들은 아직도 어딘가에 은신하고 있을 수도 있지만 또한 이미 살해되었을 수도 있다고 합니다.

이조연[8]은 누차 청국과 일본의 외교사절로 위촉된 적이 있었습니다. 대원군이 정권을 탈취하였을 때에 대원군은 이조연이 전 정권에 충성을 다하였다는 것을 알고 있었음에도 그의 풍부한 과학적 지식과 경험 때문에 그를 개인비서로 택했습니다. 그는 폭도들이 그의 견실한 지식을 존중하였기 때문에 학살을 면했다고 주장했습니다.

조영하는 또 전 왕의 미망인[9]과, 마찬가지로 학살을 모면한 현 왕의 부인[10]이 매우 현명하고 나라를 위해 좋은 일을 했다고 설명했습니다. 그러나 대원군에게는 그들의 영향력은 눈앞의 가시였다고 합니다. 그래서 대원군은 그들이 은신하고 있는 동안에 그들이 서거하였다고 거짓말을 퍼뜨리고 그들을 위해 국상을 치를 것을 명령하였다고 합니다. 그러는 동안 모든 것은 단지 그들을 가능한 한 영원히 정치 일선에 등장하는 것을 배제시키기 위해서 발생했다는 것입니다.

세 조선인들은 조선에 존재하는 사회적 세 개의 계급의 엄격한 차별에 대해서 대단히 불만을 표출하였습니다.[11] 그들 세 사람 모두가 속한 제1계급에는 이른바 오래전에 중국에서 이주해 와서 지배권을 획득한 귀족들의 가문만이 포함된다고 합니다. 그리고 새로운 가문들이 여러 대를 거쳐서 우수하다 할지라도 이 계급으로 들어가는 일은 거의 불가능하다고 합니다. 제2계급은 고급 국가 관리들인데 제3계급에서 이 계급으로 승진할 수 있는 경우는 오직 어떤 가문이 3~4대에 걸쳐서 국가에 뛰어난 공로를 끼쳤을 때에 한한다는 것입니다.

최고 국가관리라고 할지라도 그가 이 제2계급에 속한다면 제1계급에 속한 사람과

---

6   [감교 주석] 조영하가 조선 정부의 조약 체결에 전권으로 참여한 경우는 제1차 조독수호통상조약(1882년 6월 30일; 음력 5월 15일)과 조청상민수륙무역장정(朝淸商民水陸貿易章程; 1882년 10월 4일; 음력 8월 23일)에 해당함. 이 보고서의 경우 1882년 9월 20일에 발송하였기에, 이 문장에서는 제1차 조독수호통상조약을 의미함. 다만 임오군란의 위협 속에서 조대비를 보호하는 데 성공한 이유로 제1차 조독수호통상조약을 거론하는 점은 의문의 여지가 있음. 임오군란 주도세력의 경우 조선 정부가 서구 열강과 조약을 체결하는 데 부정적인 입장을 보였기 때문임.

7   [감교 주석] 김홍집(金弘集)

8   [감교 주석] 이조연(李祖淵)

9   [감교 주석] 대왕대비 조 씨

10 [감교 주석] 명성황후

11 [감교 주석] 통상적으로 '사농공상'으로 설명하였던 조선의 계급체계와는 다른 설명임. 여기서는 양반 관료 내에서도 차등이 주어진다는 점을 부각시키는 것으로 파악됨.

같은 식탁에 앉아서 식사할 자격이 없다고 합니다. 이 세 사람의 사절들은 이 엄격한 계급차별을 제거하는 것이 긴급히 필요하며 현 왕은 이를 위해 조력하실 의향이 있다고 말했습니다.

신분이 높은 조선인들은 마젠중의 중재로 체결된 최근의 조일 조약[12]에 매우 불만을 가지고 있으며 그는 마젠중의 처사를 너무 조급하다고 여기고 그가 돌아올 때까지 조약 체결을 연기할 것을 희망한다고 합니다. 그는 조선에 부과된 배상액은 전체적으로 가난한 조선에게는 너무 고액이라 생각하며 최근 병력이 2백 명으로 보고된 바 있는 서울 주재 일본공사관의 호위대 주둔을 허락하는 데에는 동의하지 않습니다.

마젠중은 자신의 조선에서의 체험과 관련해서, 당장 더 많은 군대를 마음대로 사용할 수 없어서 처음에는 단지 이백 명을 거느리고 조선에 도착했다고 말했습니다. 그는 일본인들이 이미 1,200명으로 서울을 점령했다는 것을 알았다는 것입니다. 그러나 이들이 다시 철수했기 때문에 그는 같은 날 저녁에 앞서 말한 2백 명을 거느리고 아무 어려움 없이 서울에 진주했다는 것입니다. 그는 일본인들이 도착하기 전에 그가 사용할 수 있는 모든 수단을 가지고 저항하지 않은 것에 대한 유감을 표명했습니다. 그는 조선인들에게서 우호적으로 영접을 받았다고 합니다. 그러나 왕은 자신의 아버지인 대원군에게 완전히 의지의 자유[13]를 빼앗기셨다는 것입니다. 대원군은 천분(소질, 능력)이 풍부하나 요물이며 이전에 십 년간을 섭정 통치를 했다고 합니다.[14] 그러나 몇 년 전에[15] 전 왕의 미망인[16]이 정권을 장악하고 대원군에 의해 대표되는 조선수구파들을 축출하였다고 합니다.

그 동안에 모두 합쳐 약 3백 명의 청국 군대가 더 상륙하여 서울 앞에서 숙영한 후 마는 대원군과 알현하였는데 대원군은 그를 매우 호의적으로 영접하였고 특히 그에게 자신의 가마 들 가운데 하나를 제공하였다는 것입니다.

그 다음날 대원군은 청국진영으로 답례 방문을 했다고 합니다. 마는 청국 군인으로 하여금 대원군을 모시고 온 호위병 2백 명과 군주(대원군)의 가마를 옆으로 인도하게 했습니다. 조선 군인들을 위한 향연이 거기에 마련되어 있었습니다. 마젠중 자신은 그러

---

12 [감교 주석] 제물포조약

13 [번역 주석] 통치권뿐만 아니라 매사를 결정했다는 의미로 볼 수 있음.

14 [감교 주석] 고종 즉위 직후인 1863년부터 1873년까지 대원군이 실질적으로 조선을 통치하였던 대원군 집권기를 설명하고 있음.

15 [감교 주석] 1873년

16 [감교 주석] 본문에서 지칭하는 전 왕의 미망인은 대왕대비 조 씨를 의미함. 하지만 대원군 퇴위와 고종의 친정에 개입한 이는 고종의 비인 명성황후였음. 이는 보고자가 당시 상황을 잘못 이해하고 기술한 것으로 보임.

나 기분 좋은 대화로 대원군을 오후 3시부터 저녁까지 붙잡고 있었습니다. 완전히 어두워지자마자 마는 대원군에게 그의 체포를 선언하고 그를 그날 밤 대원군이 자신에게 빌려주었던 가마에 태워서 딩루창 제독의 명령을 받은 청국 군인들의 엄중한 감시하에 약 60킬로미터쯤 떨어져 있는 해변으로 운반하여 그곳에서 청국 포함을 타고 이곳까지 이송하였습니다. 부대와 가마꾼들은 저녁 8시부터 아침 8시까지의 거리를 답파했어야 했으므로 상당한 행군을 했음에 틀림없을 것입니다.

같은 날 저녁 서울로부터 청국 군 진영에까지 군주(대원군)의 소재를 문의하려 파견된 사자들도 다음날 아침까지 억류당하였고 해변까지의 이송 중에는 대원군의 체포도 역시 알려지지 않았습니다. 마젠중은 현 왕에게 곧 사건에 대한 보고를 하였지만 이 사건통보도 서울에서 그 이상의 아무런 곤란도 야기하지 않았습니다.

폭동의 원인에 대해 질문 받았을 때 마는 대원군이 폭발한 사소한 군인반란을 정권탈취를 위해 이용했다고 설명했습니다.

펠드람

내용: 조선 사건에 관하여

조선에서의 폭동

발신(생산)일	1882. 10. 4	수신(접수)일	1882. 11. 14
발신(생산)자	크렌키	수신(접수)자	비스마르크
발신지 정보	상하이 주재 독일 영사관	수신지 정보	베를린 정부
	No. 117		A. 6895
메모	11월 21일 함부르크 발송		

A. 6895 1882년 11월 14일 수신, 첨부문서 1부

상하이, 1882년 10월 4일

No. 117

비스마르크 각하 귀하

독일제국 총영사의 위임을 받고 지난달 9일, 삼가 올린 바 있는 보고 104번에 관하여 조선에서의 폭동[1]에 관한 신문 스크랩(North China Daily News와 Shanghai Mercury) 몇 개를 동봉하여 참고하시라고 각하에게 전해 드리게 되어 영광입니다.

이 신문 스크랩에는 조선 왕의 부친 - 백부가 아닙니다 - 대원군에 대한 판결, 그의 부친을 변호하는 왕의 소원에 대한 회답, 최근 일어난 소요에 대한 책임을 자신의 정부의 잘못 탓으로 돌리고 근본적인 개혁을 약속하는 왕의 교지 및 마지막으로 누구나 사망했다고 믿고 있었던 조선의 왕비[2]가 생존하여 청국 군의 호위하에 수도로 입성했다는 놀라운 보고 등이 담겨 있습니다.

크렌키

내용: 조선에서의 폭동

[첨부문서]의 내용(원문)은 독일어본 310~314쪽에 수록.

---

1 [감교 주석] 임오군란
2 [감교 주석] 명성황후

03

조선 상황의 형세 : "신보"의 기사와 톈진에서의 조선사절단

발신(생산)일	1882. 9. 17	수신(접수)일	1882. 11. 14
발신(생산)자	브란트	수신(접수)자	비스마르크
발신지 정보	베이징 주재 독일 공사관 No. 60	수신지 정보	베를린 정부 A. 6897
메모	11월 21일 함부르크 발송		

A. 6897   1882년 11월 14일 수신, 첨부문서 1부

베이징, 1882년 9월 17일

No. 60

비스마르크 각하 귀하

조선의 상황에 대한 보다 명백한 해명을 위해 전하께 금년 9월 9일 자 신보[1]에서 나온 기사를 번역하여 보내드림을 본인은 영광으로 생각합니다. 이 기사는 대원군에 대한 조치[2]와 일본-조선간의 조약[3]을 특히 고려하면서 조선에서 청국의 전권사절이 취한 처사에 대한 의심할 여지없이 신뢰할 수 있는 서술을 담고 있습니다.

이 기사의 마지막에 언급되어 있는 조선 사절단은 독일-조선 조약의 두 서명자인 조영하와 김홍집 두 사람[4]으로 이루어져 있는데, 그들은 이미 며칠 전에 톈진에 도착했고 북부 무역감독관[5] 대리의 직무를 다시 맡은 리훙장[6]은 황제의 칙령에 의하여 그들과 협상을 하도록 지시를 받았습니다.

독일제국 영사 펠드람은 본인의 요청에 따라 그 조선 사절들을 방문하고, 최근 그들

---

1   [감교 주석] 신보(申報)
2   [감교 주석] 청국이 대원군을 톈진으로 압송한 사건.
3   [감교 주석] 제물포조약
4   [감교 주석] 조선과 독일은 1882년 6월 30일(음력 5월 15일)에 제1차 조독수호통상조약을 체결하였음. 체결 당시 조선 측 전권대신은 조영하(趙寧夏)하였으며, 부대신은 김홍집(金弘集)이었음. 임오군란 직후 조영하와 김홍집은 각각 진주정사(陳奏正使)와 진주부사(陳奏副使)로 임명되어서 청국에 다녀옴.
5   [감교 주석] 북양대신(北洋大臣)
6   [감교 주석] 리훙장(李鴻章)

조국의 변혁[7] 시기에 그들을 위협한 위험에서 그들이 다행히 도피하였다는 대해서 본인이 다행으로 여긴다는 점을 그들에게 표명하였습니다. 그 조선 대신들은 이 방문을 매우 만족스럽게 받아들인 것 같이 보였으며 펠드람에게 최근의 사건 동안의 그들의 개인적인 체험에 대해서 상세히 이야기를 하였습니다. 그들은 기묘하게도 그때 또한 이미 청국과 일본신문에 실린 사실에 대해서도 언급을 했습니다. 그것은 사람들이 왕비[8]의 운명에 관한 확실한 소식을 알지 못하였으며 전국에서 왕비를 위해 상복을 입고 있었지만 사람들은 항상 최근 혼란[9] 시에 도피한 은신처[10]에서 왕비가 어느 날 다시 모습을 드러내기를 여전히 희망하고 있다는 것입니다.

이제 의심할 여지없이 확실한 바처럼, 조선에서 발생한 사건[11]은 두 가문, 즉 왕의 아버지 가문과 왕비의 가문인 민씨 가문 사이에 권력과 영향력 확대를 위한 갈등(대립)으로 인해서 발생하였다는 것은 이제 의심할 여지없이 확실한 바입니다. 반대파 세력에게 붙잡히게 된 민씨 가문 사람들은 모두 타살되었기 때문에, (민씨 가문은; 번역자) 민씨 가문의 다른 여성에게 왕비의 역할을 계속 맡김으로써 그 가문의 특권적 지위와 영향력을 획득하고자 할 것입니다. 구조된 왕비에 대한 지어낸(꾸며낸) 이야기(서거설; 번역자)를 유지하려고 시도하는 일도 불가능한 것은 아닙니다.

브란트

내용: 조선 상황의 형세. "신보"의 기사, 톈진에서의 조선사절단

---

7 [감교 주석] 임오군란
8 [감교 주석] 명성황후
9 [감교 주석] 임오군란
10 [감교 주석] 임오군란 발발 당시 명성황후는 장호원으로 피신해 있었음.
11 [감교 주석] 임오군란

1882년 9월 17일 보고 A. 60의 첨부문서

사본

번역

1882년 9월 9일 자 "신보"에서

조선 사건에 대해서 더 자세히 조사하기 위해 (약간 생략해서) 우리는 두 명의 특파원을 한 사람은 일본에서 다른 한 사람은 즈푸에서 현지에 파견하였다. 일본에서 떠난 특파원으로부터 우리는 지금 소식을 받았다, 그는 다음과 같이 써 보내왔다.

최근 마젠중[12]이 즈푸에 왔을 때 그는 그곳에서 3척의 군함, 즉 "Weiyuen"[13], "Ch'aoyung"[14] 그리고 "Yangwei"[15]를 항구에 대기시키고 있는 북양함대 제독 딩루창[16]을 만났다. 8월 9일 (6월 26일)에 닻을 끌어 올리고 동쪽을 향하여 항해가 시작되었다. 8월 10일에 인천항에 도착하였다. 그곳에는 일본 배 한 척만 보았을 뿐 하나부사[17]는 아직 그곳에 도착하지 않았다.

7월 23일에 일어난 반란에 관해서 말한다면 군인들이 밀린 급료 때문에 불만을 품고 있다가 대공국왕(대원군)에 의하여 폭동으로 유도되었다는 것이 사실로서 명백해 진다. "대공국왕", 왕의 생부인 그는 "대원군" 즉 "대궁의 군주"라는 이름하에 흥선군이라는 칭호로 알려진 사람이다. 그의 본명은 이하응이다. 폭동 시에 함께 학살당한 고관들 중에서 가장 저명인사로는 왕의 숙부이고 이하응의 친형인 흥인군 이최응[18], 왕비의 조카들인 민씨 형제들, 지중추부사[19] 김보현[20]을 들 수 있다. 이들은 모두 최근 궁중에서 지도적인 영향력을 행사했는데 그렇기 때문에 이하응에게 가장 미움을 받았다. 9세의 나이로 왕이 보위에 오른 후 처음에는 왕의 아버지로서 이하응이 섭정을 했다. 그러나 후에 왕이 성년이 되자 민씨 일족 즉 왕비의 친척들이 궁중에서 많은 영향력을 요구했고 결국에는 대원군을 완전히 축출했다. 이 때문에 대원군은 10년 전부터 본의 아니게 집에서

---

12 [감교 주석] 마젠중(馬建忠)

13 [감교 주석] 웨이위안(威遠)

14 [감교 주석] 차오융(超勇)

15 [감교 주석] 양웨이(揚威)

16 [감교 주석] 딩루창(丁汝昌)

17 [감교 주석] 하나부사 요시모토(花房義質)

18 [감교 주석] 흥인군 이최응(興寅君 李最應)

19 [감교 주석] 지중추부사(知中樞府事)

20 [감교 주석] 김보현(金輔鉉)

은퇴한 삶을 영위해야만 했다. 그러나 그의 불안정한 마음은 제어될 수가 없었다. 그의 둘째 아들 이재선[21]은 지난 해 안기영[22]과 동지들과 함께 왕을 폐위하려는 모반을 획책했다.[23] 그러나 모반자들이 행동하기 전에 누설되어 가담자들은 감옥에서 독배를 마셔야만 했다. 금년의 폭동[24]은 오직 전년 사건의 연속에 지나지 않는다.

대원군은 즉 교활한 사람이고 많은 추종자를 거느리고 있었다. 7월 23일의 반란 이후 그는 궁궐 안에 거처를 잡고 정권을 탈취하고 그의 적대자들을 죽였다. 그리고 그는 주변을 자기의 앞잡이들로 둘러싸고 있었기 때문에 왕과 고관들은 엄청난 위험에 직면하여 도움을 갈망하고 있었다.

이와 같은 상황하에서는 마젠중[25]의 견해는 이하응(대원군)을 체포하지 않고는 왕은 파멸의 지경에 설 것이며 이 사건에 있어서의 조일 간의 대립은 예측할 수 없는 결과를 초래할지도 모른다는 것이다. 그러나 아직 육군이 없었기 때문에 지금 당장 무슨 일을 감행하는 것을 그는 좋지 않다고 여겼던 것 같다. 그래서 그는 딩루창[26] 제독에게 "Weiyuen"호를 타고 톈진에 돌아가서 육군을 수송해 오라고 부탁했다. 그동안 마젠중은 다른 배 두 척("Ch'aoyung"호와 "Yangwei"호)을 거느리고 인천의 정박지에 머물러 있었다. 다음 날 하나부사[27]가 해군을 대동하고 도착하여 마와 회견했다. 그 회견에서는 모든 것이 우호적으로 진행되었다.

그 후에 일본 배가 더 많이 왔다. 모두 합쳐 7척에 천 수백 명의 군인들, 그들은 점차 차례로 상륙하여 제물포와 인천의 주둔지로 이동하였다. 일본 군함과 청국 군함 사령관 사이에는 완전히 우호적인 교감이 이루어졌다. 그곳에는 점령해야 할 보루도 없었고 하물며 일본인들 편에서 상륙한 청국 군인을 방해하려는 시도는 더군다나 없었다.

8월 16일 (음력 7월 3일) 하나부사는 수백 명의 군대를 거느리고 서울로 떠나갔다. 20일 (음력 7월 7일) Ting 제독은 다섯 척의 선박 "Weiyuen", "Jih-Hsin"[28], "Tai An"[29], "Chen Tung"[30] 그리고 "Kungpai"[31]와 산동 우샤오쉬엔[32] 지구 군사전권위원 2명과 함께

---

21 [감교 주석] 이재선(李載先)
22 [감교 주석] 안기영(安驥泳)
23 [감교 주석] 이재선 모역사건
24 [감교 주석] 임오군란
25 [감교 주석] 마젠중(馬建忠)
26 [감교 주석] 딩루창(丁汝昌)
27 [감교 주석] 하나부사 요시모토(花房義質)
28 [감교 주석] 르신(日新)
29 [감교 주석] 타이안(泰安)
30 [감교 주석] 전둥(鎭東)

도착했다. 이 선박들은 군인 2천명을 수송해 왔다. 그들은 곧 남양에 상륙하였다. 마젠중은 그들 중에서 외제총으로 무장한 2백 명을 선발하여 그들을 거느리고 선두에 서서 출발하였다. 그러자 딩루창과 우창칭[33]이 그의 뒤를 따랐다. 다음 날 또 남양함대의 선박 두 척, 즉 "Weitsing[34]"과 "Ch'eng-ch'ing[35]"호가 천명 이상을 싣고 도착했다.

여기서 우선 보충해야 할 것은 이미 이전에 딩루창 제독이 즈푸에 없는 동안에 마젠중은 이하응에게 한 서한을 보냈는데 그 내용인즉 우리 군대는 오로지 일본과의 협상을 체결하기 위해 왔을 뿐이다 운운의 것이었다. 과천[36]에 도착했을 때 마젠중은 이하응이 보낸 서한을 받았다. 그 서한에서 그는 하나부사가 서울에 도착한 후 7개 조항으로 된 강령을 제시하고 그것의 수락을 위해 3일간의 기한을 주었다는 것이다. 그런데 그가 하나부사에게 회답하지 않고 이 기간이 경과했기 때문에 하나부사는 협상을 갑자기 중단하고 떠나버렸다고 쓰여 있었다. 같은 날 저녁에 마젠중은 수도에 도착하여 성 안에 있는 남별궁[37]에 거처를 잡았다. 이하응은 매우 호의적인 태도를 취했다. 다음 날 마젠중은 인천에서 하나부사와 회담을 했는데 그것은 완전한 의견 일치에 이르렀다. 8월 25일 (음력 (7월 12일) 마젠중은 그의 시내숙소로 돌아왔다. 그 동안에 우창칭과 딩루창 두 제독이 도착했다. 우창칭은 주력부대를 인솔하고 부천[38]에 있는 진지로 갔고 Ting은 100명을 인솔하고 수도로 가서 남별궁에서 (그곳에는 마젠중도 거주하고 있었다) 숙영을 했다. 다음 날 밤에 행동계획이 확정되었다. 다음 날 마젠중, 우창칭 그리고 딩루창은 이하응을 방문했다. 후자 즉 이하응이 어두워질 무렵 그들과 응답하고 있을 때, 그는 군인들에게 유도되어 체포되었다. Ting 장군이 이에 대해 그에게 그는 동행해야 한다고 암시했다. 그리하여 그는 전함 "Tengying-chou[39]"를 타게 되었고 그 후 곧 Yīe 사령관이 톈진으로 압송했다. 이와는 반대로 마젠중은 만일의 경우 즉시 폭도들을 제압하기 위하여 당분간은 남별궁에 머물렀다. 8월 26일 (음력 (7월 ?) 13일) 이하응에게 거액의 돈으로 매수당한 모든 군인폭도들이 대부분 수도의 동쪽에 있는 두 마을 "Wanghsün", "Lit'ai"[40]

---

31 [감교 주석] 꿍베이(拱北)

32 [감교 주석] 우샤오쉬엔(吳筱軒), 즉 우창칭(吳長慶). 筱軒은 우창칭의 字.

33 [감교 주석] 우창칭(吳長慶)

34 [감교 주석] 웨이징(威靖)

35 [감교 주석] 청칭(澄慶)

36 [감교 주석] 과천(果川)

37 [감교 주석] 남별궁(南別宮)

38 [감교 주석] 부천(富川). 신보 9월 9일 자 기사 원문에는 '薄城'이라 표기되어 있는데, 한국어 발음을 음차한 것으로 보임.

39 [감교 주석] 덩잉저우(登瀛洲)

에 집결했다는 소문이 들려왔다. 8월 27일 밤에 28일을 기하여 그들을 그곳에서 포위하고 체포하도록 결정되었다. 그러나 26일 밤에서 27일에 우선 폭도들로부터 그들의 가능한, 위험한 지도자를 탈취하기 위하여 이하응의 장남이고 고위급 군인인 이재면[41]을 같은 수법으로 남별궁으로 유인하여 그곳에서 체포했다. 그 후 행해진 두 폭도부락[42]에 대한 공격에서는 그곳에 마찬가지로 살고 있는 평화적 시민들을 해치지 않으려고 중포(중화기) 사용을 포기했다. 발포한 소총사격으로 단지 20에서 30명 정도만 사망했으며 약 2백 명 정도가 체포되었다. 나머지는 짐승 무리나 도망치는 새떼처럼 지리멸렬되었다. 이로써 폭도 소굴들은 완전히 소탕되었다. 8월 29일 (음력 7월 16일) 마젠중과 우창칭은 조선 관리들의 협력하에 취조를 하였고 더 많은 처형을 지시했다. 8월 25일부터 26일까지의 밤에 마젠중은 이미 조선 왕에게 서한을 보내 왕에게 이유원[43]을 수석전권대신으로 하고 김홍집[44]을 부전권대신으로 하는 사절단을 인천에 파견하여 하나부사와 일본의 요구에 대해서 회담하도록 요청했다. 이 기회에 일본인들의 최초의 요구를 현저히 완화시키는데 성공하였다. 그러는 동안 이제 소수의 신중한 정치가들의 보필을 받고 있는 왕은 병조판서 조영하, 공조참판[45] 김홍집, 그리고 와서별제[46] 이조연을 마젠중과 함께 톈진으로 파견하여 리훙장과 앞으로의 조치들을 협의하도록 했다. 그 외에 그들은 청국 황제 폐하에게 보내는 감사장의[47] 사신이기도 하다.

정확한 번역에 대하여
아렌트

---

40 [감교 주석] 오늘날 왕십리와 이태원.
41 [감교 주석] 이재면(李載冕)
42 [감교 주석] 오늘날 왕십리와 이태원.
43 [감교 주석] 이유원(李裕元)
44 [감교 주석] 김홍집(金弘集)
45 [감교 주석] 공조참판(工曹參判)
46 [감교 주석] 와서별제(瓦署別提)
47 [감교 주석] 군대 파병에 대한 사의를 전달한다는 뜻을 담고 있음.

04

조선에 관하여 : 대원군 처벌에 관한 청국 황제의 칙령과 조선에서의 청국전권사절의 성명

발신(생산)일	1882. 9. 25	수신(접수)일	1882. 11. 14
발신(생산)자	브란트	수신(접수)자	비스마르크
발신지 정보	베이징 주재 독일 공사관	수신지 정보	베를린 정부
	No. 65		A. 6898
메모	11월 21일 함부르크 발송		

A. 6898 1882년 11월 14일 수신, 첨부문서 2부

베이징, 1882년 9월 25일

No. 65

비스마르크 각하 귀하

전하에게 9월 23일 자 "Peking-Zeitung"[1]에 발표된 청국 황제의 칙령의 번역을 동봉하여 전달하게 되어 영광입니다. 그 칙령은 조선의 소요에 관한 것이며 그 때문에 청국으로 체포되어 연행되어 간 조선의 전 섭정이자 조선 왕의 아버지인 대원군의 종신감금이 직례[2]의 수도 보정부[3]에서 선고된다는 것입니다.

동시에 우창칭[4] 지휘하의 청국군의 계속적인 조선에서의 주둔이 명령되었고 리훙장과 직례의 대리 총독[5]은 최근 조선사건이 그 관할권에 속하게 되었으므로 앞으로의 조선사건 취급을 위임받게 되었습니다. 최근 조선사건의 경과보고 보충을 위하여 8월 26일 청국 총판상무위원[6]과 조선주재 사령관들 중 한 명에 의해 발표된 성명서의 번역을 동봉하여 첨부함을 본인은 영광으로 생각합니다. 이 성명서는 9월 13일 자의 "신보"[7]에서

---

1 [감교 주석] 징바오(京報)로 추정됨.
2 [감교 주석] 직례(直隷)
3 [감교 주석] 바오딩부(保定府)
4 [감교 주석] 우창칭(吳長慶)
5 [감교 주석] 장쑤성(張樹聲)
6 [감교 주석] 총판상무위원(總辦商務委員)
7 [감교 주석] 신보(申報)

인용했습니다.

브란트

내용: 조선에 관하여 : 대원군 처벌에 관한 청국 황제의 칙령과 조선에서의 청국전권사
　　절의 성명

1882년 9월 25일의 보고 No. 65의 첨부문서 1
번역

1882년 9월 25일 자 "Peking-Zeitung"[8]에서
(광서 8년, 8월 12일)

칙령

짐의 청 왕조의 통치권하에 있는 조선 왕국은 그 군주가 수 세대에 걸쳐 짐의 승인을
받아 짐의 제국의 경계를 통치하여 왔으며 오랫동안 각별한 충성과 존경을 다한 영예를
보존하여 짐은 항상 마치 짐 자신의 일부분처럼 보아왔던 바이다. 그러므로 그 나라의
기쁨과 괴로움에 짐은 항상 가장 밀접한 관심을 가지고 있었노라. 따라서 최근 장쑤성[9]
(직례 대리 총독)이 6월 중(금년 7월)에 조선 왕국에 군사적 반란[10]이 일어나서 폭도들이
갑자기 왕궁을 습격하고 왕비 신상은 침해를 받았고 그 나라의 수 명의 지위 높은 신하
들이 희생되었고 또한 일본공사관에도 폭력이 가해졌다고 짐에게 보고하였을 때 짐은
즉시로 육군과 해군으로 구성된 부대를 파견하여 왕을 구출하고 폭도들을 진압할 것을
장쑤성에게 명령하였다. 그리고 또 리훙장[11]이 받은 휴가[12]가 거의 끝났으므로 짐은 그를
톈진으로 소환하여 이 사건에 관한 조사와 결정에 협력하도록 하였다. 이 모든 것은

8　[감교 주석] 징바오(京報)로 추정됨.
9　[감교 주석] 장쑤성(張樹聲)
10　[감교 주석] 임오군란
11　[감교 주석] 리훙장(李鴻章)
12　[감교 주석] 리훙장의 모친상에 따른 귀향을 의미.

시간이 오래 걸리지 않았다. 우창칭[13]과 딩루창[14] 두 제독 및 마젠중[15]과 그의 막료들은 우리 부대의 선두에 서서 동으로 바다를 건너 신중히 그 나라의 수도에 도착하여 백 명이 넘는 폭도들을 체포하고 반란의 수괴들을 사형에 처하였다. 반면에 그들은 단지 공포와 유혹에서 추종적으로 그 음모에 가담한 자들은 사면하였다. 이리하여 10일이라는 시일 내에 무질서와 소동을 제압하여 인심을 완전히 다시 안정시켰다. 그러나 조사한 결과 명백한 것은 조선에서의 여론이 폭발의 직접적인 계기가 우선 군인들의 급료요구에 있었다 할지라도 공공연한 무장봉기에 대한 충동은 오직 전체 운동의 배후 지도자인 이하응(대원군)에게서 유래하였다는 점을 이구동성으로 지적하고 있다는 것이다. 그러므로 우창칭과 그의 막료들은 그를 체포하여 텐진으로 압송하였다. 그래서 짐은 지난번 칙령을 통해서 리훙장과 장쑤성에게 그를 사건의 전말에 대한 사법적 취조에 따르도록 지시하였다. 이 취조의 결과에 관한 짐에게 전달된 보고에서 명백해진 것은 이하응은 왕의 미성년 시대에 모든 권력을 탈취하였다는 사실이다. 그가 그 시기에 백성에게 행한 폭정은 이미 그 당시에 그의 성격의 악랄함을 명백히 보여주었다. 그는 그 후 섭정 정치에서 물러나게 되자 나날이 끓어오르는 원한과 불타오르는 명예욕의 희망을 은근히 품고 은퇴 생활을 하였다. 이미 수년전에 그의 아들 이재선[16]은 모반 음모[17]로서 체포된 바 있었고 최근 사건에 관해서도 불만에 찬 군인들은 봉기를 계획했을 때에 무엇보다도 먼저 이하응의 집에 와서 그에게 그들의 고통을 호소하였다. 그러나 그는 처음부터 그들로 하여금 경고해서 그들의 계획을 중지하도록 하지 않고 오히려 폭동이라는 행동이 일어난 후에도 그리고 모든 권력을 획득하고 협박과 호의를 장악하였을 때에도 유일하고도 가장 긴급한 것, 즉 반란자들을 문책하는 것을 포기하였다. 리훙장과 장쑤성이 짐의 명령에 따라서 그를 취조하였을 때에도 그는 부인과 변명에 급급하였고 솔직한 고백을 완강히 거부하였다. 그가 폭동의 두목이요 파멸의 장본인이었었다는 사실에 대한 죄를 그가 설혹 이 고발을 변명하기 위한 혀를 하나가 아니라 백 개를 가지고 있다 할지라도 어떻게 자신으로부터 씻어버릴 수 있을까?

만일 짐이 그가 왕과 합법적인 왕조에 대해 최고의 반역적인 음모를 계획하면서 짊어

---

13 [감교 주석] 우창칭(吳長慶)
14 [감교 주석] 딩루창(丁汝昌)
15 [감교 주석] 마젠중(馬建忠)
16 [감교 주석] 이재선(李載先)
17 [감교 주석] 이재선 모역사건

진 이 범죄의 중대성을 심사숙고한다면 오직 극형만이 충분한 속죄로 생각될 것이다. 그러나 조선 왕이 이하응과는 가장 가까운 혈족관계에 있다는 것을 고려할 때 만일 그에게 법의 준엄함을 적용한다면 왕은 의지할 바 없는 처지에 놓이게 되므로 짐은 이 경우에는 법을 대신하여 그에게 최대의 온정과 자비를 베풀어 주는 바이다. 그러므로 짐은 이것으로써 이하응에 대한 처벌을 정지할 것과 그를 짐의 직례[18]성의 바오딩부[19]에 감금하고 그의 귀국을 영원히 금지할 것을 명령한다. 짐은 총독에게 그의 부양을 충분히 배려할 것과 그러나 동시에 가장 엄중히 감시함으로써 그 나라의 혁명의 원천을 막고 그 자신의 혈육으로부터 왕을 협박하는 위험을 제거할 것을 위임한다. 우창칭의 명령하의 짐의 군대에 관해서는 금후 또다시 일어날지 모르는 폭동의 시도를 진압할 목적으로 당분간 조선에 종전대로 주둔할 것을 명령한다. 리훙장과 장쑤성은 최근의 조선사건에서 발생한 문제에 관한 결정을 위탁받을 것이며 짐은 그럴 경우 그들은 최대의 세심에 전력할 것을 그리고 짐의 호의적 의도와 노력이 융합함으로써 정의와 법의 보존이 인간 감정의 고려와 합치하기를 짐에게 충실히 심복하는 인접국가에 안녕이 깃들기를 기대하는 바이다.

정확한 번역에 대해서
아렌트

1882년 9월 25일의 보고 No. 65의 첨부문서 2
번역

1882년 9월 13일 자 "신보"에서
(광서 8년, 8월 2일)

조선 문제 해결을 위한 청제국의 전권 사절, 즉 도대[20] 지위 계승권자이며 제 2서열 표장을 지닌 마젠중[21], 광둥[22] 함대 사령관인 우창칭[23], 사령관 계승자인 딩루창[24] 그리고

---

18 [감교 주석] 직례(直隷)
19 [감교 주석] 바오딩부(保定府)
20 [감교 주석] 도대(道臺)
21 [감교 주석] 마젠중(馬建忠)
22 [감교 주석] 광둥(廣東)

성 재정대신의 지위를 지니고 허난[25]에 내정된 도대인 웨이[26]는 이로써 널리 알리기 위하여 다음과 같은 성명을 발표한다.

"청국 통치권하에 있는 조선 왕국은 오래전부터 훌륭한 영예를 향유하고 있다. 지난 수년 동안 몇몇 최고 고관들은 부당한 방법으로 모든 권력을 강탈하고 그들 권한에 속하지 않는 제반 업무를 완전히 제멋대로 관리했다. 이와 같은 악행은 시간이 지나면서 더욱 더 파멸적인 영향을 미쳐 드디어 금년 7월의 폭동[27]을 초래하였다. 이 폭동에서 왕비가 살해되고[28] 왕은 경멸적으로 모욕당했으며 백성과 관리는 학대당하였다. 예부터 이와 같은 흉행은 용서받은 예가 거의 없다. 그러나 어떠한 국가전복이라 할지라도 그 근원이 고관의 야심적 계획에서 유래했든, 사악한 개인의 배반적인 의도에서 나왔든 간에, 지도적 주모자 없이는 일어나지 못하는 것이다. 그리고 범죄의 중대성의 경미 여하는 항상 각각 다른 동인에 준하는 것이다. 귀국에서 반란이 일어났다는 소식이 우리에게 알려졌을 때 백성들은 모든 거리에서 이구동성으로 이 폭동에는 대원군이 어떤 식으로든 관련되어 있을 것이라고 서로 이야기를 했다. 우리 황제 폐하께서는 이 폭동의 발발을 들었을 때에 매우 격분하셨다. 그리고 대원군은 이 사건을 알고 있었으므로 그 반란의 주모자들도 알고 있을 것이라는 고려에 입각하여 폐하께서는 본인들을 군대 인솔하에 귀국에 파견하여 대원군을 청국으로 연행하도록 분부하셨다. 이는 그를 몸소 취조하고 주도적인 범인들을 확인한 후 반란의 수괴는 처형하고 이에 반하여 경미한 범죄자는 무처벌 석방하도록 하기 위함이다.

황제 폐하의 이 명령에 복종하여 북양함대[29] 사령관 딩루창 제독은 대원군과 함께 바다를 건너 그를 황성으로 인도하였다. 부자간의 문제가 중요하므로, 숭고하신 황제 폐하께서는 이 두 분들 사이의 관계를, 정의가 충족되어야 하는 필연성과 동등하게, 고려하실 것이다. 이와 같은 근거에서 대원군에게도 중형이 가해지지 않을 것이다!

---

23 [감교 주석] 우창칭(吳長慶)
24 [감교 주석] 딩루창(丁汝昌)
25 [감교 주석] 허난(河南)
26 [감교 주석] 웨이(魏)
27 [감교 주석] 임오군란
28 [감교 주석] 흥선대원군은 정권을 장악한 후, 명성황후의 국상을 발표하였음. 하지만 군란이 진압된 이후 장호원에 숨어 지내던 명성황후가 궁궐로 돌아왔음.
29 [감교 주석] 북양함대(北洋艦隊)

그러나 우리가 염려하는 것은 우리 군대의 너무나 신속하고 갑작스러운 도착을 통해 귀국의 관리들과 백성들의 심정이 자극되었다는 것과 당신들이 우리가 이곳에 있는 진정한 이유를 인식하지 못하고 있다는 것이다. 왜냐하면 당신들은 아마도 원 왕조 시대의 귀국의 두 사람의 고관 즉 충이[30]와 충후이[31]의 운명을 눈앞에 그리고 있기 때문이다. 만일 당신들이 이와 같은 것을 두려워한다면 당신들은 완전히 우리 군주의 진정한 호의적인 의도를 오해하는 것이다. 반란에 이미 가담한 후에도 또 앞으로 계속해서 그 이상의 계획을 모의하는 자들에게 우리는 다음과 같이 말한다. 우리는 수륙 어느 곳에도 도중에 대병력을 가지고 있다. 이미 20개 대대가 이곳에 도착하였고 또 다른 부대들이 계속적으로 진격 중에 있다. 당신들은 언제나 우리 군대에 저항할 수 있다고 믿는가? 만일 당신들이 우리에게 반항할 수 있는 힘을 충분히 가지고 있다고 생각한다면 한 번 해보라. 그리고 공개적인 전투대형으로 우리에게 대항해 오라. 우리는 전투를 받아들일 만반의 준비를 갖추고 있다. 만일 당신들에게 그러한 용기가 없거든 무엇이 당신들을 행복과 불행으로 이끌고 후회하게 하는지 잘 생각해 보라. 당신들의 우매와 악의를 고집하지 말라. 그것을 통해 당신들의 불행은 촉진되고 당신들의 평화스러운 동포들은 불안에 빠지게 될 뿐이니까!

오! 청국은 조선과 그 백성과 함께 그리고 그 군주를 청국에 밀접한 친척 나라로 보고 있다!

우리의 주인이자 군주의 위임을 받고 이곳에 온 우리는 그러나 우리 황제의 호의적 의도에 합치할 수 있을 것이나, 그 반대로 전쟁권리에 그 행방을 맡기는 수밖에 없다. 우리는 번개와 천둥과 같이 놀라게 할 수도 있고 해와 달과 같이 온정을 베풀 수도 있다!

우리는 이 성명으로써 당신들의 인식을 깨우치고 이 말을 절실히 명심하기를 경고한다!

광서 8년, 7월 13일 발표 (1882년 8월 26일)
정확한 번역에 대해서
제켄도르프

---

30 [감교 주석] 충의(忠宜: 忠宣의 오기)
31 [감교 주석] 충혜(忠惠), 충이와 충후이는 충선왕과 충혜왕의 일을 가리킴.

조선사절의 방문과 해명에 관하여

발신(생산)일	1882. 9. 27	수신(접수)일	1882. 11. 14
발신(생산)자	브란트	수신(접수)자	비스마르크
발신지 정보	베이징 주재 독일 공사관	수신지 정보	베를린 정부
	No. 67		A. 6900
메모	11월 21일 함부르크 발송		

A. 6900 1882년 11월 14일 수신

베이징, 1882년 9월 27일

No. 67

비스마르크 각하 귀하

전하에게 본인은 삼가 다음과 같이 전달함을 영광으로 생각합니다. 우리 조약의 서명자인 두 사람의 조선사절 조영하와 김홍집은 수일 전에 이곳에 도착하여 종사관 이조연을 동반하여 25일 본인을 방문하고 본인에게 구두로 조선의 평화는 회복되었으며 조선 정부는 국제법에 해당하는 모든 조약을 엄수할 것이며 또 그것을 수행할 용의가 있다고 확언했습니다.[1]

이 사절들은 같은 날 영국과 미합중국의 대표들에게 같은 내용의 보고를 하였습니다.

브란트

내용: 조선사절의 방문과 해명에 관하여

---

1 [감교 주석] 보고서에서 지칭하고 있는 조약은 조선이 임오군란 직전에 미국, 영국, 독일과 체결한 수호통상 조약을 의미함.

[조선 관련 보고서 전달]

발신(생산)일	1882. 11. 14	수신(접수)일	1882. 11. 15
발신(생산)자	벤첼	수신(접수)자	비스마르크
발신지 정보	함부르크	수신지 정보	베를린 정부
			A. 6906

A. 6906 1882년 11월 15일, 첨부문서 1부

함부르크, 1882년 11월 14일

비스마르크 각하 귀하

이번 달 5일부로 귀 발령 38번에 의하여 본인에게 발송한 바 있는 조선의 정치적 변혁에 관한 베이징 주재 독일제국공사의 금년 8월 29일부의 보고를 적절히 비밀히 사용한 후 전하에게 또 다시 삼가 반송함을 본인은 영광으로 생각합니다.

벤첼

베를린, 1882년 11월 21일   A. 6895, 6897, 6898, 6900

독일제국공사   1870년 1월 23일부의 본인의 발령(3번)에 의하여 각하에
폰 벤첼 각하 귀하   게 3개의 보고, 즉 베이징 주재 독일제국공사의 9월 17일,
                              25일 및 27일부 및 상하이 주재 독일제국총영사의 모두
함부르크   조선정세에 관한 보고들을 삼가 전달함을 본인은 영광으
No. 41   로 생각합니다.

그(고종; 번역자)의 부친의 석방을 요청한 조선 왕의 청원을 거부한
청국 황제의 칙령과 청국 세력권으로 인정하지 않은 세력의 최근
칙령에 대한 반응

발신(생산)일	1882. 9. 29	수신(접수)일	1882. 11. 24
발신(생산)자	브란트	수신(접수)자	비스마르크
발신지 정보	베이징 주재 독일 공사관	수신지 정보	베를린 정부
	No. 68		A. 7061
메모	12월 11일 함부르크 발송		

A. 7061 1882년 11월 24일 수신, 첨부문서 1부

베이징, 1882년 9월 29일

No. 68

비스마르크 각하 귀하

전하에게 9월 27일 자 베이징 신문에 공포된 청국 황제의 칙령의 번역을 동봉하여
전달하게 되어 영광입니다. 이 칙령을 통해 그의 부친[1]의 석방 및 조선으로의 귀환을
허가해 달라는 조선 국왕의 요청은 거부당하였고 그 대신 그는 일 년에 네 번 특별 사절
을 보내어 문안을 드릴 수 있다는 승인을 받았습니다.

이번 달 27일에 조선사절들이 전혀 예상치 못하게 갑자기 이곳에서 2~3일[2] 체류할
예정으로 톈진으로 떠난 것은 이 칙령과 관련이 있는 것입니다.

삼가 올린 바 있는 본인의 보고 A. 67번의 대상인 청국 정부의 최근의 성명 및 대원군
의 감금과 관련한 성명의 어조와 표현 양식은 서울을 청국 세력권[3]으로 보지 않은 이들
에게 긍정적인 반응을 불러일으키지 못했습니다.[4] 왜냐하면 그것은 조선이 그 내정에

---

1 [감교 주석] 홍선대원군(興宣大院君)
2 [번역 주석] 원문(einige zwanzig Tage)의 오타로 추정. 본문 맥락에 의거해서 2~3일로 번역함.
3 [감교 주석] 서울로 대표되는 조선이 청국의 속방이라는 뜻을 의미함.
4 [감교 주석] 조선이 청국의 속방이라는 점을 인정하지 않는 세력에게 부정적인 인식을 심어주었다는 뜻으로
   해석할 수 있음.

있어서 완전히 독립하여 있다고 한 청국의 이전 성명[5]들과는 반대로 청국이 실제적으로는 조선의 통치자로 자처하고 있음을 암시하는 것처럼 보이기 때문입니다.

어제 본인을 찾아 온 일본공사관 무관 가지야마[6] 육군중좌는 이런 견해를 숨김없이 표명하였습니다. 이것은 최근의 칙령이 일본에 불러일으킨 분위기를 상당히 정확하게 나타내고 있다고 보아도 좋을 것 같습니다.

본인의 견해에 의하면 청국의 이 성명은 무엇보다도 백성들에게 자기들의 정부의 강력함에 대한 높은 확신을 주기 위해 청국 백성을 염두에 두고 정해진 것입니다. 즉 과거 수십 년 동안 정부는 불신임 속에서 섭정통치를 해온바, 바로 그 불신임이 그와 같은 처사를 수긍하도록 나타내줍니다. 그러나 본인은 만일 어떤 외국 정부가 이 성명에 입각해서 행동하려고 한다면, 청국 정치가들은 즉시로 다시 조선이 완전히 행정적으로 그리고 외견상으로 독립국이라고 한 이전의 그들의 선언으로 되돌아갈 것이라는 것을 조금도 의심하지 않습니다.

그럼에도 불구하고 청국 정부의 현재의 처사는 중대한 위험을 포함하고 있습니다. 왜냐하면 그것은 일본의 시기심을 극도로 자극할 것이며 또 다른 열강들을 청국과 조선과의 상호관계를 파악하는 데 있어서 전적으로 갈팡질팡하도록 하기에 알맞기 때문입니다.

브란트

내용: 그의 부친의 석방을 요청한 조선 왕의 청원을 거부한 청국 황제의 칙령. (조선을; 번역자) 청국 세력권(속방; 번역자)으로 인정하지 않은 세력의 최근 (청국 황제의; 번역자) 칙령에 대한 반응

---

5 [감교 주석] 1870년대 중반 이전까지 청국은 조선을 속방이지만 내치와 외교는 자주한다는 입장을 표명하였음. 하지만 일본이 대만을 침공하고 류큐를 합병함에 따라, 1870년대 후반부터 청국은 조선이 속방임을 대외적으로 표명하기 시작하였음. 청국이 1882년 조미수호통상조약, 제1차 조영수호통상조약, 제1차 조독수호통상조약을 중재하고, 그 조약 1조에 조선이 청의 속방임을 명문화하고자 했던 시도는 대표적 사례라 할 수 있음.

6 [감교 주석] 가지야마 데이스케(梶山鼎介), 참고로 그는 1891년 3월부터 1893년 12월까지 주조선 일본공사를 역임함.

1882년 9월 29일의 보고 A. No. 68의 첨부문서
번역

1882년 9월 27일 Peking-Zeitung[7]에서
(광서 8년, 8월 16일)

칙령

　예부[8]는 짐에게 조선 왕의 서한을 제출한바, 짐은 그 서한에서 조선 왕이 짐의 군대가 그의 나라에서 일어난 무장봉기[9] 진압을 실현시킨 데 대해서, 숨김없는 감사에 넘쳐있음을[10] 알고 만족하노라. 그러나 왕은 여전히 그의 심정의 불안을 표시하고 이하응에게 귀국을 허용할 것을 애원하고 있으니 짐은 다음과 같이 지적하지 않을 수 없다. 즉 이하응은 왕에 대한 그의 가장 밀접한 혈족관계와 오랜 시일에 걸쳐 확고해진 그의 개인적 명망을 왕에게 폭력을 가하고 끔찍한 모반 음모로써 왕조의 존속을 위태롭게 하기 위해 악용함으로써 처벌받지 않을 수 없는 죄를 지었노라. 짐은 그와 동시에 정의를 충족시키고 인간적 감정을 위반하지 않으려는 노력에서 이미 특별한 관용을 행하고 특례적인 자비를 베풀어 이하응을 적합한 장소[11]에 감금하고 생활유지의 충분한 수단을 강구해 주도록 결정하였노라. 왕이 자식다운 사랑에 이끌려 그리고 그의 부친과의 사적인 관계를 유지하려는 소망에 사로잡혀 이하응이 이미 고령이고 병을 앓고 있다는 것을 지적하고 이런 이유에서 그는 깊은 감명을 주지 않을 수 없는 말로서 예부의 주선을 통하여 그에 대한 은사를 요망할 때 짐은 물론 그의 요망의 밑바닥에 깔려있는 그 훌륭한 심정을 인정함을 거부하는 바는 아니로다. 그러나 짐은 왕에게 이하응이 그 정상에 왕이 의거해 있는 국가의 안녕에 반역하여 저지른 죄가 얼마나 무거운 것인가를 숙고할 것을 지시하노라. 이와 같은 그의 위치에서 왕은 모름지기 국가의 안녕을 개인적 감정 위에 놓아야 한다. 그러므로 짐은 이하응에게 환국을 허용해 주기를 바라는 왕의 요망에는 귀를 기울일 수 없다. 그러나 이와 동시에 짐은 왕이 일 년에 네 번 관리 한 사람을

7　[감교 주석] 징바오(京報)로 추정됨.

8　[감교 주석] 청국 예부(禮部). 칙령의 근거는 다음과 같음. 『德宗景皇帝實錄』卷之一百五十 光緒八年 八月 十六日

9　[감교 주석] 임오군란

10　[감교 주석] '숨김없이 극진하게 사의를 표함을'의 뜻을 내포하고 있음.

11　[감교 주석] 바오딩부(保定府)

파견하여 그에게 문안을 드리고 그의 안녕을 확인하도록 윤허하려 한다. 짐은 왕에게 자식다운 사랑의 감정을 충족시킬 수 있도록 해주노니 이번과 같은 청원을 반복하지 않을 것을 기대함을 명백히 말해 두노라.

　　관계부처에 이 칙령을 통고하라.

정확한 번역 책임

아렌트

조선정세에 관하여 : 왕비의 구출과 일본군대의 철수

발신(생산)일	1882. 10. 4	수신(접수)일	1882. 11. 24
발신(생산)자	브란트	수신(접수)자	비스마르크
발신지 정보	베이징 주재 독일 공사관 No. 70	수신지 정보	베를린 정부 A. 7063

A. 7063   1882년 11월 24일 수신

베이징, 1882년 10월 4일

No. 70

비스마르크 각하 귀하

이번 달 1일에 총리아문의 대신들이 본인에게 전달한 보고에 의하면 전하에게 이미 이전에 보고한 바 있는 조선 왕비가 구출되었다는 소문이 사실로 확인되었습니다. 왕비는 부상을 당하기는 했으나 서울에서 약 2백 리쯤 떨어진 곳[1]에 살고 있는 동생 집으로 탈출하여 그곳에 은신하는 데 성공했다고 합니다. 9월 7일 (광서 8년, 7월 25일)에 왕비가 발견되어 엄중한 호위하에 영접 받으면서 9월 12일에 다시 수도의 궁궐에 돌아오게 되었습니다.

왕비의 거의 모든 친형제들과 기타의 민씨 일족들 및 왕세자비는 그 동안 살해되었습니다.

(총리아문; 번역자) 대신들은 이러한 기회에 왕비가 대단한 능력을 가지고 있고 정부의 행보에 커다란 영향을 끼치고 있으며 따라서 왕비의 손실은 원래 수적으로 열세한 자유주의적 당파 대신들에게는 특히 유감스러웠을 것이라고 다시금 강조했습니다.

또 톈진에서 나온 다른 청국의 보도에 의하면 서울 주재 일본공사의 호위를 목적으로 남겨진 백 명을 제외한 일본군대가 조선영토를 떠났다고 합니다. 동일한 소식통에서 나온 보고에 의하면 일본인들은 얇은 옷을 입고 있기 때문에 병에 잘 걸렸다고 합니다.

브란트

내용: 조선정세에 관하여. 왕비의 구출과 일본군대의 철수

---

1   [감교 주석] 장호원

[조선 관련 보고서 전달]

발신(생산)일	1882. 11. 24	수신(접수)일	1882. 11. 25
발신(생산)자	벤첼	수신(접수)자	비스마르크
발신지 정보	함부르크	수신지 정보	베를린 정부
	No. 58		A. 7077

A. 7077 1882년 11월 25일 수신, 첨부문서 3부

함부르크, 1882년 11월 24일

No. 58

비스마르크 각하 귀하

　이번 달 10일의 전하의 훈령 39번에 의하여 본인에게 발송된 바 있는 9월 5일부의 베이징 주재 독일제국 공사의 그리고 9월 25일부의 도쿄 주재 독일제국 대리공사의 조선 정세에 관한 보고들을 적절히 그리고 친밀히 이용한 후에[1] 동봉하여 전하에게 삼가 반환하게 되어 영광입니다.

벤첼

1　[번역 주석] '적절히 그리고 친밀히 이용한 후에' 구절에는 두 가지 의미를 내포하고 있음. 하나는 '적절하고 연관성 있게 다룬 다음에' 이며, 다른 하나는 '적절하게 비밀리에 이용한 다음에'임.

[조선 관련 보고서 전달]

발신(생산)일	1882. 11. 24	수신(접수)일	1882. 11. 25
발신(생산)자	벤첼	수신(접수)자	비스마르크
발신지 정보	함부르크	수신지 정보	베를린 정부
	No. 61		A. 7156

A. 7156   1882년 11월 30일 수신, 첨부문서 1부

함부르크, 1882년 11월 29일

No. 61

비스마르크 각하 귀하

이번 달 14일의 전하의 훈령 40번에 의하여 본인에게 발송된 바 있는 금년 9월 12일부[1]의 베이징 주재 독일제국 공사의 조선정세에 관한 보고들을 적절히 이용한 후에 동봉하여 전하에게 삼가 반환하게 되어 영광입니다.

벤첼

---

1   [원문 주석] A. 6829

조선

발신(생산)일	1882. 10. 25	수신(접수)일	1882. 12. 1
발신(생산)자	체트비츠	수신(접수)자	비스마르크
발신지 정보	도쿄 주재 독일 공사관	수신지 정보	베를린 정부
	No. 67		A. 7168
메모	12월 12일에 함부르크 전달		

A. 7168 1882년 12월 1일 수신

도쿄, 1882년 10월 25일

No. 67

비스마르크 각하 귀하

지난달 25일의 본인의 보고 A62에 이어서 전하에게 삼가 다음과 같이 전달하게 되어 영광입니다. 조일조약[1]에서 약속한 (조선; 번역자) 사절단은 서울에서 이곳에 도착하여 이번 달 19일에 조선 왕의 사죄서한과 예물을 전달하기 위해서 일본 천황을 알현하였습니다. 다수의 수행원들은 제외하고 말씀드리자면 이 사절단은 들은 바에 의하면 왕의 친척이자 스스로 '대조선 전권대신'이라 칭하는 박영효 대신과 부대신 김만식 그리고 이미 지난봄에 이곳에 왔던 종사관 한 명[2]으로 구성되어 있습니다. 이 대신은 열강의 대표들을 방문하고 기회가 있을 때마다 조선은 독립국이라는 것을 표명했습니다. 그는 본인에게 조독조약[3]이 조속히 비준되기를 바란다는 희망을 표시했습니다. 그와 동시에 그는 앞으로 여러 가지 사건에 있어서 본인의 조언을 요청할 것이라고 예고했습니다. 이 사절단이 얼마 동안 이곳에 체류하게 될지는 현재로는 아직 미정입니다. 그들은 특히 조약에서 약정된 배상금 지불을 어떤 방법으로 해야 할지에 대해서 일본 정부와 협상하라는 위임도 받고 있습니다.

이곳 프랑스 공사 트리쿠[4]는 일본 외무대신[5]이 그에게 청국 측에서 주장하고 있는

---

1 [감교 주석] 제물포조약
2 [감교 주석] 서광범(徐光範)
3 [감교 주석] 제1차 조독수호통상조약

조선에 대한 종주권 권리에 관해서 문의하고, 유럽 열강들이 (한)반도의 중립화를 보장할 의향이 있는지 물어본 사실을 본인에게 전해왔습니다. 이때 이노우에는 (조선을; 번역자) '동아시아의 벨기에'와 같은 나라로 만들어야 한다고 언급하였고, 예상하셨겠지만 프랑스 공사는 답변을 회피하였습니다. 트리쿠는 또 본인에게, 자기 나라 정부에게 이 나라의 국제법적 관계[6]가 해명될 때까지 조선과의 조약협상은 단념하는 것이 좋을 것이라고 조언했다고 말했습니다. 조선 대신은 본인의 이탈리아 동료(주일 이탈리아 공사; 번역자)에게 이탈리아와 조약 관계 수립을 수립하고자 하는 자국 정부의 바람을 표명하였습니다.

베이징에서 전하에게 보고가 있었을 것이라고 여겨지지만, 반란[7]파의 주모자 대원군은 당분간 청국의 직례[8]성에 감금되어 있게 될 것입니다. 그러나 조선 대신은 그리 멀지 않은 시일 내에 대원군이 환국하게 될 것이라는 확신을 품고 있습니다.

체트비츠

내용: 조선

---

4 [감교 주석] 트리쿠(Tricou)
5 [감교 주석] 이노우에 가오루(井上馨)
6 [감교 주석] 청국과 조선의 쌍방관계를 의미하는 것으로 보임.
7 [감교 주석] 임오군란을 의미함.
8 [감교 주석] 직례(直隸)

12

[조선 관련 보고서 전달]

발신(생산)일	1882. 12. 8	수신(접수)일	1882. 12. 9
발신(생산)자	벤첼	수신(접수)자	비스마르크
발신지 정보	함부르크	수신지 정보	베를린 정부
	No. 64		A. 7315

A. 7315   1882년 12월 9일 수신, 첨부문서 8부

함부르크, 1882년 12월 8일

No. 64

비스마르크 각하 귀하

1882년 11월 21일의 전하의 훈령과 함께 본인에게 발송된 베이징 주재 독일제국 공사의 금년 9월 17일, 25일, 27일부의 그리고 상하이 주재 독일제국 총영사의 금년 10월 4일부의 모든 조선정세에 관한 보고들[1]을 적절히 그리고 친밀히 이용한 후 전하에게 삼가 반송하게 되어 영광입니다.

---

1   [원문 주석] A. 6895, A. 6897, A. 6898, A. 6900

베를린, 1882년 12월 12일   A. 7061

독일제국공사   1870년 1월 23일부의 본인의 발령 (3번)에 의하여 각하에
벤첼 각하 귀하   게 9월 29일 자 베이징 주재 독일제국공사의 조선정세에
                               관한 보고를 삼가 전달함을 본인은 영광으로 생각합니다.
함부르크

No. 44

베를린, 1882년 12월 12일   A. 7168

독일제국공사   1870년 1월 23일의 본인의 발령 (3번)에 따라서 각하에
벤첼 각하 귀하   게 10월 25일부 베이징 주재 독일제국 공사의 조선사
                        절 일본파견[2]에 관한 보고를 동봉하여 전달하게 되어
함부르크 No. 45   영광입니다.

---

2 [감교 주석] 전권대신 겸 수신사 박영효의 일본행.

13

[조선 관련 보고서 전달]

발신(생산)일	1882. 12. 28	수신(접수)일	1882. 12. 29
발신(생산)자	벤첼	수신(접수)자	비스마르크
발신지 정보	함부르크	수신지 정보	베를린 정부
	No. 67		A. 7625

A. 7625 1882년 12월 29일 수신, 첨부문서 1부

함부르크, 1882년 12월 28일

No. 67

비스마르크 각하 귀하

이번 달 12일의 전하의 훈령 45번과 함께 본인에게 발송된 금년 10월 25일부 도쿄 주재 독일제국 대리공사의 조선사절 일본파견에 관한 보고[1]를 적절히 그리고 친밀히 이용한 후 전하에게 동봉하여 삼가 반송하게 되어 영광입니다.

벤첼

---

1 [원문 주석] A. 7168

14

[조선 관련 보고서 전달]

발신(생산)일	1882. 12. 28	수신(접수)일	1882. 12. 29
발신(생산)자	벤첼	수신(접수)자	비스마르크
발신지 정보	함부르크	수신지 정보	베를린 정부
	No. 68		A. 7626

A. 7626 1882년 12월 29일 수신, 첨부문서 2부

함부르크, 1882년 12월 28일

No. 68

비스마르크 각하 귀하

이번 달 12일의 전하의 훈령 44번과 함께 본인에게 발송된 금년 9월 29일부 베이징 주재 독일제국 공사의 조선 문제에 관한 보고[1]를 적절히 그리고 친밀히 이용한 후 전하에게 동봉하여 삼가 반환하게 되어 영광입니다.

벤첼

---

1 [원문 주석] A. 7061

A. 236.

H. v. Ges. Cap. R. Goering

귀하의 참고를 위하여
삼가 제출함.

[서명]   23. I

15

청국 주재관의 조선 파견에 관하여

발신(생산)일	1882. 11. 30	수신(접수)일	1883 1. 16
발신(생산)자	펠드람	수신(접수)자	비스마르크
발신지 정보	톈진 주재 독일 영사관	수신지 정보	베를린 정부
	No. 67		A. 236

A. 236 1883년 1월 16일 수신

톈진, 1882년 11월 30일

No. 67

비스마르크 각하 귀하

금년 9월 20일의 조선 문제에 관한 보고 54번의 뒤를 이어 본인이 전하에게 삼가 다음과 같이 소식을 전하게 되어 영광입니다. 믿을만한 소식에 의하면, 조선 정부는 일본에 대한 전쟁 배상금[1]과 외국무역을 위한 세관의 창설 및 기타의 도입해야 할 개혁을 위해 예상되는 지출을 충당할 목적으로 청국의 윤선초상국[2]과 약 80만 냥의 차관을 체결하였다고 합니다. 이자율은 이곳에서 일반적 통례로 되어 있는 8푼(8퍼센트)이며 조선의 몇 개의 탄광을 이에 대한 담보로 설정했습니다.

청국 정부는 곧 서울에서 왕의 고문으로 근무하게 될, 이른바 주재관을 조선에 파견하려 의도하고 있습니다. 마젠중의 형[3]이 이 직책에 대한 물망에 올랐습니다. 과거에 가톨릭 신부였던 그는 최근에는 고베 주재 청국 영사였습니다. 그러나 청국의 조선에 대한 관계를, 예를 들면 (청국의) 티베트에 대한 관계처럼 만들기 위해 또한 제2의 청국 고문이 서울에 파견될 것인데, 그도 역시 전적으로 직접 조선 왕과 종속 관계에 있다고 합니다.

이 직책에는 지금까지 독일제국 통역관이었던 묄렌도르프[4]가 예정되어 있습니다. 이

---

1 [감교 주석] 임오군란으로 체결된 제물포조약에서 조선이 일본에게 지불해야 할 배상금을 의미함. 원문에서는 이전 문서에서 '폭동' 등으로 지칭하였던 임오군란을 '전쟁'으로 표기하였음.

2 [감교 주석] 윤선초상국(輪船招商局, China Merchants Steam Navigation Company)

3 [감교 주석] 마젠창(馬建常)

사람은 이곳 북양대신 리훙장으로부터 정치적 지시를 받고 있고 이에 대해 그는 수백 냥이라는 최소한도의 수입과 그가 사망할 시 그의 부인에게 상응하는 배상을 할 것을 보장받았습니다.

그러나 다른 한편 그는 또 외국인들과의 협상 및 유럽식 제도 도입의 고문으로서 조선의 왕에게 봉사할 것이라 하며, 따라서 그는 이곳에 체류하고 있는 조선사절 조영하[5]와 계약을 체결하였습니다.

특히 이 계약에서 그에게는 외국과의 무역을 위한 해상 세관(해관) 설치가 맡겨졌습니다. 이를 그는 완전히 자주적으로 이끌어나가야만 할 것입니다. 그 대신 그는 관세 수입의 일정한 퍼센티지를 받아서 그것으로 고용인들의 봉급 전부와 모든 시설비용을 지불하여야 합니다. 그의 지위는 이런 관점에서 청국의 총세무사의 그것과 흡사합니다.

일본인 하나부사[6]와 (청국 총세무사; 감교자) 하트[7]는 즈푸[8]의 관세위원인 휴즈[9]에게 이 관직을 제안하였습니다. 휴즈는 임무를 수락한 것에 걸맞게 이미 오래전에 여행을 떠날 준비를 완전히 해놓고 지금은 이 나라(조선; 번역자)의 내륙지방으로의 보다 긴 수렵 여행[10]에 착수했다고 합니다.

묄렌도르프는 본인이 다른 방면에서 들은 바에 의하면 즉시 조선에 도입해야 할 개혁에 관한 모험적인 구상[11]을 가지고 있다고 합니다. 그는 말하기를 그는 이 나라의 군대를 재조직하려 하고 그것을 위해서 독일 하사관 수 명을 독일에서 초청해 오려고 한다는 것입니다. 그는 좋은 도로와 교량을 건설하려 하고 식수와 농장을 계획하고 심지어는 조선인들에게 의복과 헤어스타일의 변경까지도 추천하려 한다는 것입니다. 그는 비록 자신에게 청국의 보다 높은 고관의 지위가 예정되어 있다 할지라도 가능한 한 조선인들의 완전한 자주성을 목표로 노력하리라는 것을 충분히 보여 주었습니다. 본인은 조선의 번영을 위해서, 성급한 그의 계획이 강력한 저항에 부딪치지 않으며 성공에 대한 기대감으로 지나치게 서두른 그의 개혁 구상이 처음부터 중단되지 않기를 바라고 있습니다.

묄렌도르프는 수일 내에 마젠중의 형과 윤선초상국의 지배인 탕징신[12] 그리고 또 독

---

4 [감교 주석] 묄렌도르프(P. G. Möllendorff)
5 [감교 주석] 조영하(趙寧夏)
6 [감교 주석] 하나부사 요시모토(花房義質)
7 [감교 주석] 하트(R. Hart)
8 [감교 주석] 즈푸(芝罘)
9 [감교 주석] 휴즈(Hughes)
10 [감교 주석] '장기간 답사'
11 [감교 주석] '급진적인 구상'
12 [감교 주석] 탕징신(唐鏡心: 탕팅수(唐廷樞), 징신(鏡心)은 唐廷樞의 호)

일에서 훈련받고 지금 카이핑(Kaiping) 광산에서 일하고 있는 영국 광산기술자들과 동반하여 조선으로 떠납니다.[13]

조만간 또 조선과 청국 간의 무역에 대한 조정도 이루어질 것이라고 하는데 이 조정에서는 특히 지금까지 허용되었던 육상교역에 대한 예외적인 편익이 근본적으로 제한될 것이라고 합니다.

이 모든 조치는 러시아의 기대를 저지하려는 데에 주로 그 근거가 있는 것인데, 만일의 (있을지도 모를) 조약에서의 육상교역을 위한 특별한 은전이란 겨우 약 5킬로 내지 25킬로미터 거리의 조선과 러시아 국경밖에는 이르지 못할 것입니다.

펠드람

내용: 청국 주재관의 조선 파견에 관하여

---

13 [원문 주석] 그들의 뒤를 따라서 수일 내에 미국에서 훈련받은 젊은 청국인 6명이 가게 될 것입니다.

노르트도이췌 알게마이네 차이퉁 Nordd. Allg. Ztg.[14] (No. 34)
1883년 1월 21일

톈진 발신:

믿을만한 소식에 의하면, 조선 정부는 일본에 대한 전쟁[15]배상금[16]과 외국무역을 위한 세관의 창설 및 기타의 도입해야 할 개혁을 위해 예상되는 지출을 충당할 목적으로 청국의 윤선초상국[17]과 약 80만 냥(약 4백만 마르크)의 차관을 체결했다. 이자율은 이곳에서 일반적으로 통용되고 있는 8푼(8퍼센트)이며 조선의 몇 개의 탄광을 이에 대한 담보로 설정했다.

청국 정부는 곧 서울에서 왕의 고문으로 근무하게 될, 이른 바 주재관을 조선에 파견할 계획이다. 마젠중의 형[18]이 이 직책에 대한 물망에 오르고 있다. 과거에 카톨릭 신부였던 그는 최근 고베 (일본) 주재 청국 영사였다. 그러나 청국의 조선에 대한 관계를, 예를 들면 (청국의) 티베트에 대한 관계와 흡사하도록 만들기 위해 또한 제 2의 청국 고문이 서울에 파견될 것인데, 그도 역시 전적으로 직접 조선 왕에게 종속적인 관계에 놓여 있다.

이 직책에는 전 독일제국 통역관이었던 묄렌도르프[19]가 예정되었다. 이 사람은 정치적 지시를 이곳의 통상감독대표 리훙장으로부터 받고 있고 이에 대한 대가로서 그는 수백 냥이라는 최소한도의 수입과 그가 사망할 시 그의 부인에게 상응하는 배상을 할 것을 보장받았다.

그러나 다른 한편 그는 또 외국인들과의 협상 및 유럽식 제도 도입의 고문으로서 조선의 왕에게 봉사할 것이라 하며 따라서 그는 이곳에 체류하고 있는 조선사절 조영하[20]와 계약을 체결했다.

특히 이 계약에서 그에게는 외국과의 무역을 위한 해상 세관 설치가 맡겨졌다. 이를

---

14 [감교 주석] 노르트도이췌 알게마이네 차이퉁(Norddeutsche Allgemeine Zeitung)
15 [감교 주석] 임오군란
16 [감교 주석] 임오군란으로 체결된 제물포조약에서 조선이 일본에게 지불해야 할 배상금을 의미함. 원문에서는 이전 문서에서 '폭동' 등으로 지칭하였던 임오군란을 '전쟁'으로 표기하였음.
17 [감교 주석] 윤선초상국(輪船招商局, China Merchants Steam Navigation Company)
18 [감교 주석] 마젠창(馬建常)
19 [감교 주석] 묄렌도르프(P. G. Möllendorff)
20 [감교 주석] 조영하(趙寧夏)

그는 완전히 자주적으로 이끌어나가야만 할 것이다. 그 대신 그는 관세 수입의 일정한 퍼센티지를 받아서 그것으로 고용인들의 봉급 전부와 모든 시설비용을 지불하여야 한다. 그의 지위는 이런 관점에서 청국의 관세 총감독관의 그것과 흡사하다.

일본인 하나부사[21]와 (청국 총세무사; 감교자) 하트[22]는 즈푸[23]의 관세위원인 휴즈[24]에게 이 관직을 제안하였습니다.

---

21 [감교 주석] 하나부사 요시모토(花房義質)
22 [감교 주석] 하트(R. Hart)
23 [감교 주석] 즈푸(芝罘)
24 [감교 주석] 휴즈(Hughes)

16

[조미수호통상조약의 효력 발휘에 관한 건]

발신(생산)일	1883. 1. 28	수신(접수)일	1883. 1. 28
발신(생산)자	보이스트	수신(접수)자	
발신지 정보	워싱턴 주재 독일 공사관	수신지 정보	베를린 외무부
	No. 2		A. 423

A. 423 1883년 1월 28일 수신

전보

워싱턴, 1883년 1월 28일 2시 45분 V.

도착   7시 30분 V.

독일제국 대리공사

외무부 귀중

해독

No. 2

조선의 독립이 미국과의 조약에서 선언되었음. 세 항구 개항. 외교대표 영사대리 및 무역상사의 영업소가 승인되었음.

보이스트

노르트도이췌 알게마이네 차이퉁[1] (No. 48)

1883년 1월 30일

　　워싱턴으로부터 미국과 조선과의 사이에 최근 체결된 조약의 구체적인 내용이 전달되었다. – 독립국가의 권리를 요구하는 조선은 외국과의 교역(통상)을 위해서 우선 항구 셋을 개방한다. 이 항구에는 외교적 혹은 영사적 대표가 주재하는 것과 무역상사의 영업소가 승인되었다고 한다.

1　[감교 주석] 노르트도이췌 알게마이네 차이퉁(Norddeutsche Allgemeine Zeitung)

조선 중립화에 관한 일본의 계획

발신(생산)일	1883. 1. 7	수신(접수)일	1883. 3. 7
발신(생산)자	브란트	수신(접수)자	비스마르크
발신지 정보	베이징 주재 독일 공사관	수신지 정보	베를린 정부
	No. 4		A. 1041
메모	3월 8일 파리, 런던, 워싱턴에 보고되었음.		

A. 1041 1883년 3월 7일 수신

베이징, 1883년 1월 7일

No. 4

비밀

비스마르크 각하 귀하

이삼일 전, 본인의 미국인 동료 영(베이징 주재 미국 공사; 감교자)[1]은 (베이징 주재; 번역자) 일본공사 에노모토[2] 제독이 일본, 조선과 조약을 체결한 세 열강(미국, 영국, 독일; 감교자) 및 아마도 프랑스와 러시아의 대표로서 구성될 것으로 보이는 도쿄에서 열리게 될지 모르는 회의에 미국이 참가할 의사가 있을 것이라고 생각하는지 자신의 의견을 떠 보았다고 본인에게 이야기했습니다.[3] 이 회의의 목적은 조선의 독립 또는 벨기에와 룩셈부르크에서 시행 중인 것과 같은 중립화를 보장하는 것이라고 합니다. 영은 이 문제에 대한 답변을 거부하였습니다. 그리고 에노모토 제독에게 워싱턴 정부의 의향을 확인하는 가장 간단한 방법은 그곳에 파견된 일본 공사에게 그와 같은 의사 타진을 위임하는 것이라고 충고했다고 합니다.

에노모토 제독은 본인에게 굉장히 급진적인 이 구상을 아직 언급한 일이 없습니다.

---

1 [감교 주석] 영(R. Young)
2 [감교 주석] 에노모토 다케아키(榎本武楊)
3 [번역 주석] 이 문장을 풀어서 정리하면 다음과 같음. '이삼일 전, 베이징 주재 미국공사 영은 일본공사 에노모토가 의견을 구한 내용을 본인에게 이야기하였습니다. 에노모토가 의견을 구한 내용은 도쿄에서 일본, 조선과 조약을 체결한 세 국가(미국, 영국, 독일) 및 아마도 프랑스와 러시아 대표가 참여할 것으로 보이는 회의에 미국이 참가할 의사가 있는지의 여부에 대한 건이었습니다.'

그러나 만일 그러한 경우에는 본인의 미국 동료와 같은 식의 답변을 한다면 전하의 의향에 합치되리라고 본인은 믿고 있습니다.

브란트

내용: 조선 중립화에 관한 일본의 계획

베를린, 1883년 3월 8일   A. 1041

1

주재 외교관 귀중
비밀

4. 파리 38번
5. 런던 43번
7. 워싱턴 A 1.

귀하의 친밀한 참고를 위하여 이번 달 7일의 베이징 주재 독일제국 공사의, 조선 중립화에 관한 일본의 계획에 대한 보고의 사본을 동봉하여 삼가 전달하게 되어 영광입니다.

18

조선의 차관 체결에 관하여

발신(생산)일	1883. 4. 12	수신(접수)일	1883. 5. 30
발신(생산)자	포케	수신(접수)자	비스마르크
발신지 정보	상하이 주재 독일 영사관	수신지 정보	베를린 정부
			A. 2442
메모	5월 31일 런던 전달		

A. 2442 1883년 5월 30일 수신

상하이, 1883년 4월 12일

비스마르크 각하 귀하

조선 정부는 몇 개월 전부터, 즉 일본과의 분쟁을 조정하려던 시기부터 500,000에서 1,000,000Taels의 차관을 체결시키기 위해 노력해 왔습니다. 이 금액의 일부는 일본에 지불해야 할 배상금으로, 나머지 일부는 최초의 세관 시설들을 건립하는 데 사용된다고 합니다.

원래는 이 차관을 중국 회사들의 중재를 통해 외국은행이나 상업기관과 체결하려고 했지만 성사되지 않았습니다. 그 이유는 조선 정부가 이를 위해 충분한 담보를 제공할 능력과 이에 대한 의지가 없었기 때문입니다. 이때까지 중국의 '윤선초상국[1]'은 별 가치 없는 광산 채굴권을 위해 이러한 거래를 하는 것을 거부해 왔지만, 결국 몇 주 전 리홍장[2]의 명령으로 조선인들에게 200,000Taels의 차관을 제공해 주기로 결정했습니다. 이 차관의 이자는 8퍼센트이며, 대출기간 5년이 만기되면 이 시점부터 2년 내에 상환해야 합니다. 차이나 해운은 이 거래의 담보로서 일부 인삼의 수출 독점권과, 본인이 정확한 금액은 알 수 없지만, 세관 수입의 일부를 넘겨받기로 했습니다.

조선 정부가 필요한 자금은 원래 그 액수가 크지 않지만, 그렇다고 이 차관만으로는 충분한 것은 아닙니다. 따라서 조선은 거래 시장에서 새로운 차관을 다시 얻으려고 할 것입니다.

브란트

내용: 조선의 차관 체결에 관하여

---

1 [감교 주석] 윤선초상국(輪船招商局, China Merchants Steam Navigation Company)
2 [감교 주석] 리홍장(李鴻章)

베를린, 1883년 6월 31일   A. 2442

주재 외교관 귀중
비밀

5. 런던 Nr. 95

귀하의 친밀한 참고를 위하여 베이징 주재, 현재는 상하이 주재 독일제국공사의 조선의 차관 도입에 관한 4월 12일의 보고 사본을 동봉하여 삼가 전달하게 되어 영광입니다.

[North China Daily News의 조선 관련 기사 첨부]

발신(생산)일	1883. 7. 6	수신(접수)일	1883. 8. 20
발신(생산)자	포케	수신(접수)자	비스마르크
발신지 정보	상하이 주재 독일 영사관	수신지 정보	베를린 정부
	No. 100		A. 3908
메모	원본 문서 Asien Franz Bes. 1 재중		

발췌

A. 3908   1883년 8월 20일

상하이, 1883년 7월 6일

Nr. 100

비스마르크 각하 귀하

　본인이 알고 있는 한, 그 후 정정된 약간의 정세보고를 이곳 신문 North China Daily News의 동봉한 스크랩이 포함하고 있습니다. 이 스크랩에 본인은 또 같은 신문에서 조선 상황에 대한 만주 봉천에서의 한 보고도 놓치지 않고 전하가 참고하시도록 삼가 첨부하는 바입니다.

포케

[첨부문서]의 내용(원문)은 독일어본 353~355쪽에 수록.

[North China Daily News의 조선 관련 기사 첨부]

발신(생산)일	1883. 8. 31	수신(접수)일	1883. 10. 12
발신(생산)자	가브리엘	수신(접수)자	비스마르크
발신지 정보	상하이 주재 독일 영사관 No. 122	수신지 정보	베를린 정부 A. 5043
메모	10월 15일 런던, 파리, 뮌헨, 드레스덴, 바이마르 전달		

발췌

A. 5043 1883년 10월 12일 수신

상하이, 1883년 8월 31일

No. 122

비스마르크 각하 귀하

이곳에서 발행되는 이번 달 28일 자 신문 North China Daily News에서 대반역 음모에 가담한 자의 처벌에 관한 조선 왕의 4개의 성명을 싣고 있는 스크랩을 동봉하여 전하에게 삼가 전달하게 되어 영광입니다.[1] 조선이 청국과 마찬가지로 비밀 결사와 동맹으로 무너지게 될지의 여부는 아직 알 수 없습니다. 하지만 어쨌든 이런 일은 이 나라의 막 시작된 교역의 발전에 방해가 될 것입니다.

가브리엘

원본 문서 Asien Franz Bes. 1 재중

---

1 [감교 주석] 임오군란 관련 고종의 교지로 보이나, 본문에서는 첨부된 기사가 누락되어 있음.

[조선의 인구]

발신(생산)일	1883. 12. 13	수신(접수)일	1884. 2. 16
발신(생산)자	바넨바흐	수신(접수)자	비스마르크
발신지 정보	베이징 주재 독일 공사관	수신지 정보	베를린 정부
	No. 138		A. 1025

A. 1025 1884년 2월 16일 수신, 첨부문서 1부

베이징, 1883년 12월 13일

No. 138

비스마르크 각하 귀하

상하이에서 발행되는 청국 신문 신보[1]의 보도에 의하면 조선 왕국에서 금년 10월 12일 총 인구 조사가 실시되어 다음과 같은 숫자가 전 왕국에 대한 결과로 나왔습니다.

가구: 2,355,499

개인: 10,518,937

그중   남자: 5,302,633

여자: 5,196,204

이 숫자는 완전히 정확하다고 할 수 없습니다. 왜냐하면 마지막 두 숫자의 합계가 단지 10,498,837명으로 나타나 있어서, 즉 20,100(명; 번역자)이 총 합계로 제시된 것보다 더 적기 때문입니다.

바넨바흐

내용: 조선의 인구

---

1 [감교 주석] 신보(申報)

1883년 12월 13일 No. 138의 첨부문서

조선의 인구

1883년 11월 11일 자 신보에 의하면 조선에서 금년 10월 12일 총 인구 조사가 실시되어 다음과 같은 숫자가 전 왕국에 대한 결과로 나왔습니다.

가구: 2,355,499
개인: 10,518,937
그중 남자: 5,302,633
여자: 5,196,204

(소견: 이 숫자는 완전히 정확하다고 할 수 없습니다. 왜냐하면 마지막 두 숫자의 합계가 단지 10,498,837명으로 나타나 있어서, 즉 20,100(명; 번역자)이 총 합계로 제시된 것보다 더 적기 때문입니다.)

아렌트

22

[우편선 침몰에 따른 보고서 재발송]

발신(생산)일	1884. 1. 16	수신(접수)일	1884. 3. 17
발신(생산)자	타텐바흐	수신(접수)자	비스마르크
발신지 정보	베이징 주재 독일 공사관 No. 10	수신지 정보	베를린 정부 A. 1749

사본

A. 1749 1884년 3월 17일 수신

베이징, 1884년 1월 16일

No. 10

이곳에 전보로 들어온 보고에 의하면 지난 해 12월 10일부터 14일까지 사이의 이곳 우체국에서 수송을 위탁받은 편지들을 실은 우편선 "Weiyüen"호가 공해에서 침몰하였다고 하는데 우편물까지도 구할 수 없을 것 같습니다.

그러므로 본인이 전하에게 보고 A 84, 85, 86, 87, 88 그리고 B No. 138[1]의 사본들을 동봉하여 삼가 제출하게 되어 영광입니다.

타텐바흐

원본 문서 Asien Franz Bes. 1 재중

---

1 [원문 주석] 2월 16일에 이미 도착하였음.

23

조선의 인구

발신(생산)일	1884. 1. 16	수신(접수)일	1884. 3. 17
발신(생산)자	타텐바흐	수신(접수)자	비스마르크
발신지 정보	베이징 주재 독일 공사관	수신지 정보	베를린 정부
	No. 138		
메모	A. 1025		

사본

베이징, 1883년 12월 13일

No. 138

비스마르크 각하 귀하

상하이에서 발행되는 청국 신문 신보의 보도에 의하면 조선 왕국에서 금년 10월 12일 총 인구 조사가 실시되어 다음과 같은 숫자가 전 왕국에 대한 결과로 나왔습니다.

　　　　가구: 　2,355,499
　　　　개인: 10,518,937
　그중　남자: 　5,302,633
　　　　여자: 　5,196,204

이 숫자는 완전히 정확하다고 할 수 없습니다. 왜냐하면 마지막 두 숫자의 합계가 단지 10,498,837명으로 나타나 있어서, 즉 20,100(명; 번역자)이 총 합계로 제시된 것보다 더 적기 때문입니다.

타텐바흐

내용: 조선의 인구

24

조선과 러시아 사이의 통상 조약

발신(생산)일	1884. 9. 23	수신(접수)일	1884. 9. 26
발신(생산)자	뷜러	수신(접수)자	비스마르크
발신지 정보	페테르부르크 주재 독일 대사관	수신지 정보	베를린 정부
	No. 242		A. 5951

A. 5951   1884년 9월 26일 수신

상트페테르부르크, 1884년 9월 23일

No. 242

비스마르크 각하 귀하

이곳(페테르부르크; 번역자) 언론에서는 이른바 최근에 조선과 러시아 사이에 이루어진 통상 조약의 체결에 폭넓은 기대를 나타내고 있습니다. 말씀드린 조약의 체결 당시 러시아의 전권대사는 베베르[1]였다고 합니다. 반면에 조선의 지도적 각료[2]인 묄렌도르프[3]가 상대 진영의 전권으로서의 역할을 담당했습니다.[4] 묄렌도르프는 칠년 전쟁 때에 유명한 프로이센의 원수의 후손입니다. 러시아의 극동에 있는 소유지들은 다른 조건들이 유리함에도 불구하고 노동력의 부족으로 인해 비참한 상태에 놓여 있는 것 같습니다. 아무르강 하구 지역은 그 얼마 되지 않는 주민들에게 필요한 식량조차도 생산하지 못해서 육류와 곡물을 수입하여야 합니다. 그래서 이 새로운 통상 조약의 결과로 9백만의 인구를 헤아리는 조선으로부터 필요한 수의 농부와 이주자들이 이 니콜라예브스크와 블라디보스토크 사이의 광활하지만 인구가 희박한 지역으로 이주해 오리라고 기대하고 있습니다.

벤 뷜러

내용: 조선과 러시아 사이의 통상 조약

---

1   [감교 주석] 베베르(K. I. Weber)
2   [감교 주석] 묄렌도르프는 통리교섭통상사무아문의 협판직을 맡고 있었음.
3   [감교 주석] 묄렌도르프(P. G. Möllendorf)
4   [감교 주석] 조러수호통상조약 체결 당시 조선 측 전권대신은 김병시(金炳始)였으나, 조약 체결 당시 이를 주도한 이가 묄렌도르프였음.

조선 왕의 생신 축하에 관하여

발신(생산)일	1884. 9. 18	수신(접수)일	1884. 11. 16
발신(생산)자	뷜러	수신(접수)자	비스마르크
발신지 정보	제물포 주재 독일영사관 No. 20	수신지 정보	베를린 정부 A. 7239

A. 7239 1884년 11월 16일

제물포, 1884년 9월 18일

No. 20

비스마르크 각하 귀하

　전하에게 삼가 다음과 같은 보고를 드리게 되어 영광입니다. 이번 달 14일 이곳에서는 조선 왕의 생신을 축하하였는데 그 축하의 한 방식으로 조선 정부는 이 나라에 거주하고 있는 외국인들과의 관계를 진흥시키기 위해 노력할 것이라고 선언했습니다.

　이 지역의 조선의 최고위직 관리인 감리서의 감리에 의해 외국 대표들과 다수의 외국 상인들에게 초대장이 발송되었고 약 80명의 내빈들이 성대하게 대접을 받았습니다. 그 중의 대부분은 일본인들이었습니다. 감리 외에 인천 부사[1], 도호부사[2] 그리고 많은 하급 관리들도 참석했습니다. 이 축하 행사는 서울에 있는 외아문(통리교섭통상사무아문; 번역자)의 지시에 따라 개최되었다고 알려져 있습니다. 이런 기회에서 나타난 바와 같이 조선의 관리들은 거의 호의적인 태도를 보였습니다. 조선의 외아문은 현재 아마도 묄렌도르프의 영향하에 있으며, (조선은 외국; 번역자) 정부에서 전권을 인정한 외교관들에게 충분히 높은 지위를 인정하는 것을 크게 중점을 두고 있습니다. 이런 근거에서 미국은 그 전권공사[3]가 이 나라에 직접 주재함으로써 큰 이익을 얻고 있는 것 같습니다. 반면에 영국은 베이징 주재 공사[4]의 지시 아래 있는 단지 총영사[5]로 하여금 현장에서(조선에서;

1　[감교 주석] 홍순학(洪淳學)
2　[감교 주석] 도호부사(都護府使)
3　[감교 주석] 푸트(L. H. Foote)
4　[감교 주석] 파크스(H. S. Parkes)

번역자) 바로 (영국을; 번역자) 대표하도록 했습니다.

부들러

내용: 조선 왕의 생신 축하에 관하여

---

5 [감교 주석] 애스턴(W. G. Aston)

[갑신정변 발발과 청일 군대의 충돌]

발신(생산)일	1884. 12. 12	수신(접수)일	1884. 12. 13
발신(생산)자	부들러	수신(접수)자	
발신지 정보	나가사키 주재 독일 영사관	수신지 정보	베를린 외무부
			A. 7811
메모	12월 14일 전보로 파리 150, 런던 174 전달		

사본

A. 7811　1884년 12월 13일 수신

전보

나가사키, 1884년 12월 12일 1시 25분.

베를린 외무부

서울에서 청일 양군 충돌[1] 일본군 철수 제물포 점거[2] 외국인은 무사 영국 포함 이곳 제물포 정박 중.

부들러

1　[감교 주석] 갑신정변

2　[감교 주석] 갑신정변 진압 이후 일본군은 제물포로 퇴각하였음. 당시 문서를 보면 일본군이 제물포를 점거하지는 않았음. 당시 조선에 주재하였던 영국과 미국외교관의 기록에도 점거라고 표현하고 있지 않음. 즉 부들러는 퇴각 사실을 점거로 오인해서 작성한 것으로 추정됨.

<table>
<tr>
<td>
용지 19번

전신선 2 _____번

전보 _____번

A. 7811 1884년 12월 13일

접수

12월 13일 1시 8분

비제에 의하여
</td>
<td>베를린, 외무부</td>
<td rowspan="2">
발송

12월 13일

브란데스에 의하여
</td>
</tr>
<tr>
<td>
독일제국의 전보

베를린 W.

중앙 전신국
</td>
</tr>
</table>

C. 187. 중앙 전신국

베를린 나가사키 104 23 12/12 1 25 n

서울에서 청일 양군 충돌 일본군 철수 제물포 점거 외국인은 무사 영국 포함 이곳
제물포 정박 중 8일 부들러+

C. 187. Haupt – Telegraphenamt

[세창양행의 갑신정변 발발 보고]

발신(생산)일	1884. 12. 13	수신(접수)일	
발신(생산)자	마이어	수신(접수)자	노르트도이췌 알게마이네 차이퉁
발신지 정보	함부르크	수신지 정보	

사본

함부르크, 1884년 12월 13일

전보

도착　　　1시 35분 N.

접수　　　2시 25분 N.

노르트도이췌 알게마이네 차이퉁[1] 귀중

본인의 코레아 하우스[2]는 그곳에서 폭동[3]이 일어났다고 방금 전보를 보냈음. 나의
회사 E. Meyer & Co.[4] 제물포는 무사함.

에두아르트 마이어

원본은 제 2분과에

1　[감교 주석] 노르트도이췌 알게마이네 차이퉁(Norddeutsche Allgemeine Zeitung)
2　[감교 주석] 코레아 하우스(Corea-Haus)
3　[감교 주석] 갑신정변
4　[감교 주석] 세창양행(世昌洋行)

베를린, 1884년 12월 (13일) 14일   A. 7811

주재 외교관 귀중   암호 전보
1. 호엔로에 후작 귀하   나가사키 주재 독일제국 영사는 조선에서 청일 양
   파리 150번   군 사이에 전투[5]가 일어났다고 전보함. 후자(일본
2. 뮌스터 귀하   군)는 후퇴하여 제물포를 점거함. 외국인들은 무사
   런던 174번   함. 영국 포함도 제물포에 정박 중. 그곳에서 이에
                           대해 아는 바를 전달해 주기를 요망함.
암호 Nr. 534
바흐만과 롤란트

---

5 [감교 주석] 갑신정변

[갑신정변 발발과 청일 군대의 충돌]

발신(생산)일	1884. 12. 15	수신(접수)일	1884. 12. 15
발신(생산)자	호엔로에	수신(접수)자	베를린 외무부
발신지 정보	런던 주재 독일 대사관 No. 165	수신지 정보	A. 7847
메모	12월 16일 파리 전달		

A. 7847 1884년 12월 15일 수신

전신

파리, 1884년 12월 15일 오후 1시

도착: 오후 3시 10분

No. 165

전보 제 150호에 대한 답신. 상해에 파견된 프랑스 외교사절의 보고에 의하면 조선의 수도에서 소요가 발생했으며 청나라 군대와 일본 군대 사이에 전투가 벌어졌다. 일본 공사관 건물이 파괴되었고, 왕자와 대신 6명이 피살되었다. 리훙장이 사태를 수습할 권한을 부여받았다. 총리는 전언에 사의를 표하고 계속해서 소식을 전해줄 것을 부탁했다. 앞으로 이곳에 들어오는 소식은 그가 나에게 전달해줄 것이다.

호엔로에

29

[영국으로부터 전한 갑신정변 발발 소식]

발신(생산)일	1884. 12. 15	수신(접수)일	1884. 12. 15
발신(생산)자	뮌스터	수신(접수)자	
발신지 정보	런던 주재 독일 대사관	수신지 정보	베를린 외무부
			A. 7851
메모	12월 16일 파리 전달		

A. 7851   1884년 12월 15일 수신

전보

런던, 1884년 12월 15일   12시   분   Nm.

도착: 4시   16분   Nm.

독일제국 대사

외무부 귀중

해독

No. 201

전보에 대한 답변 174번 +)*

영국의 제독이 홍콩에서 12월 13일 타전: 서울 (조선)에서 청인과 일본인들 사이에 소요가 일어남.[1] 일본 공사관 소실됨. 전함 Espoir호가 총영사[2]를 돕기 위해 제물포 앞에 정박. 파크스[3]가 12월 12일 타전: 청국 정부는 5일 서울에서의 소요에 대한 보고를 받았음. 왕자와 6명의 대신이 피살, 왕비 실종, 왕은 폭도에 의해서 끌려가다가 일본인[4]들에 의해 구출됨. 청일 양국군 사이의 여섯 번째 충돌, 그들 양군은 서로 궁궐을 점령하려

---

1   [감교 주석] 갑신정변
2   [감교 주석] 애스턴(W. G. Aston)
3   [감교 주석] 파크스(H. S. Parkes)
4   [감교 주석] 청국군의 오기로 보임.

했음. 총영사와 유럽인들에 대한 소식은 없음. 조선 주재 영국 총영사[5] 13일 타전: 서울에서 6명의 고위 관리 피살. 일본인, 조선인 그리고 청인들 사이의 분쟁임. 모든 유럽인들은 무사함.

---

* +) 삼가 첨부함.

이 전보들은 그랜빌[6]이 지금까지 받아서 본인에게 전달하여 주었습니다.

뮌스터

---

5 [감교 주석] 애스턴(W. G. Aston)
6 [감교 주석] 그랜빌(Earl Granville). 영국 외무부 장관

베를린, 1884년 12월 16일   A. 7847, 7851

호엔로에   No. 165 전보에 대한 답신[7]
귀하   런던주재 독일제국 대표자가 통고한 바에 따르면, 베이
                            징 주재 런던 공사 해리 파크스[8]가 다음과 같은 전보를
파리 No. 559   보냈다[9]고 합니다: "중국 [sic.] 안전"
                            이후 영국 정부는 조선의 폭동과 관련한 추가적인 소식
                            을 받지 못한 상황입니다.

---

7 [감교 주석] 제 3자가 취소선을 긋고 "관련"이라고 부기함.
8 [감교 주석] 파크스(H. S. Parkes)
9 [감교 주석] 제 3자가 취소선을 긋고 "보고했다"라고 부기함.

노르트도이췌 알게마이네 차이퉁[10]

1884년 12월 16일 자 590호

이번 달 8일 조선의 수도에서 벌어진 소요[11]에 대한 전보로 보내진 보고들이 또 상하이에서 우리에게 들어왔다. 그것에 의하면 서울에 있는 일본 공사관 건물이 청국 군대에 의해 파괴당했고 왕자와 6명의 대신이 피살되었다고 한다. 리훙장은 질서를 회복시킬 것을 위임받았다.

---

10 [감교 주석] 노르트도이췌 알게마이네 차이퉁(Norddeutsche Allgemeine Zeitung)
11 [감교 주석] 갑신정변

30

[갑신정변 발발에 따른 서구 열강 군함의 조선 파견 건]

발신(생산)일	1884. 12. 17	수신(접수)일	1884. 12. 18
발신(생산)자	뤼어젠	수신(접수)자	
발신지 정보	상하이 주재 독일 영사관	수신지 정보	베를린 외무부
			A. 7912
메모	12월 18일 해군본부 전달		

A. 7912 1884년 12월 18일 수신

전보

상하이, 1884년 12월 17일   4시 32분   N

도착   12월 18일   12시 15분   N

독일제국 총영사

외무부 귀중

해독

No. A

(서울 주재 독일 총영사; 감교자)젬부쉬[1]가 타전을 부탁: 일본과 격전 직접 위험에 처해 있는 외국인들이 함대 사령관과 공사관에 군함을 요청했음.

뤼어젠

---

1   [감교 주석] 젬부쉬(O. Zembsch)

[갑신정변 발발에 따른 서구 열강 군함의 조선 파견 건]

발신(생산)일	1884. 12. 17	수신(접수)일	1884. 12. 18
발신(생산)자	뤼어젠	수신(접수)자	
발신지 정보	상하이 주재 독일 영사관	수신지 정보	베를린 외무부
			A. 7912

A. 7912 1884년 12월 18일 수신

상하이, 1884년 12월 19일

No. 193

비스마르크 각하 귀하

해독

전하에게 본인은 삼가 어제 발송한 전보를 --- 영광입니다.
베를린 외무부

젬부쉬[1]가 타전을 부탁함:
일본과 격전 직접 위험에 처해 있는 외국인들이 함대 사령관과 공사관 측에 군함을
요청하는 전보를 타전했음.

뤼어젠
삼가 확인하기 위하여

뤼어젠

---

1   [감교 주석] 젬부쉬(O. Zembsch)

베를린, 1884년 12월 18일   ad A. 7912
금일

카프리비   상하이에서 발신한 공적인 전보에 의하면 조선 주재 독일
각하 귀하   제국 총영사 젬부쉬는 조선에서 일본과의 격렬한 전쟁의
                          발발이 즉각적으로 임박²한 것으로 여겨져 외국인들이 위
                          험에 처해 있기 때문에 그는 동아시아의 우리 함대 사령
                          관에게 군함을 요청한다고 밝히고 있습니다.
                              비록 본인은 제반 상황의 정세를 감안해 볼 때 이 요
                          청은 적절한 것으로 인정하여도 좋을 것 같다고 믿고 있
                          습니다. 그래서 본인은 수상 전하의 결정에 따라서 함대
                          사령관에게 전보 방식으로 전함을 조선으로 파견하기 위
                          한 전권을 부여하기를 특별히 간청합니다.

---

2 [감교 주석] 갑신정변의 책임을 둘러싼 조선과 일본의 갈등이 격화된 상황을 설명하고 있음.

[해군 본부에 발송한 전보 보고]

발신(생산)일	1884. 12. 19	수신(접수)일	1884. 12. 19
발신(생산)자	폰 카프리비	수신(접수)자	하츠펠트-빌덴부르크
발신지 정보		수신지 정보	베를린 외무부
			A. 7938
메모	12월 21일 해군본부 전달		

A. 7938   1884년 12월 19일 수신, 첨부문서 1부

베를린, 1984년 12월 19일

독일제국 국무대신 겸 외무부 장관
하츠펠트-빌덴부르크 각하 귀하

본인은 각하의 어제의 서한 (A. 7912 / J 5910번)에 대한 회신에 본인이 파쉔 사령관에게 타전한 전보의 사본을 동봉하여 각하에게 삼가 전달하게 되어 영광입니다.

카프리비

사본

국가급보

파쉔 사령관, 상해 주재 독일 기함

조선 주재 총영사의 요청에 따라서 가능하다면 Nautilus호를 파견하시기를

카프리비

[러시아 함대의 조선 파견 건]

발신(생산)일	1884. 12. 20	수신(접수)일	1884. 12. 20
발신(생산)자	슈바이니츠	수신(접수)자	
발신지 정보	페테르부르크 주재 독일 대사관	수신지 정보	베를린 외무부
	No. 198		A. 7965
메모	12월 21일 해군본부 전달		

A. 7965 1884년 12월 20일 수신

전보

상트페테르부르크, 1884년 12월 20일   8시 2분   N

도착: 7시 35분   N

독일제국 대사 외무부 귀중

해독

No. 198

기르스[1]의 제안에 따라 러시아는 그의 동아시아 함대의 선박 한 척을 조선에 파견함.

슈바이니츠

---

1 [감교 주석] 기르스(N. Girs) 러시아 외무부 장관

베를린, 1884년 12월 21일   A. 7965, 7935

육군대장 카프리비   파쉔 사령관은 조선 주재 독일제국 총영사의 요청에 따
각하 귀하   라서 가능한 한 "Nautilus"호를 그에게 제공하도록 하라
                                        고 지적했던 12월 19일의 각하의 서한과 관련하여 본인
                                        은 각하에게 삼가 다음과 같이 전달하게 되어 영광입니
                                        다. 즉 상트페테르부르크 주재 독일제국 대사는 러시아
                                        정부도 또한 그의 동아시아 함대의 선박 한 척을 조선
                                        에 파견하였다고 전보로 보고하였습니다.

[러시아 함대의 조선 파견 건]

발신(생산)일	1884. 12. 21	수신(접수)일	1884. 12. 21
발신(생산)자	된호프	수신(접수)자	
발신지 정보	도쿄 주재 독일 공사관	수신지 정보	베를린 외무부
			A. 7965
메모	12월 21일 파리 566, 페테르부르크 738, 런던 493 전달		

A. 7972 1884년 12월 21일 수신

전보

도쿄, 1884년 12월 21일   10시 10분   Vm
도착   8시 55분   Vm

독일제국 공사
외무부 귀중

해독

일본 외무대신[1]은 먼저 조선 정부와 그 다음으로는 청국 특별 전권대사와 개별적으로
회담하기 위해서 내일 조선으로 떠난다. 프랑스로부터 이미 연합을 제안받았다.[2] 그러나
우선은 시기상조라고 거부되었다.

된호프

---

1 [감교 주석] 이노우에 가오루(井上馨)
2 [감교 주석] 안남(安南; 베트남)을 두고 청국과 전쟁(청불전쟁; 감교자)을 수행 중이었던 프랑스는 그 전쟁
   을 유리하게 조성하기 위한 일환으로 갑신정변 당시 청국군과 충돌을 빚은 일본과의 제휴를 모색한 것으로
   보임.

베를린, 1884년 12월 21일 A. 7972

주재 외교관 귀하
1. 호엔로에 후작 귀하
   파리 No. 566

2. 육군대장 슈바이니츠 귀하
   상트페테르부르크 No. 738

3. 뮌스터 백작 귀하
   런던 No. 493

이 보고를 각하의 참고를 위하여 삼가 전달하게 되어 본인이 큰 영광으로 생각하는, 도쿄 주재 독일제국 공사의 21일의 전보 보고에 의하면 일본의 외무대신[3]이 우선 조선 정부와 그 다음에는 청국 특별 전권대사와 서울에서 발발한 소요에 대하여 협상하기 위하여 조선으로 떠납니다. 된호프 백작은 이에 덧붙여 말하기를, 이미 프랑스 측에서 일본 정부에 연합을 제안하였으나 일본 정부는 [sic.].[4]

---

3 [감교 주석] 이노우에 가오루(井上馨)
4 [감교 주석] 이하 내용 생략

35

[결빙으로 톈진 주둔 독일 군함의 제물포행 불가 보고]

발신(생산)일	1884. 12. 21	수신(접수)일	1884. 12. 21
발신(생산)자	카프리비	수신(접수)자	하츠펠트-빌덴부르크
발신지 정보		수신지 정보	베를린 외무부
			A. 7965

A. 7979 1884년 12월 21일 수신

베를린, 1884년 12월 21일

독일제국 국무대신 겸 외무부 대신
백작 폰 하츠펠트-빌덴부르크 각하 귀하

이번 달 19일의 본인의 보고 A. 7081. Ia, 선박 한 척을 조선으로 파견하도록 파쉔 사령관에게 내린 명령과 관련하여, 그 뒤를 이어 각하에게 삼가 다음과 같은 소식을 전달하게 되어 영광입니다. 즉 도착한 전보에 의하면 순양함 "Nautilus"호는 결빙 때문에 톈진을 떠날 수가 없었습니다.

카프리비

36

[갑신정변을 위정척사 세력이 일으킨 것으로 보고함]

발신(생산)일	1884. 12. 27	수신(접수)일	1884. 12. 31
발신(생산)자	호엔로에	수신(접수)자	비스마르크
발신지 정보	파리 주재 독일 대사관	수신지 정보	베를린 정부
	No. 341		A. 8151
메모	비밀		

발췌

A. 8151 1884년 12월 31일 수신

파리, 1884년 12월 27일

No. 341

비스마르크 각하 귀하

런던에서 한 프랑스 정보원으로부터 보고가 도착했습니다. 그 보고에서 본인은 다음과 같은 정보를 입수할 수 있었습니다. 첩보원이 말하기를 "유럽에서 사람들은 조선에서의 최근 반란[1]을 완전히 잘못 이해하고 있습니다. 이 반란은 결코 청국이나 또는 일본의 정치적 음모를 통해 야기된 것이 아닙니다. 두 나라는 이 시점에서는 곤란한 것을 회피하려고 하는 관심만을 가지고 있습니다. 그들은 조선과 관련해서는 서로 협력해야 한다는 것도 인식하고 있으며 또 문제는 러시아의 외부적 간섭을 저지하는 것이라는 것도 알고 있습니다. 이 반란은 단지 단순한 투쟁에 불과했고, 오래전부터 (조선 정부가 추진한; 번역자) 유럽인들과의 모든 관계(조선 정부의 문호개방정책; 감교자)에 적대적으로 대응하고 있는 열광적인 세력[2]의 운동입니다. 청국과 일본이 그곳 정부에게, 그들이 유럽 열강들과 통상조약을 체결해야만 독립을 유지할 수 있을 것이라고 권했기 때문에 조선에 도입된 신정책은 오래전부터 유럽과의 모든 관계를 거부하는 세력에 의해 타도의 대상이 되어 왔습니다. 이 세력의 우두머리는 왕의 형입니다.[3] 이 세력은 2년 전 폭도들

---

1 [감교 주석] 갑신정변
2 [감교 주석] 위정척사파
3 [감교 주석] 흥선대원군을 왕의 형으로 오인한 것으로 보임.

을 통해 일본 공사[4]를 쫓아냈고[5] 그래서 청국 군대가 조선에 파견되어 그들의 운동[6]을 진압하는 결과를 초래했습니다. 왕의 형은 포로로 청국에 끌려가서 그곳[7]에서 지금까지 유배 생활을 하면서 리훙장[8]의 감시를 받으며 살고 있습니다. 청국 군대는 지금도 조선에 주둔하고 있고 일본인들은 이삼백 명의 소부대를 통해 그들의 공사관을 호위하고 있습니다. 영국은 일본에서 청국에서와 마찬가지로 이와 같은 위병을 갖고 있습니다. 일본의 조선점령은 일어나지 않았습니다. 청국 군대와 일본 군대가 서로 싸웠다면 이는 단지 혼란 속에서 발생했을 것입니다. 조선 정부가 이를 스스로 행할 수 없다면 청국과 일본이 이 운동을 진압하여야만 했을 것입니다.[9] 어쨌든 청국은 일본인들까지 떠맡아 귀찮게 되고 싶은 마음은 없습니다.

호엔로에

원본 문서 Ägypten 5. 재중

---

4   [감교 주석] 하나부사 요시모토(花房義質)
5   [감교 주석] 임오군란
6   [감교 주석] 임오군란
7   [감교 주석] 보정부(保定府)
8   [감교 주석] 리훙장(李鴻章)
9   [감교 주석] 이 보고서는 갑신정변을 대원군을 중심으로 한 위정척사 세력이 일으킨 것으로 보고하고 있음. 이는 임오군란의 연장선에서 갑신정변을 잘못 이해한 결과로 보임.

37

동아시아에 관한 폰 기르스의 발언

발신(생산)일	1884. 12. 23	수신(접수)일	1885. 1. 1
발신(생산)자	슈바이니츠	수신(접수)자	비스마르크
발신지 정보	페테르부르크 주재 독일 대사관	수신지 정보	베를린 정부
	No. 343		A. 1
메모	1월 2일 런던 1, 파리 1, 빈 1 전달		

A. 1   1885년 1월 1일 수신, 첨부문서 1부

상트페테르부르크, 1884년 12월 23일

No. 343

비스마르크 각하 귀하

러시아 신문들은 외국에서 벌어지는 사건들의 경우, 그에 대한 언급이 해당 신문사를 곤란하게 하지 않는 한 항상 그 자료들을 신문사의 엄청난 지면을 채우는 데 이용하곤 합니다. 그들이 그렇게 하기에 조선에서 들어오는 미확인 소식들은 아주 좋은 자료가 되고 있습니다. 본인은 (러시아의; 번역자) 국수주의적 태도의 표본으로 이달 21일 자 "Nowoje Wremja"[1] 신문의 기사 하나를 동봉하여 각하에게 삼가 보고드리게 되어 영광입니다.

온건한 사람들까지도 기르스[2]의 비겁함을 비난하는 일이 빈번히 일어나지만 않는다면 언론의 그런 기사에 주목할 필요는 없습니다. 기르스가 쿨자 문제[3]에서 양보한 것을 놓고 지금까지도 종종 그에게 원망이 쏟아졌지만 청국이 프랑스와 전쟁[4]을 벌이고 있는 지금은 그에 대한 원망이 전보다 몇 배나 더 커졌습니다. 하지만 이 대신은 황제의 동의를 확신하고 있기에 그런 것에 전혀 개의치 않고 있습니다.

베이징 주재 러시아공사 포포프[5]는 프랑스인들의 태도가 매우 불쾌하고 청국인들은

---

1   [감교 주석] 러시아 일간지 "노보예 브레먀(Novoye Vremya)"
2   [감교 주석] 기르스(N. Giers)
3   [감교 주석] 쿨자(固勒札; Kulja), 오늘날 중국 신강지역의 이리(伊犁; Ili) 지역에 해당함. 쿨자 문제는 19세기 후반 러시아와 청국의 국경분쟁을 의미함.
4   [감교 주석] 청불전쟁(Sino-French War, 淸佛戰爭)
5   [감교 주석] 포포프(Popoff)

갈수록 오만해지고 있다고 평했습니다. 청국인들이 이제 와서 전쟁에 대한 배상을 요구하려 한다는 것입니다. 폰 기르스는 본인에게 이렇게 말했습니다. "자, 보십시오. 리바디아 조약[6]을 체결했을 때 제 판단이 옳았다는 게 입증됐습니다. 지금 우리는 필요한 모든 것을 얻어냈습니다. 1,600만 루블(Rubel)의 돈과 우리 무역상들의 자유왕래 말입니다. 사람이 어찌나 많은지 수천 명쯤 죽여야 겨우 공로가 입증되는 그런 나라와의 전쟁에서 대체 우리가 무엇을 얻을 수 있었겠습니까?"

폰 기르스는 계속해서 말을 이었습니다. "조선에 관해 말한다면, 우리한테는 반도의 서해안보다 동해안이 더 중요합니다. 현재 조선에서 제기될 수 있는 모든 문제에서 우리는 국교를 맺고 있는 일본과 보조를 맞출 것입니다. 하지만 미국이나 영국이 조선에서 우위를 점하려고 하지 않는 한 우리는 신중하게 지켜볼 것입니다."

러시아가 그들의 동아시아 함대 소속 배 한 척을 최근 폭동[7]이 일어난 조선으로 파견하였다는 사실은 본인이 일전에 이미 보고드렸습니다.

슈바이니츠

내용: 동아시아에 관한 폰 기르스의 발언

No. 143의 첨부문서

노보에 브레먀, 1884년 12월 21일(9일)[8]

조선에서의 러시아의 이익

······ 그들의 무역 문제가 걸려 있을 때는 어디든 무차별적으로 개입하는 영국인들이 이미 군함 한 척을 조선해역으로 파견했다. 반면 우리는 아직 조선에 아무 것도 파견하지 않았다. 하지만 만일 우리가 동양에서의 우월한 지위획득과 태평양에서의 향후 교역 증대에 가치를 두고 있다면 현재의 정세는 우리에게 영국보다 더 강력하게 행동에 나설

---

6 [감교 주석] 리바디아(Livadia) 조약. 1879년 쿨자 국경분쟁을 둘러싸고 청국과 러시아가 체결한 조약. 청국의 비준거부로 이 조약은 효력을 발휘하지 못하고, 1881년 청국과 러시아는 이리조약(상트페테르부르크조약)을 체결함.
7 [감교 주석] 갑신정변.
8 [감교 주석] 괄호 안의 날짜는 러시아력에 해당함.

것을 촉구한다. 영국보다는 조선과 직접 국경을 접하고 있는 우리가 조선 진출이 훨씬 더 용이하다. 우리한테는 순양함 한 척을 조선해역으로 파견하고, 더불어 소규모 파견부대를 그곳에 주둔시키는 것은 전혀 힘든 일이 아니다. 물론 군대 주둔은 적대적인 목적이 아니다.

태평양에 있는 우리의 항구 블라디보스토크는 조선에서 겨우 35마일 떨어져 있다. …… 조선은 지정학적으로 전략적 요충지이다. …… 러시아는 마땅히 태평양에서 미국과 대등하게 최고의 해군 보유국으로 등장해야 한다.[9] 현재 거의 무정부 상태나 다름없는 조선에 평화적인 압력을 가해 조선에서 우리의 영향력을 확실하게 구축하고 그 영향력이 확고부동한 우위를 점하도록 하는 것은 마땅히 우리가 해야 할 합리적인 일이다. 모든 정세 또한 우리에게 매우 유리하다. 조선에 대한 우리의 사적 관계도 그렇고 유럽에서 현재 우리가 처해 있는 정치적 상황 역시 마찬가지다. 대다수의 아시아 민족과 마찬가지로 조선인들은 이미 오래전부터 우리 러시아 사람들에게 우호적이다. 조선인들이 러시아 땅으로 이주하려 했을 때 우리의 지방관청에서 불허한 이유는 조선인을 청국인과 구별할 수 없었기 때문이다. 조선 정부에 대한 청국의 영향력을 과도하게 평가한 나머지 조선인들의 러시아 이주를 청국인들의 적대적 진출로 오해했던 것이다. 또한 우리는 조선이 우리에게 제공할 수 있는 무역의 이익들을 전혀 활용하지 않는 반면 영국과 미국, 심지어 독일까지도 이미 오래전부터 이익들을 챙기려 애쓰고 있다. 프랑스는 통킹에, 영국은 이집트와 인도에 매달려 있는 작금의 정세가 우리한테는 절호의 기회이다. 지리적으로 우리한테 아주 유리한 위치에 자리하고 있고, 거의 인구가 거의 8백만 명에 육박하는 나라를 무시해서는 안 된다.

조만간 우리는 청국인들과 담판을 지어야 할 것이다. 그때 가장 중요한 것은 조선에서 우리의 영향력과 청국의 영향력 중 어느 쪽이 더 우위를 점하고 있느냐 하는 것이다. 우리가 살아가고 있는 지금 이 시대는 매우 중요한 시기이다. 고도로 발전된 문명과 문화 덕분에 유럽이 점차 전 세계를 정복해가고 있다. 유럽 열강들은 구세계, 즉 아프리카와 아시아를 분할 점령하기 시작했다. 평화를 유지하는 데에는 식민지정책이 가장 효과적이다. 프랑스는 통킹을 점령했다. 또한 영국은 이집트에서, 독일은 아프리카에서 확고한 진지를 구축하려 애쓰고 있다. 만일 조선에서 러시아가 아닌 다른 나라의 영향력이 우세해진다면 그것은 옳지 않은 일로서 러시아의 식민지적 이해관계에도 해가 될 것이다. 조선에서는 러시아의 국기가 다른 어느 나라의 국기보다 더 높이 게양되어야 한다."

---

9 [원문 주석] 그러기 위해서 우리는 부동항이 필요하다.

베를린, 1885년 1월 2일   A. 1

주재 외교관 귀중   지난달 23일 자 상트페테르부르크 주재 독일제국대
1. 런던   No. 1   사의 조선 관련 보고 내용을 알려드리기 위해 삼가
2. 파리   No. 1   사본을 송부하여 드립니다.
3. 빈   No. 1

38

일본에 지불해야 할 조선의 배상금을 면제시켜준 일본 정부의 조치에 대한 조선 주재 총영사 젬부쉬의 보고

발신(생산)일	1884. 11. 6	수신(접수)일	1885. 1. 6
발신(생산)자	젬부쉬	수신(접수)자	비스마르크
발신지 정보	서울 주재 독일 총영사관	수신지 정보	베를린 정부
	No. 6		A. 94

A. 94   1885년 1월 6일 수신

서울, 1884년 11월 6일

No. 6

비스마르크 각하 귀하

한동안 이곳을 떠나 있던 서울 주재 일본 변리공사 다케조에 신이치로[1]가 며칠 전 일본 군함을 타고 다시 이곳으로 돌아왔다는 소식을 각하께 삼가 보고드리게 되어 영광입니다. 그는 일본 천황이 조선 국왕에게 보내는 선물과 함께 일본 정부가 1882년 일본 공사관 피습에 대한 배상금으로 조선이 지불하기로 한 총 50만 엔 중 40만 엔을 면제해 주었다는 소식을 전하였습니다. 지금까지 조선 정부가 75,000엔만 지불하였으므로 미지불 배상금은 이제 25,000엔 남아 있습니다.

일본의 이와 같은 관대한 조치는 11월 3일 열린 일본 천황 탄신축하연과 관련이 있는 것으로, 당연히 조선 정부를 크게 감동시켰습니다.

젬부쉬

내용: 일본에 지불해야 할 조선의 배상금을 면제시켜준 일본 정부의 조치에 대한 조선 주재 총영사 젬부쉬의 보고

---

1   [감교 주석] 다케조에 신이치로(竹添進一郎)

[조일 갈등 관련 영국의 공동 중재 제안]

발신(생산)일	1885. 1. 9	수신(접수)일	1885. 1. 9
발신(생산)자	말레	수신(접수)자	부쉬
발신지 정보	베를린 주재 영국 대사	수신지 정보	베를린 외무부
			A. 148
메모	1월 11일 자 직접 보고 1		

A. 148　1885년 1월 9일 수신

베를린, 1885년 1월 9일

His Excellency

Doctor Busch

Dear Doctor Busch,

It may interest you to know that in consequence of British mediation having been requested by Corea, our Consul General has been authorized to act in concert with his German and American Colleagues – The Japanese seem to have accepted the proposed mediation and the Chinese also ask for good offices.

Believe me wbc

sincerely yours

Edward Malet

[조일 갈등 관련 영국의 공동 중재 제안]

발신(생산)일	1885. 1. 9	수신(접수)일	1885. 1. 9
발신(생산)자	말레	수신(접수)자	부쉬
발신지 정보	베를린 주재 영국 대사	수신지 정보	베를린 외무부
			A. 148

외무부

번역

A. 148 1885년 1월 9일 수신

베를린, 1885년 1월 9일

외무부 차관 부쉬 박사 귀하

각하께서 흥미를 가지실 만한 소식이 하나 있습니다. 조선 정부가 영국에 중재[1]를 요청하였다는 소식입니다. 우리(영국; 번역자) 총영사는 독일과 미국 외교관들과 협력하여 중재에 나서 줄 것을 요청받았습니다. - 일본인들은 이 중재 요청에 동의하는 것으로 보이며, 청국인들 역시 중재를 요청하고 있습니다.

당신의 진실한 벗

에드워드 말레[2]

---

1 [감교 주석] 조선은 영국에게 거중조정(居中調整; good office)을 요청하였음. 이는 미국, 독일도 마찬가지였음. 이 보고서의 '중재'는 거중조정을 의미하는 것임.
2 [감교 주석] 베를린 주재 영국대사

번역

베를린, 1885년 1월 9일

친애하는 부쉬 박사님께

외무부 차관 부쉬 박사 귀하

각하께서 흥미를 가지실 만한 소식이 하나 있습니다. 조선 정부가 영국에 중재[3]를 요청하였다는 소식입니다. 우리(영국; 번역자) 총영사가 독일과 미국 외교관들과 협력하여 중재에 나서 줄 것을 위탁받았습니다. - 일본인들은 이 중재 요청에 동의하는 것으로 보이며, 청국인들 역시 중재를 요청하고 있습니다.

당신의 진실한 벗

말레

---

3 [감교 주석] 조선은 영국에게 거중조정(居中調整; good office)을 요청하였음. 이는 미국, 독일도 마찬가지 였음. 이 보고서의 '중재'는 거중조정을 의미하는 것임.

베를린, 1885년 1월 11일   A. 148

황제 폐하 귀하   폐하께서는 얼마 전 조선 수도 서울에서 일본군과 청국군 사
                       이에 유혈 충돌[4]이 발생했던 사실을 기억하고 계시리라 생각
                       합니다. 본인이 삼가 폐하께 동봉해 올리는 영국 대사의 이
                       서한에 따르면 조선 정부는 그 돌발사건을 타협적으로 해결
                       하기 위해 영국에 중재를 요청하였습니다.

---

4   [감교 주석] 갑신정변

베를린, 1885년 1월 11일

황제 폐하 귀하   폐하께서는 얼마 전 조선 수도 서울에서 일본군과 청국군 사이에 유혈 충돌[5]이 발생했던 사실을 기억하고 계시리라 생각합니다. 본인이 삼가 폐하께 동봉해 올리는 영국 대사의 이 서한에 따르면 조선 정부는 그 돌발사건을 타협적으로 해결하기 위해 영국에 중재를 요청하였습니다.

분

---

5   [감교 주석] 갑신정변

41

[한성조약 체결]

발신(생산)일	1885. 1. 15	수신(접수)일	1885. 1. 16
발신(생산)자	부들러	수신(접수)자	비스마르크
발신지 정보	나가사키 주재 독일 영사관	수신지 정보	베를린 정부
			A. 299

A. 299   1885년 1월 16일 수신

사본

전보

나가사키, 1885년 1월 15일. 오후 4시 2분.

독일제국 부영사

수신: 외무부

No. -

일본과 조선이 청국의 참여 없이 조약에 서명함.[1]

군대는 잔류키로 함.

서울 905

부들러

---

1   [감교 주석] 한성조약

외무부
A편

외무부 정치 문서고 조선 관계 문서

1885년 1월 20일부터
1885년 4월 23일까지

4권
참조: 5권

조선. No. 1

01

조선의 분쟁과 이노우에의 조선 파견

발신(생산)일	1884. 12. 22	수신(접수)일	1885. 1. 26
발신(생산)자	된호프	수신(접수)자	비스마르크
발신지 정보	도쿄 주재 독일공사관	수신지 정보	베를린 정부
	No. 61		A. 509

A. 509   1885년 1월 26일 수신

도쿄, 1884년 12월 22일

No. 61

비스마르크 각하 귀하

이달 초반 조선에서 발생한 폭동[1]과 그로 인한 일본과 청국 수비대 간의 갈등에 관해서는 조선에서 이미 각하께 보고드린 바 있습니다. 그로 인해 이곳 일본 정부와 국민이 몹시 격앙돼 있는 것은 분명합니다.

도쿄를 떠나 있던 외무대신[2]은 전신으로 귀환통보를 받고 지체 없이 도쿄로 돌아왔습니다. 그의 지시에 따라 외무성 관리 하나가 사태의 명확한 전말을 파악하고자 서울로 떠났습니다. 그리고 그 사이에 제물포에 모여든 일본 국민과 수비대의 안전을 지키고 구호활동을 하기 위해서 나가사키에 머물던 전함 한 척이 제물포로 떠났습니다.

이후 보다 자세한 사건 정황을 입수한 일본 정부는 베이징에서 전보로 요구해온 바에 따라 현지에 특사를 파견하기로 결정하였습니다. 갈등을 조율하기 위해 파견된 일본 특사는 마찬가지 임무를 띠고 청국 측에서 파견된 특별 전권대사와 서울에서 만나보라는 지령을 받았습니다.

일본 측에서는 외무대신이 천황에 의해 특사로 임명되었습니다. 광범위한 전권을 부여받은 외무대신은 오늘 아침 대규모 수행단을 이끌고 특별증기선에 올랐으며, 그 배는 전함의 호위를 받으며 제물포로 떠났습니다.

---

1   [감교 주석] 갑신정변
2   [감교 주석] 이노우에 가오루(井上馨)

외무부 정치 문서고 조선 관계 문서(1885.1.20~1885.4.23) **113**

외무대신이 일본을 떠나 있는 동안은 요시다[3] 외무차관이 그의 업무를 대행합니다.

된호프

내용: 조선의 분쟁과 이노우에의 조선 파견

---

3 [감교 주석] 요시다 기요나리(吉田淸成)

[이노우에의 조선 파견 목적]

발신(생산)일	1884. 12. 22	수신(접수)일	1885. 1. 26
발신(생산)자	된호프	수신(접수)자	비스마르크
발신지 정보	도쿄 주재 독일공사관	수신지 정보	베를린 정부
	No. 62		A. 510
메모	1월 30일 페테르부르크 55, 파리 49, 런던 36 전달		

A. 510 1885년 1월 26일 수신

도쿄, 1884년 12월 22일

No. 62

기밀문서

비스마르크 각하 귀하

이노우에[1]가 조선으로 떠나기 전 본인은 그와 비교적 긴 대화를 나누었습니다.

본인에게는 늘 솔직한 태도를 보였던 이노우에 대신은 은밀히 다음과 같이 털어놓았습니다. 즉 조선에서 일련의 사건[2]이 벌어진 직후 청국 정부가 도쿄에서 양국 간 해소되지 못한 견해차를 평화적으로 해결할 필요가 있다고 강조하기 시작했다는 것입니다. 그러면서 동시에 일본 정부에 조선에 특별 전권대사를 파견해 줄 것을 요청했다고 합니다. 청국 측에서도 전권대사를 파견할 테니, 사건의 실체를 규명한 뒤 양국 전권대사가 만나 평화적인 해결책을 모색해보자는 뜻이라고 합니다. 일본 정부는 가능하면 평화적으로 문제가 해결되기를 바라기 때문에 청국 측 제안을 검토 중에 있으며, 베이징을 향해 기왕의 사건들만이 아니라 향후의 예방책도 함께 협의해볼 의향이 있음을 통지하였다고 합니다. 이노우에 대신이 직접 조선특사 직을 떠맡은 것은 재질문[3]으로 인해 시간을 낭비

---

1   [감교 주석] 이노우에 가오루(井上馨)
2   [감교 주석] 갑신정변
3   [감교 주석] 정책 결정권자가 아닌 경우, 합의에 이르기까지 본국 정부의 거듭된 훈령을 받아야 하는 점을 염두에 두는 것으로 보임.

하지 않기 위해서라고 합니다. 그의 계획은 아래와 같습니다. 첫째, 이미 조선 군대의 소행임이 밝혀진 일본 공사관과 병영의 방화사건 및 조선인에 의한 일본 상인들의 인적, 물적 피해 건에 대해 독립국가 정부로서 조선 정부와 단독으로 협상하는 것. 둘째, 청국 군의 근거 없는 사태 개입 및 향후 유사사건의 재발 방지책에 대해 마찬가지로 단독으로 청국 전권대사와 협상하는 것.

후자와 관련해 이노우에 대신이 아주 비밀스럽게 털어놓은 바에 따르면, 그는 지금이 청국과 함께 조선 문제를 해결할 최적의 시기로 생각하기 때문에 청국군의 조선 철수를 확실하게 요구할 것이라고 했습니다. 물론 그렇게 될 경우 일본군도 조선에서 철수할 의향이 있음을 밝힐 것이라고 했습니다. 청국이 그의 요구를 거절할 경우 조선에 주둔하고 있는 일본 수비대 병력을 청국과 같은 수준으로 늘릴 결심이라고 했습니다. 그럴 경우 양국 군대의 충돌은 단지 시간문제로서, 그는 단시일 내에 그런 일이 발생할 것으로 믿는다고 했습니다.

더 나아가 이노우에 대신은 아주 은밀히 이런 말도 했습니다. 서울 사태 이후로 상하이 주재 프랑스 영사 파테노트르[4]가 상하이 주재 일본 총영사에게 수차에 걸쳐 프랑스가 일본 정부에 제안한 동맹[5]에 관해 자신이 직접 일본 정부와 협상을 벌이고 싶다는 뜻을 피력하면서, 그러기 위해서 페리[6]로부터 자신이 전권을 부여받았다는 사실을 일본 정부에 전해달라고 요청했다는 것입니다. 이노우에 대신은 그러한 요구에 대해 일본 정부는 가능하면 갈등을 평화적으로 해결하기를 원하기 때문에 일단 그러한 협상을 벌이는 것은 시기상조로 보인다고 답변했다고 합니다. 본인은 이노우에 대신이 전에는 전혀 뜻이 없었던 프랑스와의 동맹을 이제는 경우에 따라서 완전히 불가능한 일만은 아니라고 생각하고 있는 듯한 인상을 받았습니다. 특히 그는 프랑스 선박과 일본군대가 힘을 합치면 아주 훌륭한 연합체가 될 것이라고 암시했습니다.

또한 이노우에가 하나 더 아주 솔직하게 털어놓은 바에 의하면, 본인의 영국 동료[7] 한테서도 청국에 대해 신중하게 행동할 것과 혹시 일본에 위험을 초래할 수도 있는 중대한* 난관들은 절대 유발하지 말라는 충고를 받았다고 합니다.

대신은 이런 좋은 충고들을 수용할 생각이 별로 없는 듯합니다. 그는 모든 충돌을

---

4 [감교 주석] 파테노트르(Patenotre)
5 [감교 주석] 청불전쟁(Sino-French War, 淸佛戰爭)을 수행하였던 프랑스의 동아시아 주재 외교관들은 청국을 압박하기 위한 목적에서 조선에서 청국과 무력 충돌을 하였던 일본과의 동맹을 염두에 둔 것으로 보임.
6 [감교 주석] 쥘 페리(J. Ferry). 당시 프랑스 총리.
7 [감교 주석] 도쿄 주재 영국 공사 플런켓(F. R. Plunkett)으로 추정. 당시 영국외교문서에는 플런켓이 이노우에에게 대청 정책을 신중하게 처리할 것을 충고하는 내용이 수록됨.

피하고 싶고 피하려 애쓰는 것은 맞지만 어떻게든 일본의 위신을 지켜야 하고 또 지킬 것이라고 말했습니다. 본인은 이것 또한 서울에서 열릴 협상의 기본 정신이라고 굳게 믿고 있습니다.

　본인의 러시아 동료[8]는 페테르부르크에서 현 사태를 파악해 보고하는 임무를 부여받은 공사관 서기관[9]이 전함을 이용해 제물포로 파견될 것이라는 훈령을 받았습니다. 당사자는 어제 요코하마에서 출항하였습니다.

되호프

8　[감교 주석] 다비도프(A. P. Davydov). 도쿄 주재 러시아 공사
9　[감교 주석] 슈뻬이예르(A. Speyer)

03

[갑신정변 전말 보고]

발신(생산)일	1884. 12. 8	수신(접수)일	1885. 1. 26
발신(생산)자	부들러	수신(접수)자	비스마르크
발신지 정보	제물포 주재 독일영사관 No. 15	수신지 정보	베를린 외무부 A. 511

A. 511 1885년 1월 26일 수신

제물포, 1884년 12월 8일

비스마르크 각하 귀하

(생략)[1] 4일 저녁 민영익[2]이라는 조선 고위관리가 노상에서 정체불명의 사람들로부터 기습공격을 받고 부상을 당했습니다.[3] 왕비의 친척인 그는 친선사절[4]로 미국을 방문한 적이 있으며 친청파 인물이라고 합니다. 사건은 발생 직후 우연히 외국대표들에게 알려지게 되었는데, 그 즉시 일본 공사관 수비대 약 160명에게 경계령이 떨어졌습니다. 일본 변리공사 다케조에[5]가 본인에게 직접 이야기한 바에 따르면, 그는 조선 국왕의 요청에 따라 왕을 보호한다는 명목으로 공사관 수비대를 이끌고 궁궐로 들어갔습니다. 5일에는 수 명의 고위관리들이, 대부분 친청파 고위관리 6명이라고 짐작하고 있습니다, 친일파[6]의 주도하에 살해되었습니다. 청국 대표가 일본 대표의 궁궐 철수를 요구했으나 거절당하자 당일인 5일 오후 청국 군대와 조선 군대가 궁궐 진입을 시도했으나 실패했습니다. 6일 재차 진입을 시도하자 일본 군대가 잠시 저항하다 궁궐을 떠났는데, 그 과정에서 양측 모두 사상자가 약간 명씩 발생했습니다.

일본군은 공사관으로 퇴각했습니다. 7일 공사관 건물에 좀 더 심각한 공격이 가해지

---

1 [감교 주석] (생략)은 원문 표기
2 [감교 주석] 민영익(閔泳翊)
3 [감교 주석] 갑신정변
4 [감교 주석] 보빙사
5 [감교 주석] 다케조에 신이치로(竹添進一郎)
6 [감교 주석] 급진개화파. 일본의 한국 식민지화와 일제의 식민 정책에 협조한 '친일파'와 동일한 개념이 아님. '일본에 우호적인 세력'으로 이해하는 것이 타당함.

자 변리공사는 오후에 공사관 직원들, 요원들, 일본 상인들을 인솔해 서울을 떠났습니다. 소규모 전투가 몇 건 벌어졌으나 일본인들은 질서정연하게 퇴각할 수 있었고, 오늘 아침 날이 밝은 직후 이곳 제물포에 도착하였습니다. 승무원이 약 100명쯤 되는 일본 군함 한 척이 외항에 정박해 있습니다. 상당히 오래전부터 이곳에 머물고 있는 군함으로, 군인들은 일본인거류지의 민가에서 숙영하고 있습니다. 제물포 고지대에서는 서울을 향해 일본군 초병들이 경계를 서고 있습니다. 정기적으로 이곳을 왕래하는 일본 상선이 6일 이곳에 도착한 뒤 내항에 정박해 있습니다. 본인이 일본 영사관에 확인한 바에 따르면, 일본 당국이 일본에 소식을 전달하기 위해 이 상선을 용선하였으며, 내일 곧장 나가사키로 출항한다고 합니다. 여자들과 어린아이들은 이 상선에 태워 보낼 예정이라고 합니다.

이곳은 아직까지는 질서가 잘 유지되고 있습니다. 청국 영사와 일본 영사, 그리고 두 나라의 상인들도 아직은 좋은 관계를 유지하고* 있습니다. 승무원이 약 80명인 영국 군함 "Espoir"호는 내항에 정박 중입니다. 혹시 조선 주민들이 공격해올 경우를 대비해 스무 명쯤 되는 유럽 및 미국 이주민들이 청국과 일본 영사와의 합의하에 대비책을 마련했는데, 그 대비책에 필요한 경우 영국 군함의 협력이 보장되어 있습니다. 필요한 경우 영국과 미국, 그리고 독일 대표의 서울 철수를 용이하게 해줄 목적으로 이 영국 군함의 함장이 오늘 8명의 부하를 대동하고 서울로 출발하였습니다. 여러 소식들을 종합해 볼 때 아직까지 그들은 무사합니다. 묄렌도르프[7]와 그의 직원들 역시 무사합니다. 청국군이 수도의 질서를 유지하고 있습니다.

부들러

추신.

(생략)[8] 청국 영사가 본인을 찾아와 청국 입장에서 여러 가지 사실들을 이야기해주었습니다. 그의 말에 따르면 일본인들은 궁궐을 점령한 뒤 조선 정부를 자기편으로 끌어들이려고 시도했습니다. 청국 대표들이 국왕을 알현하고자 하였으나 허락되지 않았고 대여섯 명의 조선 고위관리가 일본인들에 의해 살해되었다고 합니다. 청국인들이 일본인들에게 궁궐을 떠날 것을 요구하였으나 거절당했고, 일본인들이 먼저 발포를 시작했다고 합니다. 싸움을 건 쪽은 명백히 일본인들이었다는 것입니다. 조선 국왕은 현재 청국군

---

7 [감교 주석] 묄렌도르프(P. G. Möllendorff)
8 [감교 주석] (생략)은 원문 표기

의 병영에 머물고 있습니다.

본인이 오늘 저녁 일본 변리공사를 방문했을 때 그가 사건에 대해 설명해주겠다고 했습니다. 중요한 것은 그가 일본 수비대와 함께 궁궐에 들어간 것은 어디까지나 조선 국왕의 분명한 요청에 따른 것이었다고 했습니다.[9]

청국 영사[10]가 오늘 오후 일본 변리공사를 방문했습니다. 두 사람은 이 사건이 국제법의 원칙에 따라 처리되어야 하며, 또한 이 사건으로 비전투요원들이 피해를 입어서는 안 된다는 것에 의견의 일치를 보았습니다. 청국군과 조선군은 일본인들을 제물포에서 몰아낼 의도는 없어 보입니다. 따라서 이곳에서는 더 이상 전투가 벌어지지는 않을 것으로 예상됩니다. 하지만 일본인들은 습격에 대비해 경계를 늦추지 않고 있으며 오늘 저녁에는 거주지에서 멀지 않은 서울 거리에 야포를 배치했습니다.

(생략)[11] 중국군이 궁궐을 점령한 뒤 10명 내지 11명의 친일파 조선관리가 살해되었다는 소문이 있습니다. (생략)[12]

---

9 [감교 주석] 다케조에가 고종의 뜻이라면서 내세운 근거는 '일사래위(日使來衛)'라는 글이 담긴 문서를 받았다는 데에 있음. 하지만 정변 진압 직후, 조선 정부는 김옥균이 이 문서를 조작하였다고 주장함으로써, 조선과 일본 사이의 외교문제로 비화되었음.

10 [감교 주석] 천수탕(陳樹棠). 조선에서 천수탕의 정확한 직함은 영사가 아니라 총판조선상무위원(總辦朝鮮商務委員)임.

11 [감교 주석] (생략)은 원문 표기

12 [감교 주석] (생략)은 원문 표기

04

[갑신정변 전말 보고]

발신(생산)일	1884. 12. 8	수신(접수)일	1885. 1. 26
발신(생산)자	부들러	수신(접수)자	비스마르크
발신지 정보	제물포 주재 독일영사관	수신지 정보	베를린 외무부
	No. 15		A. 511
메모	1월 30일 런던 37, 파리 50, 페테르부르크 59, 빈 47, 독일궁정 3 전달 (Cf. A.4560 de 94)		

A. 511 1885년 1월 26일 수신

제물포, 1884년 12월 8일

비스마르크 각하 귀하

독일제국 총영사가 내일 뜻밖의 기회에 서울에서 보고드릴 상황이 아닐 듯하여 아무래도 본인이 각하께 삼가 조선의 수도에서 최근 벌어진 사건들에 관해 간단히 보고드리는 것이 의무라고 생각합니다.[1]

4일 저녁 민영익[2]이라는 조선 고위관리가 노상에서 정체불명의 사람들로부터 기습공격을 받고 부상을 당했습니다.[3] 왕비의 친척인 그는 친선사절[4]로 미국을 방문한 적이 있으며 친청파 인물이라고 합니다. 사건은 발생 직후 우연히 외국대표들에게 알려지게 되었는데, 그 즉시 일본 공사관 수비대 약 160명에게 경계령이 떨어졌습니다. 일본 변리공사 다케조에[5]가 본인에게 직접 이야기한 바에 따르면, 그는 조선 국왕의 요청에 따라 왕을 보호한다는 명목으로 공사관 수비대를 이끌고 궁궐로 들어갔습니다. 5일에는 수명의 고위관리들이, 대부분 친청파 고위관리 6명이라고 짐작하고 있습니다, 친일파[6]의

---

1 [감교 주석] 원문에는 '독일제국 ~ 생각합니다.'에 취초선 표기됨.
2 [감교 주석] 민영익(閔泳翊)
3 [감교 주석] 갑신정변
4 [감교 주석] 보빙사
5 [감교 주석] 다케조에 신이치로(竹添進一郎)
6 [감교 주석] 급진개화파. 일본의 한국 식민지화와 일제의 식민 정책에 협조한 '친일파'와 동일한 개념이 아님. '일본에 우호적인 세력'으로 이해하는 것이 타당함.

주도하에 살해되었습니다. 청국 대표가 일본 대표의 궁궐 철수를 요구했으나 거절당하자 당일인 5일 오후 청국 군대와 조선 군대가 궁궐 진입을 시도했으나 실패했습니다. 6일 재차 진입을 시도하자 일본 군대가 잠시 저항하다 궁궐을 떠났는데, 그 과정에서 양측 모두 사상자가 약간 명씩 발생했습니다.

일본군은 공사관으로 퇴각했습니다. 7일 공사관 건물에 좀 더 심각한 공격이 가해지자 변리공사는 오후에 공사관 직원들, 요원들, 일본 상인들을 인솔해 서울을 떠났습니다. 소규모 전투가 몇 건 벌어졌으나 일본인들은 질서정연하게 퇴각할 수 있었고, 오늘 아침 날이 밝은 직후 이곳 제물포에 도착하였습니다. 승무원이 약 100명쯤 되는 일본 군함 한 척이 외항에 정박해 있습니다. 상당히 오래전부터 이곳에 머물고 있는 군함으로, 군인들은 일본인거류지의 민가에서 숙영하고 있습니다. 제물포 고지대에서는 서울을 향해 일본군 초병들이 경계를 서고 있습니다. 정기적으로 이곳을 왕래하는 일본 상선이 6일 이곳에 도착한 뒤 내항에 정박해 있습니다. 본인이 일본 영사관에 확인한 바에 따르면, 일본 당국이 일본에 소식을 전달하기 위해 이 상선을 용선하였으며, 내일 곧장 나가사키로 출항한다고 합니다. 여자들과 어린아이들은 이 상선에 태워 보낼 예정이라고 합니다.

이곳은 아직까지는 질서가 잘 유지되고 있습니다. 청국 영사와 일본 영사, 그리고 두 나라의 상인들도 아직은 좋은 관계를 유지하고* 있습니다. 승무원이 약 80명인 영국 군함 "Espoir"호는 내항에 정박 중입니다. 혹시 조선 주민들이 공격해올 경우를 대비해 스무 명쯤 되는 유럽 및 미국 이주민들이 청국과 일본 영사와의 합의하에 대비책을 마련했는데, 그 대비책에 필요한 경우 영국 군함의 협력이 보장되어 있습니다. 필요한 경우 영국과 미국, 그리고 독일 대표의 서울 철수를 용이하게 해줄 목적으로 이 영국 군함의 함장이 오늘 8명의 부하를 대동하고 서울로 출발하였습니다. 여러 소식들을 종합해 볼 때 아직까지 그들은 무사합니다. 묄렌도르프와 그의 직원들 역시 무사합니다. 청국군이 수도의 질서를 유지하고 있습니다.

시간이 촉박하여 본 보고서를 나가사키 주재 독일제국 영사에게 보내오니 보고서의 사본을 지체 없이 베이징과 도쿄 주재 독일제국 대표들과 동아시아 담당 국장에게 보내줄 것을 부탁합니다.[7]

부들러

---

7   [감교 주석] 원문에는 '시간이 ~ 부탁합니다.'에 취소선 표기됨.

추신.

저녁 7시. 일본인들이 전함에서 대포 두 대를 하선했습니다. 대포 한 대당 포병 14명이 한 조로 함께 움직였습니다. 그 이외에 전함에서 약 40명의 병사가 하선했습니다. 아무래도 배 안에 공간을 확보하려는 의도인 듯합니다. 여자들과 아이들이 그 배에 승선했습니다.

서울에 있는 유럽인들이 공사관들이 잘 보호되고 있다는 소식을 전해주면서 영국의 호위는 어려움 없이 수용될 것이라고 말했습니다. 또한 그들의 보고에 따르면 폰 묄렌도르프가 현재 도피중인데, 유럽식 복장을 하고 이곳을 향해 오는 중이라고 합니다.[8]

청국 영사가 본인을 찾아와 청국 입장에서 여러 가지 사실들을 이야기해주었습니다. 그의 말에 따르면 일본인들은 궁궐을 점령한 뒤 조선 정부를 자기편으로 끌어들이려고 시도했습니다. 청국 대표들이 국왕을 알현하고자 하였으나 허락되지 않았고 대여섯 명의 조선 고위관리가 일본인들에 의해 살해되었다고 합니다. 청국인들이 일본인들에게 궁궐을 떠날 것을 요구하였으나 거절당했고, 일본인들이 먼저 발포를 시작했다고 합니다. 싸움을 건 쪽은 명백히 일본인들이었다는 것입니다. 조선 국왕은 현재 청국군의 병영에 머물고 있습니다.

본인이 오늘 저녁 일본 변리공사를 방문했을 때 그가 독일제국 총영사를 위해 사건에 대해 설명해주겠다고 했습니다. 중요한 것은 그가 일본 수비대와 함께 궁궐에 들어간 것은 어디까지나 조선 국왕의 분명한 요청에 따른 것이었다고 했습니다.[9]

청국 영사[10]가 오늘 오후 일본 변리공사를 방문했습니다. 두 사람은 이 사건이 국제법의 원칙에 따라 처리되어야 하며, 또한 이 사건으로 비전투요원들이 피해를 입어서는 안 된다는 것에 의견의 일치를 보았습니다. 청국군과 조선군은 일본인들을 제물포에서 몰아낼 의도는 없어 보입니다. 따라서 이곳에서는 더 이상 전투가 벌어지지는 않을 것으로 예상됩니다. 하지만 일본인들은 습격에 대비해 경계를 늦추지 않고 있으며 오늘 저녁에는 거주지에서 멀지 않은 서울 거리에 야포를 배치했습니다.

서울을 떠난 수명의 외국 세관원들이 오늘 저녁 이곳에 도착했습니다. 그들의 말에 따르면 서울에서는 일상적인 생필품을 구하는 것이 불가능했다고 합니다. 그러나 오는

---

8 [감교 주석] 원문에는 '저녁 ~ 합니다.'에 취소선 표기됨.

9 [감교 주석] 다케조에가 고종의 뜻이라면서 내세운 근거는 '일사래위(日使來衛)'라는 글이 담긴 문서를 받았다는 데에 있음. 하지만 정변 진압 직후, 조선 정부는 김옥균이 이 문서를 조작하였다고 주장함으로써, 조선과 일본 사이의 외교문제로 비화되었음.

10 [감교 주석] 천수탕(陳樹棠). 조선에서 천수탕의 정확한 직함은 영사가 아니라 총판조선상무위원(總辦朝鮮商務委員)임.

도중 고초를 겪지는 않았다면서, 외국 대표들은 늦어도 내일 아침에는 이곳을 향해 출발할 예정이라고 합니다.[11]

중국군이 궁궐을 점령한 뒤 10명 내지 11명의 친일파 조선관리가 살해되었다는 소문이 있습니다.

청국의 전함 한 척이 며칠 전 마삼포[12](이곳에서 남쪽으로 40해리 떨어진 곳입니다.) 항에 정박해 있었습니다. 따라서 그 배를 통해 사건에 관한 소식이 재빨리 청국에 전해질 것 같습니다.

본인은 나가사키 주재 독일제국 영사에게 아래의 전보를 베를린 외무성 및 베이징과 도쿄 주재 독일제국 공사관에 발송해주시기를 요청 드립니다.[13]

제물포, 8일.   부들러

---

11 [감교 주석] 원문에는 '서울을 ~ 합니다.'에 취소선 표기됨.
12 [감교 주석] 원문에는 Masampo로 표기되어 있음. 마산포(馬山浦)의 오기로 보임.
13 [감교 주석] 원문에는 '청국의 ~ 드립니다.'에 취소선 표기됨.

베를린, 1885년 1월 30일

주재 외교관 귀중
기밀문서
1. 페테르부르크 No. 58
2. 파리 No. 49
3. 런던 No. 36

귀하께 지난달 22일 도쿄 주재 독일제국 공사가 보낸 보고서 사본을 개인적 기밀 정보로 전달하게 되어 영광입니다, 청국과 조선에 대한 일본의 한계에 관한 내용입니다.

베를린, 1885년 1월 30일

주재 외교관 귀중

1. 런던 No. 37

2. 파리 No. 50

3. 상트페테르부르크 No. 59

4. 빈 No. 47

18. 뮌헨 No. 27

19. 드레스덴 No. 24

20. 슈투트가르트 No. 23

귀하께 지난달 8일 제물포(조선) 주재 독일제국 영사[14]가 보내온 보고서의 발췌문을 개인적 정보로 전달하게 되어 영광입니다. 서울에서 발생한 폭동[15]에 관한 내용입니다. 경우에 따라 1-7에 첨가된 내용은 귀하의 판단에 따라 처리하실 수 있습니다.

---

14 [감교 주석] 부들러(H. Budler). 부영사
15 [감교 주석] 갑신정변

05

조선에서의 폭동

발신(생산)일	1884. 12. 19	수신(접수)일	1885. 1. 31
발신(생산)자	뤼르젠	수신(접수)자	비스마르크
발신지 정보	상하이 주재 독일총영사관	수신지 정보	베를린 정부
	No. 192		A. 635

A. 635 1885년 1월 31일 수신, 첨부문서 1부

상하이, 1884년 12월 19일

No. 192

비스마르크 각하 귀하

(서울 주재; 감교자) 독일제국 총영사 젬부쉬[1]가 이달 8일 발송해 어제 본인에게 도착한 서한의 사본을 각하께 삼가 송부하게 되어 영광입니다. 조선의 정세[2]에 관한 내용입니다. 한 가지 더 보고드릴 것은 조선으로 즉시 전함 1척을 파견해 달라는 젬부쉬 총영사의 요청에 따라 본인은 현재 홍콩에 머물고 있는 함장과 베이징 주재 독일제국 공사에게 전보로 그 소식을 알렸습니다. 베이징 주재 공사에게는 상기 언급된 서한의 사본도 함께 전달하였습니다.

각하의 군함 일티스호는 전신으로 함장 파셴의 명령을 받고 방금 조선으로 가기 위해 상하이항을 떠났습니다.

뤼르젠

내용: 조선에서의 폭동, 첨부문서 1부

---

1 [감교 주석] 젬부쉬(O. Zembsch)
2 [감교 주석] 갑신정변

No. 192의 첨부문서

No. 109 사본

서울, 1884년 12월 9일

독일제국 총영사 뤼르젠 박사 귀하

귀하께 서울에서 혁명[3]이 일어났다는 사실을 황급히 알려드립니다. 혁명은 모반에 의해 준비된 것으로 보입니다. 명망 있는 대신들과 고위직 인사들이 상당수 살해되었습니다. 일본공사관 수비대와 서울에 주둔하고 있는 청국군이 충돌하였습니다. 그 후 조선인들의 공격을 받은 일본군은 전투를 벌이면서 서울에서 제물포로 퇴각하였습니다. 이곳에 살고 있는 많은 일본인들이 분노한 조선 민중에 의해 피살되었습니다. 아직 채 완공되지 않은 일본공사관 건물이 화재로 소실되었습니다. 서울에 있는 다수의 다른 건물들 역시 불탔습니다. 흥분한 군중들이 혹시 다른 나라 사람들한테도 폭력을 행사할까 두려워하고 있습니다. 일본은 조선과 전쟁이라도 벌일 기세입니다. 만약 실제로 전쟁이 일어나면 안 그래도 부족한 교통수단이 파괴되어 서울에는 기근현상이 벌어질 것입니다. 그럴 경우 외국인들은 모두 극도의 위험에 처하게 됩니다. 당장 고려해야 할 것은 조선을 오가는 선박은 일본증기선 하나뿐인데 전쟁 발발 시 그 배는 일본인들이 사용할 가능성이 높기 때문에 생필품 공급이 원활하게 이루어지지 않을 수 있다는 것입니다. 일단 긴급사태가 발생하면 외국인들은 이곳을 떠날 방법이 전혀 없습니다. 이런 상황을 고려하여 겨울 동안 피난을 가야 할 외국인들을 안전하게 대피시킬 수 있도록 함대사령관에게 각하의 전함 한 척을 제물포로 파견하라는 훈령을 하달해주시기를 간곡히 요청 드립니다. 외국 대표들 역시 이곳에서 철수할 가능성이 아주 높습니다. 현재 본인은 베이징 주재 독일제국 공사[4]에게 서한을 보낼 만한 여유가 없습니다. 상황이 너무 다급하기 때문입니다. 따라서 각하께서 이 사실을 전보로 통보해주는 동시에 함대사령관에게도 전달되도록 조처해 주시기를 요청 드립니다. 더 나아가 수상 각하께서 이 긴박한 위험에 대해 전보로 통보해 주시기를 삼가 요청 드리며, 전보의 내용은 대략 다음과 같이 해주실 것을 제안 드립니다.

---

3   [감교 주석] 갑신정변
4   [감교 주석] 브란트(M. Brandt)

"조선에서의 폭동, 일본과의 격렬한 전쟁, 극심한 위험에 노출돼 있는 외국인들을 즉시 도와줄 것. 전함 요청."

본인이 지금 두려워하는 것은 설사 가장 긴박한 위험은 곧 지나간다 할지라도 일단 전쟁이 시작되면 더 이상 도움을 요청할 기회가 없어진다는 점입니다. 그때는 우리가 외부세계와 접촉할 수 있는 방법이 전혀 없기 때문입니다. 따라서 위급한 상황에서 도움을 주기 위해, 아니면 적어도 상황이 위급하다는 소식을 청국의 항구로 전할 수 있도록 조선에 대표를 파견한 국가들이 교대로 전함 한 척을 이곳으로 보내주셔야 할 것 같습니다. 전함의 파견이 여의치 않을 경우 피난민과 양식을 싣고 갈 수 있도록 최소한 "Nanzing"호 같은 증기선이라도 용선하여 주시기 바랍니다. 현재의 우편물 사정으로는 본인이 직접 보고할 수 없는 상황이오니 본 보고서의 내용을 베를린과 베이징에 서한으로 전달해주시기를 요청합니다. 묄렌도르프[5]는 서울을 떠나야 했습니다.

젬부쉬

---

5 [감교 주석] 묄렌도르프(P. G. Möllendorff)

06

[독일 함대 일티스호의 조선 파견]

발신(생산)일	1885. 1. 31	수신(접수)일	1885. 2. 3
발신(생산)자	카프리비	수신(접수)자	하츠펠트-빌덴부르크
발신지 정보	해군본부	수신지 정보	베를린 외무부
	A. 574.		A. 688

A. 688 1885년 2월 3일 수신, 첨부문서 1부

베를린, 1885년 1월 31일

독일제국 국무장관 겸 외무장관
하츠펠트-빌덴부르크 각하 귀하

본인이 작년 12월 21일 올린 보고서 A7115과 관련해서, 동아시아 주둔 함대사령관
파셴이 독일제국 포함 "일티스"호의 조선 파견에 관한 작년 12월 20일 홍콩에서 올린
보고서 1748의 사본을 동봉하여 각하께 삼가 보고하게 되어 영광입니다.

카프리비

No. 192의 첨부문서
사본

홍콩, 1884년 12월 20일

동아시아 주둔 함대사령관 No. 1748
독일제국 포함 "일티스"호의 조선 파견

각하께 삼가 아래와 같은 소식을 전하게 되어 영광입니다. 이달 18일 상하이 주재
독일제국 총영사가 본인에게 보내온 급보에 따르면, 조선 주재 총영사 젬부쉬[1]가 정변[2]
으로 인해 외국인들의 목숨이 위협받고 있으니 군함을 즉시 파견해 달라고 요청했다고

합니다. 본인은 즉시 베이징 주재 공사에게 그 소식을 전하고 그동안 상하이에 정박해 있던 독일제국 군함 "일티스"호에게 신속히 제물포로 떠나라는 명령을 내렸습니다. "일티스"호는 19일에 이미 상하이를 출발했습니다. 또한 오늘 도착한 각하의 급보는 독일제국 군함 "나우틸루스"호는 이미 겨울에 정박항에서 얼음에 갇혀 이동이 불가능하다는 소식을 전해주었습니다.

정변이 발생했을 때 제물포에는 영국 군함 "Espoir"가 정박해 있었습니다. 또한 "Albatros" 역시 에스포아호를 통해 추가 소식을 상하이에 알리고 상하이에서 도웰[3] 제독에게 전보로 보고하라는 명령을 받고 제물포로 파견되었습니다. 도웰 제독은 친절하게도 본인에게 보고 내용을 알려주겠다고 약속했습니다. 내일이나 모레쯤 소식이 들어올 것으로 예상됩니다. 본인은 이곳에서 기다리다가 보고 내용을 전달 받은 뒤 상하이로 되돌아갈 예정입니다. 상하이까지 가는 길에 독일제국 군함 "슈토쉬"호의 흘수가 접근할 수 있는 항구, 조약에 따라 개항한 모든 항구에서 함대기를 나부낄 계획입니다.

파셴
해군제독 겸 함대사령관
베를린 해군본부 최고사령관 귀하

---

1 [감교 주석] 젬부쉬(O. Zembsch)
2 [감교 주석] 갑신정변
3 [감교 주석] 도웰(W. Dowell)

07

이노우에의 조선 파견

원문 p.414

발신(생산)일	1884. 12. 30	수신(접수)일	1885. 2. 7
발신(생산)자	된호프	수신(접수)자	비스마르크
발신지 정보	도쿄 주재 독일공사관	수신지 정보	베를린 정부
	No. 63		A. 776

A. 776 1885년 2월 7일 수신

도쿄, 1884년 12월 30일

No. 63

비스마르크 각하 귀하

(일본; 번역자) 외무대신[1]의 (조선; 번역자) 행은 (이달 22일 자 A No. 61과 62 보고) 시모노세키에서 며칠 동안 중단되었다가 그저께 비로소 다시 속행되었습니다. 이노우에 가 요코하마를 떠나자마자 이곳에 청국에서 다음과 같은 소식들이 들어왔기 때문입니다. 청국에서는 관례상 그런 식으로 확장된 전권을 부여한 적이 없기 때문에, 사전 협의와는 달리 청국에서 조선에 파견된 전권대사 우다청은 일본 전권대사가 가진 것과 같은 전권 을 부여받지 못했다는 것입니다. 뿐만 아니라 그는 이른바 호위병 500명과 세 척의 군함 을 거느리고 벌써 며칠 전에 제물포에 도착했다고 했습니다.

당분간은 전권대사와 함께 그 어떤 군대도 조선에 파견하지 않겠다는 아주 특별한 합의가 이루어진 상황이었기 때문에 이곳에서는 당연히 커다란 소동이 벌어졌습니다.

특히 시모노세키를 통과하다가 제때에 전보로 그 소식을 접할 수 있었던 이노우에의 건의에 따라서, 일본 정부는 짧은 협의 후에 이노우에에게도 호위병을 딸려 보내기로 결정하였습니다. 호위병의 규모는 이노우에가 조선에 도착했을 때 청국의 전권대사와 같은 정도의 병력을 운용할 수 있는 인원을 선발하였습니다.

시모노세키에서 2개 보병 대대, 약 1,100명의 병사를 승선시킨 뒤 이노우에는 (조선; 번역자)행을 속행했습니다.

---

1 [감교 주석] 이노우에 가오루(井上馨)

또한 제물포에는 일본 측 군함 세 척이 정박하고 있습니다. 이 군함들은 제물포만 남쪽에 정박하고 있는 반면 청국 군함들은 북쪽에 정박하고 있기 때문에 당분간 양측의 충돌은 없을 것으로 보입니다. 양측 간 거리가 15마일이나 되기 때문입니다. 제물포에 있는 세 척의 군함 이외에 일본인 거류지가 있는 부산항과 원산항으로도 군함이 한 척씩 파견되었습니다.

조선 주재 일본 공사 다케조에[2]는 일본 정부의 훈령에 따라 50명의 호위병과 함께 서울로 귀환하였습니다. 그 후 다케조에로부터는 더 이상 보고가 들어오지 않았습니다.

이노우에는 오늘 제물포에 도착할 예정입니다. 그에게서 들어오는 소식은 일주일 안에 보고드리기는 어려울 듯합니다.

어쨌든 총리아문의 내처방식 때문에 신속하고 평화적인 사태해결을 기대하기 어려운 상황입니다.

「본인은 아직 일본 언론에서 나온 소식, 즉 쿠르베 제독이 군함 두 척을 조선으로 파견했다는 정보의 진위 여부를 정확히 확인하지 못했습니다. 프랑스가 수차에 걸쳐 시도했으나 이곳에서는 최근까지도 시기상조라는 평가를 받았던 협상이 차제에 그곳에서 이런 방식으로 시작되고 진행된다고 해도 본인은 놀라지 않을 것입니다.」

된호프

내용: 이노우에의 조선 파견

---

2 [감교 주석] 다케조에 신이치로(竹添進一郎)

조선과 일본의 강화 협상

발신(생산)일	1884. 12. 18	수신(접수)일	1885. 2. 7
발신(생산)자	부들러	수신(접수)자	비스마르크
발신지 정보	서울 주재 독일총영사관 No. 11	수신지 정보	베를린 정부 A. 778
메모	연도번호 No. 149		

A. 778   1885년 2월 7일 수신

서울, 1884년 12월 18일

No. 11

비스마르크 각하 귀하

본인은 이달 8일 제물포에서 각하께 삼가 최근 서울에서 발생한 사건에 관해 보고드린 바 있습니다.

12일에 본인은 10일 제물포에 도착한 독일제국 총영사 젬부쉬[1]로부터 서울로 가서 그가 맡고 있던 독일제국 파견 공관장의 직무를 대행하라는 지시를 받고 당일 저녁 이곳에 도착하였습니다.

본인의 서울 파견 및 사건진행에 대해서는 총영사 젬부쉬가 제물포에서 보고드렸을 것이라 생각합니다. 따라서 본인은 단지 완벽을 기하기 위해서 본인이 알아낸 범위 내에서 12월 9일부터 12일 사이에 발생한 가장 중요한 순간들을 되짚어보도록 하겠습니다.

새로 임명된 통리교섭통상사무아문(이하 외아문; 번역자) 독판[2]은 9일 제물포에 도착한 뒤 관복을 완벽하게 갖춰 입고서 이곳 주재 감리와 함께 서울 주재 일본 변리공사[3]를 방문했습니다. 외아문 독판은 조선국왕으로부터 변리공사를 서울로 귀환시키라는 훈령을 받고 온 듯했습니다. 하지만 변리공사는 향후 안전에 대한 확실한 보장 없이는 그 지시를 따를 수 없다고 선언했다고 합니다.

---

1   [감교 주석] 젬부쉬(O. Zembsch)
2   [감교 주석] 조병호(趙秉鎬)
3   [감교 주석] 다케조에 신이치로(竹添進一郞)

비록 앞에서 언급한 방문은 가시적인 성과가 없이 끝났지만, 그것은 조선 정부와 서울에 있는 청국 대표들이 보내는 확실한 화해의 신호였습니다. 따라서 모두들 지금은 제물포 거류 일본인들이 당분간은 공격받지 않을 것으로 확신하고 있습니다.

10일 저녁 미국, 독일, 영국의 대표들이 제물포에 도착했습니다. 12월 4일부터 7일 사이 발생한 사건과 관련해 일본 변리공사와 협상을 해달라는 조선 국왕의 위임에 따라 분쟁을 평화적으로 해결하기 위한 방책을 모색하기 위해서였습니다.

일본공사 다케조에는 일본 정부에, 조선 국왕이 외국 대표들을 통해 일본과 조선의 우호관계가 불미스러운 돌발사건으로 인해 훼손되지 않기를 바란다는 강력한 소망을 전해왔다고 보고하였습니다.

여하튼 그 조처는 조선과 청나라가 진지하게 평화를 유지하고자 노력하고 있다는 또 하나의 신호였습니다. 청나라 대표가 동의하지 않았다면 조선이 그런 식으로 일을 진행하지는 못했을 것입니다.

또한 외국 대표들은 다케조에가 12월 6일 조선 외아문에서 보내 온 서신에 몹시 격분했다는 사실을 확인했습니다. 서신은 다케조에가 인가도 받지 않고 무단으로 궁궐에 들어왔고, 조선 국왕에게 고위 관리들을 죽이라는 지시를 내리도록 강요했으며, (청국과 조선의) 호위병력에 피해를 입혔다며 다케조에를 비난하는 내용이었습니다.

본인은 제물포 회의에 참여하지 않았기 때문에 회의 내용 및 외국 대표들의 임무와 관련된 것은 독일제국 총영사의 보고를 참조했습니다.

이곳 서울에서는 12월 13일과 14일 외아문, 청국 총판상무위원 공관,[4] 미국 공사관, 그리고 국왕의 대기실 등에서 여러 차례 비밀회동이 열렸습니다. 회동 결과, 조선 정부가 앞에서 언급한 12월 6일 자 서신, 즉 일본 대표에게 포괄적으로 죄를 따져 묻던 불쾌한 내용의 서신을 완전히 철회하기로 결정하였습니다. 또한 분쟁을 우호적으로 해결하기 위해 서상우[5]와 11일 서울로 귀환해 다시 조선 관복을 입은 묄렌도르프[6] 두 사람을 가까운 시일 내에 일본에 특사로 파견하기로 했다는 사실을 일본공사에게 통지하기로 하였습니다.

(서울 주재; 번역자) 미국 공사[7]의 알현을 통해 제물포 파견이 성공적으로 이루어졌다는 보고를 들은 조선 국왕은 12월 14일 오후 본인을 궁으로 초치하였습니다. 그런데

---

4   [감교 주석] 청국 총판상무위원공서(總辦商務委員公署)
5   [감교 주석] 서상우(徐相雨)
6   [감교 주석] 묄렌도르프(P. G. Möllendorff)
7   [감교 주석] 푸트(L. H. Foote)

그 자리에 청국 대표도 함께 불렀다는 사실을 보고드립니다. 국왕의 물음에 본인은 독일 제국 대표가 일본 대표와 추가 협상을 하게 될지도 몰라서 당분간 제물포에 머물 예정이라고 답하자 국왕이 감사의 뜻을 표했습니다. 또한 청국 대표가 국왕에게 일본으로 특사를 파견할 것과 특사단을 즉시 임명할 것을 권했을 때 본인도 동의하였습니다.

이밖에 조선 정부는 일본 대표에게 만약 일본 정부가 일본군에 의해 아무런 이유 없이 학살된 평화적인 주민들 사건과 관련해 똑같이 해줄 의향이 있다면 조선 정부는 서울 거리에서 흥분한 군중들에 의해 살해된 일본인 사건을 조사해 엄벌에 처하겠다고 단언했습니다. 조선 정부의 주장에 따르면 앞에서 언급된 방식으로 35명의 일본인이 살해되었고, 조선인은 아이들 약간 명을 포함해 45명이 살해되었습니다.

조선 정부는 화해를 이끌어내기 위해 또 하나의 조처를 취했습니다. 일본 공사와 협상을 진행하기 위해 외아문 독판을 어제 두 번째로 제물포에 파견한 것입니다. 그런데 이번에는 일본 파견 특사로 임명된 묄렌도르프가 외아문 독판을 수행하였습니다.

조선인과 청국인이 반복해서 제물포 거주 일본인을 공격하지 않겠다고 천명하면서 일본인 측에서도 당분간 제물포 밖으로 나가지 않겠다는 약속을 해주기 바란다고 명확히 밝힌 것을 보고 본인은 이 문제에 관해서만큼은 이미 일본 공사와 합의가 이루어진 게 아닐까 추정하고 있습니다. 청국 대표들은 기회가 있을 때마다 일본군이 조선 영토인 제물포에 아무런 마찰 없이 체류할 수 있도록 허용한 것을 보면 평화에 대한 그들의 의지가 얼마나 확고한지 알 수 있을 것이라는 언급을 빼놓지 않고 있습니다.

언제 유럽으로 우편물을 발송할 수 있을지 알 수 없지만 아마도 며칠 후면 제물포에서 발송할 수 있을 듯하여 오늘은 보고를 여기서 마치고 제물포로 보내도록 하겠습니다. 필요한 경우 날마다 추가되는 내용을 보고드리도록 하겠습니다. 이러한 방식을 취할 수밖에 없는 이곳의 특수한 사정을 각하께서 삼가 너그러운 마음으로 양해해 주시기 바랍니다.

부들러

내용: 조선과 일본의 강화 협상

12월 4일부터 7일 사이 발생한 사건에 대한 일본과 조선의 진술 내용

발신(생산)일	1884. 12. 19	수신(접수)일	1885. 2. 7
발신(생산)자	부들러	수신(접수)자	비스마르크
발신지 정보	서울 주재 독일총영사관	수신지 정보	베를린 정부
	No. 12		A. 779
메모	연도번호 No. 151.		

A. 779   1885년 2월 7일 수신, 첨부문서 2부

서울, 1884년 12월 19일

No. 12

비스마르크 각하 귀하

서울 주재 일본 변리공사 다케조에[1] 측에서 12월 4일부터 7일 사이 발생한 사건과 관련해 사건진술서를 제출했습니다. 12월 8일 날짜로 작성된 사건진술서는 그 다음 날 사절단 대표인 서울 주재 미국 공사[2]에게 발송되었습니다.

다케조에는 본인에게 사건진술서를 직접 보내 주겠다고 약속했습니다. 하지만 그의 누적된 업무로 인해 실행에 옮겨지지 않았습니다.

이 사건진술서의 목적에 대해서는 부록 1을 통해 각하께 삼가 보고하게 되어 영광입니다.

조선 정부에서는 아직까지 외국 대표들에게 그 사건에 관한 종합적인 사건진술서를 보내지 않았습니다.

2./ 하지만 조선 정부의 입장은 부록 2에 동봉한 문서에서 명확히 드러납니다. 그 문서는 12월 10일 조선 외무성이 일본 변리공사의 사건진술서에 대해 그에게 보낸 답변을 요약한 것입니다.

본인이 보기에 양측 진술서의 핵심은 다음과 같습니다.: (서울 주재; 번역자) 일본

---

1 [감교 주석] 다케조에 신이치로(竹添進一郎)
2 [감교 주석] 푸트(L. H. Foote)

공사[3]는 국왕이 직접 그에게 궁궐로 들어와 자신을 보호해 달라고 요청했다고 말합니다. 일본 공사는 그가 군대를 이끌고 궁궐에 도착했을 때 국왕은 그의 보호를 이의 없이 수용했다고 했습니다. 하지만 일본 군대의 호위 자체가 국왕을 위험에 빠뜨렸다는 사실이 명확해지자 그는 일본 군대를 이끌고 궁궐을 떠났다고 했습니다. 따라서 그 위험은 그의 책임이 아니라 조선과 청국 군대의 돌발적이고 완전히 불법적인 공격으로 인해 초래된 것이며, 일본군은 공격에 대해 단지 방어적 태세를 취했을 뿐이라고 했습니다.

일본 변리공사는 조선 고관들 살해 소식을 5일 저녁에야 비로소 접했다고 말했습니다.

조선 측 반박의 가장 핵심적인 내용은 대략 다음과 같이 요약될 수 있습니다.:

국새가 찍히지 않은 국왕의 명령은 거짓 명령이다.

또한 일본 공사가 사전에 외아문에 문의해보지도 않고 군대를 이끌고 들어와 궁궐을 점령한 행위는 최소한 매우 분별없는 짓이라 하지 않을 수 없다.

일본 공사가 (정변 주도세력들이; 감교자) 고관들에 대한 살해를 저지하지 않은 것, 또는 적어도 그 살인자들을 체포조차 하지 않은 것 역시 이해하기 힘들다.

조선인들과 청국인들이 궁궐을 점령한 폭도들과 반역자들을[4] 공격한 것은 완벽히 정당한 행위였다.

그 밖의 논쟁거리들은 부록 2에서 아주 간단명료하게 정리되어 있습니다.

현재로서는 본 사건을 세세한 부분까지 명확하게 규명하기가 매우 어렵습니다. 폭동 주모자들의 동기와 목적 역시 완벽하게 밝혀내기 힘든 상황입니다. 하지만 본인은 12월 4일부터 7일 사이 발생한 사건의 원인에 대해 각하께 최대한 빨리 보다 상세한 보고를 올리도록 노력하겠습니다.

부들러

내용: 12월 4일부터 7일 사이 발생한 사건에 대한 일본과 조선의 진술 내용

No. 151의 첨부문서 1, 2

첨부문서의 내용(원문)은 독일어본 420~425쪽에 수록.

---

3 [감교 주석] 다케조에 신이치로(竹添進一郎)
4 [감교 주석] 갑신정변 주도세력

조선과 일본의 화해를 모색하기 위한 협상들

발신(생산)일	1884. 12. 24	수신(접수)일	1885. 2. 7
발신(생산)자	부들러	수신(접수)자	비스마르크
발신지 정보	서울 주재 독일총영사관	수신지 정보	베를린 정부
	No. 14		A. 780
메모	연도번호 No. 174		

A. 780 1885년 2월 7일 수신

제물포, 1884년 12월 24일

No. 14

비스마르크 각하 귀하

이달 18일 자 본인의 보고와 관련해 삼가 아래의 내용을 추가하는 바입니다.

외아문 독판[1]과 묄렌도르프[2]가 이곳 제물포에 와서 서울 주재 일본 변리공사[3]와 협상을 벌였습니다. 하지만 협상이 순조롭게 진행되지 않은 듯합니다. 일본 측의 긍정적인 반응을 이끌어내지 못한 것으로 보입니다.

다케조에는 자신이 모욕을 당했고 그의 공사관이 화재로 소실되었으며 자국 국민이 살해되었으니 이에 대한 배상이 이루어져야 한다고 말했습니다.

조선 측은 일본 변리공사가 고관들을 살해한 폭도[4]들을 지원했고 화약폭발로 인해 궁궐이 손상되었으며 조선 사람들이 일본군에 의해 살해되었다고 반박했습니다.

외아문 독판은 아직 제물포에 남아 있습니다. 하지만 본인이 보기에는 그가 이곳에 머문다고 하여 상황이 호전될 것 같지 않습니다. 묄렌도르프는 국왕에게 협상경과를 보고하기 위해 어제 서울로 돌아갔습니다. 두 명의 특사가 조만간 일본으로 파견될 것입니다. 조선 주재 미국공사 푸트[5]가 조선 정부의 요청에 따라 협상을 촉진하기 위해 일본

---

1 [감교 주석] 조병호(趙秉鎬)
2 [감교 주석] 묄렌도르프(P. G. Möllendorff)
3 [감교 주석] 다케조에 신이치로(竹添進一郞)
4 [감교 주석] 갑신정변 주도세력

행 사절단을 수행할 것이라고 합니다. 하지만 그는 일단 나가사키에서 전신으로 미국 정부의 훈령을 받게 될 것입니다.

일본 군함 두 척과 함께 일본 정부가 임차한 상선 두 척이 이곳에 도착하였습니다. 상선은 식량과 전쟁 물자를 싣고 온 것으로 보입니다. 아직 군대 파병은 이루어지지 않았습니다.

미국 군함과 청국 군함 네 척이 이곳에서 남쪽으로 40마일 떨어진 마산포항에 정박 중인 것을 목격했습니다.

현재 이곳에는 미국 군함 두 척, 일본 군함 세 척, 영국 군함 한 척, 그리고 독일 군함 한 척이 있습니다.

독일 군함은 해군소령 뢰트거[6] 함장이 이끄는 독일제국 포함 "일티스"호입니다. 일티스호는 22일 저녁 이곳에 입항했습니다.

일본과 청국 정부의 의도와 결의에 대해서는 도쿄와 베이징에서 각하께 본 보고보다 더 일찍 더 상세한 내용을 보고했을 거라고 추정합니다. 따라서 본인은 그 부문에 대해서는 언급하지 않겠습니다. 조선 정부와 이곳에 있는 청국 대표의 태도에 대해서는 이미 충분히 언급하였습니다.

본인은 12일 저녁부터 22일 아침까지 서울에 있었습니다. 서울은 모든 것이 평온했습니다. 21일 아침 전해진 소식, 즉 일본 배들이 병력을 싣지 않고 왔다는 소식은 긍정적인 신호로 해석되었습니다. 또한 도쿄에서 외무성 서기관의 파견이 목격되었는데, 단지 자세한 정보 수집 목적의 파견인 것으로 보입니다.

본인은 서울에 체류하는 동안 불가피하게 정세에 대해 대화를 나누게 될 경우 은밀한 태도로 사견임을 전제로 발언했습니다. 내용은 항상 조선이 수용할 수 있는 조치, 정말로 일본이 전쟁구실을 찾는 게 아니라면 일본 정부도 환영할 수 있는 그런 조치들을 지지하는 쪽의 발언이었습니다. 이달 18일 자 본인의 보고에서 언급한 그 불쾌한 서신의 철회, 특사 파견, 일본 상인들을 살해한 조선인들에 대한 처벌 약속 등이 그에 해당합니다. 또한 본인은 조선 관리가 질문하면 항상 최대한 진실을 정확히 규명하고 조선의 잘못을 미화하지 않도록 유의할 필요가 있음을 지적했습니다. 물론 그런 지적을 할 때면 조선에 가장 좋은 것이 본인의 소망임을 강조했습니다.

본인과 대화할 때 일본 공사는 발언에 상당히 신중했습니다. 그 점은 다른 외국 대표

---

5 [감교 주석] 푸트(L. H. Foote)
6 [감교 주석] 뢰트거(Rötger)

들한테도 마찬가지였습니다. 덕분에 본인은 시시콜콜한 내용에 대한 언급은 피할 수 있었습니다. 다만 대화할 기회가 생겼을 때 본인은 군사적인 조치들만은 피했으면 좋겠다는 의사를 밝혔습니다.

전쟁 발발에 대한 우려로 이곳에 있는 독일 회사 E. 마이어[7]사가 어느 정도 피해를 보고 있는 것은 사실입니다. 사업에 필요한 안전성이 충분히 확보되지 않았기 때문입니다.

본인은 서울을 떠나기 전 외아문에 며칠 동안 제물포에 가 있을 거라고 통지했습니다. 이곳에 머물던 서울에 머물던 본인은 사건의 진행과정에 계속 관심을 기울일 것입니다.

본인과 동시에 서울을 떠난 미국 공사[8], 일본 변리공사[9], 영국 총영사[10]는 현재 이곳에 머물고 있습니다.

본인은 독일제국 군함 "일티스"호의 체류가 필요 이상 길어지지 않도록 유념하고 있습니다. 미국과 영국, 독일의 함대사령관들이 군함의 주둔 문제에 대해 합의를 도출하는 것이 바람직해 보입니다.

베이징과 도쿄 주재 독일제국 공사에게 본인이 사건 경과를 보고하도록 하겠습니다.

부들러

내용: 조선과 일본의 화해를 모색하기 위한 협상들

---

7 [감교 주석] 세창양행(世昌洋行)
8 [감교 주석] 푸트(L. H. Foote)
9 [감교 주석] 다케조에 신이치로(竹添進一郎)
10 [감교 주석] 애스턴(W. G. Aston)

조선에서 발생한
청국군과
일본군의
충돌

12월 18일, 19일, 24일 서울과 제물포에서 들어온 세 건의 보고
는 서울에서 발생한 유명한 사건[11]에 대해 매우 구체적인 내용
을 보고하고 있으나 사건을 새로운 관점에서 조망한 내용은
전혀 없다. 다만 청국군과 일본군의 충돌 책임이 일본인에게
있다는 조선 주재 독일 대표[12]의 견해가 도쿄에서 온 된호프
백작의 보고와 모순된다는 사실은 주목할 만하다. 아마도 이번
경우에는 사건의 주 무대인 조선에서 들어온 보고가 신빙성이
더 높아 보인다.

린다우

또한 부영사 부들러의 보고에 따르면, 병가를 낸 서울 주재
독일제국 총영사 젬부쉬[13]가 부들러에게 서울로 가서 독일 공
관원 직무를 대행하라는 훈령을 내리고 청국으로 떠났다.

12월 30일 자 도쿄 주재 독일제국 공사의 보고에 따르면, 조선에 파견된 청국 전권대
사와 협상을 벌이기 위해 조선으로 떠날 예정이던 일본 (전권; 감교자) 공사[14]가 출발을
며칠 연기했다. 청국 공사가 500명의 호위병과 세 척의 군함을 이끌고 조선에 도착했다
는 소식을 접하고 일본 공사도 1,100명의 일본 보병을 배에 태워 가기 위한 조치였다.

도쿄 주재 독일제국 공사는 이전의 보고들에서 프랑스 측에서 청국과 맞서기 위해[15]
몇 차례 일본과 연합하려는 시도를 하였으나 일본 측에서 거부했다고 전했다. 하지만
된호프 백작이 프랑스와 일본 사이에 회담이 다시 열린다 해도 본인은 놀라지 않을 것이
라고 보고한 것을 보면 이제 상황은 바뀐 것으로 보인다.

린다우

[첨부문서]의 내용(원문)은 독일어본 430~431쪽에 수록.

---

11 [감교 주석] 갑신정변
12 [감교 주석] 부들러(H. Budler)
13 [감교 주석] 젬부쉬(O. Zembsch)
14 [감교 주석] 이노우에 가오루(井上馨)
15 [감교 주석] 청불전쟁(Sino-French War, 淸佛戰爭)

[갑신정변 관련 정보 보고]

발신(생산)일	1885. 2. 12	수신(접수)일	1885. 2. 13
발신(생산)자	페터스	수신(접수)자	비스마르크
발신지 정보		수신지 정보	베를린 정부
	No. 14		A. 913
메모	연도번호 No. 174		

A. 913　1885년 2월 13일 수신, 첨부문서 3부

베를린, 1885년 2월 12일

각하 귀하!

　　프로이센과 독일, 더 나아가 전 세계를 위해 애쓰시는 각하에 대한 감사의 기쁨에 충만하여 본인은 각하의 충실한 종복으로서 본인에게 들어온 조선 내 정변[1]에 대한 믿을 만한 진술서를 각하께 삼가 보고드립니다. 친구를 통해 얻은 이 진술서를 본인은 그 어떤 신문에도 알리지 않았습니다. 신문의 색깔에 따라 내용이 각색되거나 왜곡되는 것을 원치 않았기 때문입니다. 본인은 그 자료를 입수하자마자 어느 누구한테도 알리지 않고 각하가 편리하게 보실 수 있도록 즉시 인쇄했습니다.

　　각하에게 최고의 존경을 바치며 본 보고에 서명할 수 있는 영광을 주셔서 감사합니다.

출판업자 페터스

A. 913의 첨부문서 1

　　…… 이미 오래전부터 관련 그룹들에서 분위기가 심각해졌습니다. 일본 변리공사 다케조에는 최근 일본 여행에서 자신의 신조를 분명히 정한 채 돌아왔습니다. 그것은 바로

1　[감교 주석] 갑신정변

그가 일본에 우호적이지 않은 모든 관리들을 일본의 적으로 간주하겠다는 것입니다.

11월 3일, 메이지 천황의 생일을 기념하여 저녁 만찬이 열렸습니다. 그는 이때를 기회로 삼아 자신의 적의 있는 입장을 알렸는데, 우리는 이를 통해 일본이 어떠한 조치를 취하려 한다는 것을 짐작할 수 있었습니다. 그리고 우리는 이러한 조치가 일본과 조선 간의 전쟁 원인이 될 것으로 보았으며, 중국과 프랑스가 개입하고 있는 상황에서 더욱 그러했습니다.

하지만 전반적인 상황은 매우 평온했습니다.

이로부터 4주 후인 12월 4일, 우정총판 홍영식이 우정총국 건물에서 성대한 연회를 열었습니다. 초대된 손님은 다음과 같습니다: 독일 총영사 젬부쉬는 병환으로 참석하지 못했지만, 미국 공사 푸트 장군, 영국 총영사 애스턴, 중국 대표 천수당[2]과 그의 비서관 Tau[3]가 참석했습니다. 다케조에[4]는 양해를 구하고 자신의 비서인 시마무라[5]와 통역관 한 명을 대신 보냈습니다. 만찬에 참석한 조선 관리는 다음과 같습니다: 민영익, 이조연, 한규직, 묄렌도르프, 외아문 협판 김홍집과 그 외 여러 관리들이 참석했습니다. 묄렌도르프가 민영익과 활발하게 담소를 나누며 평소처럼 유쾌한 유머를 보여주었지만, 분위기는 상당히 의기소침한 상태였습니다.

10시 정도 만찬장에서 누군가 "불이야"라고 외치자 연회가 갑자기 아수라장이 되었습니다. 모두가 겁에 질려 자리에서 일어났지만, 민영익은 사람들을 안심시키고, 혼자 밖으로 나갔습니다. 묄렌도르프가 곧바로 뒤따라갔는데, 왜냐하면 밖에서 누군가가 박동(가옥 밀집지역)이 불에 타고 있다고 외쳤기 때문입니다. 민영익이 마당에 거의 들어오지도 못한 채, 피를 내뿜으며 묄렌도르프에게 다가갔습니다. 그리고 "나는 죽을 것 같네. 누군가가 나를 해하였소."라고 말하며 그의 팔에 쓰러졌습니다. 어떤 자객이 그를 칼로 찌른 것이었습니다. 묄렌도르프는 그를 일으켜 자신의 팔에 안고 만찬장으로 다시 들어갔습니다. 예상치 못한 끔찍한 상황을 보고 모든 참석자들이 공포에 질렸습니다. 그리고 소리를 지르며 모두 황급히 집으로 향했으며, 이들은 묄렌도르프가 부상당한 민영익을 응급처치하도록 맡겨두었습니다. 오직 한 명의 군인만이 호위한 채, 이 두 사람은 거의 한 시간 동안 우정총국 건물에 남겨졌습니다. 그 동안 여기서 달아난 하인들이 이 사건을

---

2 [감교 주석] 천수탕(陳壽棠)

3 [감교 주석] 본문에는 Tau로 나와 있으나 다음 단락에는 탕(Tang)으로 기술됨. 탕의 오기로 보임. 탕은 탕샤오이(唐紹儀)로 추정됨.

4 [감교 주석] 다케조에 신이치로(竹添進一郎)

5 [감교 주석] 시마무라 히사시(島村久)

알리기 위해 박동으로 갔습니다. 이후 비서관 탕, 비서 아르노우스, 크니플러, 마침 그곳을 방문한 나가사키 출신의 상인, 마푸, 그리고 신속히 무장한 몇몇 사람들이 급히 들어와 그들의 상사인 묄렌도르프와 함께 부상당한 민영익을 데려갔습니다.

상황은 달라졌지만 공포스러운 밤이 계속되었습니다. 밝혀진 바로는 민중들이 폭동을 일으키고자 계획한 게 아니었고, 민영익에 대한 살해 시도는 일단 개별적인 사건으로 남았습니다. 조선 왕은 자신의 거처에서 숨어 지내야 했습니다. 민중들이 폭동을 일으켰다는 소문이 있었지만, 사실은 다케조에를 수장으로 한 무리의 무뢰한들과 일본에서 수학한 13명의 조선인 학생들이 200명의 일본인 군인들과 함께 왕궁을 점거하고 모든 조선 관리들을 살해한 것이었습니다. 이들은 관리 한 사람, 한 사람을 왕궁으로 유인하여 살해했습니다. 젊은 민영익이 그들의 첫 번째 희생자였고, 그의 부친인 민태호, 민영목, 이조연, 윤태준, 한규직, 그리고 훌륭하고 강직한 인물인 조영하가 희생당했습니다.

민영익은 앞서 언급한 바와 같이, 묄렌도르프의 저택인 박동으로 옮겨졌는데, 사람들은 그가 이미 죽었다고 생각했으나, 그곳에 불려 온 미국인 의사[6]는 그가 그렇게 죽을 것이라고 단정하지 않았습니다. 묄렌도르프 또한 중상을 입었습니다. 이러한 상황은 이 두 사람이 그냥 방치되었었기 때문입니다.

홍영식과 김옥균이 이제 다케조에와 함께 조선 정부를 이끌게 되었습니다. 묄렌도르프는 이에 대해 반대 입장을 취했는데, 그 이유는 중국의 참여 없이는 외교단이 불안정하며 결정 권한도 없기 때문입니다. 또한 중국인들이 조선 왕을 보호하기 위해 일본에 대항할 것이라고 생각했기 때문입니다. 독일 총영사 젬부쉬는 이 의견에 동의했지만, 성급히 행동하려 하지 않았습니다.

12월 6일 일요일, 중국인들이 왕의 궁을 습격하였습니다. 반역자 중 일부가 처형되었고, 주모자인 김옥균과 5명의 다른 가담자들은 이를 피해 일본인들에게 갔습니다.

조선 민중들이 매우 흥분하여 격분하였고, 일본인들에 대한 경멸이 심해졌습니다. 이 때문에 어떤 일본인도 구타당할 위험이 두려워 거리에 나서지 못했습니다. 김옥균의 자택은 완전히 파괴되었습니다.

일요일에 모든 일본인들이 서울에서 제물포로 피신하였고, 지금도 그곳에 머물고 있습니다.

현재 새로 구성된 조선 정부에서 묄렌도르프가 의장으로 소개되었으며, 당분간 조선 공사의 직위를 갖게 되었습니다. 또한 전신을 통해 리훙장으로부터 중국에 대한 전권을

---

6 [감교 주석] 알렌(H. N. Allen)

위임 받았으며, 현 상황이 불확실하여 평화협정 체결을 위해 일본으로 떠났습니다. 중국은 일본이 즉각 군대를 파견할지 몰라 두려워하고 있기 때문에, 나름 신속하게 군대를 무장시키고 있습니다.

일반적으로 조선의 민중들이 격분하고 있는 이유는 미국 공사 푸트와 영국 공사 애스턴으로 인해 묄렌도르프가 일시적으로 매우 큰 위험에 처했기 때문입니다

마지막으로 본인은 위대한 비스마르크 각하의 통치력 덕분으로 한 독일인이 아시아 3개국의 평화 중재 공사로 선택되었다는 것을 보고드립니다.

12

조선에서 발생한 정변 및 이에 대한 청국 정부의 조처들

발신(생산)일	1884. 12. 19	수신(접수)일	1885. 2. 16
발신(생산)자	브란트	수신(접수)자	비스마르크
발신지 정보	베이징 주재 독일공사관	수신지 정보	베를린 정부
	No. 231		A. 989

A. 989   1885년 2월 16일 수신

베이징, 1884년 12월 19일

No. 231

비스마르크 각하 귀하

(서울 주재; 감교자) 독일제국 총영사 젬부쉬[1]가 올린 보고들을 통해 전하께서는 12월 4일부터 8일 사이 서울에서 발생한 정변[2]과 그로 인해 서울에 주둔하고 있는 청일 양국 간에 군사적인 충돌이 발생했다는 소식을 이미 알고 계시리라 생각합니다.

청국 측에서는 총리아문 대신들로부터 들어온 소식을 취합해 상당히 차분하게 사건을 파악하고 있습니다.: 청국은 양측의 군사적인 충돌을 외부 상황에 의해 촉발된 돌발 사건으로 간주하고 있습니다. 또한 군함 몇 척과 군대를 제물포로 파견하려는 일본의 계획도 당연한 일로서 매우 침착하게 수용하는 듯합니다. 대신들이 확인해준 바에 따르면, 청국 정부는 사건 조사를 위해 두 명의 고위관리를 황제의 특사 자격으로 조선으로 파견할 계획입니다. 감찰부 부대신 우다청[3]과 텐진의 제염국 딩루창[4]이 특사로 임명되었습니다. 청국은 두 특사의 보고를 받기 전까지는 추가 결정을 보류했다고 합니다. 본인이 일본 동료로부터 들은 바에 의하면 도쿄에서도 이미 동일한 조치가 이루어졌습니다. 따라서 서울에서 발생한 일련의 사건에 대해 애초에 일본이 보였던 심각한 수준의 격앙된 반응은 사태의 최종적인 해결에는 전혀 영향을 미치지 못할 것으로 추정됩니다. 물론

---

1   [감교 주석] 젬부쉬(O. Zembsch)
2   [감교 주석] 갑신정변
3   [감교 주석] 우다청(吳大澂)
4   [감교 주석] 딩루창(丁汝昌)

일본 정부가 국내의 불만을 해소하기 위해 국민들의 시선을 외부로 돌릴지도 모른다는 우려는 완전히 불식되지 않았습니다. 곤궁한 전직 사무라이들을 희생자가 많이 발생하고 일이 고된 조선이나 청국과의 전쟁에 원정군으로 투입하는 것이 한 가지 방책이 될 수 있습니다.

그런데 일본 측 소식통들에게서 나온 소식들과 마찬가지로 (서울 주재; 감교자) 영국 총영사 애스턴[5]의 보고에 따르면, 조선의 소위 개화파의 행동방식은 매우 성급한 데다가 국민 정서까지 자극하는 이른바 조선 개화파의 행동방식은 이미 오래전부터 수구파와 무력 충돌이 예견되었다고 합니다.[6]

브란트

내용: 조선에서 발생한 정변 및 이에 대한 청국 정부의 조처들

---

5 [감교 주석] 애스턴(W. G. Aston)
6 [감교 주석] 이 문장은 '개화파의 성급한 행동방식으로 인해 수구파와 무력 충돌이 예상되어 왔다'는 뜻을 담고 있음.

13
조선에서 발생한 정변 및 청일 양국 정부의 관계

발신(생산)일	1884. 12. 28	수신(접수)일	1885. 2. 27
발신(생산)자	브란트	수신(접수)자	비스마르크
발신지 정보	베이징 주재 독일공사관	수신지 정보	베를린 정부
	No. 233		A. 1238

A. 1238 1885년 2월 27일 수신

베이징, 1884년 12월 28일

No. 233

비스마르크 각하 귀하

본인의 일본 동료의 보고에 의하면 일본 정부는 외무대신 이노우에[1]를 특사로 임명하였습니다. 그는 조선과의 현격한 의견 차이를 현지에서 최종적으로 조율하라는 특명을 받고 12월 22일 도쿄에서 조선으로 떠났습니다.

그와 동시에 (베이징 주재 일본 공사; 감교자) 에노모토[2] 제독한테는 청국 정부로 하여금 조선에 특사로 파견한 청국 대표들에게 대사의 지위를 부여하고 그들에게 조선에서의 현안들을 직접 처리할 수 있는 전권을 부여하도록 유도하라는 특명이 부여되었습니다.

그런데 일본 정부의 이 두 가지 소망은 예상대로 청국 정부에 의해 거부되었습니다. 사안이 몹시 심중하기 때문에 정부의 재가가 필요하다는 것이 청국 정부의 거절 사유였습니다. 일본 정부의 성급한 대응방식은 이곳에서 오히려 확실한 역효과를 야기했습니다. 청국 측에서도 일본에게 비난으로 맞대응하기 시작한 것입니다. 게다가 최근 발생한 일련의 사건[3]들에 대한 일본과 청국 양측의 진술이 확연히 다릅니다. 예를 들어 청국인들은 그 사건으로 자국민 40여 명이 목숨을 잃었으며 일본인들이 자국 공사관을 떠나기 전 직접 그곳에 불을 질렀다고 주장하고 있습니다. 따라서 보다 자세한 보고가 들어오기

---

1 [감교 주석] 이노우에 가오루(井上馨)
2 [감교 주석] 에노모토 다케아키(榎本武揚)
3 [감교 주석] 갑신정변

전까지는 이 사건에 대해 판단을 내리기가 거의 불가능합니다.

어쨌든 본인의 견해로는 청국은 평화적 타협을 이끌어내기 위해 뭐든 하려 하겠지만 일본이 이것을 조선에서 청국의 정치적 입지를 흔들 수 있는 기회로 활용하려 한다면 단호하게 맞설 것입니다.

브란트

내용: 조선에서 발생한 정변 및 청일 양국 정부의 관계

14
이노우에 사절단의 조선행

발신(생산)일	1885. 1. 12	수신(접수)일	1885. 2. 28
발신(생산)자	된호프	수신(접수)자	비스마르크
발신지 정보	도쿄 주재 독일공사관	수신지 정보	베를린 정부
	No. 2		A. 1279

A. 1279 1885년 2월 28일 수신

도쿄, 1885년 1월 12일

No. 2

비스마르크 각하 귀하

본인이 작년 12월 30일 일본 외무대신[1]의 조선 파견에 관해 올린 보고 A. No. 63과 관련해 전하께 삼가 다음 내용을 알려드리게 되어 영광입니다. 어제 전신으로 이곳에 들어온 소식에 따르면 이노우에는 작년 12월 30일 제물포에 도착하였습니다. 그는 그곳에서 조선 정부의 영접을 받은 다음 호위대와 함께 서울로 향했습니다.

이노우에가 서울에 도착한 직후 곧바로 조선 정부와 협상이 시작되었습니다. 외관상으로는 신속하게 합의에 이른 것으로 보입니다.; 현재까지 협상과 관련해 들어온 전신에는 조선 정부가 일본 정부가 제시한 조건과 요구사항을 전부 수용했다는 내용만 담겨 있습니다.[2] 아직까지 어떤 요구사항들이 제시되었는지, 또 요구사항들의 실행에 대한 보장은 어떤 방식으로 이루어졌는지 공개되지 않았습니다. 아무래도 외무대신이 일본으로 귀환한 뒤에야 비로소 발표될 것 같습니다.

이노우에는 조선에 도착한 뒤 조선 국왕을 알현하였습니다. 그의 보고에 따르면 오늘 일본으로 출발할 예정이라고 하는데, 조선을 떠나기 전 다시 한번 국왕을 찾아뵐 것이라고 합니다.

외무대신에게 부여된 또 하나의 특명, 즉 청국 전권대사와의 협상은 수행이 불가능했

---

1 [감교 주석] 이노우에 가오루(井上馨)
2 [감교 주석] 한성조약

습니다. 이노우에가 서울에 도착한 후 청국 대표가 이노우에를 방문해 그는 협상을 함에 있어 아무런 전권도 갖고 있지 않다고 통보했기 때문입니다. 이런 상황에서 우다청[3]과의 추가 회동이나 협의가 진행될 수 없었습니다. 결국 일본 정부는 이 부분에 대해서는 베이징에서 협상을 진행할 계획이라고 합니다.

이노우에는 이달 18일에 도쿄로 돌아올 예정인데, 틀림없이 조선 주재 일본 변리공사 다케조에[4]가 그와 동행할 것입니다. 다케조에는 당분간 장기 휴가에 들어가게 되며 외무성 서기관 곤도[5]가 그 기간 동안 대리공사로 임명되었습니다.

된호프

내용: 이노우에 사절단의 조선행

---

3 [감교 주석] 우다청(吳大澂)
4 [감교 주석] 다케조에 신이치로(竹添進一郎)
5 [감교 주석] 곤도 마스키(近藤眞鋤)

15

[이토 히로부미의 청국 파견]

발신(생산)일	1885. 3. 1	수신(접수)일	1885. 3. 1
발신(생산)자	된호프	수신(접수)자	
발신지 정보	베이징 주재 독일공사관	수신지 정보	베를린 외무부
			A. 1290

A. 1290 1885년 3월 1일 수신

전보

도쿄, 1885년 3월 1일, 오전 9시 10분

도착: 5시 15분

독일제국 공사

외무부 귀중

해독

No. 1

이토[1] 대신어 어제 특사로 청국으로 파견되었음. 그가 받은 특명에 대해서는 베를린 주재 일본 공사에게 비밀리에 전달하였음.

된호프

---

1 [감교 주석] 이토 히로부미(伊藤博文)

베를린, 1885년 3월 2일

내용: 이토 일본 대
신의 청국 특사 파견
에 관한 베를린 주재
일본 공사의 보고

린다우

베를린 주재 일본 공사 아오키[2]의 구두 보고에 따르면 조선
에서 발생한 사건[3]에 대해 청국 정부와 협상을 벌이기 위해
이토[4] 대신이 특사 자격으로 청국으로 파견되었다.

아오키는 다음과 같이 주장하고 있다.; 청일 양국의 군사
적 충돌은 청국의 명령 때문이었다. 따라서 일본 정부는 그
명령을 내린 자를 처벌하고 나아가 청국군을 조선에서 완전
히 철수시킬 것을 요구한다. 만약 이러한 제안이 거부될 시
일본은 무력으로 권리를 찾을 수밖에 없다.

하지만 확실히 일본은 독일 정부의 조언을 무시하고 그
런 위험한 조치를 취하지는 않을 것이다. 일본의 공정함을
인정하는 것은 독일뿐이다. 왜냐하면 영국은 어떤 경우에도
청국과 싸우고 있는 프랑스 편을 들 것이고, 러시아는 조선
에서 자국의 이해관계를 따질 것이며, 독일만이 유일하게
공공의 평화의 관점에서 공정하게 판단할 것이라는 사실을
일본 정부가 이미 알고 있기 때문이다.

영국과 프랑스의 태도와 관련된 일본 공사의 발언은, 도
쿄 주재 된호프 백작의 보고 내용과 일치한다. 된호프 백작
의 보고에 의하면 프랑스는 도쿄에서 일본과 청국에 맞서기
위한 동맹을 맺으려고 애쓰고 있다. – 반면 영국의 신문들
은(특히 2월 11일 자 Times 기사) 조선에서 발생한 사건에
대해 충돌의 책임을 일본인들에게 돌리는 기사들을 내보내
고 있다.

그런데 충돌이 일어나게 된 계기와 관련된 아오키의 주
장은 (서울 주재; 감교자) 독일제국 총영사 젬부쉬[5]의 보고
와는 모순된다. 젬부쉬의 보고를 보면 아오키의 진술보다

---

2 [감교 주석] 아오키 슈조(靑木周藏)
3 [감교 주석] 갑신정변
4 [감교 주석] 이토 히로부미(伊藤博文)
5 [감교 주석] 젬부쉬(O. Zembsch)

영국 신문에 실린 기사들이 더 신뢰가 간다.

총영사 젬부쉬의 보고는 다음과 같다. (상하이, 1월 18일)

"본인은 정변[6]이 높은 관직과 명예를 원한, 권력욕에 사로잡힌 다수의 친일파[7] 조선인들이 계획해 일으킨 사건이라고 생각합니다. 그들은 일본인들의 지원을 이용하고 악용했습니다. 정변의 주동자들은 모두 친일 성향의 인물들로서 친청 성향의 대신들한테서 권력과 관직을 탈취하려 했습니다. 그것을 위해 그들은 암살과 일본인들의 힘을 이용했습니다. 아마도 일본인들이 그들을 충분히 지지해줄 힘을 갖고 있다고 오판했던 듯합니다."

---

6 [감교 주석] 갑신정변

7 [감교 주석] 일본의 한국 식민지화와 일제의 식민 정책에 협조한 '친일파'와 동일한 개념이 아님. '일본에 우호적인 세력'으로 이해하는 것이 타당함.

조선의 정변 :
일본과 청국 양측의 군대 파견과 청국 특사단의 전권 문제

발신(생산)일	1884. 12. 30	수신(접수)일	1885. 3. 1
발신(생산)자	브란트	수신(접수)자	비스마르크
발신지 정보	베이징 주재 독일공사관 No. 235	수신지 정보	베를린 정부 A. 1304

A. 1304 1885년 3월 1일 수신

베이징, 1884년 12월 30일

No. 235

비스마르크 각하 귀하

일본 정부는 청국 정부가 조선에 군대를 파견하지 않을 것이라는 보고에 입각해 일본 측에서도 조선에 군대를 파견하지 않기로 했었습니다. 그런데 그 후 2개 대대를 제물포로 파견하기로 결정했습니다. 총리아문의 발표와는 정반대로 전권대사[1]를 파견하면서 개인 신변보호라는 명목하에 400명의 호위병을 딸려 보냈을 뿐만 아니라 추가로 300명의 군인을 군함에 태워 조선으로 파견했기 때문입니다.

일본 외무대신 이노우에가 조선 문제를 처리할 수 있는 전권을 부여받은 특사 자격으로 12월 29일 어제 시모노세키에서 제물포행 여정에 올랐습니다. 한편 청국 대표단 일부는 육로를 통해 이미 며칠 전 출발하였습니다.

청국 대표단에게 포괄적 협상권한을 부여하라는 일본 정부의 강력한 요구가 어느 정도 수용될 것으로 추정됩니다. 이달 29일 베이징 주재 일본 공사[2]에게 아래와 같은 황제의 칙령이 전달되었습니다 :

(짐의 특별전권대사) 우다청[3]과 딩루창[4]이 이미 여정에 올랐으나 짐은 이 칙령을 통해

---

1 [감교 주석] 이노우에 가오루(井上馨)
2 [감교 주석] 에노모토 다케아키(榎本武揚)
3 [감교 주석] 우다청(吳大澂)
4 [감교 주석] 딩루창(丁汝昌)

그들에게 최대한 빨리 해당국(조선) 수도로 가서 사실관계를 최대한 세밀히 파악하고 평화적인 정신에 입각하여 심의와 협상을 개시하여 최대한 신속하고 평화로운 방법으로 해결할 것을 명령하노라.

그럼에도 불구하고 청국의 전권대사들은 자주적으로 포괄적 협정을 맺을 수 있는 권한은 부여받지 못한 것이 확실합니다.

브란트

내용: 조선의 정변. 일본과 청국 양측의 군대 파견.
청국 특사단의 전권 문제

17

조선의 정변 : 조선 국왕의 교지와 청국 정부의 태도

발신(생산)일	1885. 1. 6	수신(접수)일	1885. 3. 7
발신(생산)자	브란트	수신(접수)자	비스마르크
발신지 정보	도쿄 주재 독일공사관 No. 3	수신지 정보	베를린 정부 A. 1490

A. 1490 1885년 3월 7일 수신, 첨부문서 1부

베이징, 1885년 1월 6일

No. 3

비스마르크 각하 귀하

본인은 작년 12월 4일부터 7일 사이 서울에서 발생한 사건[1] 이후 최근 조선 국왕이 발표한 교지의 번역을 동봉하여 전하께 삼가 보고드리게 되어 영광입니다. 이 성명서는 총리아문이 본인에게 통보해주었습니다. 성명서에서는 최근 발생한 정변의 주모자를 (서울 주재; 감교자) 일본 변리공사[2]와 조선 내 친일[3] 추종세력[4]으로 보고 그들에게 책임을 묻고 있습니다. 현재 조선에 머무르고 있는 청국 관리들의 견해가 반영된 것으로 보이며, 성명서를 작성할 때 조선 국왕은 청국 관리들의 수중에 있었던 것 같습니다.

총리아문 대신들은 계속해서 청국 정부는 일본과의 협상을 평화적으로 타결하기 위해 모든 것을 다할 것이라고 설명합니다. 또한 도쿄 주재 청국 공사가 전신으로 보내온 보고에 따르면 일본 정부 역시 같은 견해를 갖고 있다고 주장합니다. 그럼에도 불구하고 이곳에서는 협상 결과를 미리 예측하기 힘듭니다. 조선 현지에 나가 있는 두 나라의 대표들 태도에 달려 있기 때문입니다.

브란트

내용: 조선의 정변. 조선 국왕의 교지; 청국 정부의 태도

---

1 [감교 주석] 갑신정변
2 [감교 주석] 다케조에 신이치로(竹添進一郎)
3 [감교 주석] 일본의 한국 식민지화와 일제의 식민 정책에 협조한 '친일파'와 동일한 개념이 아님. '일본에 우호적인 세력'으로 이해하는 것이 타당함.
4 [감교 주석] 급진개화파, 정변 주도세력.

1885년 1월 6일 No. 3의 첨부문서

반역을 꾀한 대신[5]들에 대한 조선 국왕의 교지[6]

김옥균[7], 홍영식[8], 박영효[9], 서광범[10], 서재필[11]은 이미 오래전부터 반역적 사상에 깊이 빠져 있던 자들로 비밀리에 나라를 무너뜨릴 반란을 모의했다.

이달 17일[12] 저녁(1884년 12월 4일) 우정국에서 홍영식이 주최한 축하연이 열렸을 때 홍영식은 서재창[13]을 비롯해 학자, 관리, 학생 등으로 구성된 도당들을 우정국 입구의 은신처에 매복시켜 놓았다. 은신처에서 민영익을 노리고 있던 중 그가 우정국 건물에서 나오는 순간 그들은 단도를 가지고 그를 공격했다. 그런 다음 민가에 불을 지르고 큰 소리로 반란을 선동하였다. 김옥균, 홍영식, 박영효, 서광범은 곧바로 일본 공사관에 들렀다가 궁궐로 들어왔다. 그들은 과인에게 궁궐 밖으로 피신할 것을 황급히 요청하였다. 현재 벌어지고 있는 심각한 소요사태가 짐의 안전을 위협할 거라는 우려를 표하면서 짐에게 그들의 무도한 요구를 따를 것을 강요하였다. 짐이 밤사이에 서둘러 경우궁으로 피신하자 일본 공사 다케조에[14]가 병사들을 동원해 경우궁을 점령한 뒤 궁을 에워쌌다. 그런 다음 10여 명의 학자, 관리, 학생들에게 궐문을 지키면서 짐의 부하들의 출입을 막도록 했다. 과인에게 올라오는 보고를 막으려는 목적이었다. 김옥균을 비롯한 나머지 도당은 이제 궁궐에 진주하고 있는 일본군의 지원을 등에 업고 자의적 판단에 따라 권력을 제멋대로 휘둘렀다. 그들은 매우 잔혹한 방식으로 고관 민태호[15], 조영하[16], 민영목[17], 윤태준[18], 이조연[19], 한규직[20]과 환관 유재현[21]을 살해하였다. 그런 다음 곧바로 서로 관직

---

5 [감교 주석] 갑신정변
6 [원문 주석] 이름이 전부 중국식 발음으로 표기되어 있다.
7 [감교 주석] 김옥균(金玉均)
8 [감교 주석] 홍영식(洪英植)
9 [감교 주석] 박영효(朴泳孝)
10 [감교 주석] 서광범(徐光範)
11 [감교 주석] 서재필(徐載弼)
12 [감교 주석] 음력 10월 17일
13 [감교 주석] 서재창(徐載昌), 서재필의 동생
14 [감교 주석] 다케조에 신이치로(竹添進一郞)
15 [감교 주석] 민태호(閔台鎬)
16 [감교 주석] 조영하(趙寧夏)
17 [감교 주석] 민영목(閔泳穆)
18 [감교 주석] 윤태준(尹泰駿)

과 직위를 나눠 가졌으며 재정과 군사의 감독권까지 장악했다. 그러는 동안 그들은 군주가 먹을 음식물조차 직접 선택하지 못할 정도로 군주의 자유를 제약하였다. 그들이 무아지경에 빠져 저지른 포악하고 파렴치한 행동은 한계를 넘은 짓이었다.

백성들의 원성이 극에 달하자 청국군 3개 대대가 과인을 보호하기 위해 궁궐로 진격했다. 그러자 일본군이 돌연 청국군을 향해 발포하면서 교전에 돌입했고 그 과정에서 일본군과 청국군 양측에서 사상자가 발생했다.

과인은 그 기회를 이용해 북문 안에 있는 어느 장소로 피신하였다. 하지만 나중에 청국군 3개 대대와 과인의 호위병이 기쁨의 눈물을 흘리면서 환호하는 엄청난 군중의 축하행렬 속으로 과인을 안내하였다.

홍영식은 군중들에게 학살되었다. 하지만 서재창을 제외한 나머지 도당들은 전부 도망쳐 체포를 면하였다. 체포된 서재창은 12월 4일 밤의 잔혹한 습격에 대해 포괄적으로 자신의 죄를 인정했다.

역모를 일으킨 이 다섯 명의 대신은 타국의 군대[22]에 의지해 자국의 왕을 압박함으로써 죽음으로도 속죄할 수 없는 범죄를 저질렀다. 그런데 역모를 일으킨 대신들의 말에 귀를 기울이고 그들이 대표하는 당을 도와준 일본 공사의 행동이야말로 참으로 이해할 수 없는 이례적인 일이다.

하지만 실정이야 어떻든 간에 과인의 정부는 그런 것에 개의치 않고 우호관계 유지를 최우선으로 할 것이다. 또한 과인은 일본 공사의 태도에 대한 비난을 그 누구에게도 허락하지 않을 것이다. 짐 자신이 일본 공사의 그런 태도를 공개적으로 용서하는 바이다.

몰지각한 일부 군중들이 자행한 복수에 대해 말하자면, 그들의 그러한 개별적 행동을 저지하는 것은 불가능했다. 반면 일본 공사 이노우에[23]가 돌연 자신의 공관에 직접 방화한 뒤 곧바로 그곳을 떠난 것은 국제적인 권리를 인정받을 수 없는 행위이다.

외국 대표들이 확실히 이 문제를 공동의 협의 안건으로 삼아 중재에 나서주기를 기대한다.[24]

---

19 [감교 주석] 이조연(李祖淵)

20 [감교 주석] 한규직(韓圭稷)

21 [감교 주석] 유재현(柳載賢)

22 [감교 주석] 일본군

23 [감교 주석] 다케조에 신이치로(竹添進一郞)의 오기로 보임.

24 [감교 주석] 갑신정변 진압 이후, 조선 정부는 미국, 영국, 독일에 일본의 정변 책임론을 부각시키면서, 조선과 일본의 협상을 거중조정(居中調整; good office)해 줄 것을 요청하였음. 본문에 나온 중재는 거중조정을 의미함.

18

[제물포 파견 독일 군함의 귀환 건]

발신(생산)일	1885. 3. 5	수신(접수)일	1885. 3. 7
발신(생산)자	카프리비	수신(접수)자	하츠펠트 – 빌덴부르크
발신지 정보	베를린 해군부	수신지 정보	베를린 외무부
			A. 1508

A. 1508 1885년 3월 7일 수신, 첨부문서 1부

베를린, 1885년 3월 5일

독일제국 국무장관 겸 외무장관
하츠펠트–빌덴부르크 백작 귀하

금년 1월 19일 상하이에서 들어온 동아시아 주둔 함대사령관 파셴[1]의 보고서(No. 86, 내용: 독일제국 포함 "일티스"호에 대한 제물포에서 광동으로의 귀환 명령 및 그 지역에서의 청국의 작전) 사본을 동봉하여 각하께 삼가 보고드리게 되어 영광입니다.

카프리비

A. 1508의 첨부문서
사본

동아시아 함대사령관 No. 86
상하이, 1885년 1월 19일

내용: 제물포에서 광동으로 이동 배치된 독일제국 포함 "일티스"호와 그 지역의 정세

---

1 [감교 주석] 파셴(Paschen)

베를린, 해군 총사령관 귀하

이달 17일 본인이 베를린에 귀환한 이후 조선 주재 총영사인 젬부쉬[2] 대위를 이곳에서 만났다는 사실을 각하께 삼가 보고하게 되어 영광입니다. 젬부쉬는 본인에게 제물포에 서너 척의 군함만 있어도 모든 외국인들의 안전을 보호하기에 충분한데 현재 그 숫자가 30척에 이른다고 보고했습니다. 젬부쉬는 제물포가 그 정도로 중요한 재산상 이해관계가 높은 곳은 아니라고 했습니다. 영국 군함은 어떤 상황에서도 제물포에 머물 것이고, 미국 군함도 그럴 가능성이 높습니다. 그에 따라 본인은 독일 대표들과 의논한 뒤 일티스호가 계속 제물포에 머물러야 할 절박한 사정이 새로 발생하지 않는다면 독일제국 군함 "일티스"호는 원래 주둔지인 광동으로 귀환하라는 명령을 하달했습니다.

하지만 본인의 추정으로는, 일본 군함을 통해 나가사키 주재 영사에게 상기 명령서를 전달할 수 있는 기회가 제공되지 않을 경우 이 명령서가 2월 중순 이전에 뢰트거 함장 손에 전달될 가능성은 희박합니다.

조선의 정세를 고려할 때 비록 일본과 조선이 협정을 체결한다 해도 청국 정부가 무조건 승인하지는 않을 것입니다. 청국은 자국의 영향력을 무력화시키고 그 자리를 대신 차지하려는 일본의 예상되는 시도에 강력하게 맞설 것입니다.

이것은 젬부쉬 총영사의 견해입니다.

독일제국 함선 "엘리자베트"호는 약간의 수리가 필요합니다. 본인은 수리가 끝나는 대로 엘리자베트호를 독일제국 영사에게 보내는 통지문과 함께 나가사키로 보내 그곳에서 이용할 수 있도록 하라는 지시를 내렸습니다.

이른 봄에 프랑스가 작전지역을 북쪽으로 이동한다면 즈푸에 함선을 주둔시킬 필요가 있을 것입니다. 베이징 주재 독일제국 공사[3]가 본인에게 그렇게 해달라고 강력하게 요청했습니다.

그럴 경우 톈진에도 함선을 주둔시킬 필요가 있습니다. 그에 따라 본인은 "나우틸루스"호가 임기를 채우고 그곳을 떠나게 되면 "일티스"호로 대체할 계획입니다.

타이완에서는 군대의 도착에 대해서도, 단수이[4]에 대한 작전 재개에 대해서도 아직 아무런 보고가 없습니다.[5]

---

2 [감교 주석] 젬부쉬(O. Zembsch)
3 [감교 주석] 브란트(M. Brandt)
4 [감교 주석] 단수이(淡水). 청국의 조약항으로 타이베이에 위치함.
5 [감교 주석] 청불전쟁 당시 프랑스 군대가 타이완을 공격하였음. 이에 대한 청국군의 대응을 염두에 둔

Wan-Li-Cheng(Sebelin)이 지휘하에 있는 청국 순양함들은 조선으로 떠났습니다. 만약 프랑스 함대에 위협 공격을 가해 그들을 타이완 북쪽으로 물러나도록 유도하고, 그틈을 타 무방비상태의 해안가에 군대와 돈을 상륙시키는 것이 직례[6] 부총독의 계획이었다면 그것은 완전히 성공했습니다. 이제 이 새로운 봉쇄는 유효합니다.

파셴
사령관이자 함장

것으로 보임.

6 [감교 주석] 직례(直隷)

서울에서 귀환한 이노우에 대신과 서울에서 체결된 조약

발신(생산)일	1885. 1. 21	수신(접수)일	1885. 3. 8
발신(생산)자	된호프	수신(접수)자	비스마르크
발신지 정보	도쿄 주재 독일공사관	수신지 정보	베를린 정부
	No. 3		A. 1532

A. 1532 1885년 3월 8일 수신, 첨부문서 1부

도쿄, 1885년 1월 21일

No. 3

비스마르크 각하 귀하

외무대신 이노우에[1]가 그저께 오후 조선에서 돌아왔습니다. 천황의 특별한 치하와 요코하마까지 마중 나간 동료 대신들이 열렬한 환영으로 그를 맞았습니다. 그가 조선 정부와 체결한 조약이 오늘 "관보"에 발표되었습니다. 발표문의 독일어 번역을 동봉해 각하께 삼가 보고드리게 되어 영광입니다. 영광스럽게도 이노우에 백작은 도착 직후 본인을 방문하여 서울 체류에 대해 많은 이야기를 들려주었습니다. 그의 설명에 따르면 이노우에 백작과 청국 특사[2]의 만남은 그곳 실정상 충분히 일어날 법한 방식으로 이루어졌다고 합니다. 즉 이전에 단지 명함만 교환했을 뿐인 청국 특사가 아무런 사전 약속도 없이 이노우에 백작과 조선의 전권대신[3]이 협상을 진행하는 회의실에 불쑥 나타난 것입니다. 청국 특사는 이것은 공개적인 회담이라고 생각한다면서, 그 자신도 (협상에; 번역자) 참여할 수 있게 해달라고 요구했습니다. 이에 대해 이노우에 백작은 우다청[4]에게 이것은 공개협상이 아니므로 조선의 대신들과만 협상해야 한다며 거부했습니다. 그리고 만약 청국 특사가 협상에 요구되는 전권을 갖고 있다면 나중에 기꺼이 청국 대사와도 협상할 용의가 있다고 하자 이에 대해 우다청은 자신은 그런 권한을 갖고 있지

---

1 [감교 주석] 이노우에 가오루(井上馨)
2 [감교 주석] 우다청(吳大澂)
3 [감교 주석] 김홍집(金弘集)
4 [감교 주석] 우다청(吳大澂)

않다고 말했습니다. 청국과 일본 정부 간에는 협상을 벌일 만한 사안이 없기 때문에 그는 그런 전권을 갖고 있지 않다고 말한 뒤 그는 조선 관리에게 편지를 한 통 건넨 다음 회의실을 떠났다고 합니다. 이노우에 백작은 편지의 내용을 알려 달라고 요구했습니다. 그렇게 하지 않으면 협상을 결렬시킬 수 있다고 말하자, 결국 조선 전권대신은 이노우에 백작에게 편지를 보여주었습니다. 내용을 보니 편지는 일종의 훈령이었습니다. 이에 대해 조선의 전권대신은 이것은 그와 아무런 관련이 없으며 조선 정부는 청국에서 그 어떤 훈령도 받을 이유가 없는 자주적인 정부이므로 이것은 청국 대표의 월권이라고 말했다고 합니다.

조약[5] 내용에 대한 대신의 발언을 보고 본인은 일본 정부가 청국의 개입 없이 조선과 타협에 이른 것에 만족하고 있다는 인상을 받았습니다. 또한 이노우에 대사는 조건의 가혹함이나 지불해야 할 배상액보다는 협상 타결 자체를 더 중시한 것처럼 보였습니다.

서울에서 보여준 조선 친일파[6]의 행동방식과 일본 변리공사[7]의 태도 모두 비난에서 자유로울 수 없다는 사실과 러시아 정부가 조선반도에 대해 공공연히 적대적인 태도를 취하는 것을 우려할 수밖에 없는 일본의 입장이 이노우에 백작의 태도에 적잖게 영향을 미친 것으로 보입니다.

전쟁도 불사할 듯이 몹시 흥분했던 일반여론과 언론은 오늘까지도 완전히 진정되지 않았습니다. 물론 조선과 체결한 조약 자체는 긍정적으로 보고 있습니다. 하지만 청국의 태도에 대한 해명과 함께 일본 정부가 청국에 대해 강력한 조치를 취할 것을 요구하고 있습니다.

일본의 현 정세로 볼 때 이미 몰락한 것이나 다름없는 예전 군국주의의 후예들이(즉 사무라이들) 전쟁을 선동하고 있으며, 수천 명이 의용군으로 나가게 해달라고 정부에 청원하고 있습니다. 본인은 일본 정부가 이들을 만족시키기 위해 어떤 조치를 취할지 아직은 모르겠습니다. 하지만 이노우에의 은밀한 발언들을 고려해 볼 때 그가 예전에 계획했던 제안들을 계속 추진할 것이라고 믿습니다. 즉 청국군과 일본군의 동시 조선 철수입니다. 이노우에는 본인에게 최근의 사건들을 통해 청국군의 전투력이 매우 약한 것을 확인했으며, 필요시 서울 주둔 청국군을 손쉽게 제압할 수 있다는 확신을 갖게 되었다고 언급하였습니다. 그에 따라 당분간은 서울에 일본군 1개 대대만 잔류시키기로 했다고

---

5 [감교 주석] 한성조약
6 [감교 주석] 일본의 한국 식민지화와 일제의 식민 정책에 협조한 '친일파'와 동일한 개념이 아님. '일본에 우호적인 세력'으로 이해하는 것이 타당함. 여기서 친일파는 급진개화파 혹은 정변 주도세력을 지칭함.
7 [감교 주석] 다케조에 신이치로(竹添進一郎)

말했습니다.

이노우에가 본인에게 말해준 바와 같이 프랑스 군함들은 제물포에 나타나지 않았습니다. 또한 이노우에가 이곳을 떠나 있는 동안 프랑스의 동맹 제안에 대한 추가 협상은 없었다고 합니다.

서울까지 이노우에를 수행했다가 돌연 상하이로 가서 그곳에서 며칠 머물다 곧바로 도쿄로 돌아온 다카시마[8] 육군대장과 가바야마[9] 해군소장의 여정은 풍문에 의하면 단지 개인적인 용무였다고 합니다.

된호프

내용: 서울에서 귀환한 이노우에 대신과 서울에서 체결된 조약, 첨부문서 1부

No. 3의 첨부문서
1885년 1월 21일 자 "관보"의 번역

일본 추밀원 공시 No. 1

작년 12월 조선 서울에서 벌어진 사건과 관련해 조선 정부와 협의를 통해 아래와 같은 조건으로 협정을 체결하였다.:
1885년 1월 21일

추밀원 의장: 산조 사네토미[10]
외무대신: 이노우에 가오루[11]

최근 서울에서 발생한 사건[12]은 그 의미가 자못 중대하다. 일본 천황은 본 사건을 심히 유감스럽게 생각해 이노우에 가오루 백작을 협상 진행에 전권을 가진 특별사절로

---

8 [감교 주석] 다카시마 도모노스케(高島鞆之助)
9 [감교 주석] 가바야마 스케노리(樺山資紀)
10 [감교 주석] 산조 사네토미(三條實美)
11 [감교 주석] 이노우에 가오루(井上馨)
12 [감교 주석] 갑신정변

임명해 조선으로 파견하였다.

　조선 국왕 역시 본 사건을 매우 유감스럽게 생각해 김홍집[13]을 전권대신으로 임명하였으며 그에게 사건 처리와 함께 향후 유사한 사건이 재발하지 않도록 방지책을 마련하라는 명령을 내렸다. 양국 전권대신들은 회담을 통해 우호관계를 유지하고 다가올 난관들을 예방하기 위해 다음과 같은 조건에 합의하고 서명 날인하였다.

제1조 조선 정부는 국서를 일본에 보내 사의를 표명한다.

제2조 일본인 부상자 및 피살자의 유족을 위로하고 상인들이 입은 재산 피해를 보전하기 위해 조선 정부가 11만 엔을 지불한다.

제3조 조선 정부는 이소바야시[14] 대위 살해범을 체포해 엄벌에 처한다.

제4조 조선 정부는 새로이 선정된 대지에 일본 공사관 건물을 신축해 제공하며 그곳을 영사관 부지로 지정한다. 또한 향후 발생할 수 있는 증축 및 수리비 용도로 2만 엔을 지급한다.

제5조 일본 호위병의 영사는 공관 부지를 택하여 정하고, 임오속약(1882년)[15] 제5조에 따라 시행한다.

메이지 18년(1885년) 1월 9일

조선 건국 493년 11월 24일

특별 전권대사 이노우에 가오루 백작

별단

　조약 제2조와 4조의 금액은 일본화폐로 계산할 것이며, 3개월을 기한으로 인천에서 완불한다.

　제3조의 살해범 처단은 조약 체결일로부터 20일을 기한으로 한다.

　(전과 동일한 서명들이 이어짐)

번역

보좌관 잔센

---

13 [감교 주석] 김홍집(金弘集)
14 [감교 주석] 이소바야시 신조(磯林眞三)
15 [감교 주석] 제물포조약

일본과 청국의 대립적 형세에 대한 비밀 보고

발신(생산)일	1885. 1. 25	수신(접수)일	1885. 3. 8
발신(생산)자	된호프	수신(접수)자	비스마르크
발신지 정보	도쿄 주재 독일공사관 No. 4	수신지 정보	베를린 정부 A. 1533

A. 1533 1885년 3월 8일 수신

도쿄, 1885년 1월 25일

No. 4

기밀

비스마르크 각하 귀하

본인이 오늘 외무대신[1]과의 면담석상에서 들은 바에 따르면 일본 정부는 대청정책에 있어서 아무런 결정도 하지 않았다고 합니다. 이노우에 백작의 매우 은밀한 발언에 따르면 청국과의 협상과 관련해 평화로운 해결책을 모색하는 방향으로 추진할지 경우에 따라 무력 분쟁도 불사하는 방향으로 추진할지를 놓고 내각에서 완벽한 합의에 이르지 못했기 때문입니다. 본인에게 이노우에 대신은 아직 개인적인 입장을 정하지 못했다면서 주어진 책임이 막중해서 경우의 수를 전부 충분히 고려해 봐야 한다고 말했습니다.

그런 다음 이노우에 백작은 시국전반에 대해 본인에게 상세하게 설명했습니다. 그는 프랑스와의 동맹 건을 가볍게 언급하면서 지난 며칠 동안 상하이를 거쳐 그에게 전달된 보고들을 종합해 볼 때 동맹의 조건은 거의 일본 측이 결정할 수 있다고 말했습니다.

그러나 이노우에 대신은 프랑스 정부의 일관성을 믿지 못하는 듯했습니다. 그는 프랑스가 나중에 협약 내용을 지키지 않을 수도 있다고 우려하는 듯했습니다.

이노우에 대신은 영국 공사[2] 측에서 그에게 반복적으로 거론하는 우려에 대해서는 큰 가치를 두지 않고 있습니다. 반면 러시아의 태도는 이노우에 대신에게 매우 큰 불안감

---

1 [감교 주석] 이노우에 가오루(井上馨)
2 [감교 주석] 플런켓(F. R. Plunkett)

을 안겨주고 있습니다. 그는 만약 분쟁이 일어나는 경우 러시아는 겨울에도 얼지 않아 매우 중요한 의미를 가지는 부산항을, 더 나아가 어쩌면 조선의 대부분을 점령하려 들지도 모른다고 우려하고 있습니다. 그럴 경우 러시아와 거리가 더 가까워지는 것이 일본에게는 달갑지 않은 일입니다.

이노우에 대신은 베이징에서 보내온 보고들을 통해 청국 정부가 작은 양보들은 할 용의가 있으나 더 큰 요구들에 대해서는 적대적으로 반응할 게 분명하다고 추정하고 있습니다.

상기한 이노우에 대신의 매우 은밀한 분석에서 본인은 다음과 같은 인상을 받았습니다. 첫째, 재정 부족의 영향에 따른 일본의 우유부단함은 결국은 타협적인 자세로 청국과 협상에 나서게 될 것입니다. 둘째, 그렇게 될 경우 통킹과 타이완에 주둔하고 있는 프랑스 군대의 처지가 지금보다 훨씬 불리해지기 때문에 프랑스군은 어떻게든 일본을 (청국과의; 번역자) 전쟁과 (프랑스와; 번역자) 동맹의 길로 이끌기 위해 노력할 것입니다.

된호프

내용: 일본과 청국의 대립적 형세에 대한 비밀 보고

1884년 12월 4일부터 7일 사이 발생한 사건에 관한 조선 외아문의 진술서 제출

발신(생산)일	1885. 1. 8	수신(접수)일	1885. 3. 9
발신(생산)자	부들러	수신(접수)자	비스마르크
발신지 정보	서울 주재 독일총영사관	수신지 정보	베를린 정부
	No. 15		A. 1557

A. 1557 1885년 3월 9일 수신, 첨부문서 1부

서울, 1885년 1월 8일

No. 4

비스마르크 각하 귀하

조선 외아문이 외국대표들에게 공식문서로 12월 4일부터 7일 사이 발생한 사건[1]에 대한 진술서를 보내왔습니다. 이에 본인은 영문 번역을 동봉해 각하께 삼가 보고드리게 되어 영광입니다.

유감스럽게도 지금까지 본인은 한자어로 작성된 문서를 독일어로 번역할 수 없었습니다. 그러나 이번에 보내드리는 내용은 묄렌도르프[2] 사무실에서 번역한 것이기에 틀린 곳이 전혀 없을 것이라고 확신합니다.

(서울 주재; 감교자) 일본 변리공사[3]의 진술과 조선 외아문의 진술은 많은 부분에서 모순됩니다. 따라서 아직까지는 실제로 정확히 무슨 일이 벌어졌는지 확정짓기가 불가능합니다. 하지만 큰 틀에서 사건의 성격을 정리해보면 아래와 같습니다.

조선의 개혁, 일본과의 선린관계, 청국으로부터의 독립 등을 원하는, 일본에서 교육받은 일군의 관리[4]들이 모반을 꾀하며 무력으로 국왕을 제압하고 정권을 탈취하려 하였습니다. 그들은 그러한 자신들의 목적을 위해 청국에 우호적이지만 개혁반대자로 낙인

---

1 [감교 주석] 갑신정변
2 [감교 주석] 묄렌도르프(P. G. Möllendorff)
3 [감교 주석] 다케조에 신이치로(竹添進一郎)
4 [감교 주석] 급진개화파

찍을 수는 없는 고관들을 살해했습니다.

반역자들이 잠시 그들의 목적을 이룰 수 있었던 것은 일본 변리공사가 수하의 병사들을 동원해 궁궐을 점령하고 그들을 지원했기 때문입니다.

반역자들은 일본 변리공사가 궁궐을 떠나자마자 도망칠 수밖에 없었습니다. 일반 백성들이 전혀 그들을 추종하지 않는 바람에 그들이 일으킨 정변이 완전히 실패로 끝났기 때문입니다.

서울 주민들은 즉시 반역자들과 궁궐을 점령한 일본인들에게 반기를 들었습니다. 그리고 유감스럽게도 조선 고관들 학살에 대한 그들의 분노를 무고한 일본 상인들에게 터뜨려 일본 상인 몇 명을 때려 죽였습니다.

일본인 이외의 다른 외국인들은 공격받지 않았고 일반적인 질서는 붕괴되지 않았습니다.

청국 대표의 개입으로 12월 8일 이후 정권은 다시 국왕과 국왕이 임명한 조선 관리들이 장악했습니다.

현재 서울에서 진행되고 있는 협상의 진행경과에 대해서는 본인이 전하께 삼가 다시 특별 보고를 올리도록 하겠습니다.

부들러

내용: 1884년 12월 4일부터 7일 사이 발생한 사건에 관한 조선 외아문의 진술서 제출

No. 15의 첨부문서
첨부문서의 내용(원문)은 독일어본 458~462쪽에 수록.

12월 4일부터 7일 사이 발생한 사건과 관련된
조선과 일본의 조약 체결

발신(생산)일	1885. 1. 10	수신(접수)일	1885. 3. 9
발신(생산)자	부들러	수신(접수)자	비스마르크
발신지 정보	서울 주재 독일총영사관	수신지 정보	베를린 정부
	No. 21		A. 1558
메모	s. Notiz // 연도번호 No. 21		

A. 1558 1885년 3월 9일 수신, 첨부문서 1부

서울, 1885년 1월 10일

No. 5

비스마르크 각하 귀하

어제 일본과 조선의 전권대신[1]들이 서명한 조약을 동봉해 각하께 삼가 보고드리게 되어 영광입니다.

조선 외아문은 본인에게 조약 사본을 한 통 보내왔습니다. 그런데 조약이 한자어로 작성되어 있어 본인은 내용 이해를 위해 번역을 맡겼습니다. 앞에 언급된 조약 내용은 본인이 받아본 번역본입니다.

본인은 나가사키 주재 독일제국 영사에게 아래와 같은 전보를 발송해줄 것을 요청하였습니다:

외무부 – 베를린

청국의 개입 없이 일본과 조선이 조약에 서명함.

군대는 잔류키로 함.

서울, 9일

부들러

---

1 [감교 주석] 이노우에 가오루(井上馨)와 김홍집(金弘集)

[메모]

일본 대사 이노우에 백작[2]은 청국 대표에게 전권을 갖고 있지 않은 대표와는 협상할 수 없다고 통고하고, 청국 대표의 중재 없이 일본 전권대사와 조선 전권대신[3] 간에 협상을 벌였습니다.

일본은 조선 주둔 병력의 규모를 더 늘린 다음 청국과 일본 양국 군대의 동시 철수에 관한 협상을 개시할 것으로 보입니다.

일본군과 청-조 연합군의 새로운 충돌 위험이 임박한 것으로 보입니다.

독일제국 포함 "일티스"호는 아직 제물포항에 정박 중입니다.

본인은 오늘 자 최종 우편물로 도쿄 주재 독일제국 공사에게 협상 진행과정에 대해 보고했습니다.

또한 베이징 주재 독일제국 공사에게는 청나라 대표를 경유해 일본군의 제물포 잔류에 대한 간단한 메모와 함께 조약 내용을 보고했습니다.

전하께 최대한 빨리 보다 상세한 보고를 올리도록 하겠습니다.

부들러

내용: 12월 4일부터 7일 사이 발생한 사건과 관련된 조선과 일본의 조약 체결

No. 21의 첨부문서
A. 1558

개요
1885년 1월 9일 일본과 조선의 전권대신이 체결한 조약[4]의 내용

일본 천황은 서울에서 발생한 심각한 정변[5]을 심히 유감스럽게 생각해 이노우에 백작을 협상 진행에 전권을 가진 특사로 임명해 조선에 파견하였다.

---

2 [감교 주석] 이노우에 가오루(井上馨)
3 [감교 주석] 김홍집(金弘集)
4 [감교 주석] 한성조약
5 [감교 주석] 갑신정변

조선 국왕은 그 사건 대한 우려와 함께 일본과 우호관계를 유지하고자 하는 소망에서 김홍집을 협상 진행에 전권을 가진 특사로 임명해 이 사건을 처리하고 향후 대책도 마련하도록 지시하였다.

그 뜻을 받들어 두 사람은 아래와 같은 조약에 서명 날인하였다.

1) 조선 정부는 국서를 일본에 보내 사의를 표한다.

2) 일본인 부상자 및 피살자의 유족을 위로하고 상인들이 입은 피해를 보전하기 위해 조선 정부가 11만 달러[6]를 지불한다.

3) 조선 정부는 이소바야시[7] 살해범을 체포해 엄벌에 처한다.

4) 조선 정부는 새로이 선정된 대지에 일본 공사관 건물을 신축해 제공하며 그곳을 영사관 부지로 지정한다. 또한 향후 발생할 수 있는 증축 및 수리비 용도로 2만 달러를 지급한다.

5) 일본 호위병의 막사는 공사관 근처로 정하고, 1882년 후속조약 제5조[8]에 따라 시행한다. (이 조항에 따르면 호위병의 규모와 철수 시점은 일본의 결정에 따른다.)

B.

---

6   [감교 주석] 조약 원문에는 '원(한문본)', '엔(일본어본)'으로 명시되어 있음. 뒤의 4)에도 동일함.
7   [감교 주석] 이소바야시 신조(磯林眞三)
8   [감교 주석] 제물포조약

23

조선과 일본의 조약 체결

원문 p.466

발신(생산)일	1885. 1. 14	수신(접수)일	1885. 3. 9
발신(생산)자	부들러	수신(접수)자	비스마르크
발신지 정보	서울 주재 독일총영사관 No. 6	수신지 정보	베를린 정부 A. 1559
메모	연도번호 No. 30		

A. 1559   1885년 3월 9일 수신

서울, 1885년 1월 14일

No. 6

비스마르크 각하 귀하

각하께 본인은 작년 12월 27일에는(No. 17) 일본과 조선의 협상 진행과정에 대해, 금년 1월 8일에는(No. 4) 조선 외아문의 사건[1] 보고서에 대해, 그리고 1월 10일에는 조일 양국의 조약 체결[2]에 대해 삼가 보고한 바 있습니다.

본인이 그동안 협상 진행과정 및 조선과 일본 양측의 태도에 관해 도쿄와 베이징 주재 독일제국 공사에게 보낸 자세한 보고들 가운데 몇 가지 매우 중요한 메모를 삼가 전하께 보고드리게 되어 영광입니다.

12월 28일 일본 변리공사 다케조에[3]와 이노우에[4]가 서울로 출발하였습니다. 그들은 정중한 영접을 받았으나 주민들은 조용했습니다.

다케조에와 조선 외무부는 계속 서신을 교환했으나 아무런 성과가 없었습니다.

1월 1일 청국의 고위 사절 2명[5]이 이곳에 도착했고, 1월 3일 저녁에는 이노우에 가오루 백작이 도착했습니다. 일본 외무대신인 이노우에 백작은 "특사" 위촉장과 450명의

---

1   [감교 주석] 갑신정변
2   [감교 주석] 한성조약
3   [감교 주석] 다케조에 신이치로(竹添進一郎)
4   [감교 주석] 이노우에 가오루(井上馨)
5   [감교 주석] 우다청(吳大澂)과 딩루창(丁汝昌)

호위병을 거느리고 있었습니다.

본인이 이노우에 백작을 방문했을 때 그는 현재의 난관은 잘 해결될 수 있을 것이라고 했습니다. 그러나 더 큰 난관은 미래에 대한 확실한 보장을 받아내는 것이라고 했습니다. 아무래도 청일 양국 병력의 동시 철수가 추진될 것 같습니다. 이노우에는 그럴 경우 조선의 두 당, 즉 친일적인 성격의 개화파와 친청적인 성격의 수구파는 두 나라로부터 그 어떤 지원도 기대할 수 없게 된다고 말했습니다. 그는 일본 정부가 사절들에게 항상 조선의 내부 문제에 절대 개입하지 말라는 훈령을 내렸다고 했습니다. 그에 따라 이노우에 백작 자신은 2년 전 개화파 지도자 김옥균[6]이 차관계약에 대한 지원을 요청하였을 때 거절했다고 했습니다. – 일본은 조선에서 영토 획득을 기도하지 않는다는 것입니다.

이노우에 백작은 청국 사절이 대규모 병력을 거느리고 (조선으로; 감교자) 출발하였다는 소식을 듣고 나서야 비로소 그 역시 대규모 호위병을 이끌고 왔다는 점을 매우 강조했습니다.

대규모 호위병을 이끌고 온 이유를 이렇게 둘러댄 것은 진짜 동기를 은폐하기 위한 목적으로 보입니다. 즉 일본군과 청국군의 동시 철수를 요구할 때 병력의 숫자 측면에서 청국에 밀리지 않으려는 사전 계획의 일환일 가능성이 높습니다.

이노우에는 결국 이전의 병력 160명 대신 500명을 이곳에 잔류시켰습니다.

본인과 청국 사절이 상호방문을 가졌을 때 이 문제와 관련해 청국사절들은 다만 분쟁이 평화적으로 해결되기를 바랄 뿐이라고 했습니다.

청국 사절단의 평화의지는 일본 사절이 도착하기 전 시 외곽의 전략 요충지와 서울의 궁궐에서 자국 병력을 철수시킨 것에서 확인할 수 있습니다. 이러한 조치의 바탕에는 그들이 그 어떤 전쟁준비도 하지 않고 있다는 것을 분명하게 보여주려는 의도도 깔려 있습니다.

또한 그들은 자국 병사들에게 절대 부적절한 행동을 하지 말 것을 경고하는 고시를 발표했습니다.

1월 6일 이노우에 백작은 조선 국왕을 알현하고 성대한 환영을 받았습니다. 포고를 통해 평온을 유지하라는 경고를 받은 주민들은 어떠한 난동도 일으키지 않았습니다. 1월 7일 협상이 시작되었고 이미 보고드린 바와 같이 1월 9일 조약[7]이 체결되었습니다.

일본 (전권; 감교자)대신은 큰 틀에서 원안에서 제시한 요구조건들을 모두 얻어낸

---

6 [감교 주석] 김옥균(金玉均)
7 [감교 주석] 한성조약

듯합니다. 그는 12월 4일부터 7일 사이 발생한 사건[8] 때 보인 일본 변리공사의 태도[9]에 대한 논의는 거절했습니다.

청국 사절들은 조선 정부에 일본의 요구를 거부하도록 부추기지 않았습니다. 청국은 이미 프랑스로부터 충분히 전쟁 압박을 받고 있는 상황이라 일본과 전쟁을 치를 수 없는 상황이라고 합니다. - 청국 사절들의 태도를 결정한 것은 바로 이것이었습니다.

조선 정부의 은밀한 요청을 받고 입국한 도쿄 주재 러시아 공사관의 서기관인 러시아 대표[10] 역시 조선 정부에 일본의 요구를 수용해야 한다고 조언했습니다. 하지만 러시아 정부는 조선 영토에서 일본과 청국의 전쟁이 발발하지 않도록 영향력을 행사할 것이라고 말했습니다.

일본 대사와 청국 사절들 간에는 협상이 없었을 뿐 아니라 상호방문도 없었습니다.

일본 전권대신과 조선 전권대신이 협상을 벌이고 있을 때 청국의 수석 사절[11]이 사전 예고도 없이 불쑥 회의실에 나타났습니다. 청국 사절은 그곳에서 처음으로 이노우에 백작과 조우한 것입니다.

협상에 대한 전권을 갖고 왔느냐는 이노우에 백작의 질문에 청국 사절은 전권을 부여받은 것은 아니지만 황제에게 전권을 요청할 수 있다고 답했습니다. 그러자 일본 사절은 그런 조건하에서는 청국 대표와 일절 협상할 수 없다고 말했습니다. 청국 대표가 회의실을 떠난 다음 협상이 계속 진행되었습니다.

이곳 조선에서 청국은 일본에 대해 반감이 매우 커진 상태입니다. 당장은 프랑스와의 분쟁 때문에 일본에 양보해야 할 때라는 것을 잘 알고 있지만 적당한 기회에 이번에 조선에서 보여준 일본의 무례한 태도를 반드시 설욕하려 들 것입니다.

청일 양국 군대의 조선 동시 철수라는 이노우에 백작의 요구에 관해 말한다면, 본인은 양국 군대의 철수 이후 과연 조선에서 질서가 제대로 유지될 수 있을지 의문입니다. 지방에서는 외국과의 수교를 절대 반대하는 위정척사파가 강력한 지지를 받고 있기 때문에 그 세력이 봉기하여 현재의 정부를 전복시키고 쇄국정책을 펴는 것도 불가능하지만은 않습니다. 백성들은 1882년 청국에 압송된 뒤 현재까지 그곳에 억류되어 있는 옛 통치자[12]를 그리워하고 있습니다. 현 국왕의 아버지인 그는 모든 외세를 단호히 배격하

---

8 [감교 주석] 갑신정변
9 [감교 주석] 일본공사관 호위 병력의 정변 지원.
10 [감교 주석] 슈뻬이예르(A. Speyer)
11 [감교 주석] 우다청(吳大澂)
12 [감교 주석] 흥선대원군(興宣大院君)

는 자입니다. 방방곡곡에서 비슷한 반동 운동[13]을 각오하고 있는 사람들이 많다는 사실을 고려하면, 백성 대다수가 그 시절로 돌아가기를 소망하고 있다는 보도들은 신빙성이 꽤 높다고 할 수 있습니다.

열강들, 특히 청국, 일본, 러시아로 하여금 조선의 중립화를 보장하는 조약을 맺게 하려는 묄렌도르프[14]의 계획은 일본 외무대신의 소망과 매우 합치되는 것으로 보입니다. 따라서 아마도 목전에 임박한 일본과 청국의 협상에서도 이 문제가 거론될 것입니다.

이노우에 백작은 1월 10일 다시 한번 성대한 대접을 받으며 조선 국왕을 알현한 후 11일 서울을 떠났습니다. 지금까지 일본 변리공사였던 다케조에와 얼마 전까지 대리공사를 지낸 시마무라[15]가 이노우에 백작과 동행했습니다. 곤도[16]가 대리공사로 임명되었으며, 이미 언급했다시피 1개 대대, 500명의 호위병이 공사관 초병으로 서울에 잔류했습니다.

청국 사절들은 일본군과 청국군의 충돌 위험을 줄이는 데에 심혈을 기울이고 있습니다. 그들은 12일 일본 대리공사를 청국군 진지로 초청하여 사격연습 장면을 공개하였습니다. 곤도가 본인에게 편지로 알려준 바에 따르면 청국 사절들은 아주 정중하게 예를 갖추어 곤도를 대했다고 합니다. 자국 병사들에게 일본과 청국 두 나라 사이가 매우 우호적이라는 사실을 보여주려는 의도였던 듯합니다.

조선 군무사[17]수장이 본인에게 말한 바에 따르면, 일본 병사들이 조선인들에게 몇 차례 불법행위를 저질렀는데 일본 대리공사가 향후 유사한 사건의 재발 방지를 약속하였다고 합니다.

청국 사절들은 귀국 길에 오르기 전 그들이 1월 9일 올린 보고에 대해 황제로부터 회답이 오기를 기다리고 있습니다.

1월 9일 체결된 일본과 조선의 조약[18]의 실행과 관련해 다음 내용을 보고드립니다.

제1조에 언급된 국서는 특사로 임명된 서상우,[19] 묄렌도르프가 일본에 전달할 것이라고 합니다. 그들의 출발날짜는 아직 정해지지 않았습니다.

묄렌도르프는 이노우에 백작한테서 일본 정부가 확정된 배상금의 일부를 탕감해줄

---

13 [감교 주석] 위정척사운동
14 [감교 주석] 묄렌도르프(P. G. Möllendorff)
15 [감교 주석] 시마무라 히사시(島村久)
16 [감교 주석] 곤도 마스키(近藤眞鋤)
17 [감교 주석] 4군영
18 [감교 주석] 한성조약
19 [감교 주석] 서상우(徐相雨)

것이라는 언질을 들은 것으로 보입니다.

일본이 초병 500명을 이곳에 잔류시켰다는 사실은 이미 여러 번 언급하였습니다.

1884년 12월 27일 자 본인의 보고와 관련해 삼가 다시 한번 다음 내용을 추가합니다. 독일제국군함 "일티스"호의 함장은 오랜 숙고 끝에 배를 떠나지 않기로 결정하였습니다. 본인 역시 절박한 일도 아닌데 함장이 왕을 예방하는 것보다는 제물포에 머무는 것이 더 바람직하다고 생각합니다.

마지막으로 언급할 것은 (서울 주재; 감교자) 대영제국 총영사 애스턴[20]이 신병으로 며칠 전 조선을 떠났으며, (서울 주재; 감교자) 미국 공사 푸트[21] 역시 며칠 전 서울을 떠났다는 사실입니다. 본인이 들은 바에 의하면 푸트는 일본으로 갔다고 합니다. 그는 이미 얼마 전에 공사관 무관인 해군 중위 포크[22]에게 대리공사 직을 인계하고 그 사실을 공표하였습니다.

영국 총영사의 업무는 부영사 칼스[23]가 물려받았으며, 중국어에 능통한 관리 두 명이 보좌관으로 배치되었습니다.

(서울 주재; 감교자) 외국대표들은 일본과 조선의 전권사절들에 의해 진행되고 있는 협상에서 완전히 배제되어 있습니다. 그러나 현재 외국대표들은 새로운 충돌을 방지할 수 있는 만반의 준비를 하기 위해 은밀히 서로 협력하고 있을 것입니다.

부들러

내용: 조선과 일본의 조약 체결

---

20 [감교 주석] 애스턴(W. G. Aston)
21 [감교 주석] 푸트(L. H. Foote)
22 [감교 주석] 포크(G. C. Foulk)
23 [감교 주석] 칼스(W. R. Carles)

현재 조선의 정세

발신(생산)일	1885. 1. 22	수신(접수)일	1885. 3. 9
발신(생산)자	부들러	수신(접수)자	비스마르크
발신지 정보	서울 주재 독일총영사관 No. 9	수신지 정보	베를린 정부 A. 1560
메모	연도번호 No. 51		

A. 1560 1885년 3월 9일 수신

서울, 1885년 1월 22일

No. 9

비스마르크 각하 귀하

오늘 이달 14일 자 본인의 보고-No. 6-에 아래 내용을 첨가하여 전하께 삼가 보고드립니다.

평온과 질서는 아직까지 다시 붕괴되지 않았습니다.

청국 군대가 조선에서 철수하는 것이 독일의 국익에 합치하느냐 하는 문제에 대해서는 이미 암시한 바와 같이 무작정 긍정할 수 없을 것 같습니다. 어쨌든 조선의 질서가 그 어떤 당파에 의해서도 쉽게 무너지지 않도록 사전에 방책을 강구해놓을 필요가 있습니다.

본인이 지켜본 바에 의하면 청국인들은 최근 조선에서 외국인들에게 적대적인 방향으로 영향력을 행사하지 않았을 뿐만 아니라 개혁에도 반대하지 않았습니다.

조선이 청국이 아니라 일본의 영향하에 있어야 더 빨리 발전할 것이라는 견해는 충분히 받아들일 만합니다. 문제는 그럴 경우 과연 독일 상인들이 지금처럼 조선이 서서히 발전할 때보다 더 많은 이득을 얻을 수 있겠느냐 하는 것입니다. 왜냐하면 그럴 경우 당연히 일본인들이 조선 정부가 벌이는 모든 사업에서 특권을 누리게 될 것이기 때문입니다. 지금까지 외국인들은 모든 경쟁에서 일본인들, 즉 일본 관리나 일본 상인들의 지칠 줄 모르는 무차별적 공격 방식과 싸워야 했습니다.

조선 정부와 일반 주민들은 일본인에 대해 감정이 매우 좋지 않은 상황이므로 일본인과 공동으로 뭔가를 도모하는 것은 피하는 것이 바람직합니다. 또 다시 폭동이 일어날 경우 일본군의 보호를 받는 것 역시 상책은 아닙니다.

최근 일본 대리공사[1]가 외국 대표들에게 그런 보호[2]를 약속한 바 있습니다. 하지만 다른 조짐과 연관해 볼 때 그것은 일본의 정책이 조선 주재 외국인들을 일본 자신의 난관 속으로 끌어들이는 것을 지향하고 있다는 뜻입니다. 본인은 가능한 한 본인이 경계하고 있다는 사실을 들키지 않도록 애쓰면서 늘 그 점을 경계할 것입니다.

조선 국왕은 며칠 전 어전회의에서 고문들과 관리들에게 앞으로는 왕이 정부 정책에 대한 간섭을 삼갈 것이며, 대신들의 건의를 따르겠노라고 선언했습니다.[3] 조선 국왕의 이러한 선언은 어느 정도 제한은 있지만, 지금까지의 전제정체 대신 입헌정체를 약속하는 것으로 이해할 수 있습니다.

이 별유를 통해서 왕, 그리고 특히 왕비의 정치적 개입을 비난하면서, 예전의 군주(대원군; 감교자)를 복귀시키고자 하는 백성들의 바람이 더 이상 확산되는 것을 막기 위한 목적이 있어 보입니다.

본인은 전반적으로 외국인에게 적대적이고 반동적인 정책이 도입될 것으로 생각하지는 않습니다. 하지만 (조선; 번역자) 내각[4]에 대한 청국의 영향력은 예전보다 더 커졌음을 느낄 수 있습니다.

묄렌도르프[5]는 청국 대표들의 지원을 받고 있어서 그의 지위는 다시 확고해질 것으로 보입니다.

러시아 정부는 군항 양도와 관련된 희망사항들을 공공연하게 피력했고, 조선 정부는 그 문제에 관여하는 것을 거절하지 않은 듯합니다. 하지만 그 계획에 대한 일시적인 논의에 그친 것 같습니다.

현재로서는 본인이 꼭 제물포에 체류할 필요는 없습니다. 마이어 상회[6] 대표인 볼터의 업무능력이 탁월할 뿐만 아니라 외국 영사관 관리들도 그 회사와 관련된 업무는 흔쾌히 볼터와 직접 처리해주기 때문입니다. 하지만 본인이 이곳 현장에서 상황을 보다 자세히 관찰하는 것이 우리의 상업적 이익을 촉진하는 데 도움이 될 듯하여 체류를 좀 더

---

1   [감교 주석] 곤도 마스키(近藤眞鋤)
2   [감교 주석] 일본군의 보호
3   [감교 주석] 부들러가 보고한 고종의 별유(別諭)는 『고종실록』 고종 21년 11월 30일 자 기사에 수록되어 있음.
4   [감교 주석] 정부
5   [감교 주석] 묄렌도르프(P. G. Möllendorff)
6   [감교 주석] 세창양행(世昌洋行)

연장하고자 합니다.

사환의 퇴직으로 당분간 제물포에서는 비용을 절감하게 되었습니다.

오늘 마이어 상회가 이곳에서 묄렌도르프와 계약을 체결했습니다. 주화 제작 기계의 공급과 관련된 계약으로, 서너 명의 기술자 채용도 중개하기로 하였습니다(1884년 10월 1일 No. 26 보고 참조).

묄렌도르프는 조선 국왕의 칙령에 의해 주화제조 책임자로 임명되었고, 그 권한으로 주화 제작 기계를 주문한 것입니다. 기계의 가격은 약 2만 달러이며 계약금은 3천 달러입니다.

기계는 상하이에서 전보로 주문하게 되며, 제작에는 4개월 내지 6개월 정도 소요될 것입니다.

기술자 고용 건은 시급한 문제는 아니며, 그에 대해서는 다시 보고를 드릴 것입니다. 어쨌든 계약을 체결하려는 사람들에게 조심할 것을 권고하고 싶습니다.

부들러

내용: 현재 조선의 정세

25

조선이 일본에 갚아야 할 배상금 면제 건

발신(생산)일	1885. 1. 10	수신(접수)일	1885. 3. 9
발신(생산)자	브란트	수신(접수)자	비스마르크
발신지 정보	베이징 주재 독일공사관	수신지 정보	베를린 정부
	No. 6		A. 1564

A. 1564 1885년 3월 9일 수신, 첨부문서 1부

베이징, 1885년 1월 10일

No. 6

비스마르크 각하 귀하

현 시점에서 조선에 대한 일본의 이해관계와 관련해, 조선이 일본에 지불해야 할 배상금 40만 달러(1882년 정변[1] 후 부과된 배상금 50만 달러의 잔액)의 경감 문제로 (서울 주재; 감교자) 일본 변리공사[2]와 조선 외아문 독판[3] 간에 오간 서신을 동봉해 전하께 삼가 보고드리게 되어 영광입니다.

일본 대표의 서한은 다수의 조선인이 갖고 있는 모든 일본적인 것에 대한 거부감을 고취시키는 증오심이 어디에서 유래했는지를 알려줍니다. 일본 고대문명이 조선 덕분에 발전했다는 사실을 결코 잊은 적이 없는 조선 사람들에게 일본이 지금 너무나 오만한 자세로 발언하기 때문입니다.

브란트

내용 : 조선이 일본에 갚아야 할 배상금 면제 건, 첨부문서 1부

---

1 [감교 주석] 임오군란
2 [감교 주석] 다케조에 신이치로(竹添進一郞)
3 [감교 주석] 조병호(趙秉鎬)

1885년 1월 10일 자 No. 6의 첨부문서

　　1884년 12월 24일 자 "Shanghai Daily News" 신문은 일본 관보에 실린 내용을 그대로 전재하였다. 조선이 지불해야 할 배상금[4]의 면제와 관련해 서울에 파견된 일본 변리공사[5]와 조선 외아문 독판[6] 사이에 오간 서신이다.: "본 최종서명자는 조선 정부에 다음과 같은 보고를 드리게 되어 영광입니다. 본인이 임무 수행을 위하여 일본을 떠나기 전날 저녁 천황폐하를 뵈옵는 알현석상에서 황공스럽게도 폐하께서 아래와 같은 훈령을 내리셨습니다:

　　조선 왕국의 현재 상황을 자세히 알아본 바, 정부 체제가 개선되고 정치적 지도자들과 교육제도가 변하고 있으며 조선 국왕은 이른 새벽부터 밤늦게까지 국민들의 편익을 위한 계획 수립에 매진하고 있다 하니 짐은 기쁘기 한량없도다. 이에 짐은 조선 정부가 갚아야 할 50만 엔의 배상액 중에서 40만 엔을 면제해 줌으로써 그 돈이 조선에 문명을 도입하게 위해 투입될 기금의 기여금으로 활용되기를 엄숙히 희망하노라. 대신은 짐의 이러한 의도를 조선 정부에 전하도록 하라."

　　본 서명자는 천황폐하의 지시를 수행하기 위해 이미 조선 국왕을 친견하고 천황폐하의 말씀을 전했습니다. 그 결과 본인은 두 나라의 우호관계가 한층 더 가깝고 친밀해졌다고 확신하게 되었으며 이러한 전망을 기쁘게 환영하는 바입니다. 본 서명자는 영광스럽게도 조선 정부의 대신들도 이 점에 있어 본인과 의견이 일치할 뿐만 아니라 계몽적이고 호의적인 정책을 수행해 나가는 국왕 폐하를 지원할 것이라고 예상하는 바입니다.

다케조에
일본 천황폐하의 대신
메이지 17년 11월 9일.

　　상기 서한에 대해 다음과 같은 답서가 전달되었다.:

　　"조선 통리교섭통상사무아문 독판인 본 서명자는 이달 22일 일본 변리공사[7]로부터

4　[감교 주석] 임오군란 배상금
5　[감교 주석] 다케조에 신이치로(竹添進一郎)
6　[감교 주석] 조병호(趙秉鎬)
7　[감교 주석] 다케조에 신이치로(竹添進一郎)

아래와 같은 내용의 공식 서한이 접수된 것을 확인하게 되어 영광입니다.(앞에 제시한 서한의 원문이 이어진다.) 본 서명자는 선린국 조선에 대한 일본 천황폐하의 솔직한 관심 표명과 조선 왕국이 일본에 갚아야 할 배상금 면제에 깊은 감명을 받았습니다. 또한 일본 대신께서 그의 꾸준한 노력으로 조선과 일본 두 나라의 우호관계가 확실히 성장한 것을 보는 것이 크나큰 기쁨이라 말씀하시면서 서한을 통해 그에 대한 고마움을 표시해 주시니 본인의 마음 또한 기쁨과 만족으로 가득 찹니다. 이에 본 서명자는 대신의 서한을 모든 조정 대신들에게 전달한 바, 이구동성으로 서한의 내용에 경탄하였습니다. 삼가 우리의 소망은 따뜻한 우호관계를 통해 두 나라가 진실한 행복과 안녕을 오래도록 누리는 것입니다.

김홍집[8]
통리교섭통상사무아문 독판
갑신[9]년, 9월 24일

---

8 [감교 주석] 김홍집(金弘集)
9 [감교 주석] 갑신(甲申)

베를린, 1885년 5월 10일 　　　　　　　　　　　　　　A. 1557, 1558, 1559, 1560

내용: 조선
담당자
린다우

　　A. 1557은 서울에서 발생한 청일 양국 군대의 충돌에 대한 추가 보고
를 담고 있다. 이 보고는 정변[10]이 친일파[11] 조선인들에 의해 일어났다
는 젬부쉬[12] 총영사의 보고를 확인해준다. 보고에 첨부된 폭동에 대한
진술서는 핵심적인 사항들이 베이징 주재 독일제국 공사[13]가 보내온
조선국왕의 격문과 일치한다.

　　A. 1558은 1월 9일 조선과 일본이 체결한 조약[14]의 내용을 담고
있다. 조약에 따르면 조선은 청국군과의 충돌 시 피살된 일본인들의
가족에게 약 50만 마르크[15]를 배상금으로 지불하도록 되어 있다. 조약
은 조선 측에서 일본과의 우호관계 회복을 열렬히 원하고 있다는 새
로운 증거이다.

　　A. 1559는 1월 9일 조약에 서명함으로써 종결된 조선과 일본의 협
상 진행과정에 대한 상세한 내용을 담고 있다. 청국인들은 협상에서
소외되었다. 그들은 이 상황에 몹시 분개하고 있다. 청국은 프랑스와
의 전쟁[16] 때문에 지금은 양보해야 한다는 것을 이해하고 있지만 적절
한 시기에 조선에서의 일본의 행동방식에 대해 보복을 시도할 것이다.

　　A. 1560에서 조선 주재 독일제국 부영사[17]는 청국군이 조선에서 당
장 철수하는 것은 바람직하지 않다는 의견을 밝혔다. 부영사는 그럴
경우 일본인들에 의해 불안이 조성될 것이며 그에 따라 비록 속도는
느리지만 만족스럽게 발전하고 있는 무역이 피해를 보게 될 것이라고
예상한다.

　　러시아 정부는 군함 철수의 대가를 공공연하게 요구하는 것으로
보이는데, 조선 정부는 (러시아가; 감교자) 그 문제에 개입하는 것을
싫어하지 않는 듯하다.

---

10 [감교 주석] 갑신정변
11 [감교 주석] 일본의 한국 식민지화와 일제의 식민 정책에 협조한 '친일파'와 동일한 개념이 아님. '일본에
우호적인 세력'으로 이해하는 것이 타당함. 여기서 친일파는 급진개화파 혹은 정변 주도세력을 지칭함.
12 [감교 주석] 젬부쉬(O. Zembsch)
13 [감교 주석] 브란트(M. Brandt)
14 [감교 주석] 한성조약
15 [감교 주석] 조약문에는 원(한문본)과 엔(일본어본)으로 기술되어 있음.
16 [감교 주석] 청불전쟁(Sino-French War, 淸佛戰爭)
17 [감교 주석] 부들러(H. Budler)

1885년 3월 10일 자 노르트도이췌 알게마이네 차이퉁[18](No. 116)

2월 11일 자 "Times"지가 1월 18일 베이징발 전보를 기사로 실었다. 조선에서 청일 양국이 충돌[19]했다는 청국 측의 공식 발표였다. 최근 조선에서 들어온 우편물에도 그 사건과 관련된 조선 국왕의 교지 원문이 들어 있는데 청국의 발표를 뒷받침하는 내용 이다. 역모를 꾀한 대신들의 공격에 대한 조선 국왕의 교지 내용을 번역하면 다음과 같다.:

"이미 오래전부터 반역사상에 깊이 빠져 있던 김옥균[20], 홍영식[21], 박영효[22], 서광범[23], 그리고 서재필[24]이 은밀하게 조국을 배신하려는 음모를 꾸몄다.

이달 17일[25] 저녁(1884년 12월 4일) 우정국에서 홍영식이 주최한 축하연이 열렸을 때 홍영식은 서재창[26]을 비롯해 학자, 관리, 학생 등으로 구성된 도당들을 우정국 입구의 은신처에 매복시켜 놓았다. 은신처에서 민영익을 노리고 있던 중 그가 우정국 건물에서 나오는 순간 그들은 단도를 가지고 그를 공격했다. 그런 다음 민가에 불을 지르고 큰 소리로 반란을 선동하였다. 김옥균, 홍영식, 박영효, 서광범은 곧바로 일본 공사관에 들 렀다가 궁궐로 들어왔다. 그들은 과인에게 궁궐 밖으로 피신할 것을 황급히 요청하였다. 현재 벌어지고 있는 심각한 소요사태가 짐의 안전을 위협할 거라는 우려를 표하면서 짐에게 그들의 무도한 요구를 따를 것을 강요하였다. 짐이 밤사이에 서둘러 경우궁으로 피신하자 일본 공사 다케조에[27]가 병사들을 동원해 경우궁을 점령한 뒤 궁을 에워쌌다. 그런 다음 10여 명의 학자, 관리, 학생들에게 궐문을 지키면서 짐의 부하들 출입을 막도 록 했다. 과인에게 올라오는 보고를 막으려는 목적이었다. 김옥균을 비롯한 나머지 도당 은 이제 궁궐에 진주하고 있는 일본군의 지원을 등에 업고 자의적 판단에 따라 권력을 제멋대로 휘둘렀다. 그들은 매우 잔혹한 방식으로 고관 민태호[28], 조영하[29], 민영목[30], 윤

---

18 [감교 주석] 노르트도이췌 알게마이네 차이퉁(Norddeutsche Allgemeine Zeitung)
19 [감교 주석] 갑신정변
20 [감교 주석] 김옥균(金玉均)
21 [감교 주석] 홍영식(洪英植)
22 [감교 주석] 박영효(朴泳孝)
23 [감교 주석] 서광범(徐光範)
24 [감교 주석] 서재필(徐載弼)
25 [감교 주석] 음력 10월 17일
26 [감교 주석] 서재창(徐載昌), 서재필의 동생
27 [감교 주석] 다케조에 신이치로(竹添進一郎)
28 [감교 주석] 민태호(閔台鎬)

태준[31], 이조연[32], 한규직[33]과 환관 유재현[34]을 살해하였다. 그런 다음 곧바로 서로 관직과 지위를 마음대로 나눠 가졌을 뿐 아니라 재정과 군사 부문의 감독권도 장악했다. 그러는 동안 그들은 군주가 자신이 먹을 음식물조차 선택하지 못할 정도로 군주의 자유를 제약하였다. 그들이 무아지경에 빠져 저지른 포악하고 파렴치한 행동은 한계를 넘은 짓이었다.

백성들의 원성이 극에 달하자 청국군 3개 대대가 과인을 보호하려는 목적으로 궁궐로 진격했다. 그러자 일본군이 돌연 청국군을 향해 발포하면서 교전에 돌입했고 그 과정에서 일본군과 청국군 양측에서 사상자가 발생했다.

과인은 소란한 틈을 이용해 북문 안에 있는 어느 장소로 피신하였다. 하지만 나중에 청국군 3개 대대와 과인의 호위병[35]이 기쁨의 눈물을 흘리면서 환호하는 엄청난 군중의 축하행렬 속으로 짐을 이끌었다.

홍영식은 군중들에게 학살되었다. 하지만 서재창을 제외한 나머지 도당들은 전부 도망쳐 체포를 면하였다. 체포된 서재창은 12월 4일 밤의 잔혹한 습격에 대해 포괄적으로 자신의 죄를 인정했다.

역모를 일으킨 이 다섯 명의 대신은 타국의 군대[36]에 의지해 자국의 왕을 압박함으로써 죽음으로도 속죄할 수 없는 범죄를 저질렀다. 그런데 역모를 일으킨 대신들의 말에 귀를 기울이고 그들이 대표하는 당을 도와준 일본 공사의 행동이야말로 참으로 이해할 수 없는 이례적인 일이다.

하지만 상황이 어떠하든 과인의 정부는 그런 것에 개의치 않고 우호 관계 유지를 최우선으로 할 것이다. 또한 과인은 누구라도 일본 공사의 태도를 비난하는 것을 허용하지 않을 것이다. 이와 반대로 짐은 공사의 그런 태도를 용서할 용의가 있다.

몰지각한 일부 군중들이 자행한 복수에 대해 말하자면, 그들의 그러한 개별적 행동을 저지하는 것은 불가능했다. 반면 일본 공사 이노우에[37]가 돌연 자신의 공관에 직접 방화

---

29 [감교 주석] 조영하(趙寧夏)

30 [감교 주석] 민영목(閔泳穆)

31 [감교 주석] 윤태준(尹泰駿)

32 [감교 주석] 이조연(李祖淵)

33 [감교 주석] 한규직(韓圭稷)

34 [감교 주석] 유재현(柳載賢)

35 [감교 주석] 좌영(左營)과 우영(右營)을 지칭하고 있음. 친군 4영 중에서 청국군으로부터 훈련을 받은 좌영(左營)과 우영(右營)이 이에 해당함. 일본군 교관으로부터 훈련을 받은 전영(前營)과 후영(後營)은 정변 주도세력의 무력 기반이 되었음.

36 [감교 주석] 일본군

한 뒤 곧바로 그곳을 떠난 것은 국제적인 권리를 인정받을 수 없는 행위이다.

외국 대표들이 확실히 이 문제를 공동의 협의 안건으로 삼아 중재에 나서주기를 기대한다.[38]

---

37 [감교 주석] 다케조에 신이치로(竹添進一郞)의 오기로 보임.

38 [감교 주석] 갑신정변 진압 이후, 조선 정부는 미국, 영국, 독일에 일본의 정변 책임론을 부각시키면서, 수호통상조약의 1조에 의거해서 조선과 일본의 협상을 거중조정(居中調整; good office)해 줄 것을 요청하였음. 본문에 나온 중재는 1조에 명문화되었던 거중조정을 의미함.

베를린, 1885년 3월 13일   A. 2702

  2월 26일 도쿄 주재 독일제국 공사가 보고해온 바에 의하면 일본 정부는 조선에서
일어난 그 유명한 사건[39]에 관해 청국 정부와 협상을 벌이기 위해 이토[40] 백작을 특별대
사로 베이징에 파견했다. 이토는 몇 가지 제안을 할 계획인데, 스스로는 매우 관대한
제안이라고 말하고 있으나 혹시 베이징에서 받아들여지지 않을지도 모른다고 우려하는
듯하다. 그렇게 될 경우 조선에서는 불가피하게 분쟁이 일어날 것이며 그것은 러시아의
개입을 불러올 수도 있다.

  베를린 주재 일본 공사 아오키[41]는 일본 정부로부터 독일 외무부에 이토 대사의 베이
징 파견 소식을 전달하라는 훈령을 전보로 통보받았다. 그 즉시 아오키는 훈령대로 이행
하였고, 그 내용은 각하께 보고되었다.

---

39 [감교 주석] 갑신정변
40 [감교 주석] 이토 히로부미(伊藤博文)
41 [감교 주석] 아오키 슈조(靑木周藏)

26

조선의 정변 : 조약 체결에 의한 일본과 조선의 분쟁 해결

발신(생산)일	1885. 1. 17	수신(접수)일	1885. 3. 14
발신(생산)자	브란트	수신(접수)자	비스마르크
발신지 정보	베이징 주재 독일공사관	수신지 정보	베를린 정부
	No. 10		A. 1698

A. 1698 1885년 3월 14일 수신

베이징, 1885년 1월 17일

No. 10

비스마르크 각하 귀하

전신으로 접수된 서울발 보고에 따르면 조선과 일본의 분쟁은 이달 10일, 단 이틀간의 협상 끝에 체결된 조약에 의해서 마침내 해결되었음을 각하게 삼가 보고드리게 되어 영광입니다. 협상의 조건은 다음과 같습니다.:

1) 조선 국왕 측에서 일본 황제에게 사과와 사의의 서한을 보낼 것.

2) 일본인 피살자의 유족 및 부상자, 그리고 재산상 피해를 입은 사람들을 위해 배상금 11만 엔(약 10만 불)을 지불할 것.

3) 일본 대위 이소바야시[1] 살해범을 체포해 처형할 것.

4) 조선 정부는 새로이 선정된 대지에 일본 공사관 건물을 신축해 제공하며, 그곳을 영사관 부지로 지정할 것. 또한 공사관 증축 및 수리비 용도로 2만 엔을 지급할 것.

5) 공사관을 지키는 일본 초병의 막사는 공사관 근처로 정할 것. 그리고 이 부대와 관련된 내용은 1882년 8월 30일 체결된 조일조약[2]의 해당 조항(1882년 9월 14일 자 보고 No. 57의 부록)에 따라 처리할 것. 그 조항에 따르면 공사관 초병은 일본 대표의 지휘를 받으나 서울 주둔 비용은 조선 정부가 대기로 되어 있으며, 일본 공사가 이 군대 없이도 충분히 안전이 확보되었다고 생각할 경우 그해 연말에 철수할 수 있다고 규정되어 있다.

---

1 [감교 주석] 이소바야시 신조(磯林眞三)
2 [감교 주석] 제물포조약

두 개의 별도항목에 배상금은 3개월 후 제물포에서 일본 엔화로 지불해야 하며 이소바야시 대위 살해범은 반드시 20일 이내에 체포해야 한다고 규정해 놓았습니다.

일본 (전권; 감교자)대신 이노우에[3]는 이미 이달 15일 시모노세키로 귀환하였습니다. 조선의 정변으로 인한 청일 양국 정부의 갈등은 해소되지 못했습니다. 그 문제는 조선에서 다루어지지 않았습니다. 이노우에가 전보로 에도[4]에 보고한 바와 같이 청국 대표단[5]이 그들은 조선 문제에 관해 협상의 전권을 갖고 있지 않다고 밝혔기 때문입니다. 따라서 일본 정부는 일단 이곳 베이징을 향해 어떤 요구들을 할 것으로 보입니다. 그러나 청국 정부의 입장이 좀 더 유리해 보입니다. 한편으로는 서울의 사태[6]가 소위 "친일당"[7]에 의해 발생했고 사태가 벌어졌을 때 친일당 사람들에 의해 수많은 인명이 학살되었다는 사실을, 다른 한편으로는 적어도 당시 (서울 주재; 감교자) 일본공사[8]의 처신이 매우 부적절했다는 사실을 부인할 수 없기 때문입니다. 일본 정부는 그 대표를 해임하고 곤도[9]를 임시 대리대사로 임명함으로써 그 사실을 인정한 것으로 보입니다.

브란트

내용: 조선의 정변. 조약 체결에 의한 일본과 조선의 분쟁 해결

---

3 [감교 주석] 이노우에 가오루(井上馨)
4 [감교 주석] 에도(江戸), 현 도쿄
5 [감교 주석] 우다청(吳大澂)과 딩루창(丁汝昌)
6 [감교 주석] 갑신정변
7 [감교 주석] 급진개화파. 일본의 한국 식민지화와 일제의 식민 정책에 협조한 '친일파'와 동일한 개념이 아님. '일본에 우호적인 세력'으로 이해하는 것이 타당함.
8 [감교 주석] 다케조에 신이치로(竹添進一郎)
9 [감교 주석] 곤도 마스키(近藤眞鋤)

1884년 12월 4일부터 7일 사이에 발생한 살인행위에 대한 처벌

발신(생산)일	1885. 1. 31	수신(접수)일	1885. 3. 14
발신(생산)자	부들러	수신(접수)자	비스마르크
발신지 정보	서울 주재 독일총영사관	수신지 정보	베를린 정부
	No. 11		A. 1699
메모	연도번호 No. 68		

A. 1699 1885년 3월 14일 수신

서울, 1885년 1월 31일

No. 11

비스마르크 각하 귀하

일본 대표의 구두보고에 따르면, 1월 9일 체결된 조일조약 3조(이달 10일 자 Lfde. No. 5 보고 참조)에 규정되어 있던 관리 김대흥, 원한갑[1](이소바야시[2] 대위 살해범)의 처형은 이미 실행되었습니다.

곤도[3]의 말에 따르면 살인혐의로 두 명[4]이 체포되었으며 그들은 일본 관리가 지켜보는 가운데 이달 29일 참수당했습니다. 곤도는 그들이 진범이라고 확신한다고 말했습니다.

29일 10명의 폭도들 역시 고관 학살에 동참했다는 죄목으로 처형되었습니다. 그들은 대부분 사관생도들로서 일본에서 교육받은 젊은이들이었습니다.

독일제국 군함 "일티스"호는 어제 도착한 명령에 따라 내일 제물포항을 떠납니다. 미국 군함 한 척이 비교적 장기간 제물포항에 정박해 있고, 영국 군함 한 척도 곧 장기 체류가 예정되어 있어 포함 "일티스"호가 이곳에 더 머물 이유가 전혀 없습니다.

본인은 이미 이달 16일 "일티스"호가 더 이상 이곳에 머물 필요가 없다고 말했지만

---

1 [감교 주석] 김대흥(金大興), 원한갑(元漢甲)
2 [감교 주석] 이소바야시 신조(磯林眞三)
3 [감교 주석] 곤도 마스키(近藤眞鋤)
4 [감교 주석] 김대흥(金大興), 원한갑(元漢甲)

함대사령관은 명령이 떨어지기를 기다려야 했습니다.

부들러

내용: 1884년 12월 4일부터 7일 사이에 발생한 살인행위에 대한 처벌

파셴의 조청 관계 보고서 전달

발신(생산)일	1885. 3. 14	수신(접수)일	1885. 3. 16
발신(생산)자	카프리비	수신(접수)자	하츠펠트 빌덴부르크
발신지 정보	베를린 해군부	수신지 정보	베를린 외무부 A. 1764
메모	해군 총사령관에게 보내는 3월 25일 자 보고		

A. 1764 1885년 3월 16일 수신, 첨부문서 1부

베를린, 1885년 3월 14일

국무장관 겸 외무장관 하츠펠트 빌덴부르크 각하 귀하

해군본부

동아시아 주둔 함대사령관 파셴[1] 제독이 청국과 조선의 정치적 관계에 관해 금년 1월 28일 상하이에서 보내온 보고서를 동봉하여 각하께 삼가 보고드리게 되어 영광입니다. 또한 본 보고서를 반환하여 주실 것을 삼가 요청 드립니다.

카프리비

---

1 [감교 주석] 파셴(Paschen)

이토 히로부미의 일본행

발신(생산)일	1885. 3. 23	수신(접수)일	1885. 3. 23
발신(생산)자	브란트	수신(접수)자	비스마르크
발신지 정보	베이징 주재 독일공사관 No. 2	수신지 정보	베를린 정부 A. 2013

A. 2013 1885년 3월 23일 수신

전보

이르비츠코파르프스크, 1885년 3월 23일 6시 40분

도착: 오전 10시 50분

독일제국 공사

외무부 귀중

해독

No. 2

일본 특별대사 이토[1]가 일청 간 분쟁을 해결하기 위해 3월 중순에 이곳에 파견될 예정임. 확실히 사태가 더 심각해진 듯함. 청국은 프랑스와는 평화의 압박을, 일본과는 전쟁의 압박을 받고 있음.

브란트

---

1 [감교 주석] 이토 히로부미(伊藤博文)

조선의 정변

발신(생산)일	1885. 1. 25	수신(접수)일	1885. 3. 24
발신(생산)자	브란트	수신(접수)자	비스마르크
발신지 정보	베이징 주재 독일공사관 No. 11	수신지 정보	베를린 정부 A. 2045

A. 2045 1885년 3월 24일 수신, 첨부문서 1부

베이징, 1885년 1월 25일

No. 11

비스마르크 각하 귀하

본인은 조선에 특사로 파견되었다 귀환한 일본 외무대신[1]이 1월 23일 베이징 주재 일본 공사[2]에게 보낸 전보의 번역본을 동봉해 각하께 삼가 보고드리게 되어 영광입니다. 전보는 일본 공사가 비밀리에 본인에게 알려준 내용입니다.

전보에서 알 수 있듯이, 이노우에는 일본과 조선의 협상에 개입하려던 청국 대표[3]의 시도를 단호하게 거절하였습니다. 또한 그때 청국 대표가 청국과 일본 간에는 그 어떤 의견대립도 없기 때문에 자신은 이견을 조정하기 위한 전권을 가질 필요가 없다고 했던 발언을 추가 논쟁이나 청국 대표와의 접촉을 피하기 위한 구실로 이용하였습니다.

이곳에서는 청국의 중재 없이 일본과 조선이 직접 조약을 체결한 것에 다소 불만을 갖고 있습니다. 이런 식이면 안남[4]에서 일어난 것과 유사한 일[5]이 조선에서도 일어날지 모른다고 우려하는 것입니다. 그러나 본인이 보기에 이러한 불길함은 적어도 실제로 현실화되지는 않을 것 같습니다.

브란트

---

1 [감교 주석] 이노우에 가오루(井上馨)
2 [감교 주석] 에노모토 다케아키(榎本武揚)
3 [감교 주석] 우다청(吳大澂)
4 [감교 주석] 베트남
5 [감교 주석] 프랑스가 청국의 속방인 베트남을 식민지화한 상황.

내용: 조선의 정변

1885년 1월 25일 자 No. 11의 첨부문서

이노우에[6]가 에노모토에게[7]

도쿄, 1885년 1월 22일

12월 24일과 29일 자 전보에서 귀하는 총리아문으로부터 우다청[8]과 속창[9]이 협상을 통해 조선의 분규를 평화적으로 해결하라는 황제의 새로운 특별훈령을 받고 조선에 파견될 거라는 통지를 받았다고 전한 바 있습니다. 일본 주재 청국 공사 리수창[10]이 총리라문의 지시에 따라 12월 23일 요시다[11]에게 동일한 내용의 서신을 보냈습니다. 리수창이 요시다에게 그러한 서신을 보낸 목적은 본인이 조선에 도착한 뒤 청국 대표들과 협상을 통해 현안을 처리할 수 있도록 그 서신을 본인에게 전달해달라는 것이었습니다. 서울에 도착한 뒤 본인은 당연히 먼저 조선 정부와 협상을 시작하였습니다. 우다청과는 외교적 관례에 합치하는 방식으로 만날 계획이었습니다. 그러나 본인이 일본과 조선의 현안에 대해 조선 전권대신[12]과 협상하고 있을 때 청국 대표가 아무런 사전 양해도 없이 회의실로 들어와 본인에게 자신을 소개했습니다. 당연히 본인은 이런 식으로 일본과 조선의 협상에 끼어든 행위에 청국 대표의 무례함을 지적했습니다. 하지만 만약 그들이 일본과 청국 간의 문제를 다룰 수 있는 전권을 갖고 있다면 협상을 할 수 있다고 덧붙였습니다. 그러자 청국 대표는 일본과 청국 사이에는 오래전부터 가장 우호적인 관계가 지속되고 있어 협상을 벌여야 할 안건이 전혀 없기 때문에 자신은 일본과의 문제에 관한 협상권을 갖고 있지 않으며, 그의 전권은 오로지 조선 문제에 국한된다고 대답했습니다. 그 대답을

---

6 [감교 주석] 이노우에 가오루(井上馨)
7 [감교 주석] 에노모토 다케아키(榎本武揚)
8 [감교 주석] 우다청(吳大澂)
9 [감교 주석] 속창(續昌)
10 [감교 주석] 리수창(黎庶昌)
11 [감교 주석] 요시다 기요나리(吉田淸成)
12 [감교 주석] 김홍집(金弘集)

듣고 본인이 조선 문제는 본인이 직접 조선과 처리해야 될 사안이라고 명확하게 밝히자 청국 대표는 그 자리를 떠났습니다. 청국 대표가 일본과의 협상과 관련해서는 전권을 갖고 있지 않다고 명확히 밝혔기 때문에 적어도 청국과 일본의 모든 공식적인 협상은 배제되었습니다. 그러나 만약 청국 대표의 태도가 지나칠 정도로 무례하지만 않았더라면 본인은 청국 대표에게 조선 문제를 평화적으로 해결하고자 하는 일본 정부의 입장을 개인적으로 전달하기 위해 적어도 그를 만나려는 시도는 했을 것입니다. 이런 이유로 인해 현재 청국과의 문제는 여전히 미해결 상태로 남아 있습니다.

귀하는 기회를 잘 포착해 상기 내용을 반드시 총리아문에 전달해야 합니다. 일본 정부의 바람에도 불구하고, 또한 본인이 전권을 부여 받았음에도 불구하고 조선에서 청국과의 논의에 아무런 진전이 없었던 것은 총리아문과 조선에 파견된 총리아문 대표들의 책임이라는 사실을 명확히 해야 합니다.

이노우에

31

독일제국 포함 "일티스"호가 조선에서 귀환했다는 통지에 관한 상하이발 1885년 2월 5일 자 No. 21 보고

발신(생산)일	1885. 2. 5	수신(접수)일	1885. 3. 24
발신(생산)자	뤼르젠	수신(접수)자	비스마르크
발신지 정보	상하이 주재 독일총영사관 No. 21	수신지 정보	베를린 정부 A. 2046
메모	Ges.Leg.Rat인 쿠써로우(von Kusserow)한테 참조를 위해 전달, 그런 다음 처리 완료.		

A. 2046 1885년 3월 24일 수신

상하이, 1885년 2월 5일

No. 21

비스마르크 각하 귀하

독일제국 군함 "일티스"호가 어제저녁 조선에서 이곳으로 귀환하였음을 각하께 삼가 알려드리게 되어 영광입니다.

뤼르젠

내용: 독일제국 포함 "일티스"호가 조선에서 귀환했다는 통지에 관한 상하이발 1885년 2월 5일 자 No. 21 보고

베를린, 1885년 3월 25일   A. 1764

카프리비 육군대장 귀하   이달 14일 귀하가 본인에게 전달한, 청국과 조선의
                                정치적인 관계에 관한 1월 28일 자 동아시아 주둔
                                함대사령관의 보고서 내용을 인지한 뒤 다시 동봉하
                                여 반환하게 되어 영광입니다.

1885년 3월 18일 자 일본 공사의 보고
[첨부문서]의 내용(원문)은 독일어본 491~504쪽에 수록.

최근의 사건들 및 조일 조약의 실행

발신(생산)일	1885. 2. 9	수신(접수)일	1885. 3. 29
발신(생산)자	부들러	수신(접수)자	비스마르크
발신지 정보	서울 주재 독일총영사관	수신지 정보	베를린 정부
	No. 15		A. 2232

A. 2232 1885년 3월 29일 수신

서울, 1885년 2월 9일

No. 15

비스마르크 각하 귀하

본인은 각하께 삼가 아래와 같이 보고하게 되어 영광입니다.

이달 7일 조선 국왕은 화려한 행렬을 이끌고 청국 흠차대신[1]을 예방하였으며 그곳에서 거의 3시간가량 머물렀습니다. 청국 측에서는 본 행차를 조선 국왕이 청국의 종주권을 새로 명확히 인정한다는 의미로 해석하는 반면 조선 측에서는 국왕이 청국의 도움에 대해 황제에게 사의를 명확히 보여주고자 하는 의도로 이루어진 행위임을 강조합니다. 그러나 이러한 미세한 차이는 별로 중요하지 않습니다. 왜냐하면 조선인들은 청국 황제의 종주권을 기꺼이 인정하기 때문입니다.

이번 예방이 특히 중요한 의미를 갖는 것은 조선 국왕이 특사로 파견된 일본의 전권대신[2]한테는 답방을 하지 않았기 때문입니다.

청국 사절[3]은 어제 서울을 떠났습니다. 그러나 그들을 호위하고 왔던 500명의 병사는 함께 청국으로 데려가고 않고 서울과 청국 선박들의 정박지인 마산포 중간에 주둔시켜 놓았습니다.

청국 사절의 말에 따르면, (그는; 번역자)조선 국왕에게 백성을 귀족[4]의 압박으로부

---

1 [감교 주석] 우다청(吳大澂)
2 [감교 주석] 이노우에 가오루(井上馨)
3 [감교 주석] 딩루창(丁汝昌), 속창(續昌)
4 [감교 주석] 양반

터 해방시키고 지금까지 귀족[5]에게만 주어지던 고위 관직을 능력 있는 모든 이들에게 허용할 것을 간언했다고 합니다.

흠차대신 우다청[6]은 청국은 조선에서 그 어떤 반개혁적인 정책도 수행하지 않을 것임을 확실하게 약속했습니다. 본인의 경험에 의하면, 이 발언은 사실일 것으로 생각합니다. 또한 본인은 우리의 통상 이익에는 청국보다 오히려 일본의 영향이 더 우려스럽다고 믿습니다. 왜냐하면 일본인들은 온갖 수단을 다 동원해 모든 외국과의 경쟁을 방해하기 때문입니다.

청국 정부는 조선 문제에 대한 우리의 정치적 지원의 대가로 청국과 조선에서 우리나라의 상업적 이익을 용인해줄 것으로 예상됩니다. 만약 묄렌도르프가 독일과 청국 양측의 지원을 받게 된다면 조선의 개혁이 우리에게 아주 유리한 방향으로 진행될 수 있을 것입니다. 물론 일반적인 이유들로 인해 과연 우리한테 유리한 태도가 제시될지 아닌지 본인은 판단할 수 없습니다.

그런데 여기서 꼭 언급하고 넘어가야 할 것은, 일본 대리공사[7]의 믿을 만한 보고에 따르면 앞에서 언급한 청국 사절이 조선 정부에 조선의 오랜 관습[8]에 따라 공범이라는 증거도 전혀 없이 폭도들의 가족을 처형하지 말도록 권고했다고 합니다. 본인 또한 외아문 독판[9]을 방문했을 때 은밀한 방식으로 그런 끔찍한 관습에서 벗어나기를 희망하며, 정말로 죄를 지은 자들만 처벌하기 바란다는 의사를 피력했습니다.

이곳에 있는 대다수 청국인들에게 문의해본 결과 본인은 청국이 조선에 대한 종주권을 포기하지 않는 것은 물론 군대도 철수시키지 않을 거라는 결론에 도달했습니다. 하지만 그 사안에 대해서는 각하께 다른 기회에 보다 자세한 정보를 보고드리도록 하겠습니다.

본인은 이곳에 진출해 있는 독일회사[10]가 사업의 지속 여부를 놓고 고민할 때 정보를 제공해줄 수 있도록 베이징과 도쿄 주재 독일제국 공사들에게 전쟁과 평화의 양자택일과 관련해 빨리 소식을 전해달라고 요청해 놓았습니다.

1월 9일 체결된 일본과 조선의 조약[11] 제 1조에 규정돼 있는 국서 발송이 최근 실행되

5　[감교 주석] 양반
6　[감교 주석] 우다청(吳大澂)
7　[감교 주석] 곤도 마스키(近藤眞鋤)
8　[감교 주석] 연좌죄
9　[감교 주석] 조병호(趙秉鎬)
10　[감교 주석] 세창양행(世昌洋行)
11　[감교 주석] 한성조약

었습니다. 대표 특사로는 서상우가, 부대표로는 폰 묄렌도르프가 파견되었습니다.

본인은 도쿄 주재 독일제국 공사에게 작년 4월 13일 자 각하의 훈령(II 8940/19678) 일부를 전달했습니다. 앞에서 언급된 조선 특사와 관련해 조선에서의 묄렌도르프의 어려운 입장이 우리 측의 우호적인 태도로 인해 최대한 확고해졌다는 내용이 들어 있는 부분입니다.

조약 제4조에 규정된 토지는 이미 일본 대표에게 제공되었습니다.

조약은 배상금 지불 건만 제외하고 이미 실행되기 시작했습니다. 그러나 정해진 기한 내에 모두 실행될 수 있을지 의문입니다.

일본 정부가 공표한 조약 부칙에 규정돼 있는 것처럼 기한은 석 달입니다.

이곳의 외국대표들에게 부칙조항은 전달되지 않았습니다.

부들러

내용: 최근의 사건들 및 조일 조약의 실행

33

조선과 관련한 청일 양국 관계

발신(생산)일	1885. 2. 6	수신(접수)일	1885. 4. 11
발신(생산)자	브란트	수신(접수)자	비스마르크
발신지 정보	베이징 주재 독일공사관	수신지 정보	베를린 정부
	No. 20		A. 2669
메모	원본 4월 15일 자 해군총사령관에게		

A. 2669   1885년 4월 11일 오전 수신

베이징, 1885년 2월 6일

No. 20

비스마르크 각하 귀하

금년 1월 초 독일제국 부영사 부들러[1]의 보고에서 일본 정부가 청일 양국 군대의 동시 철수를 계획하고 있다는 내용을 접하고 본인은 조심스럽게 총리아문에 청일 양국 관계의 현 상황에 대해 문의했습니다. 대신들은 양국 관계는 아주 양호하며 일본 측에서 청국에 그 어떤 요구나 문의를 해온 적이 없다고 단언했습니다. 다만 일본 외무대신 이노우에[2]가 조선에서 도쿄로 귀환한 뒤 매우 친밀한 청국 공사에게, 만약 청국 역시 그렇게 해줄 의향이 있다면 일본은 기꺼이 조선 주둔 병력을(다른 보고에 의하면 약 1,500명이라고 합니다.) 즉시 철수시킬 용의가 있다고 말했다고 합니다. 하지만 대신들은 조선의 국왕이 청국군의 잔류를 강력히 요청하고 있기 때문에 청국은 현재 그럴 수 없는 상황이라고 덧붙였습니다. 일본 군대의 철수가 청국 호위 부대의 동시 철수에 달려 있다는 생각은 장차 분규의 씨앗이 될 게 거의 확실합니다. 따라서 본인은 삼가 각하께서 이 점에 크게 유념하셔야 한다고 믿습니다.

브란트

내용: 조선과 관련한 청일 양국 관계

---

1   [감교 주석] 부들러(H. Budler)
2   [감교 주석] 이노우에 가오루(井上馨)

34
일본에 온 조선 사절들

발신(생산)일	1885. 2. 24	수신(접수)일	1885. 4. 12
발신(생산)자	된호프	수신(접수)자	비스마르크
발신지 정보	도쿄 주재 독일공사관	수신지 정보	베를린 정부
	No. 10		A. 2702

A. 2702 1885년 4월 12일 오후 수신

도쿄, 1885년 2월 24일

No. 10

비스마르크 각하 귀하

금년 1월 9일 체결된 조일조약[1] 제1조에 따르면 조선 국왕은 일본 천황에게 사과 서한을 보내야 합니다. 조선 정부는 특별사절을 파견함으로써 이 조항을 이행하였습니다. 특별사절의 수석대표는 서상우이고, 부수석 대표는 묄렌도르프입니다.

두 사람은 이달 20일 천황을 알현하는 엄숙한 자리에서 해당 서한을 전달하였습니다.

이곳에 들어온 소식에 따르면 일본 대위 이소바야시[2]의 살해범들은 서울에서 체포되어 벌써 처형되었다고 합니다. 따라서 이제 배상금 지급만 남았는데, 그것이 완료되면 조약이 완전히 이행된 것으로 간주됩니다. 일본은 이 마지막 조항에는 크게 의미를 두지 않고 있습니다. 일본 정부는 도덕적 여론을 더 중시하기 때문입니다. 따라서 약정된 배상금의 미지급이나 기한연장은 크게 문제되지 않을 것입니다. 이곳에서는 최근 발생한 일본과 조선의 돌발사건은 조선과 이미 해결을 본 것으로 간주하고 있습니다.

두 사절은 몇 주 더 이곳에 머물면서 일본 기업과 시설을 두루 살펴본 뒤 내달 말쯤 서울로 돌아갈 예정입니다.

된호프

내용: 일본에 온 조선 사절들

---

1 [감교 주석] 한성조약
2 [감교 주석] 이소바야시 신조(磯林眞三)

35
베이징에 파견되는 이토 백작의 임무

발신(생산)일	1885. 2. 26	수신(접수)일	1885. 4. 12
발신(생산)자	된호프	수신(접수)자	비스마르크
발신지 정보	도쿄 주재 독일공사관	수신지 정보	베를린 정부
	No. 11		A. 2703

A. 2703 1885년 4월 12일 수신

도쿄, 1885년 2월 26일

No. 11

비스마르크 각하 귀하

일본과 청국의 대립상황에 대한 금년 1월 25일 자 본인의 극비보고 No. 4와 관련해 각하께 삼가 다음과 같이 보고드리게 되어 영광입니다. 일본 정부는 오랜 망설임과 계절을 고려한 의도적 지연 끝에 드디어 현안인 양국 간 대립문제를 평화적으로 해결하기 위해 이토[1]를 특사로 베이징에 파견하기로 결정하였습니다.

이토는 사이고[2] 육군대장을 비롯해 다수의 수행원들을 대동하고 이달 28일 이곳을 출발해 상하이와 톈진을 경유해 베이징으로 갈 예정입니다. 수행원들 중에는 수년 전부터 이곳에서 봉직하고 있는 독일인 교수 뢰슬러[3]도 포함되어 있습니다.

본인은 이토는 물론이고 이노우에[4]와도 일본 정부의 특사 파견 목적과 특사에게 내려진 훈령에 대해 은밀한 대화를 나눌 기회를 가졌기에 삼가 아래와 같이 보고드리게 되어 영광입니다.

이토는 서울의 궁궐을 경비하던 일본군에 대한 공격 명령을 내린 청국군 사령관의 파면과 처벌을 요구하되 처벌 방식은 청국 정부에 전적으로 일임하라는 지시와 함께 조선에서의 양국 군대의 철수에 대해 협상을 진행하라는 훈령을 받았습니다.

---

1 [감교 주석] 이토 히로부미(伊藤博文)
2 [감교 주석] 사이고 주도(西鄉從道)
3 [감교 주석] 뢰슬러(Roesler)
4 [감교 주석] 이노우에 가오루(井上馨)

특히 이노우에는 모든 가능성을 고려해볼 때 청국 정부가 리훙장[5]에게 협상을 위임할 것이라는 정보를 입수하고는 그의 임무가 만족스러운 결과로 이어질 거라고 기대하고 있습니다. 그리고 이토는 이런 상황이라면 어쩌면 베이징까지 가지 않고 톈진에서 임무를 완수할 수도 있을지 모른다고 기대하고 있습니다. 하지만 이토는 늘 예측이 불가능한 청국의 돌발적인 정책은 제외하더라도 베이징에서 파급력이 어느 정도인지 짐작조차 할 수 없는 영국의 영향력이 함께 작용할지도 모른다는 우려를 표명했습니다. 이노우에는 자신이 충분히 평화에 대한 의지를 보여주었다고 믿기 때문에 만일 청국 정부가 일본의 온건한 요구에조차 응하지 않는다면 거기서 파생되는 결과에 대한 모든 책임을 청국 측에 전가할 권리가 있다고 생각합니다. 이노우에 대신은 베이징 정부가 일본의 군대 철수 제안에 응하지 않을 경우 조만간 서울에서의 충돌은 피할 수 없을 것이며 그것은 필연적으로 러시아의 개입을 불러오게 될 것이라고 우려하고 있습니다.

이토를 수행하게 된 사이고[6]는 현재 농상무경[7]입니다. 그는 사쓰마[8] 파의 수장 중 한 사람으로 내각의 각료입니다.

본인은 독일제국 공사 폰 브란트[9]에게 이토의 파견 예정 소식을 서면으로 알려주었습니다.

되호프

내용: 베이징에 파견되는 이토 백작의 임무

---

5 [감교 주석] 리훙장(李鴻章)
6 [감교 주석] 사이고 주도(西鄕從道)
7 [감교 주석] 농상무경(農商務卿)
8 [감교 주석] 사쓰마(薩摩)
9 [감교 주석] 브란트(M. Brandt)

36

정치적 상황

발신(생산)일	1885. 2. 24	수신(접수)일	1885. 4. 14
발신(생산)자	부들러	수신(접수)자	비스마르크
발신지 정보	서울 주재 독일총영사관	수신지 정보	베를린 정부
	No. 23		A. 2816
메모	쿠써로우한테 참조를 위해 전달할 것. 연도번호 No. 116		

A. 2816 1885년 4월 14일 수신

서울, 1885년 2월 24일

No. 23

비스마르크 각하 귀하

이달 9일 자 본인의 보고(No. 15)에 정세와 관련해 몇 가지 내용을 추가해 삼가 오늘 마감한 우편물과 함께 발송하고자 합니다.

조선 국왕이 수일 내로 다른 궁궐로 거처를 옮길 예정입니다. 항간에 전해지는 말로는 현재 머물고 있는 건물에서 벌어진 살인행위로 인하여 심기가 불편하기 때문이라고 합니다.

그런데 특기할 만한 사항은 현재 궁궐 옆에 주둔하고 있는 청국 군대가 조선 국왕이 새로 옮겨갈 궁궐의 성문 앞에 마련된 새로운 숙영지로 이전한다는 믿을 만한 소문이 돌고 있다는 사실입니다. 서울에 있는 청국 대표들은 조선 국왕을 호위하고 조선 국왕에 대한 영향력을 절대 축소시키지 않는 것이 본인들의 의무라는 입장을 견지하고 있습니다. 이런 식의 조치는 앞에서 인용한 보고에서 이미 언급된 국왕의 청국 흠차대신 예방과 맥을 같이합니다.

아직까지는 반개혁적 정책이 도입된 징후는 없습니다.

물론 예전에 내린 복장 변경(1884년 8월 16일 자 No. 12 보고 참조) 명령을 취소한다는 국왕의 포고는 발표되었습니다. 그리고 정변이 일어나기 직전 개국한 우정국은 다시 문을 닫았습니다. 하지만 그것은 반동적인 당에 대한 적절한 항의 정도로 해석할 수 있습니다. 아마도 우체국은 조만간 다시 열릴 것입니다.

주화 주문, 증기선 한 척의 용선 계약, 묄렌도르프의 확고한 지위 등은 좋은 징조입니다. 또한 본인이 알기로, 최근 유명한 어느 학자가 정부 여러 분야에 대한 개혁안이 제출하였고 그것이 긍정적으로 받아들여졌습니다.

향후 이곳의 정세가 평온을 유지할 가능성은 훨씬 높아졌습니다. 청국과 일본의 병사가 자주 도심에서 조우하고 있는데, 충돌했다는 소문은 들리지 않습니다. 조선 주민들은 다시 일본인들과 사이좋게 교류하고 있습니다.

만일 일본과 청국이 전쟁에 돌입할 경우 설령 조선 땅에서 직접 전투가 벌어지지 않는다 해도 당연히 이곳에서도 새로운 위험이 발생할 것입니다.

따라서 본인은 동아시아 주둔 독일제국 함장에게 만약 그런 사태가 발생할 경우 본인이 가 있게 될 제물포로 독일 군함 한 척을 파견해줄 것을 요청하고자 합니다.

반란자[1]들 가족의 처형 여부에 대해서는 아직까지 확실한 정보를 입수하지 못했습니다. 일본 대리공사[2]는 처형이 있었지만 조선 측에서 그 사실을 부인할 거라는 이야기를 들은 적이 있다고 말했습니다. 반역자들 가족 중 몇 사람이 자살한 것은 사실인 듯합니다.

일반적으로 이곳에서는 우편물이 매우 불규칙하게 배달되는 탓에 청국과 일본에서 일어나는 사건들에 대해 뒤늦게 소식을 접할 때가 많습니다. 예를 들어 독일에서 12월 11일에 본인에게 보낸 편지는 1월 31일에야 도착했으며, 상해에서 발송한 본인의 서한 보고는 1월 7일에야 비로소 접수되었습니다.

부들러

내용: 정치적 상황

---

1   [감교 주석] 갑신정변 주도세력
2   [감교 주석] 곤도 마스키(近藤眞鋤)

A. 2669

2월 6일 자 베이징 주재 독일제국 공사의 보고를 참고 목적으로 독일제국 해군 총사령관, 카프리비 중장에게 삼가 발송합니다.

베를린, 1885년 4월 15일

37

[청일 톈진조약 체결]

발신(생산)일	1885. 4. 17	수신(접수)일	1885. 4. 18
발신(생산)자	부들러	수신(접수)자	
발신지 정보	서울 주재 독일총영사관	수신지 정보	베를린 외무부
	No. 4		A. 2918
메모	태텐바흐한테 제출할 것		

A. 2918 1885년 4월 18일 오전 수신

전보

베이징, 1885년 4월 17일, 5시
도착: 4월 18일 5시 5분 M. V.

독일제국 공사
외무부 귀중

해독

No. 4

일본과 청국의 분쟁이 해결되었음[1].

브란트

---

1 [감교 주석] 톈진조약

38

베베르의 서울 주재 러시아 공사 임명

발신(생산)일	1885. 4. 18	수신(접수)일	1885. 4. 21
발신(생산)자	슈바이니츠	수신(접수)자	비스마르크
발신지 정보	페테르부르크 주재 독일대사관 No. 125	수신지 정보	베를린 정부 A. 3032

A. 3032 1885년 4월 21일 오전 수신

상트페테르부르크, 1885년 4월 18일

No. 125

비스마르크 각하 귀하

오늘 자 "관보" No. 74호에 톈진 주재 러시아제국 영사 베베르[1]가 조선 주재 러시아 대리공사 겸 총영사로 임명되었다는 발표가 실렸습니다.

슈바이니츠

---

1 [감교 주석] 베베르(K. I. Weber)

소위 조선에 대한 러시아의 계획들

발신(생산)일	1885. 2. 18	수신(접수)일	1885. 4. 21
발신(생산)자	브란트	수신(접수)자	비스마르크
발신지 정보	베이징 주재 독일공사관	수신지 정보	베를린 정부
	No. 38		A. 3046
메모	5월 3일 베이징 전달		

A. 3046 1885년 4월 21일 오전 수신

베이징, 1885년 2월 18일

No. 38

비스마르크 각하 귀하

러시아가 포트 라자레프[1]에서의 철수 문제를 두고 조선과 비공식회담을 벌이고 있다는 소문이 계속 들려오기에 본인은 러시아 동료와 친밀한 대화를 나누던 김에 그렇게 해야 할 이유가 뭐냐고 물었습니다. 포포프[2]는 조선과 그런 종류의 협상이 진행되었거나 진행될 예정이라는 소문을 부인하였습니다. 하지만 동아시아 해역에서 러시아 함대의 규모가 증대된 사실, 정변이 발발한 직후 러시아 공사관 서기관[3]이 도쿄에서 서울로 즉각 출발한 사실, 포포프가 작년 가을 이미 승인받은 올봄의 휴가를 당분간 사용 하지 않기로 한 사실 등을 종합해 볼 때 동아시아, 특히 조선의 정세 변화가 현 시점에서 러시아에 평소보다 훨씬 더 중요한 관심사라는 것을 알 수 있습니다.

조선에 머물고 있는 묄렌도르프가 열강들에 의해 벨기에가 중립화된 것과 같은 방식으로 러시아, 일본, 청국에 의해 조선의 중립화를 추진하려는 계획을 갖고 있다는 사실은 분명히 각하께 이미 다른 쪽에서 보고가 올라갔으리라고 생각합니다.

브란트

내용: 소위 조선에 대한 러시아의 계획들

---

1 [감교 주석] 영흥만(Port Lazareff)
2 [감교 주석] 포포프(Popoff)
3 [감교 주석] 슈뻬이예르(A. Speyer)

40

베베르의 조선 주재 러시아제국 대리공사 임명

발신(생산)일	1885. 4. 21	수신(접수)일	1885. 4. 23
발신(생산)자	카프리비	수신(접수)자	하츠펠트-빌덴부르크
발신지 정보	베를린 해군부	수신지 정보	베를린 외무부
	No. 38		A. 3131
메모	5월 3일 베이징 전달		

A. 3131 1885년 4월 23일 수신, 첨부문서 1부

베를린, 1885년 4월 21일.

독일제국 국무장관 겸 외무장관

하츠펠트-빌덴부르크 각하 귀하

이달 15일 자 서신에 -J. No. 1551- 동봉되어 본인에게 전달된, 조선과 관련된 청일 관계에 관한 베이징 주재 독일제국 공사의 금년 2월 6일 자 보고를 심심한 감사와 함께 각하께 삼가 돌려드리게 되어 영광입니다.

카프리비

내용: 베베르[1]의 조선 주재 러시아제국 대리공사 임명

---

1 [감교 주석] 베베르(K. I. Weber)

외무부
A편

외무부 정치 문서고
조선 관계 문서

───────

1885년 4월 24일부터
1885년 7월 23일까지

5권
참조: 6권

조선. No.1

조선과 관련된 청일 관계와 일본에 대한 프랑스의 반청동맹 제안

발신(생산)일	1885. 2. 18	수신(접수)일	1885. 4. 30
발신(생산)자	브란트	수신(접수)자	비스마르크
발신지 정보	베이징 주재 독일공사관	수신지 정보	베를린 정부
	No. 36		A. 3373
메모	5월 5일 파리, 런던, 도쿄 전달		

A. 3373   1885년 4월 30일 오후 수신

베이징, 1885년 2월 18일

No. 36

비스마르크 각하 귀하

금년 2월 6일 본인이 올린 A. No. 20 보고에 삼가 다음과 같은 내용을 추가하게 되어 영광입니다. 즉 총리아문 대신들은 오늘도 여전히 일본 측에서 조선과 조선에서 발생한 최근의 사건[1]들과 관련해 청국 정부에 아무런 요구도 제기하지 않았다고 주장하고 있다는 사실입니다.

반면 프랑스 정부가 일본과 반청 동맹을 맺기 위해 벌이고 있는 노력들에 대해서는 틀림없이 각하께 도쿄로부터 보고가 올라갔을 것이라고 생각합니다.

(베이징 주재 영국공사; 감교자) 파크스[2]가 본인에게 말한 바에 따르면, 프랑스는 심지어 향후 10년 동안 청국의 모든 공격으로부터 일본을 보호할 의무까지 지겠다고 제안했다고 합니다. 하지만 청국은 즉시 도쿄 주재 영국 공사 플런켓[3]에게 전보를 보내 이노우에[4]에게 그 제안을 받아들이지 말라고 경고해 달라고 부탁했습니다. 청국에서 갈수록 강해지고 있는 군국주의 정신과 프랑스인들의 점진적 진출로 인해 고조된 자의식으로 인해 일본인들의 그런 식의 정책을 청국인들이 매우 위험한 정책으로 간주하게 될 것이

---

1 [감교 주석] 갑신정변
2 [감교 주석] 파크스(H. S. Parkes)
3 [감교 주석] 플런켓(F. R. Plunkett)
4 [감교 주석] 이노우에 가오루(井上馨)

라는 게 이유였습니다.

브란트

내용: 조선과 관련된 청일 관계. 일본에 대한 프랑스의 반청동맹 제안

A. 3046의 첨부

제 II 보고에 묄렌도르프가 (조선에서) 러시아, 일본, 중국으로부터 조선의 중립화를 보장받으려는 노력을 기울이고 있다는 내용이 들어 있는지 확인해주시기 바랍니다.

제 II 보고에는 조선의 중립화에 대한 내용이 전혀 들어 있지 않습니다.

무오트

02

조선에 관한 (영국) 의회의 보고서

발신(생산)일	1885. 4. 25	수신(접수)일	1885. 5. 1
발신(생산)자	뮌스터	수신(접수)자	비스마르크
발신지 정보	런던 주재 독일대사관	수신지 정보	베를린 정부
	No. 36		A. 3407
메모	5월 11일 페테르부르크 300, 베이징 6 전달		

A. 3407 1885년 5월 1일 오전 수신, 첨부문서 4부

런던, 1885년 4월 25일

비스마르크 각하 귀하

본인은 의회에서 제출한 '조선 No. 2(1885)'[1]를 동봉하여 각하께 삼가 보고드리게 되어 영광입니다. 본 의안은 칼스[2]의 조선북부여행기를 첨부한 것으로, 4부로 구성되어 있습니다.

뮌스터

내용: 조선에 관한 (영국) 의회의 보고서

[첨부문서]의 내용(원문)은 독일어본 524~565쪽에 수록.

---

1 [감교 주석] 칼스의 조선 북부 여행보고서 원문의 서지사항은 다음과 같다. *CoreNo. 2 (1885). Report of a journey by Carles in the north of Corea*, HARRISON AND SONS, April 1885.
2 [감교 주석] 칼스(W. R. Carles), 주조선 영국부영사

베를린, 1885년 5월 3일   A. 3046

브란트 귀하   이른바 러시아의 조선 관련 계획들에 대한 2월 18일 자 No.
베이징 No. 4   38 보고에서 귀하는 조선에 있는 묄렌도르프가 러시아, 일
                   본, 중국으로부터 조선의 중립화를 보장받으려는 계획을 품
                   고 있다는 사실을 틀림없이 다른 쪽에서 보고했을 거라고
                   결론 내렸습니다.
                      서울 주재 독일제국 대표[3]가 대략적으로 묄렌도르프에
                   대해 보고한 것은 사실입니다. 그럼에도 불구하고 본인은
                   이것이 귀하가 보고를 생략해도 되는 이유로 삼지 않기를
                   요청합니다. 조선을 비롯해 극동에 나가 있는 우리 대표들
                   이 활용하는 정보원들을 항상 절대적으로 신뢰할 수는 없습
                   니다. 따라서 이곳에서는 정보원들이 제공하는 정보를 다른
                   보고들을 통해 최대한 보완할 필요가 있습니다.

---

3   [감교 주석] 서울 주재 독일 부영사. 부들러(H. Budler)

베를린, 1885년 5월 5일   A. 3773

주재 외교관 귀중   프랑스와 일본의 동맹 협상과 관련된 2월 18일 자
기밀   베이징 주재 독일제국 공사의 보고서 사본을 동봉
1. 파리   No. 201   하여 정보를 제공하게 되어 영광입니다.
2. 런던   No. 146
3. 도쿄   A. No. 3

03

전쟁에 대한 공포와 정치적 상황

발신(생산)일	1885. 3. 12	수신(접수)일	1885. 5. 5
발신(생산)자	부들러	수신(접수)자	비스마르크
발신지 정보	서울 주재 독일 총영사관 No. 25	수신지 정보	베를린 정부 A. 3552
메모	5월 14일 런던 159, 파리 221, 페테르부르크 308, 워싱턴 A14 전달 J. No. 133		

A. 3552 1885년 5월 5일 오전 수신

서울, 1885년 3월 12일

No. 25

비스마르크 후작 전하 귀하

조선의 정세에 관한 2월 24일 자 본인의 보고 No. 23과 관련해 삼가 아래의 내용을 알려 드립니다.

이달 3일 조선 국왕이 가족과 함께 지금까지 머물던 궁궐을 떠나 화려한 행렬을 이끌고 서궁[1]으로 행차하였습니다. 외국 대표들도 참관인으로 그 광경을 지켜보았습니다. 외국 대표들 가까이에 이르렀을 때 국왕과 세자는 가마를 멈춰 세운 뒤 그들의 인사에 예를 갖추어 답례하였습니다. 조선에서 군주는 어떤 인사에도 답례를 하지 않는 것이 예법이므로 이 광경은 백성들의 주목을 끌었습니다.

이때 청국군 일부가 왕을 수행하였는데, 그들은 이미 조선 왕이 현재 머물고 있는 궁의 한 대문 앞에 주둔하고 있던 자들입니다.[2]

최근 이곳에 일본과 청국으로부터 두 나라 사이에 전쟁이 발발할지도 모른다는 소식이 전해졌고, 이는 조선 정부와 백성들을 몹시 불안에 떨게 만들었습니다. 왜냐하면 그럴 경우 양국 간 전쟁이 특히 조선 영토에서 벌어질 것으로 예상하기 때문입니다. 이곳에

---

1 [감교 주석] 창덕궁
2 [감교 주석] 원문에는 '조선의 정세에 ~ 있던 자들입니다.'에 취소선이 표기됨.

있는 청국 대표들 역시 이러한 가능성을 우려하고 있습니다.

그래서 일본 대리대사는 조선의 대신들에게 일본 측에서는 조선 영토에서 전투가 벌어지지 않도록 최선을 다할 것이라는 확약을 해주었다고 본인에게 전해주었습니다.

그는 본인에게 수차에 걸쳐 이것을 확실히 보장한다고 강조했습니다. 조선 영토에서 전쟁이 벌어지는 것이 결코 일본에 유익하지 않기 때문에 그의 이러한 보장은 믿어도 된다는 것입니다.

그래서 본인은 은밀히 의견을 밝혔습니다.[3] 일본이 조선 영토에서 무력 조치를 취하는 일은 없을 것으로 생각한다고 말입니다. 그는 일본은 조선에서 영토 확장을 꾀하지 않는다고 반복해서 천명하였습니다. 혹시라도 일본이 그런 시도를 할 경우 러시아가 반대에 나설 것이고 청국도 절대 동의하지 않을 것이 분명하다고 했습니다. 일본의 관심은 단지 청국과 러시아를 조선에서 멀리 떼어놓는 데 있으며 일본 대표들은 조선의 중립화를 지지할 것이라고 했습니다. (1885년 2월 18일 자 베이징발 보고 A. 3046 참조.) 현재 일본이 원하는 것은 청국으로 하여금 조선에 대한 종주권을 포기하도록 만드는 것이기 때문에 청국 정부에 대한 가장 효과적인 압박 수단은 조선 내에서의 작전이 아니라 청국 수도인 베이징에 대한 직접적인 군사 조치라는 것입니다. 따라서 이곳 서울에서의 군사 조치는 일본의 목적에 아무런 도움도 되지 않을 뿐만 아니라 일본은 그렇게 할 수 있는 병력도 전혀 잔류시키지 않을 것이라고 했습니다. 일본은 사전 통고 없이는 친교를 맺고 있는 나라에 갑작스럽게 쳐들어올 수 없다고도 했습니다.

다른 외국 대표들도 비슷한 의견을 밝힌 것이 심리적 안정을 이끌어내는 데에는 확실히 기여하였습니다. 조선 정부는 조선의 분규[4]가 청국과 일본의 전쟁으로 이어지지 않기를 몹시 바라고 있습니다. 또한 조선의 최종적인 중립화를 기쁘게 환영할 것입니다. 지금 조선 국왕은 북양대신 리훙장[5]에게 현재의 병력은 조선을 지키기에 충분하지 않으며 평화를 지키기에 위험할 수 있다는 이유를 들어 더 많은 병력을 파견해줄 것을 요청하였다고 합니다. 이것은 병력 철수에 대한 은밀한 요청으로 보입니다.

본인이 보기에는 조선 정부가 이런 식의 행보를 보인 것은 일본 측에서 조선 정부에 영향력을 행사했기 때문인 듯합니다. 하지만 조선의 입장이 이 문제에 관한 청국의 태도에 영향을 미칠 것 같지는 않습니다.[6]

---

3 [감교 주석] 원문에는 '그래서 본인은 ~ 밝혔습니다.'에 취소선이 표기됨.
4 [감교 주석] 갑신정변
5 [감교 주석] 리훙장(李鴻章)
6 [감교 주석] 원문에는 '지금 조선 국왕은 ~ 같지는 않습니다.'에 취소선이 표기됨.

미국 공사[7]가 본인에게 전한 바에 따르면, (조선 정부 측에서; 번역자) 그에게 조선의 중립을 유지하기 위해 미국 정부가 무력 원조를 해 줄 수 있는가를 문의했다고 합니다. 이 문의에 관해 추가로 대화가 오간 것 같지는 않습니다. 하지만 이것은 조선 정부가 현재 느끼고 있는 무력감의 표현으로 보입니다.

조선 국왕과 대신들이 좀 더 강력하고 단호해진다면 아마도 본인들이 가진 힘을 더 많이 신뢰하게 될 것입니다.

만약 일본과 청국이 전쟁을 벌일 경우 청국군과 일본군 모두 서울에서 철수하게 될 것입니다. 즉 청국군은 본국과의 연락기지인 마산포항으로, 일본군은 제물포로 물러날 것입니다.

이 문제와 관련해 일본 공사는 그럴 경우 청국군은 서울에서 철수해야 하지만 일본 초병은 조약에 따라 서울에 머물 권리가 있다고 주장했습니다. 그 말에 대해 본인은 완곡하게 청국군은 이미 상당히 오랫동안 조선 정부의 동의하에 서울에 주둔하고 있기 때문에 그들이 일본 초병보다 이곳에 머물 권리가 더 적다고 말할 수는 없다는 점을 지적했습니다.

조선은 신중하게 처신한다면 청국과 프랑스의 전쟁에 영향받지 않았던 것처럼 청국과 일본의 전쟁에도 별로 영향받지 않을 것입니다.

일본은 조선을 청국에 예속되지 않은 독립국가로 간주해 왔습니다. 따라서 청국과 전쟁을 벌인다고 해서 조선을 침략할 수는 없습니다. 또한 친교를 맺은 국가에 적대국 병력이 소규모 주둔하고 있다 해도 그들이 군사작전에 전혀 개입하지 않고 지금까지 행사해 왔던 권리만을 행사하는 경우 그들을 공격할 수는 없습니다.

조선에 대한 청국의 종주권 논쟁은 주요 전쟁터가 청국으로 이동된다는 것을 전제로 할 때 이곳에서의 국지전만으로는 본질적 해결책에 이르지 못할 것입니다. 따라서 본인의 이러한 견해가 이곳에서의 적대적 관계가 폭발하는 것을 막는 데 기여하기를 희망합니다.

외국대표들은 예전부터 늘 그래왔던 대로 지금도 조선 관리들과 이곳에 있는 청국 상무위원들이 갖고 있는 지나친 우려를 해소시키고 주민들이 위험한 소요사태에 이르지 않도록 많은 노력을 기울이고 있습니다.[8] 따라서 적절한 기회에 본인이 앞에서 상술한

---

7 [감교 주석] 푸트(L. H. Foote)
8 [감교 주석] 이 문장의 이면에는 일본이 조선에서 전쟁을 일으키지 않을까 우려한다는 뜻을 담고 있음.

내용을 제 개인적 견해로 조심스럽게 밝히는 것을 삼가 허락해주시기 바랍니다. 이것은 정세가 안정적이라는 점을 역설함으로써 분쟁을 막는 데 기여하고자 하는 것입니다. 반역자[9]들의 친족들에 대한 처형에 관해서 본인이 지금 들은 바에 의하면, 약 300명의 가까운 친척들이 감옥에서 처형당했습니다. 하지만 이번의 경우 처형된 인원이 이전보다 훨씬 적었다고 합니다.[10]

부들러

내용: 전쟁에 대한 공포와 정치적 상황

---

9 [감교 주석] 갑신정변 주도세력
10 [감교 주석] 원문에는 '조선 국왕과 대신들이 좀 더 강력한 ~ 적었다고 합니다.'에 취소선이 표기됨.

04

[영국의 거문도 점령 통지]

발신(생산)일	1885. 5. 5	수신(접수)일	1885. 5. 9
발신(생산)자	슈바이니츠	수신(접수)자	비스마르크
발신지 정보	페테르부르크 주재 독일대사관	수신지 정보	베를린 정부
	No. 153		A. 3680

사본

A. 3680 1885년 5월 9일 오전 수신

상트페테르부르크, 1885년 5월 5일

No. 153

연락장교를 통해 전달

기밀문서

비스마르크 각하 귀하

(생략)[1]

이른바 영국인의 해밀턴항[2] 점유가 지금까지 외교적 협상의 대상이 되지 않았다는 사실을 마침내 각하께 삼가 보고드리게 되어 영광입니다.

슈바이니츠

---

1 [감교 주석] (생략)은 원문 표기
2 [감교 주석] 거문도(Port Hamilton)

청서³ 발췌문   이 첨부문서는 칼스⁵가 작년 9월 27일부터 11월 8일까지 조선의
                    북부지방을 둘러본 후 보고한 여행기이다.

Corea No. 2   칼스는 맨 먼저 약 4만 명의 인구를 가진 조선의 옛 수도⁶ 개성
1885⁴   에 대해 묘사하고 있다. 개성은 여전히 중요한 곳으로 인정받고
                    있는데, 그것은 주로 청국인들이 치료 목적으로 사용하는 식물뿌리
                    인 인삼의 거래 덕분이다. 이어서 그는 여러 작은 마을들을 언급하
                    고 있는데, 주목할 만한 내용은 없다. 그의 묘사에 따르면 토지는
                    비옥하나 경작이 제대로 이루어지지 않았다. – 이어서 평안도와
                    평안도의 중심도시 평양에 대한 기록이 나온다. 평양은 명주 재배
                    가 이루어지는 비옥한 평야 한가운데에 그림처럼 자리하고 있는
                    조선의 중요한 상업도시이다. 평양 근교의 산에서는 철광들이 발견
                    되고, 강변에서는 사금 채집이 활발히 이루어진다.

                    평양 북쪽에는 북부조선의 커다란 통상로가 펼쳐지는데, 그 길
                    은 강을 통해 40마일 떨어져 있는 바다와 연결된다.

                    칼스가 정리한, 평양에서 거래되는 물품의 목록은 다음과 같다.:
                    담뱃대, 접시, 아닐린색소, 담배, 담배쌈지, 삼베, 영국식 셔츠원단,
                    손수건, 전분, 가위, 철물, 각종 용구, 자물쇠, 쇠막대기와 구리막대
                    기, 작은 손거울, 만주산 유리용기, 구두, 샌들, 일본식 사발과 접시,
                    기름, 빗, 향목, 쌀, 옥수수, 콩, 인도 밀, 다양한 약용식물, 생강,
                    해초, 염장 생선, 밤, 배, 사과, 구스베리, 각종 꽃과 씨앗, 배추를
                    비롯한 각종 채소. 마지막으로 명주실과 견직물 제품도 거래되는
                    데, 이 두 가지는 양이 아주 적다.

                    도자기와 청동기, 그리고 옛 문명의 존재를 암시하는 물건들은
                    나오지 않는다.

---

3   [감교 주석] 영국외교문서의 별칭
4   [감교 주석] 칼스의 조선 북부 여행보고서 원문의 서지사항은 다음과 같다. *CoreNo. 2 (1885)*. *Report of*
    a journey by Carles in the north of Corea, HARRISON AND SONS, April 1885.
5   [감교 주석] 칼스(W. R. Carles). 제물포 주재 영국부영사
6   [감교 주석] 고려의 옛 수도의 오기로 보임. 칼스는 여행기에 개성이 고려의 수도였다는 사실을 밝히고
    있음.

칼스는 도처에서 마주치는 더럽고 가난한 사람들의 모습에 기분이 언짢았다고 말한다.

평양은 제물포와 정기적으로 교역을 하고 있으나 거래량이 비약적으로 늘어날 가능성은 희박하다. 이유는 평양 주민들이 둔하고 무지해 보이기 때문이다. 현재 제물포에서 평양으로 수입되는 것은 단지 3,000개의 셔츠 원단뿐이며, 다른 수입품들 역시 그리 중요하지 않은 품목들이다.

더 북쪽에서 그가 확인한 바에 따르면, 교역은 유럽산 수입품들까지 군함해 전부 청국인들이 장악하고 있다. 하지만 거래 품목들이 대부분 별로 중요한 것이 아니며, 청국의 각종 규정들로 인해 방해받고 있다.

칼스가 언급한 세 번째 큰 도시는 인구 약 3만 명인 의주이고 그 다음은 강계이다. 강계는 의주에서 약 40마일 떨어진 곳으로, 큰 [sic.]로 유명하다.

칼스는 가는 곳마다 사람들의 의심을 사는 바람에 제대로 정보를 수집할 수 없었다. 그는 자신의 표면적 관찰이 별로 가치가 없다는 것을 스스로 인정하고 있다. – 그의 눈에 비친 조선은 커다란 개혁이 필요한 나라이다. 그는 조선의 문제로 우선 무위도식하는 수많은 관리들을 거론한다. 백성들이 그들을 먹여 살려야 하기 때문이다. 그 다음으로는 재산의 불안정성을 언급하고 있다. 설사 성공했다 해도 고관들이 새로운 세금을 명목으로 조직적으로 착취해가기 때문에 완전히 몰락할 수 있기 때문이다.

베를린, 1885년 5월 11일   A. 3407

1. 상트페테르부르크 No. 300   귀하께 그곳의 [*sic.*]를 위하여 영국의 청서
   슈바이니츠 귀하   'No. 2 Corea 1885' 한 권을 동봉하여 발송하
                                                     게 되어 영광입니다. 이 청서에는 북부조선
2. 베이징 No. A6, 브란트 귀하   여행기가 담겨 있습니다.

베를린, 1885년 5월 14일   A. 3552

주재 외교관 귀중   귀하께 5월 12일 자 서울 주재 독일제국 영사의
1. 런던 No. 159   보고서 발췌문을 개인적 정보로 전달하게 되어
2. 파리 No. 221   영광입니다. 조선의 정세에 관한 내용입니다.
3. 상트페테르부르크 No. 305
4, 워싱턴 No. A14

M. A. Ztg. No. 221.

1885년 5월 14일

러시아

5월 1일 자 "러시아 법률공보" 제335호에 조선 내 외교 및 영사 대표부 설치에 관련해 아래와 같은 공고문이 게재되었다.

1. 조선 서울 주재 대리대사 겸 총영사 직에 대해 연봉 15,000루블을 책정하고, 사무실 운영비로 연간 총 2,000루블을 배정한다.

2. 공사관 비서관 직 급여로 3,500루블을 책정한다. 비서관은 통역관의 임무도 수행해야 한다.

3. 제물포 주재 부영사 직에 대해 연봉 4,000루블을 책정하고, 사무실 운영비로 연간 총 2,000루블을 배정한다.

4. 베를린에서 고용되는 외교관 후보생에게는 연봉 1,800루블을 지급한다.

모든 비용은 루블화 금속화폐로 지불한다.

청국-일본의 갈등과 협상 상황

발신(생산)일	1885. 3. 30	수신(접수)일	1885. 5. 19
발신(생산)자	브란트	수신(접수)자	비스마르크
발신지 정보	베이징 주재 독일공사관 No. 73	수신지 정보	베를린 정부 A. 3984

A. 3984 1885년 5월 19일 오전 수신

베이징, 1885년 3월 30일

No. 73

비스마르크 각하 귀하

조선 문제를 조율하기 위해 일본 외교사절[1]이 이곳에 파견될 거라고 했던, 금년 3월 19일 자 본인의 보고 No. 65에 이어서 각하께 삼가 아래와 같은 소식을 전하게 되어 영광입니다. 즉 추밀원고문관 이토가 21일 다수의 수행원을 거느리고 이곳 베이징에 도착하였으며, 이달 31일 다시 톈진으로 돌아간다고 합니다.

이토 특사 및 베이징 주재 (일본; 감교자) 공사로 발령받은 에노모토[2] 제독과의 대화를 통해 본인이 확인한 바로는, 의전 문제 및 황제 혹은 황제 대리인의 사절단 영접을 제외하고는 일본 특사단의 임무는 청국 정부로부터 조선에서 청국 관리들이 행한 조처들에 대해 유감 표명을 받아내는 것, 청국군과 일본군의 동시 철수를 요구하는 것, 병사들에게 서울의 궁궐을 공격하라는 명령을 내린 청국 장교의 처벌을 요구하는 것입니다.

이토가 베이징을 찾은 목적은, 한편으로는 의전 문제를 해결하는 것이고 다른 한편으로는 가능하면 회담 장소를 베이징으로 옮기는 것이었습니다. 그런데 두 가지 사안 모두 총리아문으로부터 긍정적인 반응을 이끌어내지 못했기 때문에 그는 전권대사로 임명된 북양대신 리훙장[3]과 협상하기 위해 톈진으로 되돌아갈 예정입니다. 이토의 베이징 방문이 거둔 유일한 성과는 총리아문이 이토에게 리훙장에게 전권이 부여되었다는 사실을 서면으로 확인해준 것입니다. 이토는 그것으로 리훙장과 협상을 벌이기에 충분하다고

---

1 [감교 주석] 이토 히로부미(伊藤博文)

2 [감교 주석] 에노모토 다케아키(榎本武揚)

3 [감교 주석] 리훙장(李鴻章)

생각하고 있습니다.

이토와 에노모토 제독이 본인에게 거듭 밝힌 바에 따르면, 만약 청국이 모든 보상을, 즉 모든 "사죄"를 거부할 경우 육군과 해군, 그리고 학생들 사이에 팽배해 있는 격앙된 분위기 때문에 일본 정부는 직접 자신들의 권리를 찾아 나설 것이라고 합니다. 두 사람은 그렇게 될 경우 일본 정부는 프랑스와 동맹을 맺을 생각은 없으며 독자적인 행동에 나설 것이라고 분명하게 말했습니다.

이노우에[4] 외무대신 역시 금년 2월 21일 본인의 미국 동료[5]에게 보낸 친서에서 거의 비슷한 의견을 표명한 바 있습니다.

예상컨대 청국과의 외교단절이라는 돌발사태가 발생할 경우 일본은 일차적으로 베이징 주재 외국대표들을 동원해 청국 정부에 압력을 가하려 할 것입니다. 그럼에도 불구하고 청국 정부가 완전히 거부적인 태도로 나올 경우 일본 정부는 자국 내 분위기로 인해 청국과 전쟁을 벌이지는 않더라도 조선에서의 자구행위에 나설 수밖에 없을 것이라는 게 본인의 판단입니다. 아마도 그것은 1874년 대만으로 파견된 원정대와 같은 방식이 될 것입니다. 하지만 상황이 그런 식으로 전개될 경우 무엇보다 러시아에 그들이 오래전부터 눈독을 들여온 라자레프[6]항과 국경지역을 점유할 기회를 제공하게 될 것입니다. 그것은 안 그래도 복잡한 문제에 새로운 요소가 추가되는 것이므로 사안이 자못 중대하지 않을 수 없습니다.

그런데 일본인의 요청과 관련해 청국 왕자[7]와 대신들은 대체로 두 나라가 서로에 대해 우호적인 생각을 품고 있고, 또한 우호관계를 확고히 구축하고자 하는 소망을 갖고 있기 때문에 조만간 화해가 이루어질 것이라고 암시하였습니다.

이러한 태도는 지금까지 일본과 갈등이 있다는 것을 철저히 부인해 온 청국 정부의 정책에 부합합니다. 하지만 본인은 바로 그것 때문에 청국이 비록 실질적인 양보는 전혀 하지 않더라도 최소한 일본에 대한 사과 정도는 양해할 것이라고 믿습니다.

본인의 견해로는, 청국과 프랑스의 갈등 상황[8]을 이용하기 위해 일본이 일처리를 서두른다고 해서 양국 간 화해의 전망이 더 높아질 것 같지는 않습니다.

브란트

내용: 청국-일본의 갈등과 협상 상황

4 　[감교 주석] 이노우에 가오루(井上馨)
5 　[감교 주석] 영(J. R. Young)
6 　[감교 주석] 영흥만(Port Lazareff)
7 　[감교 주석] 총리아문을 관장하였던 경군왕(慶郡王)-후에 경친왕(慶親王)-으로 보임.
8 　[감교 주석] 청불전쟁(Sino-French War, 淸佛戰爭)

[톈진조약 체결에 관한 건]

발신(생산)일	1885. 5. 20	수신(접수)일	1885. 5. 20
발신(생산)자	브란트	수신(접수)자	
발신지 정보	베이징 주재 독일공사관	수신지 정보	베를린 외무부
	No. 73		A. 4028

A. 4028 1885년 5월 20일 오후 수신

전보

트로이츠코사브스크

(베이징) --------- 1885년 5월 20일 1시 30분.

도착: 3시 58분.

독일제국 공사

외무부 귀중

해독

No. 5

일본과 청국의 합의안[1]은 조선에서 4개월 이내 군대 동시 철수, 외국인 장교가 통솔하는 조선 수비대 조직, 일본인의 피해에 대한 청국의 배상 의무에 대한 조사 착수를 군함하고 있음. 군대 철수 규정은 그때까지 조선 수비대를 조직하는 것이 불가능하다는 점에서 조선의 평화를 해칠 우려가 있음.

브란트

---

1 [감교 주석] 톈진조약

M. A. Ztg.

1885년 5월 23일

조선에서 발생한 유명한 사건[2]과 관련해 청국과 일본이 체결한 협정[3]에 대해 베이징에서 전보로 보고된 내용은 다음과 같다.: 일본인과 청국인은 4개월 안에 그들의 군대를 조선에서 철수시키기로 약속한다. 동시에 공공질서를 유지하기 위해 외국인 장교가 통솔하는 조선 수비대가 조직되어야 한다. 청국 정부가 마침내 폭동이 벌어지는 동안 피해를 입은 일본인들과 부상당한 일본인들에게 어디까지 배상의 책임을 져야 하는지 조사하는 데 동의했다.

---

2 [감교 주석] 갑신정변
3 [감교 주석] 톈진조약

청국과 일본의 갈등과 협상의 상황

발신(생산)일	1885. 4. 6	수신(접수)일	1885. 5. 26
발신(생산)자	브란트	수신(접수)자	비스마르크
발신지 정보	베이징 주재 독일공사관 No. 80	수신지 정보	베를린 정부 A. 4185

A. 4185 1885년 5월 26일 오전 수신

베이징, 1885년 4월 6일

No. 80

비스마르크 각하 귀하

청국과 일본의 갈등에 관한 금년 3월 30일 자 본인의 보고 A. No. 73에 이어서 각하께 삼가 아래의 내용을 보고드리게 되어 영광입니다. 오늘 들어온 총리아문의 보고에 따르면 톈진의 일본과 청국 전권대사[1]의 관계는 아직 의례적인 수준의 1차 방문을 넘어서지 못했다고 합니다. 그런데 이것은 본인에게 다른 쪽에서 들어온 정보, 즉 의례적인 방문 중 하나가 8시간 이상 걸렸다는 내용과 모순되는 것처럼 보입니다.

그 밖에 본인의 예전 보고에 추가할 수 있는 내용은 황제를 알현하려던 시도가 실패로 돌아간 이후 이토가 총리아문에 그를 특사로 파견한 일본 천황의 서한 사본을 전달하는 것에 만족했다는 사실입니다.

브란트

내용: 청국과 일본의 갈등과 협상의 상황

---

1 [감교 주석] 이토 히로부미(伊藤博文)와 리훙장(李鴻章)

08

황제 폐하의 탄신일 축제

발신(생산)일	1885. 3. 26	수신(접수)일	1885. 5. 27
발신(생산)자	부들러	수신(접수)자	비스마르크
발신지 정보	서울 주재 독일총영사관	수신지 정보	베를린 정부
	No. 26		A. 4223
메모	J. No. 144		

A. 4223 1885년 5월 27일 오전 수신

서울, 1885년 3월 26일

No. 26

비스마르크 각하 귀하

각하께 (독일; 감교자)황제 폐하 탄신일 축하연과 관련하여 삼가 다음과 같은 내용을 보고드리게 되어 영광입니다.

조선 국왕은 본인에게 궁궐의 고위관리를 보내 황제 폐하께 축복의 메시지를 전해줄 것을 요청하였습니다. 조선 외아문 독판[1]과 외아문 협판을 비롯해 청국과 일본, 영국, 미국의 대표들이 각기 공관원을 한 명씩 대동하고 본인의 집에서 열린 축하연에 참석하여 폐하께 축복을 기원하였습니다.

브란 서기의 열정적이고 현명한 활약 덕분에 많은 어려움에도 불구하고 건물안팎을 축제일답게 장식하였으며, 현관에 공고문을 게시해 조선인들에게 독일제국 황제의 탄신일 축하연이 열린다는 사실을 알렸습니다.

이날 제물포 거주 독일인들 역시 축제를 열었으며, 국기 장식과 조명에 의해 축제가 외부로 알려지게 되었습니다.

22일에도 제물포로부터 황제 폐하께 보내는 독일국민들의 탄신축하 서한이 이곳에 도착하였습니다.

부들러

내용: 황제 폐하의 탄신일 축제

---

1 [감교 주석] 김윤식(金允植)

정치적 상황

발신(생산)일	1885. 4. 2	수신(접수)일	1885. 5. 27
발신(생산)자	부들러	수신(접수)자	비스마르크
발신지 정보	서울 주재 독일총영사관	수신지 정보	베를린 정부
	No. 29		A. 4224
메모	J. No. 159.		

A. 4224 1885년 5월 27일 오전 수신

서울, 1885년 4월 2일

No. 29

비스마르크 각하 귀하

지난달 12일 자 본인의 보고 No. 25와 관련해 각하께 삼가 이곳의 최근 정치정세에 관해 보고드리게 되어 영광입니다.

정부는 지난달 중순 국민들에게 다음과 같이 공표하였습니다. 작년 12월 발생한 사건[1] 이후로 이미 일본과 새로운 조약[2]을 체결하였으니 이제 일본 측으로부터 조선에 대한 적대적인 행위는 없을 것이며, 만약 조선 영토에서 전쟁이 발발할 경우 정부가 적시에 국민들에게 경고해줄 것이라는 내용입니다. (서울 주재; 감교자) 일본 대리 공사 곤도[3]는 다른 손님들 없이 청국 관리들만 집으로 초대하였고, 청국 특사 역시 즉시 같은 방식의 초대로 예의에 보답하였습니다.

곤도는 또한 조선인들에게 일본은 조선을 전쟁의 갈등상황 속으로 끌어들일 생각이 없다는 믿음을 주기 위해 최대한의 노력을 기울였습니다. 영국과 미국의 대표는 물론이고 본인 또한 은밀하게 일본과 청국의 전쟁은 아마도 조선 땅에서는 결판이 나지 않을 것이라고 암시하였습니다.

다양한 방면에서의 노력들과 발생가능성이 높아보였던 적대행위들이 아직 일어나지

---

1 [감교 주석] 갑신정변
2 [감교 주석] 한성조약
3 [감교 주석] 곤도 마스키(近藤眞鋤)

않았다는 사실이 확실히 국민들을 안심시켰습니다. 그 덕분에 자극적인 소문들도 가라앉았습니다.

그때가 정말 큰 고비였습니다. 전쟁이 일어날 거라는 예상, 그로 인한 사회적 불안감 고조 및 기존질서의 붕괴가능성이 하마터면 무법천지로 이어질 뻔했기 때문입니다. 조선 병사들은 소요가 일어날 수도 있다면서 장교들의 명령에 불복하였고, 지방에서는 치안이 심각할 정도로 불안한 상황이었습니다.

사람들이 전쟁의 공포에 사로잡혀 있던 그 시기에 본인은 조선 정부의 인물들로부터 높은 신임을 얻는데 성공하였으며, 모든 외국 대표들과도 친밀한 관계를 유지하고 있습니다.

본인은 조선 관리들과 구두 의사소통에 어려움을 겪고 있기 때문에 앞에서 언급한 보고에 제시된 견해, 즉 현재의 정치정세와 적대행위 발발로부터 조선을 보호할 수 있는 수단에 대한 견해는 중국어 문서로 작성하여 외아문 독판[4]에게 보여주었습니다.[5] 하지만 그것은 단지 본인의 개인적 견해라는 점, 그리고 외아문 독판의 요청에 따라 은밀히 의사를 밝힌 것뿐이라는 점을 명확히 하였습니다.

묄렌도르프[6]가 부재한 상황에서 조선 정부는 특히 유럽의 편견 없는 관찰자들이 조선 정부의 입장과 태도를 어떻게 파악하고 있는지 궁금해 했습니다. 본인은 혹시 청국군과 일본군 사이에 돌발사건이 발생하더라도 일반 국민들이 거기에 끼어드는 것만큼은 막아야 한다는 본인의 충고가 받아들여지기를 바랍니다.

혹시 발생할지 모를 청일 전쟁에 조선이 얽혀들 위험성은 크지 않아 보입니다. 그러나 내부의 난관들이 적지 않습니다.

자금난이 심각합니다. 얼마 전에야 1882년의 마지막 배상금[7] 25,000달러를 일본에 지불하였는데, 그 돈을 마련하는 데 몹시 애를 먹었습니다. 게다가 1월 9일 조약[8]에서 확정된 배상금 130,000달러의 지급 기일이 임박한 상황입니다. 조선이 채무를 갚을 수 있도록 일본 은행들로부터 차관을 들여오는 임무를 묄렌도르프한테 맡겼다고 하는데, 과연 그가 차관도입에 성공할지 의문입니다.

---

4 [감교 주석] 김윤식(金允植)
5 [감교 주석] 부들러의 중립화 권고에 관한 글. 이 글은 『구한국외교문서』 15권 덕안 1, 95번, 49~50쪽에 수록되어 있음.
6 [감교 주석] 묄렌도르프(P. G. Möllendorff)
7 [감교 주석] 임오군란에 따른 제물포조약으로 조선이 일본에 지불해야 할 배상금.
8 [감교 주석] 한성조약

화폐가치가 거의 없는 (5전짜리)[9] 동전이 점차 구매력을 잃어가고 있습니다. 그로 인해 거의 모든 사람들이 타격을 받고 있는데, 그중에서도 특히 관리들과 정해진 수입을 현금으로 받는 사람들의 고통이 큽니다. 임금노동자들 역시 전보다 형편이 더 나빠졌습니다. 예전과 비교할 때 수입은 세 배로 늘었지만 생필품 가격은 네 배 내지 다섯 배로 올랐기 때문입니다.

정부는 이 절박한 상황을 타개할 방책을 찾아야 하지만 완전한 가치를 지닌 동전을 주조하여 5전짜리 동전과 교환할 수 있는 방법이 없습니다.

법령에 의거해 5전짜리 동전을 2전짜리로 평가절하 해볼까 하는 생각도 해봤지만 결행되지 못했습니다. 정부는 최근에 광산업을 시작하기 위해 관리들을 파견했습니다. 하지만 그 계획이 정말로 실행되고, 그리하여 5전짜리 동전이 회수될지는 지켜봐야 알 것 같습니다.

그러는 사이에 5전짜리 동전의 가치만 떨어진 것이 아니라 조선의 대외무역 역시 조롱거리가 되었습니다. 백성들은 물가상승의 원인을 5전짜리 동전의 가치하락이 아니라 대외무역에 대한 문호개방 탓으로 돌리고 있습니다. 이러한 상황은 외국인배척자[10]에게 아주 좋은 무기가 되고 있습니다. 개화파는 12월의 모반사건[11]으로 인해 자연히 세력이 약화되었습니다. 얼마 남지 않은 개화파에게 모반자들의 동료라는 혐의를 씌워 겁박하는 것은 쉬운 일입니다. 하지만 일단 전쟁의 불안이 완전히 사라지고 나면 개화파는 다시 영향력이 커질 것입니다. 국왕 자신은 여전히 개혁에 우호적입니다. 다만 지금은 반동적인 기류가 강한 탓에 그의 소망들을 관철시킬 수 있는 상황이 아닙니다. 이것은 얼마 전 궁궐 고위관리가 본인에게 은밀하게 전해준 말로서 믿을 만한 내용입니다. 국왕을 보좌하는 관리들은 대외무역과 외국인들의 도움으로 나라를 일으켜 세워 조선을 더 부유하고 더 강력한 나라로 만들기를 원합니다.

어제 일본과 청국에서 들어온 소식에 의하면 두 나라 모두 양국 간에 전쟁이 일어나지 않기를 바라고 있습니다. 그러한 평화적 전망이 일반 국민들의 분위기에 확실히 긍정적인 영향을 미칠 것입니다.

더 나아가 며칠 내에 이루어질 것으로 기대되는 묄렌도르프의 도착이 그를 높이 평가하고 있는 백성들을 안심시키는 데 기여할 것입니다.

일본과 청국이 군대 철수에 합의할 경우 적어도 청국군의 철수는 일정 시기까지 미뤄

---

9 [감교 주석] 당오전(當五錢)
10 [감교 주석] 위정척사 세력
11 [감교 주석] 갑신정변

지는 것이 바람직합니다. 즉 몇몇 외국장교들의 지휘하에 외국의 모범사례에 따라 제대로 훈련 받은 조선의 군대가 계속 발전해 조선 정부가 어떤 상황 속에서도 수도의 치안을 유지할 수 있는 믿음직한 군대를 운영할 수 있을 때까지 말입니다.

하지만 본인이 금년 1월 14일과 22일 자 보고에서 이미 강조한 것처럼 그것은 외국인을 적대시하는 요인들에 의해 위험해질 수 있습니다.

묄렌도르프는 이미 얼마 전부터 독일인 교관들을 활용해 조선 병사들을 훈련시킬 계획을 품고 있었습니다. 아마 그는 이제 그 계획을 실행에 옮기는 데 성공할 것입니다.

이런 상황에서 본인은 잠시 서울을 떠나 있을 예정입니다. 마이어 상사[12]가 용선한 독일 증기선의(2월 17일 자 보고 No. 17 참조) 도착이 임박해 있고, 건축 계획으로 인해 토지 이양 절차가 진행되어야 하기 때문에 본인은 며칠 내에 잠시 제물포에 갈 계획입니다.

부들러

내용: 정치적 상황

---

12 [감교 주석] 세창양행(世昌洋行)

베를린 1885년 5월   Zu A. 4224

메모.
내용: (서울 주재)독일제
국 통역관이자 명예부영
사인 부들러[13]에 관해.

보고자: 홈베르트

헤르만 부들러는 1846년생으로 1874년 11월 3일 청
국세관 근무를 그만두고 아모이[14]에 있는 독일제국
영사관에 임시통역관의 자리로 옮겼다. 그리고 1876
년 1월 1일 그곳에서 정식통역관으로 임명되었다.

1882년 그는 약 10개월 동안 대리영사의 직을 맡
았다.

1883년 가을 조선 정부와의 조약 협상에 관한 전
권을 위임받은 (요코하마 주재; 감교자) 독일제국
영사 자페[15]를 수행해 조선에 다녀왔으며, 1884년 봄
조선 주재 총영사 젬부쉬[16]를 보좌하는 부영사에 임
명되었다. 그리고 그해 2월 25일부터 5월 15일까지
젬부쉬가 휴가를 떠나 있는 동안 영사 직을 대행하
였다.

---

13 [감교 주석] 부들러(H. Budler)
14 [감교 주석] 샤먼(廈門; Amoy)
15 [감교 주석] 자페(E. Zappe)
16 [감교 주석] 젬부쉬(O. Zembsch)

10

청국-일본의 갈등. 이토 대사 도착

발신(생산)일	1885. 3. 19	수신(접수)일	1885. 5. 28
발신(생산)자	브란트	수신(접수)자	비스마르크
발신지 정보	베이징 주재 독일공사관	수신지 정보	베를린 정부
	No. 65		A. 4251

A. 4251 1885년 5월 28일 오전 수신, 첨부문서 1부

베이징, 1885년 3월 19일

No. 65

비스마르크 각하 귀하

청국 파견 특명대사로 임명된 추밀원고문이자 황궁대신 이토[1]가 2월 27일 도쿄에서 출발해 나가사키와 즈푸에서 비교적 오랫동안 체류한 뒤 이달 14일 톈진에 도착하였습니다. 청국 정부요인들 사이에 이토가 톈진에 오는 길에 상하이에 들러 그곳에서 (베이징 주재 프랑스 공사; 감교자) 빠뜨르노트[2]와 몇 시간 동안 회담하였다는 소문이 돌았습니다. 총리아문이 진위여부를 확인하자 일본 공사[3]는 소문은 사실이 아니라고 주장하였습니다. 본인의 짐작으로는 상하이에 들러 빠뜨르노트와 협상을 벌인 것은 이토가 아니라 부대사 사이고[4] 장군이나 사절단을 수행하고 온 장군들 가운데 한 사람인 듯합니다. 그 협상 이후 빠뜨르노트가 즈푸에서 그를 기다리고 있던 이토 특명대사와 다시 만났을 것입니다.

이곳에 새로 부임한 일본 공사 에노모토 제독은 특명대사가 도착하기 전에 총리아문에 일본 측이 가장 바라는 것은 리훙장[5]과 협상하는 것이라고 슬쩍 암시하였습니다. 그 결과 리훙장이 조선에 머물다 얼마 전 귀국한 병참관 우다청[6], 속창[7]과 함께 일본과 회담

---

1 [감교 주석] 이토 히로부미(伊藤博文)
2 [감교 주석] 빠뜨르노트(J. Patenôtre)
3 [감교 주석] 에노모토 다케아키(榎本武揚)
4 [감교 주석] 사이고 주도(西鄕從道)
5 [감교 주석] 리훙장(李鴻章)

을 진행할 전권대사로 임명되었습니다. 하지만 일본이 다시 리홍장과의 회담을 베이징에서 열 것을 요구하자 청국 정부는 리홍장은 톈진을 비울 수 없는 상황이라고 설명하고 있습니다. 그러자 이토는 일단 이곳 베이징을 방문하기로 결정하였으며, 3월 20일 도착 예정입니다. 회담이 이곳 베이징에서 열릴지 톈진에서 열릴지는 추후에 결정될 것입니다.

일본의 요구사항은 기본적으로 조선에서 청국군과 일본군이 동시에 철수하는 것과 지난번 서울 폭동[8] 때 궁궐에 있던 일본군을 공격한 청국군 장교를 처벌하라는 것입니다. - 그리고 외국인들의 안전을 위해 경우에 따라 외국인 장교가 통솔하는 조선인 부대를 하나 조직하는 것입니다. 사람들이 확인해준 바에 따르면 이것은 폰 묄렌도르프[9]의 아이디어라고 합니다. 일본 측에서는 조선에 대한 청국의 종주권 그림자[10]를 침해할 생각이 없는 듯합니다.

청국 측에서 이 문제를 어떻게 파악하고 있는지는 본인이 삼가 번역해 첨부한 자료를 보시면 알 수 있을 것입니다. 청국에 대한 조선 국왕의 종속관계를 특히 강조한 청국 황제의 칙령으로, 3월 16일 자 관보에 실린 내용입니다.

일본인의 첫 번째 요구사항은 최종적인 것으로 제시되지만 않는다면 별로 큰 반대에 부딪치지 않을 것입니다. 즉 일본인이 양국 군대의 동시철수를 조선의 평화회복과 연계해서 다루기로 결심할 경우 군대철수의 실행 시기는 상당히 연기될 수 있습니다.

두 번째 요구사항의 경우 청국 정부는 이미 (공동)조사 결과 해당 장교의 책임이라는 것이 밝혀질 경우 일본 측 요구에 따를 것임을 천명하였습니다. 그런데 이곳에 들어오는 서울발 외국정보요원들의 보고를 종합해 보면 최근의 소요사태는 일본 대표의 음모가 아니라면 소위 친일파[11]의 음모 때문이라는 것이 거의 정설로 굳어지고 있습니다. 또한 청국군이 먼저 발포한 것이 아니라 일본군과 함께 궁궐에 머물고 있던 조선군이 넓은 도로에서 궁궐로 접근하던 청국군을 향해 먼저 발포했다는 것입니다. 청국군 지휘관은 평화의 메시지를 분명하게 쓴 널빤지를 든 장교 한 명을 앞세우고 병사들은 몇 백 미터 거리를 유지하면서 그 장교를 따르도록 했다고 합니다. 그런데 조선군의 발포로 널빤지에 여러 개의 구멍이 뚫리고 적의 총알이 그들의 대열에까지 날아오자 그제야 비로소

---

6 [감교 주석] 우다청(吳大澂)

7 [감교 주석] 속창(續昌)

8 [감교 주석] 갑신정변

9 [감교 주석] 묄렌도르프(P. G. Möllendorff)

10 [감교 주석] 잔영

11 [감교 주석] 급진개화파. 일본의 한국 식민지화와 일제의 식민 정책에 협조한 '친일파'와 동일한 개념이 아님. '일본에 우호적인 세력'으로 이해하는 것이 타당함.

청국군도 공격을 시작했다는 것입니다. ─ 상황이 이러하니 아마도 중국인들이 일본이 요구하는 해당 장교의 처벌을 수용하는 일은 없을 것입니다.

게다가 추밀원 고문 이토에게 특사의 자격을 부여한 것은 여러 가지로 마찰과 불화의 계기가 될 수 있습니다. 본인이 생각하기에 황제가 이토를 접견하는 것은 불가능합니다. 그렇다고 이토의 신임장을 제정받기 위해 황제 대신 왕자가 나설 수도 없습니다. 일본과 조약을 맺고 있는 모든 열강들에게 아주 나쁜 영향을 미칠 수도 있기 때문입니다.

일본 정부가 대만 사건 당시 사태를 해결하기 위해 내무경 오쿠보[12]를 베이징에 파견하면서 고등판무관의 지위를 부여함으로써 모든 의전문제를 피했던 1874년의 전례를 따르지 않은 것은 유감입니다.

본인은 의견을 표명해야 할 필요가 있을 때 우리는 조선에서 단지 상업적 이익 추구에 충실할 뿐이라고 설명하는 것이 각하의 높으신 뜻에 가장 잘 부합한다고 믿고 있습니다. 하지만 청국군이 조선에서 빨리 철수하는 것은 이러한 우리의 이익추구에 해가 될 수 있다는 사실을 각하께 말씀드리지 않을 수 없습니다. 청국군의 빠른 철수는 필연적으로 정세의 불안을 불러올 것이고, 그 파장이 어디까지 미칠지 알 수 없기 때문입니다. 외국 장교들이 통솔하는 조선군이 믿음직한 군대가 되는 데에도 수년의 세월이 걸릴 것입니다. 먼저 장교들이 조선말을 익혀 부하들의 신뢰를 획득해야 가능하기 때문입니다. 뿐만 아니라 조선 정부가 15~20명의 장교를 가진 소규모 부대 하나를 유지하는 비용조차 감당하기 힘들 경우 일본과 청국이 공동으로 비용을 부담하며 공동 통치로 나아가게 될 것이고, 그럴 경우 조선에 관심 있는 외국 열강들의 이익은 거의 충족되지 못할 것입니다.

브란트

내용: 청국-일본의 갈등. 이토 대사 도착. 첨부문서 1부

---

12 [감교 주석] 오쿠보 도시미치(大久保利通)

1885년 3월 19일 자 보고서 No. 65의 첨부문서
번역

출처: 1885년 3월 16일(광서 11년 1월 30일)자 관보

칙령. 예부가 조선 국왕이 특별공사 이영균[13]을 통해 우리 수도로 보낸 감사서한을 짐에게 가져다주었다. 조선 국왕은 그 서한에서 작년 10월 17일[14](1884년 12월 4일) 밤, 불온한 생각을 품은 관리 김옥균[15], 홍영식[16], 박영효[17], 서광범[18], 서재필[19]과 그 일당이 일으킨 정변을 거론했다. 당시 그들은 궁궐에 침입해 궐 안에 있던 고위관리 6명을 살해했다고 한다. 그러자 조선 정부는 같은 달 19일 (12월 6일) 관리들과 일반 백성들의 분노에 따라 조선 주재 우리 수비대사령관 우자오유[20]을 비롯해 부사령관 위안스카이[21]와 여단장 장광첸[22]에게 —이 두 사람 역시 수비대 소속이다— 청국의 병력으로 궁궐 수비를 맡아 달라고 요청하였다. 하지만 그들이 조선 정부의 요청에 응하였을 때 폭동을 일으킨 관리들 측에서 총과 화포로 발포하였다. 그로 인해 40여 명의 병사들이 사망하였고, 한동안 전투가 이어졌다. 전투는 폭도들이 도주함으로써 끝이 났다. 그렇게 하여 그 나라가 멸망의 위기를 모면한 뒤 짐은 더욱 은총을 베풀어 사건 조사와 해결을 위해 두 명의 특별 전권대사 우다청[23]과 속창[24]을 조선으로 파견하였다. 두 사람은 그들의 임무를 완벽하게 수행하였으며 예상보다 훨씬 짧은 기간에 혼란을 제거하고 안정을 되찾아주었다. 그 나라를 거의 새로 만든 것이나 마찬가지인 짐의 구원활동에 조선 국왕은 이루 말로 다하지 못할 정도로 감사한 마음이라고 한다.

짐은 상기 내용이 담긴 조선 국왕의 서한(실은 보고서)을 읽고 그 글에 담겨 있는

---

13 [감교 주석] 이영균(李泳均)
14 [감교 주석] 음력 10월 17일
15 [감교 주석] 김옥균(金玉均)
16 [감교 주석] 홍영식(洪英植)
17 [감교 주석] 박영효(朴泳孝)
18 [감교 주석] 서광범(徐光範)
19 [감교 주석] 서재필(徐載弼)
20 [감교 주석] 우자오유(吳兆有)
21 [감교 주석] 위안스카이(袁世凱)
22 [감교 주석] 장광첸(張光前)
23 [감교 주석] 우다청(吳大澂)
24 [감교 주석] 속창(續昌)

충성심에 몹시 만족하였다.

조선이 나라의 통치자를 서임하는 데 짐의 승낙이 필요한 우리의 접경국가 중 하나라는 사실과 세습적으로 항상 짐에게 공물을 바치는 나라라는 점을 고려하여 짐은 이미 광서 8년(1882년) 조선에서 혁명[25]이 일어났을 당시 그것을 무력으로 진압하기 위해 조선에 1개 부대 병력을 파견한 바 있다. 혁명군 진압에 성공한 이후 짐은 더 나아가 그렇게 위험한 돌발사태 이후 겨우 되찾은 평온과 아직 남아 있는 흉흉한 민심을 고려하여 우리의 속국 조선을 보호해 주는 것이 짐의 의무라고 생각하였다. 그에 따라 짐은 아예 혼란의 싹을 제거해 잔존하고 있는 혁명세력이 더 이상 반역적인 시도를 하지 못하도록 몇 개 대대 규모의 병력을 수비대로 조선에 주둔하도록 조처하였다.

따라서 그로부터 불과 2년밖에 안 된 시점에 발생한 이번 참사는 모든 기대를 무참히 무너뜨렸다. 하지만 사태가 돌발적으로 발생했음에도 불구하고 우자오유 장군은 도와줄 준비가 되어 있었고 결정적인 순간 머뭇거리지 않고 사건에 개입할 수 있었다. 그 결과 홍영식을 비롯한 다른 반역자들은 사건 직후 죽음으로 그들의 죗값을 치른 반면 나머지 사람들은 목숨을 부지하기 위해 도망쳤다. 한 마디로 말해 우리와 국경을 접하고 있는 그 나라가 안정을 되찾은 것이다. 이 모든 것이 짐에게는 하나의 위안이자 기쁨이다. 짐은 전투에서 용감하고 충직하게 목숨을 바친 짐의 병사들의 죽음을 진실로 애도하는 바이다. 그리고 고인 된 해군제독 우창칭[26](1882년 조선에 파견된 청국 원정대 대장)을 위해 조선에 설립된 사원[27]에서 봄가을에 제를 올리기 위해 파견되는 관리들이 매년 두 차례 우다청의 제를 올릴 때 죽은 병사들의 제도 함께 올렸으면 좋겠다는 조선 국왕의 요청에 기꺼이 동의하는 바이다.

더 나아가 조선 국왕은 앞에서 여러 번 언급된 전투의 부상병 및 그때 전사한 청국병사의 가족들을 위한 구호비용을 조선의 국가재정에서 부담하고 싶다는 뜻을 밝혀왔다. 이 문제와 관련해 조선 국왕은 짐에게 북쪽 항구들의 무역 감독관(리홍장)에게 그에 필요한 조처를 취하라는 지시를 내려달라고 요청하였다.

하지만 종주국의 위치에 있는 국가는 작은 속국들에게 단지 가벼운 부담만 지우는 호의를 베풀어야 한다는 원칙을 생각하면 짐은 조선 국왕의 요청을 받아들이기가 쉽지 않다. 이러한 관계에서는 요청을 받아들였을 때 발생할 결과가 짐의 의도와 완벽하게 일치하지 않을 수도 있기 때문이다.

---

25 [감교 주석] 임오군란
26 [감교 주석] 우창칭(吳長慶)
27 [감교 주석] 조선 정부는 우칭칭을 기리는 의미에서 그를 추모하는 오무장공사(吳武壯公祠)를 세움.

따라서 짐은 리훙장에게 조선에서 발생한 사망자들과 부상자들에 대해 충분히 조사한 뒤 이러한 관계 속에서 가능한 지원 및 사후표창—짐은 이것을 충분히 할당할 생각이다—의 여러 가지 방안들을 제안해 달라는 지시를 내리는 바이다.

또한 짐에게 감사서한을 전달해준 조선 사절에게도 적절한 선물을 하사하도록 하라.

짐은 조선 국왕이 그 사건을 미래에 대한 하나의 경종으로 받아들이기를 기대한다. 또한 질서 있는 행정 재건에 전력을 기울이고, 신중하고 능력 있는 정치인들을 등용하며, 드러난 행정 오류를 시정하고, 백성을 자애롭게 다스리고, 국가를 탄탄한 토대 위에 안전하게 올려놓을 수 있도록 군대를 제대로 훈련시키기 바란다. 다른 국가들에 대해서도 그의 의무를 성실히 수행하고, 여러 나라와 친교를 맺을 수 있도록 다른 나라들에 협조적인 태도를 유지하기를 기대한다. 이러한 원칙들을 따를 경우 그는 짐의 국경에 영원히 지속되는 견고함을 부여하게 것이다.(정확한 표현은 "영원히 짐의 튼튼한 흉벽이자 울타리가 될 것이다."인데, 여기서 울타리는 청국의 속국임을 뜻하는 상투적 표현이다.) 더 나아가 조선 국왕은 짐이 자비와 은총을 베푼 것을 기뻐해야 할 것이다.

이런 점에서 짐은 가장 확실한 희망들에 마음이 부풀어 있다. 예부는 앞에서 언급한 짐의 칙령을 조선 국왕에게 알리도록 하라.

정확한 번역의 담당자
아렌트

A. 4251에 관한 메모

베이징 주재 독일제국 공사[28]의 3월 19일 자 보고는 조선에서 발생한 유명한 사건의 처리와 관련해 청국과 일본 간에 진행된 회담의 세부사항들을 포함하고 있다. — 이미 전보를 통해 조선에서 발생한 돌발사건에 관해 청국과 일본이 조약[29]을 체결했다는 소식이 전해졌기 때문에 더 이상 이 세부사항들에 대한 현실적인 관심은 없다. — 우리가 보기에 그 조약은 청국 정부에 대한 일본 정부의 승리라고 할 수 있다. 왜냐하면 베이징에서 들어온 이전의 보고들을 종합해볼 때 일본 정부가 청국 정부로부터 그들이 원래 의도하지 않았던 양보들을 받아냈기 때문이다.

(베이징 주재 독일 공사; 감교자) 브란트는 (조약에서 합의한) 조선에서의 청국군 철수가 유럽인의 무역에 피해를 줄 것이라고 믿고 있다. 청국 군대의 철수 이후 소요사태가 발생할 가능성이 있기 때문이다. 조선 주재 우리나라 대표[30] 역시 이러한 우려를 표명한 바 있다.

5월 30일

---

28 [감교 주석] 브란트(M. Brandt)
29 [감교 주석] 톈진조약
30 [감교 주석] 부들러(H. Budler). 제물포 주재 독일부영사

베를린, 1885년 5월 31일   A. 4224

부들러 귀하   지난달 2일 자 귀하의 보고서 No. 29을 보고 귀하가
서울 No. A 1   서울에서 조선 외아문 독판[31]에게 조선의 정세에 관한
                             귀하의 의견을 서신으로 전달[32]했다는 사실을 알게 되
                             었습니다. 비록 조선 외아문 독판이 그것은 단지 귀하
                             의 개인적인 견해일 뿐이라는 사실을 명확히 깨닫는다
                             해도 어쨌거나 그 서신에는 개인적 의사표현을 넘어 다
                             른 의미가 부가됩니다. 따라서 본인은 귀하에게 향후에
                             는 조선 정부에 서면으로 의견을 표명하지 말 것을 요
                             청하는 바입니다. 그런 형식의 글로 인해 혹시 발생할
                             지도 모를 오해를 피하기 위해서입니다.

                                                              5월 30일

---

31 [감교 주석] 김윤식(金允植)
32 [감교 주석] 부들러의 중립화 권고에 관한 글. 이 글은 『구한국외교문서』 15권 덕안 1, 95번, 49~50쪽에
       수록되어 있음.

11

[영국의 거문도 점령과 조선 측의 불안]

발신(생산)일	1885. 6. 1	수신(접수)일	1885. 6. 1
발신(생산)자	젬부쉬	수신(접수)자	
발신지 정보	상하이 주재 독일영사관	수신지 정보	베를린 외무부
	No. 2		A. 4385

A. 4385   1885년 6월 1일 오전 수신

전보

상하이, 1885년 6월 1일, 1시 50분, Hch.

도착: 오전 10시 40분

독일제국 총영사

외무부 귀중

해독

No. 2

영국인이 해밀턴항[1]을 점령함. 불안에 사로잡힌 조선 정부와 백성은 러시아를 비롯한 다른 열강들이 비슷한 행위를 할까 두려워하고 있음. 조선 정부는 이의를 제기하는 한편 조선의 중립화를 원하고 있음.

젬부쉬

원문: I. B. 10

---

1   [감교 주석] 거문도(Port Hamilton)

사본

베를린, 1885년 6월 2일

A. 4385

암호화된 전보

독일제국 대사
슈바이니츠 귀하

상트페테르부르크 No. 97

조선 주재 총영사[2]의 6월 1일 자 전보 보고에 따르면 영국인이 해밀턴항[3]을 점령하였습니다. 그 사건으로 인해 불안에 사로잡힌 조선은 러시아를 비롯한 다른 열강들이 비슷한 행위를 할까 두려워하고 있는 듯합니다. 조선 정부는 해밀턴항의 점령에 대해 이의를 제기하는 한편 조선의 중립화를 원한다는 의사를 표명했다고 합니다.

이 사안에 대해 조사한 뒤 귀하의 의견을 알려줄 것을 요청합니다.

하츠펠트
원문: I. B. 10.

---

2 [감교 주석] 젬부쉬(O. Zembsch)
3 [감교 주석] 거문도(Port Hamilton)

12

청국과 일본의 갈등과 순탄치 않은 협상 과정

발신(생산)일	1885. 4. 15	수신(접수)일	1885. 6. 3
발신(생산)자	브란트	수신(접수)자	비스마르크
발신지 정보	베이징 주재 독일공사관	수신지 정보	베를린 정부
	No. 85		A. 4439

A. 4439 1885년 6월 3일 오전 수신, 첨부문서 1부

베이징, 1885년 4월 15일

No. 85

비스마르크 각하 귀하

텐진에서는 일본 측에서 제기한 요구사항들을 정리한 내용만 첨부문서 형태로 도착하였습니다. 그 자료를 보고 총리아문이 언급한 바에 의하면, 일본 특사는 청국에 조선의 정치적 독립을 인정하라고 요구하지 않았습니다. 또한 일본은 당연히 손해배상금을 지급해 줄 것과 청국 관리를 처벌할 것을 요구하였으나 청국 측에서 이를 단호히 거절하였다고 합니다. 양국 군대의 동시 철수에는 합의가 이루어졌습니다. 일본인이 조선 국경을 거쳐 만주로 들어가는 것을 허락해달라는 요구에 대해서 총리아문은 전혀 아는 바가 없다고 합니다.

베이징 주재 신임 일본공사로 내정된 에노모토[1] 제독이 특사를 텐진까지 수행하였습니다. 그가 4월 11일 자 서신에서 본인에게 밝힌 바에 따르면, 다각도로 진행된 일련의 회담과 양측의 선의에도 불구하고 지금까지 청국 정부는 단지 양국 군대의 조선 동시 철수 원칙에만 동의했다고 합니다. 유감스럽게도 청국은 일본의 다른 정당한 요구들에 관해서는 들어줄 의향이 없어 보인다면서 에노모토 제독은 만약 청국이 계속 그러한 입장을 견지한다면 회담이 심각한 난관에 봉착할 우려가 있다고 했습니다.

최근 텐진에서 들어온 일련의 소식들 역시 회담에 대한 낙관적 전망을 어렵게 만듭니다.

브란트

---

1 [감교 주석] 에노모토 다케아키(榎本武揚)

내용: 청국과 일본의 갈등. 순탄치 않은 협상 과정

1885년 4월 15일 자 No. 85의 첨부문서

일본의 요구사항

1. 청국은 조선을 독립국가로 간주해 조선의 정치적 사건에 그 어떤 식으로도 개입하지 말 것.

2. 청국은 조선에서 자국 군대를 철수시키고 다시는 수비대를 조선에 파견하지 말 것.

3. 청국 병사들에게 살해된 일본인 및 그들의 방화로 파괴된 일본 공사관에 대해 청국은 위자료 및 배상금 조로 총 800,000Tls의 금액을 지불할 것.

4. 청국은 일본인이 통상 목적으로 조선을 경유하여 Kirin으로 가는 것을 허용할 것.

5. 청국은 조선 주재 군사령관 우자오유[2]와 위안스카이[3]의 독단적 행동을 처벌하려 노력할 것.

---

2 [감교 주석] 우자오유(吳兆有)
3 [감교 주석] 위안스카이(袁世凱)

[영국의 거문도 점령 확인]

발신(생산)일	1885. 6. 3	수신(접수)일	1885. 6. 3
발신(생산)자	슈바이니츠	수신(접수)자	비스마르크
발신지 정보	페테르부르크 주재 독일대사관 No. 108	수신지 정보	베를린 정부 A. 4456
메모	전보 No. 97에 대한 답신		

A. 4456 1885년 6월 3일 오후 수신

전보

페테르부르크, 1885년 6월 3일 8시 50분

도착: 8시 50분

독일제국 대사

외무부 귀중

해독

No. 108

사본

러시아 전함 사령관들의 보고에 따르면 영국인의 해밀턴항[1] 점령은 사실임이 확인되었습니다. (러시아 외무부 장관; 감교자) 기르스[2]는 런던 주재 대사를 통해 이 사실을 직접 확인하지 않고 (페테르부르크 주재 영국 대사; 감교자) 손턴[3]에게 넌지시 이 이야기를 꺼냈습니다. 그러자 손턴은 영국이 해밀턴항을 점령한 것이 아니라 단지 그곳에 (석

---

1 [감교 주석] 거문도(Port Hamilton)
2 [감교 주석] 기르스(Nicholas de Giers)
3 [감교 주석] 손턴(G. Thorton)

탄; 감교자)창고를 세운 것뿐이라고 답변했습니다.

해군사령관과의 합의하에 기르스는 보다 상세한 정보를 기다리는 중입니다.: 도쿄 주재 공사관 서기관 슈뻬이예르[4]가 서울로 파견되었고, 총영사[5] 베베르[6]는 비준된 통상조약[7]을 갖고 조선으로 가는 중입니다.

기르스는 영국이 청국의 양해하에 해밀턴항을 점령한 것으로 짐작하고 있습니다. 본인의 생각으로는, 러시아는 기회가 닿으면 일본해[8]에 있는 부동항 한 곳을 확보하려 나설 것 같습니다. 하지만 아직 어느 항구를 선택할지는 결정되지 않았습니다.

슈바이니츠
원본: I. B. 10

---

4 [감교 주석] 슈뻬이예르(A. Speyer)
5 [감교 주석] 베베르는 서울 주재 러시아 대리공사 겸 총영사로 임명되었음.
6 [감교 주석] 베베르(K. I. Weber)
7 [감교 주석] 조러수호통상조약
8 [감교 주석] 동해

14

일본과 청국의 갈등 해결

발신(생산)일	1885. 4. 19	수신(접수)일	1885. 6. 4
발신(생산)자	된호프	수신(접수)자	비스마르크
발신지 정보	도쿄 주재 독일공사관 No. 17	수신지 정보	베를린 정부 A. 4472

A. 4472 1885년 6월 4일 오전 수신

도쿄, 1885년 4월 19일

No. 17

비스마르크 각하 귀하

　외무대신 이노우에[1]의 보고에 따르면, 어제 톈진에서 리훙장[2]과 이토[3]가 조약서[4]에 조인하였습니다(금년 2월 26일 자 보고 No. 11과 비교). 이로써 조선 사태로 인한 청일 양국의 갈등이 해결되었습니다.

　조약에 관해 이곳에 들어온 전신 보고에 의하면 합의된 내용은 다음과 같습니다.:

　1. 청국과 일본은 4개월 안에 자국의 군대를 조선에서 철수시킨다. 하지만 필요한 경우 사전에 상대국에 통지한 뒤 다시 조선에 군대를 파견할 권리는 남아 있다.

　2. 청국은 자국의 무력행위를 조사하여 귀책사유가 드러난 병사들을 처벌할 것을 공식적인 각서로 일본에 약속한다.[5]

　3. 이 각서에 청국은 서울에서 경솔한 행동에 한 군 지휘관들을 징계한다는 내용을 확실히 명기한다.

　이노우에가 부언한 바에 의하면, 청국의 각서는 이미 이토의 수중에 들어왔다고 합니다. 이토는 오늘 아침 톈진에서 요코하마 행 선박에 승선했는데 이달 말쯤 요코하마에

---

1 [감교 주석] 이노우에 가오루(井上馨)
2 [감교 주석] 리훙장(李鴻章)
3 [감교 주석] 이토 히로부미(伊藤博文)
4 [감교 주석] 톈진조약
5 [감교 주석] 실제 톈진조약의 두 번째와 세 번째 조항은 각각 청일 무관이 조선 병사를 교련할 수 없으며(2항), 조선에 변란이 발생하였을 경우 조선으로 군대 파병에 관한 내용(3항)임.

도착할 예정입니다.

이노우에 대신은 본인에게 현재의 정세를 고려할 때 이토 사절단이 기대 이상의 성과를 거두었다며 크게 만족감을 표했습니다.

이노우에는 (베이징 주재; 감교자) 영국 공사 파크스[6]의 돌연사가 회담이 유리한 방향으로 흐르는 데 적잖은 영향을 미쳤다고 했습니다. 그가 사망함으로써 청국 정부가 이 영국 외교관의 영향력에서 벗어났다는 말입니다. 하지만 이러한 성과는 청나라와 프랑스가 돌연 휴전을 체결하는 순간 그 의미가 축소될 것으로 보입니다. 러시아와의 분규를 고려할 때 과연 그 순간 영국의 영향력이 베이징에서 정말로 일본 측에 유리하게 작용했는지 여기서는 판단할 수 없습니다. 이노우에도 그 점은 단호히 부인하였습니다.

분쟁의 해결 방식은 일본인들의 국가적 자긍심을 만족시켰습니다. 그 효과가 향후 두 나라의 관계에 반영될 것으로 보입니다.

이토 개인으로서는 외교적 성공 덕분에 영향력이 좀 더 커질 듯합니다. 그는 대신들 중 독일의 제도를 긍정적으로 생각하는 사람이기 때문에 그의 영향력이 확대되는 것은 이곳에 있는 독일인들의 이해관계에 우호적으로 작용할 수 있습니다.

된호프

내용: 일본과 청국의 갈등 해결

---

6 [감교 주석] 파크스(H. S. Parkes)

15

[이노우에의 영국의 거문도 점령에 대한 우려]

발신(생산)일	1885. 4. 22	수신(접수)일	1885. 6. 4
발신(생산)자	된호프	수신(접수)자	비스마르크
발신지 정보	도쿄 주재 독일공사관 No. 18	수신지 정보	베를린 정부 A. 4473

사본

A. 4473 1885년 6월 4일 오전 수신

도쿄, 1885년 4월 22일

No. 18

비스마르크 각하 귀하

　오늘 이노우에[1]가 본인에게 다음과 같은 이야기를 전해주었습니다. 중국 주재 일본 공사 에노모토[2] 제독이 톈진에서 전보로 알려오기를, 리훙장한테서 영국의 도웰[3] 제독이 수척[4]의 함대를 이끌고 조선의 남쪽 끝에 있는 해밀턴 군도[5]로 갔으며 당분간 그곳에 머물 것이라는 이야기를 들었다는 것입니다.

　이 소식을 듣고 이노우에는 기분이 상한 게 확실합니다. 그는 영국과 러시아가 전쟁을 벌일 경우 해밀턴 군도가 영국 함대의 작전기지로 결정되어 영국인들에게 점령당할 게 확실하다고 믿고 있습니다. 그러나 다른 한편으로는 설사 공공연한 적대행위가 발발하지 않더라도 러시아의 점령을 예방하기 위해서라는 구실을 내세워 영국이 해밀턴항 점령에 나설까봐 두려워하고 있습니다.

　어쩌면 영국과 이웃이 될지도 모른다는 전망에 이노우에는 안절부절 못하고 있습니다. 특히 그가 우려하는 것은 영국이 그런 식으로 나올 경우 러시아 역시 적절한 시기에 영국의 사례를 모방할 수 있다는 점입니다.

된호프

원본: I. B. 10

---

1 [감교 주석] 이노우에 가오루(井上馨)
2 [감교 주석] 에노모토 다케아키(榎本武揚)
3 [감교 주석] 도웰(Dowell)
4 [감교 주석] 군함 3척
5 [감교 주석] 거문도(Port Hamilton)

16

[톈진조약 체결에 관한 사실 여부 확인]

발신(생산)일	1885. 6. 5	수신(접수)일	1885. 6. 5
발신(생산)자		수신(접수)자	비스마르크
발신지 정보		수신지 정보	베를린 정부
			A. 4522

A. 4522   1885년 6월 5일 오후 수신, 첨부문서 1부

A. 4472에 대한 메모

이달 23일 자 노르트도이췌 알게마이네 차이퉁[1] 신문에 실린 5월 20일 자 북경발 전보는, 4월 19일 도쿄에서 들어온 보고와 기본적으로 일치하는 내용으로 청국과 일본이 조약[2]을 체결했음을 확인시켜 준다.

6월 6일

L. 6월 5일

---

1   [감교 주석] 노르트도이췌 알게마이네 차이퉁(Norddeutsche Allgemeine Zeitung)
2   [감교 주석] 톈진조약

17

현재의 정치정세와 상업적 상황

발신(생산)일	1885. 4. 27	수신(접수)일	1885. 6. 16
발신(생산)자	부들러	수신(접수)자	비스마르크
발신지 정보	서울 주재 독일총영사관	수신지 정보	베를린 정부
	No. 34		A. 4865

A. 4865   1885년 6월 16일 오전 수신

서울, 1885년 4월 27일

No. 34

비스마르크 각하 귀하

본인의 이달 2일 자 보고 No. 29 및 2월 17일 자 보고 No. 17과 관련해 현재의 정치정세와 상업적 상황에 대해 각하께 삼가 보고드리게 되어 영광입니다.

이달 25일 얼마 전 베이징에 특사로 파견되었던 일본 대사[1]의 보좌관이 이곳에 도착하였습니다. 그는 청국과 일본이 조선 문제로 야기된 양국 간 갈등을 우호적인 방식으로 해결[2]했다는 소식을 전해주었습니다. 양국 간 조약이 체결되었으며 조약의 비준은 거의 확실하다고 했습니다.

본인이 조선 측에 확인해본 바에 따르면, 청일 두 나라의 군대는 4개월 안에 철수할 것이고, 장차 조선에 그 어떤 군대도 파견하지 않기로 합의하였다고 합니다. 또한 청국과 일본의 교관들은 조선 병사의 훈련을 맡지 않을 것이라고 합니다.

합의된 내용이 실행에 옮겨질 경우 일단 조선 정부는 사태가 이런 식으로 매듭지어진 것에 대해 만족할 것입니다. 하지만 본인이 누차 언급했듯이 조선의 군대를 현 정부를 확고히 뒷받침할 수 있는 버팀목으로 키워 적대 세력들을 억제할 수 있을지는 의문입니다. 4월 4일 일본에서 귀환한 묄렌도르프[3]가 조만간 조선 군대의 훈련을 맡을 독일군 장교들을 몇 명 확보하는 데 성공하기를 바랄 뿐입니다.

---

1   [감교 주석] 이토 히로부미(伊藤博文)
2   [감교 주석] 톈진조약
3   [감교 주석] 묄렌도르프(P. G. Möllendorff)

그러나 가장 바람직한 것은 일본군과 청국군의 조선 철수가 완료되는 시점에 외국 전함 몇 척이 제물포항에 정박하고 있는 것입니다. 만약 외국인에게 적대적인 세력이 봉기하여 정부를 전복시키고 외국인들을 몰아내려 할 경우 어떤 조처를 취할 것인지 고민할 필요가 있습니다. 폭도들이 심하게 저항하지 않을 수도 있습니다.

이러한 상황하에서 본인은 각하께 삼가 한 가지 요청을 드리고자 합니다. 독일제국 국민들을 보호할 수 있도록 동아시아 함대사령관에게 예정된 시기에 제물포로 군함 한 척을 파견하라는 명령을 하달해 주십사 하는 것입니다. 조선과 조약을 체결한 비아시아 열강들이 외국인 스스로 이 나라에서 자신들의 지위를 유지하기 위해 외국인 배척 세력 으로부터 현 정부를 지키기 위한 어떤 조처를 취할 것인지 아닌지는 본인이 알 수 없습 니다. – 조선인들 스스로도 청국군의 철수 이후 내부에서 봉기가 일어날까 두려워하고 있는 실정입니다. 하지만 만약 외국시스템에 의해 훈련 받은 5개 대대가 한동안 독일 장교의 통솔을 받게 되면 비록 소규모 병력일지라도 충분히 질서를 유지할 수 있을 것입 니다. 단, 이것이 이루어지지 않는 경우에는 외국의 도움이 필요합니다.

지금까지 조선 국민과 정부가 품고 있던 전쟁 발발에 대한 공포는 청국과 일본이 평화조약을 체결한 현재 거의 사라졌습니다. 그러나 조선 국왕과 그의 측근들은 일본으 로 도망쳤으나 일본이 돌려보내기를 거부한 모반자[4]들이 그곳에서 계속 조선의 현 정부 를 무너뜨릴 계획을 세우고 있을까봐 우려하고 있습니다. 본인이 보기에 그러한 걱정은 기우에 불과합니다. 일본 정부는 조선과 우호적인 관계를 유지하면서 현 정부를 지키려 애쓰고 있습니다. 따라서 일본 정부가 모반자들을 후원하기는 어렵습니다. 일본 정부의 도움이 없는 모반자들은 두려워할 필요가 없습니다. 조선 국왕이 빨리 이 사실을 깨닫고 몇몇 측근들의 조언에 따라 이곳에서 반역자들의 옛 동지들을 색출하여 처형하려는 계 획을 포기하기를 바랍니다.

유감스럽게도 조선 국왕은 다시 궁정관리들이 정도 이상의 권력을 휘두르는 개인통 치로 회귀하였습니다. 정사를 펼침에 있어 개인적인 간섭을 멀리하겠다던 본인의 선언 을(1월 22일 자 보고 No. 9 참조) 이미 잊어버린 듯합니다. 그로 인한 위험을 결코 과소 평가할 수 없습니다. 얼마 전 내각의 대신 두 명이 사의를 표명한 것도 바로 이러한 왕실정치 때문인 듯합니다. 그중 한 사람의 사의는 수리되었고, 다른 한 사람의 사의는 거부되었습니다. 하지만 그 사람은 재차 사의를 받아줄 것을 요청하였습니다. 폰 묄렌도 르프가 지금 가장 영향력 있는 왕실 관리 몇 명을 정부에 받아들여 부처 간 조화와 협력

---

4 [감교 주석] 김옥균(金玉均)과 박영효(朴泳孝)

을 이끌어내려고 시도하고 있으나 성공 가능성은 불확실합니다.

본인이 여기서 언급하고 싶은 것은 조선의 재정이 빈곤해 폰 묄렌도르프가 공적으로 나 사적으로 재정적 어려움에 맞서 싸워야 한다는 것입니다.

일본에서 차관을 들여오려던 묄렌도르프의 계획은 실패했습니다. 그리고 일본에 갚기로 한 배상액 중 이제야 처음으로 2만 5천 원이 지불되었습니다. 그런데 그것조차 "청국상인협회에 갚아야 할 이자를 전용했기에 가능했습니다.

상업적 상황에 대해 언급해야 할 내용은 다음과 같습니다.

독일 회사 마이어사[5]가 2월 17일 자 본인의 보고 No. 17에서 언급된 증기선의 용선계 약을 체결하였습니다. 목적에 적합한 독일 증기선을 찾아낸 것입니다. 비용은 배가 들어 오면 지급될 예정이며, 용선은 3개월 단위로 갱신하기로 했습니다. 그 증기선은 조선 정부의 위탁으로 쌀을 제물포로 운반하기 위해 남부지방에 있는, 조약에 따라 개방된 항구 이외의 항구에도 기항하였습니다.

일본에서 독일 농업가 한 분이 폰 묄렌도르프와 함께 이곳에 도착하였습니다. 그는 조선 국왕의 위탁으로 꽤 큰 규모의 토지를 독일 시스템에 따라 경작할 예정이라고 합니 다. 그런데 아직 계약이 체결된 것은 아닙니다.

이미 여러 번 언급한 바 있는 유리공장을 세우기로 되어 있는 독일 사업가가 보헤미 아 출신의 유리기술자 두 명과 함께 이곳에 도착했습니다.

양잠[6] 감독관 메르텐스[7]가 청국에서 돌아왔습니다. 그런데 그는 뽕나무를 한 그루도 가져오지 않았습니다. 뽕나무를 이식할 수 있는 계절이 이미 지나갔기 때문입니다. 그래 서 그는 일단 기존의 뽕나무들을 이용해 작업을 시작할 예정입니다.

부들러

내용: 현재의 정치정세와 상업적 상황

---

5   [감교 주석] 세창양행(世昌洋行)
6   [감교 주석] 잠상공사(蠶桑公司). 1884년 9월에 조선 정부가 설치한 양잠회사.
7   [감교 주석] 메르텐스(A. H. Maertens; 麥登司 · 麥登士)

청국-일본 양국의 갈등과 조정

발신(생산)일	1885. 4. 17	수신(접수)일	1885. 6. 16
발신(생산)자	브란트	수신(접수)자	비스마르크
발신지 정보	베이징 주재 독일공사관	수신지 정보	베를린 정부
	No. 87		A. 4872
메모	6월 16일 페테르부르크 373, 빈 355, 로마 105, 파리 271, 런던 212, 콘스탄티노플 177 전달		

A. 4872 1885년 6월 16일 오전 수신

베이징, 1885년 4월 17일

No. 87

비스마르크 각하 귀하

(베이징 주재; 감교자) 대영제국의 대리공사 오코너[1]가 어제 총리아문의 대신들로부터 구두로 청국과 일본 간의 갈등이 조약[2]을 체결함으로써 해결되었다는 이야기를 들었다는 소식을 각하께 삼가 보고드리게 되어 영광입니다. 그 조약에 따르면 양측은 4개월 안에 자국의 군대를 조선에서 철수하기로 합의하였습니다. 하지만 소요사태가 발생할 경우 다시 조선으로 군대를 귀환시킬 수 있다는 단서가 붙어 있습니다.

청국이 일본에 배상금을 지불할 이유가 있는지 없는지에 대해서 조사가 이루어질 것이라고 합니다.

청국 관리들에 대한 처벌 요구는 일본 전권대사 측에서 철회하였습니다.

프랑스와 청국의 휴전 성립과 두 열강이 평화조약을 체결할 가능성이 높아진 것이 마지막 순간 일본인들이 협상에서 보다 유화적인 태도로 나오도록 만들었습니다.

브란트

내용: 청국-일본 양국의 갈등과 조정

---

1 [감교 주석] 오코너(N. R. O'Conor)
2 [감교 주석] 톈진조약

베를린, 1885년 6월 16일   A. 4872

주재 외교관 귀중   귀하께 청일 양국 갈등의 해결[3]에 관한 4월 16일
1. 페테르부르크 No. 373   자 베이징 주재 독일제국 공사의 보고서 사본을
2. 빈 No. 355   개인적인 정보로 전달하게 되어 영광입니다.
3. 로마 No. 105
4. 파리 No. 271
5. 런던 No. 212
6. 콘스탄티노플 No. 177

---

3 [감교 주석] 톈진조약

금년 4월 18일 톈진에서 조인된 조약 및 외국 장교가 통솔하는 조선인 치안헌병대의 구성과 관련된 청일 양국의 갈등

발신(생산)일	1885. 4. 28	수신(접수)일	1885. 6. 21
발신(생산)자	브란트	수신(접수)자	비스마르크
발신지 정보	베이징 주재 독일공사관	수신지 정보	베를린 정부
	No. 97		A. 5049
메모	6월 21일 런던 231 전달		

A. 5049   1885년 6월 21일 오전 수신

베이징, 1885년 4월 28일

No. 97

비스마르크 각하 귀하

톈진에서 귀환한 에노모토[1] 제독이 본인을 방문하였습니다. 그는 일본과 청국이 맺은 조약[2]의 내용에 대해 본인이 올린 보고가 기본적으로 옳았다는 사실을 확인해 주었습니다. 하지만 비준서 교환이 성공적으로 이루어지기 전까지는 조약의 정확한 원문은 알려줄 수 없다고 했습니다. 또한 덧붙여 말하기를, 서울을 비롯해 이 나라에 거주하는 외국인들의 안전을 도모하기 위해서 외국인 장교가 통솔하는 조선 군부대가 창설될 거라고 하였습니다. 하지만 4개월이라는 시간은 그런 군대를 조직하기에 충분하지 않다는 것이 본인의 생각입니다. 우선 4개월은 조선 병사들이 외국인 장교에 대한 신뢰를 쌓기에 시간이 부족하기 때문입니다. 또한 군대가 제대로 운영되려면 외국인 장교의 조선어 습득이 필수적인데, 4개월 안에 조선어를 습득하는 것은 불가능하기 때문입니다. 본인이 이러한 의견을 피력하자 에노모토 제독은 군사적 목적의 군대를 만들려는 것이 아니라 일종의 치안헌병대를 만들려는 것이라고 말했습니다. 폰 묄렌도르프 역시 그런 부대를 창설하고 훈련하는 데에는 6개월이면 충분하다고 말했다고 했습니다. 또한 에노모토 제

---

1   [감교 주석] 에노모토 다케아키(榎本武揚)
2   [감교 주석] 톈진조약

독은 서울 주재 일본 대표부에 강력한 경찰부대가 추가되고 일본 전함들이 제물포에 정박해 있을 터이니 외국 주재원들에 대한 위험은 거의 없을 것이라고 했습니다.

에노모토 제독의 설명을 들으면서 본인은 내내 일본인들 스스로 4월 18일 텐진에서 체결된 조약을 문제의 궁극적인 해결로 보지 않고 일본 내 여론을 잠재우기 위한 일시적인 방편으로 여기는 듯한 인상을 받았습니다.

에노모토 제독이 돌아간 직후 영국 대리공사[3]가 본인을 찾아왔습니다. 그는 총리아문에 앞에서 언급된 치안헌병대 창설을 거론하면서 조선 거주 외국인들에게 필요한 보호조처를 제공하기 위해서는 그 일에 즉시 착수하는 것이 바람직하다는 의견을 밝혔다고 했습니다. 왜냐하면 그는 조선에 폭동이 일어날 경우 그로 인해 겪게 될 외국인들의 고통과 위험이 두려웠기 때문입니다. 하지만 총리아문은 그의 조언에 아주 냉담한 반응을 보였다고 합니다.

오코너가 본인에게 총리아문에 같은 취지의 의사를 표명해 달라고 요청했습니다. 하지만 이미 체결된 조약이 외국인의 이익을 해칠 수 있다는 발언으로 일본 정부의 심기를 거슬리고 싶지 않다는 이유를 내세워 오코너의 요청을 거절했습니다. 본인은 기본적으로 그의 우려에 전적으로 공감하고 있습니다. 하지만 만약 누군가 조언을 해야 한다면, 그건 이 문제에 관심이 있는 정부들 쪽에서 시작해야 할 것입니다. 본인은 청국과 일본 군대가 조선에서 철수할 경우 취할 수 있는 안전조치들과 관련해 조선 주재 우리나라 대표와 협의할 수 있는 권한을 동아시아 해역 주둔 기지사령관에게 넘겼습니다. 따라서 현재 본인에게는 그 이상의 조처를 취할 권한이 없습니다.

다만 한 가지 여기서 다시 언급할 수 있는 것은 청국군의 서울 철수는 서울 거주 외국인들의 이익과 이제 막 시작된 무역관계의 평화적 발전에 적지 않은 영향을 미칠 것이라는 게 본인의 판단입니다. 또한 재정난을 겪고 있는 조선 정부가 비교적 큰 비용이 들어갈 외국 장교의 급여를 어디서 충당할지 전혀 알 수 없습니다.

브란트

내용: 금년 4월 18일 텐진에서 조인된 조약 및 외국 장교가 통솔하는 조선인 치안헌
　　　병대의 구성과 관련된 청일 양국의 갈등

---

3 [감교 주석] 오코너(N. R. O'Conor)

베를린, 1885년 6월 21일   A. 5049

주재 외교관 귀중   귀하께 청일 양국 갈등에 관한 7월 25일 자 베이징
기밀문서   주재 독일제국 공사의 보고서 사본을 개인적인 정보
1. 런던 No. 231   로 전달하게 되어 영광입니다.

                                                           L. 6월 21일

20
청국과 일본의 조약 체결

발신(생산)일	1885. 4. 21	수신(접수)일	1885. 6. 21
발신(생산)자	브란트	수신(접수)자	비스마르크
발신지 정보	베이징 주재 독일공사관	수신지 정보	베를린 정부
	No. 90		A. 5054

A. 5054 1885년 6월 21일 오전 수신

베이징, 1885년 4월 21일

No. 90

비스마르크 각하 귀하

본인이 일본과 청국의 갈등 해결과 관련해 올린 4월 17일 자 보고 No. 87에 오늘 아래의 내용을 삼가 첨가합니다. 일본 공사 에노모토[1] 제독의 보고에 따르면 조약은 17일에 조인되었습니다. 그리고 이토[2] 대사는 19일에 귀국 길에 올랐습니다. 한 달 내에 비준을 받아야 하는 조약의 내용에 대해서 일본 측은 엄격한 침묵을 유지하고 있습니다. 하지만 그 사이에 본인이 올린 보고 No. 87에 담긴 합의사항들이 사실임을 청국 측으로부터 확인 받았습니다.

프랑스와 청국 간 회담은 사실상 청국에 유리하게 끝났습니다. 북양대신 리훙장[3]의 요청에 따라 프랑스 영사 리스텔뤼버가 일본인의 입회하에 내용을 보장했습니다.

브란트

내용: 청국과 일본의 조약 체결

---

1 [감교 주석] 에노모토 다케아키(榎本武揚)
2 [감교 주석] 이토 히로부미(伊藤博文)
3 [감교 주석] 리훙장(李鴻章)

베를린, 1885년 6월 21일   A. 5054

주재 외교관 귀중   귀하께 청국과 일본의 조약 체결에 관한 4월 21
기밀문서   일 자 베이징 주재 독일제국 공사의 보고서 사본
1. 페테르부르크 No. 385   을 개인적인 정보로 전달하게 되어 영광입니다.
2. 빈 No. 365
3. 로마 No. 111   L. 6월 21일
4. 파리 No. 282
5. 런던 No. 235
6. 콘스탄티노플 No. 182

21
일본－청국 양국의 갈등과 1885년 4월 18일 체결된 조약의 번역본

발신(생산)일	1885. 4. 30	수신(접수)일	1885. 6. 21
발신(생산)자	브란트	수신(접수)자	비스마르크
발신지 정보	베이징 주재 독일공사관	수신지 정보	베를린 정부
	No. 98		A. 5057

A. 5057   1885년 6월 21일 오전 수신, 첨부문서 1부

베이징, 1885년 4월 30일

No. 98

비스마르크 각하 귀하

각하께 금년 4월 18일 톈진에서 체결된 일본과 청국 간 조약[1]의 번역본을 첨부하여 삼가 전달하게 되어 영광입니다. 청국이 일본에 지불해야 할 배상에 대한 조사 약속에 대해서는 아무런 언급이 없는 것으로 보아 배상과 관련된 청국 정부의 약속은 별도의 비밀조항이나 전권대사[2]들 간에 메모 교환 형식으로 이루어진 것으로 추측됩니다.

브란트

내용: 일본－청국 양국의 갈등과 1885년 4월 18일 체결된 조약의 번역본, 첨부문서 1부

---

1   [감교 주석] 톈진조약
2   [감교 주석] 리훙장(李鴻章)과 이토 히로부미(伊藤博文)

1885년 4월 30일 자 No. 98의 첨부문서

번역

그들에게 부여된 최고 수준의 전권을 갖고
리훙장[3]과 이토[4]는

우호관계 구축을 위한 공동협상을 벌인 다음 특별조약을 체결하였다. 특별조약은 아래와 같은 조항들로 이루어져 있다.

제1조 조약의 양 당사국간 갈등을 피하기 위해 청국은 현재 조선에 두고 있는 수비대를, 일본은 조선 주재 공사관을 보호하기 위해 주둔시킨 군대를 철수시키기로 합의한다. 이러한 목적을 위해 본 조약에 조인하는 날로부터 4개월 이내에 양측 군대의 완전한 철수가 이루어져야 한다. 청국군은 마산포를 경유하고 일본군은 제물포를 경유하여 철수한다.

제2조 조약의 양 당사국은 조선 정부에 정부의 안정 및 나라의 평화를 지켜줄 수 있는 충분한 힘을 가진 군부대 창설을 권유하기로 합의한다. 이러한 목적을 위해 조선 국왕은 -청국이나 일본의 장교가 아닌- 한 명 혹은 여러 명의 외국 장교들을 채용해 군대의 훈련을 맡길 수 있다. 청국과 일본은 조선군을 훈련시키려는 목적으로 자국의 장교를 조선으로 파견해서는 안 된다.

제3조 장차 조선에서 심각한 소요사태가 발생할 경우 청국이나 일본은 공동으로 혹은 단독으로 신속하게(말 그대로 쏜살같이) 군대를 조선에 파견할 수 있다. 하지만 그 사실을 상대방에게 서면으로 공식적으로 통보해야 한다. 파견부대는 질서가 회복되는 즉시 다시 철수하여야 한다. 향후 수비대의 상주는 허용되지 않는다.

광서 11년 3월 4일
(1885년 4월 18일)

정확한 번역
아렌트

---

3 [감교 주석] 리훙장(李鴻章)
4 [감교 주석] 이토 히로부미(伊藤博文)

청국에서 온 지난번 우편물에 4월 18일 텐진에서 중국과 일본이 체결한 조약[6]의 원문이 포함되어 있었습니다. 그에 따르면 조선의 유명한 사건으로 인해 촉발된 청일 양국의 분쟁은 평화롭게 종결되었습니다. 조약의 내용을 번역하면 다음과 같습니다.:

그들에게 부여된 최고 수준의 전권을 갖고 리홍장[7]과 이토[8]는 우호관계 구축을 위한 공동협상을 벌인 다음 특별조약을 체결하였다. 특별조약은 아래와 같은 조항들로 이루어져 있다.

제1조 조약의 양 당사국간 갈등을 피하기 위해 청국은 현재 조선에 두고 있는 수비대를, 일본은 조선 주재 공사관을 보호하기 위해 주둔시킨 군대를 철수시키기로 합의한다. 이러한 목적을 위해 본 조약에 조인하는 날로부터 4개월 이내에 양측 군대의 완전한 철수가 이루어져야 한다. 청국군은 삼포(Shan-pu)를 경유하고 일본군은 제물포를 경유하여 철수한다.

제2조 조약의 양 당사국은 조선 정부에 정부의 안정 및 나라의 평화를 지켜줄 수 있는 충분한 힘을 가진 군부대 창설을 권유하기로 합의한다. 이러한 목적을 위해 조선 국왕은 -청국이나 일본의 장교가 아닌- 한 명 혹은 여러 명의 외국 장교들을 채용해 군대의 훈련을 맡길 수 있다. 청국과 일본은 조선군을 훈련시키려는 목적으로 자국의 장교를 조선으로 파견해서는 안 된다.

제3조 장차 조선에서 심각한 소요사태가 발생할 경우 청국이나 일본은 공동으로 혹은 단독으로 신속하게(말 그대로 쏜살같이) 군대를 조선에 파견할 수 있다. 하지만 그 사실을 상대방에게 서면으로 공식적으로 통보해야 한다. 파견부대는 질서가 회복되는 즉시 다시 철수하여야 한다. 향후 수비대의 상주는 허용되지 않는다.

광서 11년 3월 4일
(1885년 4월 18일)

---

5 [감교 주석] 노르트도이췌 알게마이네 차이퉁(Norddeutsche Allgemeine Zeitung)
6 [감교 주석] 텐진조약
7 [감교 주석] 리홍장(李鴻章)
8 [감교 주석] 이토 히로부미(伊藤博文)

22

갑신정변 이후 러시아의 대조선 방침

발신(생산)일	1885. 6. 20	수신(접수)일	1885. 6. 25
발신(생산)자	브란트	수신(접수)자	비스마르크
발신지 정보	페테르부르크 주재 독일대사관 No. 206	수신지 정보	베를린 정부 A. 5156
메모	왕실 연락병이 접수		

사본

A. 5156   1885년 6월 25일 오전 수신

상트페테르부르크, 1885년 6월 20일

No. 206

비스마르크 각하 귀하

(생략)[1]

이미 수년 전부터, 그리고 서울에서 폭동[2]이 발생한 최근에 러시아 외무장관[3]은 다음과 같은 원칙을 세워놓고 있습니다. 러시아는 조선 내정에 간섭하지 않지만 어느 한 열강이 우월한 지위를 차지하는 것은 허용하지 않는다는 원칙입니다. 그가 우선적으로 염두에 두고 있는 열강은 미국인 듯합니다.

(생략)[4]

슈바이니츠
원본: 조선 2

---

1 [감교 주석] (생략)은 원문 표기
2 [감교 주석] 갑신정변
3 [감교 주석] 기르스(N. Giers)
4 [감교 주석] (생략)은 원문 표기

23

청국과 일본의 갈등과 금년 4월 18일 체결된 청국과 일본의 조약

발신(생산)일	1885. 5. 4	수신(접수)일	1885. 6. 30
발신(생산)자	브란트	수신(접수)자	비스마르크
발신지 정보	베이징 주재 독일공사관	수신지 정보	베를린 정부
	No. 104		A. 5325
메모	7월 1일, 런던 258 전달		

A. 5325 1885년 6월 30일 (오후) 수신

베이징, 1885년 5월 4일

A. No. 104

비스마르크 각하 귀하

금년 4월 30일 자 보고 No. 98에서 본인은 톈진에서 청국과 일본의 전권대사 간에 체결된 조약의 번역본을 각하께 삼가 전달한 바 있습니다. 그와 관련해 오늘은 총리아문의 은밀한 전달 내용을 보고드리고자 합니다.[1] 총리아문은 청국이 약속했던 조사가 전보 교환으로 확정되었다고 말했습니다. 전보에 의하면 청국은 일본상인들이 청국병사들의 행위로 인해 피해를 입었다는 사실이 충분히 입증될 경우 그 손해를 보상하기로 약속하였습니다.

총리아문이 추가로 전해준 바에 따르면, 비준서는 교환하지 않을 것이라고 합니다. 왜냐하면 톈진에서 조인한 서류[2]는 조약이나 협정이 아니라 단지 협상 내용을 상호간에 지키겠다는 합의일 뿐이라는 것입니다. 따라서 조인한 날로부터 2개월 이내에, 자국으로부터 최고의 동의를 받아냈다는 사실을 서로에게 통보하는 것에 국한될 것이라고 합니다. 그런데 청국 측에서는 아직 최고의 동의를 발표하지 않았습니다.

---

1 [감교 주석] 원문에는 '금년 ~ 합니다.'에 취소선이 표기됨.
2 [감교 주석] 톈진조약

텐진에 최근의 협상에서 청국과 일본이 혹시 모를 다른 나라들의 계획에 대비해 조선에서 보다 긴밀하게 공조하기로 했다는 소문이 돌았고, 사람들은 그 소문을 기분 좋게 받아들였습니다. 하지만 긴장된 분위기와 일본에 대한 확고한 경멸 등을 고려하면 터무니없는 낭설인 듯합니다.

브란트

내용: 청국과 일본의 갈등. 금년 4월 18일 체결된 청국과 일본의 조약

베를린, 1885년 7월 1일   A. 5325

주재 외교관 귀중.   귀하께 조선과 관련³해 청국과 일본이 맺은 조약⁴에 관
기밀문서   한 5월 4일 자 베이징 주재 독일제국 공사의 보고서
1. 런던 No. 258   사본을 개인적인 정보로 전달하게 되어 영광입니다.

                                                              L. 7월 1일

---

3 [감교 주석] 갑신정변
4 [감교 주석] 톈진조약

[영국의 거문도 점령 및 임대 협상에 관한 건]

발신(생산)일	1885. 7. 10	수신(접수)일	1885. 7. 11
발신(생산)자	뮌스터	수신(접수)자	
발신지 정보	런던 주재 독일 대사관 No. 180	수신지 정보	베를린 외무부 A. 5657
메모	전보 No. 120에 대한 답변		

사본

A. 5657   1885년 7월 11일 오전 수신

전보

런던, 1885년 7월 10일, 7시 17분.

도착: 9시 40분.

해독

No. 180

솔즈베리[1]가 본인에게 전해준 기밀 메모에 따르면, 지난번 내각이 해밀턴항[2]을 석탄 기지로 일시적으로 점령하기로 결정하였으며, 그 문제에 관해 청국 정부와 협상을 벌였다고 합니다. 영국은 청국 정부 및 조선 정부와 여전히 협상을 진행 중인데, 최종 목표는 점령 기간 동안 조선 정부에 매년 임대료를 지불하는 조약을 맺는 것이라고 합니다.

영국 정부는 조선은 외교적 사안에 대해 청국에서 벗어나 독립적으로 협상할 수 없다는 견해를 갖고 있습니다. 따라서 조선 정부의 항의는 청국 정부의 확실한 동의 없이는 국제적 가치가 전혀 없다는 입장입니다.

뮌스터

원본: 조선 2

---

1   [감교 주석] 솔즈베리(The third Marquess of Salisbury)
2   [감교 주석] 거문도(Port Hamilton)

25

금년 4월 18일 체결된 일본과 청국의 조약

발신(생산)일	1885. 6. 1	수신(접수)일	1885. 7. 12
발신(생산)자	된호프	수신(접수)자	비스마르크
발신지 정보	도쿄 주재 독일공사관	수신지 정보	베를린 정부
	No. 26		A. 5684

A. 5684   1885년 7월 12일 오전 수신, 첨부문서 1부

도쿄, 1885년 6월 1일

No. 26

비스마르크 각하 귀하

4월 18일 텐진에서 이토[1]와 북양대신 리훙장[2]이 체결한 조약[3](비교: 금년 4월 19일자 보고 A. No. 17)이 양측에 의해 비준되자 일본 정부는 조약의 원문 및 같은 날 리훙장이 이토에게 보내 각서의 문안을 관보에 공고하였습니다.

그와 관련된 공고문을 번역하여 각하께 제출하게 되어 영광입니다.

된호프

내용: 금년 4월 18일 체결된 일본과 청국의 조약, 첨부문서 1부

---

1   [감교 주석] 이토 히로부미(伊藤博文)
2   [감교 주석] 리훙장(李鴻章)
3   [감교 주석] 톈진조약

No. 26의 첨부문서

번역

추밀원 공고문 No. 3

　작년 12월 조선, 서울에서 벌어진 분쟁[4]들과 관련해 청국과 일본 정부 간에 지금까지 진행된 협상에 따라 체결된 조약[5]의 내용을 이곳에 공고한다. 더불어 청국 정부가 이 사안을 최종적으로 마무리 짓기 위해 일본 천황폐하의 정부에 보내온 각서도 함께 공고한다.

　　　　　　　서명 : 산조 사네토미[6]
　　　　　　　　　　추밀원 의장
　　　　　　서명 : 이노우에 가오루[7]
　　　　　　　　　　외무대신

1885년 5월 27일

조약

　일본 측 특별대사이자 추밀원위원이자 일본 제국정부 대신이자 일본 2등공로훈장 수훈자, 이토[8]와 청국 측 특별대사이자 지방장관이자 황태자의 고문이자 추밀원 대표위원이자 북양대신[9]이자 군부 수장이자 직례총독[10], 리홍장[11]은 반드시 지켜야 할 지침들에 맞추어 사전에 협의한 바에 따르며 우호 관계를 유지하고 촉진하려는 목적에 입각해 조약을 체결하였다. 조약의 내용은 다음과 같다.

4　[감교 주석] 갑신정변
5　[감교 주석] 톈진조약
6　[감교 주석] 산조 사네토미(三條實美)
7　[감교 주석] 이노우에 가오루(井上馨)
8　[감교 주석] 이토 히로부미(伊藤博文)
9　[감교 주석] 북양대신(北洋大臣)
10　[감교 주석] 직례총독(直隷總督)
11　[감교 주석] 리홍장(李鴻章)

청국은 현재 조선에 주둔하고 있는 모든 군대를, 일본은 조선 주재 공사관을 보호하기 위해 주둔시킨 군대를 조약의 조인과 비준이 이루어진 날로부터 4개월 이내에 철수시키기로 합의한다. 혹시 모를 양국 간 충돌을 방지하기 위해 청국군은 마산포에서 승선하고 일본군은 인천에서 승선한다.

조약의 양 당사국은 조선 국왕에게 공공의 평화와 안정을 지켜줄 수 있는 군부대 창설을 권유하기로 합의한다. 이러한 목적을 위해 조선 국왕은 한 명 혹은 여러 명의 제3국 출신 외국인 장교들을 채용해 병사들의 훈련을 맡길 수 있다. 청국과 일본은 향후 조선군을 훈련시키기 위해 자국의 장교를 조선으로 파견해서는 안 된다.

장차 조선에서 심각한 소요사태가 발생할 경우 청국이나 일본은 그 사실을 상대방에게 사전에 서면으로 통보한다는 조건하에 공동 혹은 단독으로 신속하게 군대를 조선으로 파견할 수 있다. 질서가 회복되고 문제된 사안이 해결되면 파견부대를 즉시 다시 철수시켜야 하며 그곳에 잔류시킬 수 없다.

메이지 18년(1885년) 4월 18일

(서명) 이토 히로부미

특별대사, 추밀원 위원 등

광서 11년 음력 3월 4일

(서명) 리훙장

특별대사 등등

특별대사 리훙장은 작년 10월 서울에서 발생한 정변[12] 당시, 조선 국왕의 궁궐에서 양국 군대 간에 돌발적으로 발생한 전투에 대해 심심한 유감의 뜻을 표하는 바입니다. 오래전부터 지속돼 두 나라의 우호관계를 고려하면, 양국 군대가 비록 당시 일촉즉발의 상황에서 전투를 피할 수는 없었다 하더라도 좀 더 신중하게 처신했어야 함은 인정하지 않을 수 없습니다.

일본인 혼다 슈노스케[13] 여사와 귀국의 국왕이 파견한 다른 사람들의 발언을 보면 청국 병사들이 서울에서 일본인의 주택에 난입하여 재산을 탈취하고 인명을 해쳤다고

---

12 [감교 주석] 갑신정변
13 [감교 주석] 혼다 슈노스케(本多修之助). 김용원은 1884년 초 촬영국(撮影局)을 설립하였는데, 이때 초빙된 사진사가 일본인 혼다 슈노스케였음.

하는데, 이쪽에서는 그에 관한 확실한 증거가 전혀 없습니다. 그에 따라 장교와 병사들에 대해 조사를 실시하고 사실관계를 규명하기 위해 관리들이 파견될 예정입니다.

만약 그날 우리 수비대의 병사나 다른 사람들이 소요사태를 일으켰거나 일본 국민의 재산을 탈취하고 인명을 해쳤다는 것이 사실로 드러나면 그들은 청나라의 엄격한 군법 에 따라서 처벌될 것입니다.

이상 각하의 양해를 바랍니다.
광서 11년 음력 3월 4일
이토 귀하

[젬부쉬의 조선 중립화 견해]

발신(생산)일	1885. 5. 25	수신(접수)일	1885. 7. 13
발신(생산)자	젬부쉬	수신(접수)자	비스마르크
발신지 정보	서울 주재 독일총영사관	수신지 정보	베를린 정부
			A. 5726

사본

A. 5726 1885년 7월 13일 오후 수신

서울, 1885년 5월 25일

개인적 서신에서 발췌

(생략)[1]

만약 정부가 체결한 우호조약들이 조선을 (영국인의 해밀턴항[2] 점령 같은) 폭력적 행위로부터 보호해주지 못할 경우 이제 조선 사람들은 외국인을 받아들인 것을 후회하게 될 것입니다. 또한 만약 대원군[3] 같은 강력한 인물이 정부의 수장이 되면 이곳에 거주하는 모든 외국인들의 상황이 나빠질 것입니다. 아무튼 영국인의 조처[4]로 인해 평화적인 방법으로 조선에 무역과 공업을 도입하려던 다른 조약국가들의 노력이 막대한 피해를 입게 될 것입니다.

조선 정부는 조선의 중립화를 원하고 있습니다. 영국인들의 해밀턴항 점령은 조선의 중립화를 제안하고, 조약 국가들의 공동 보장하에 조선의 중립화를 관철시킬 수 있는 좋은 기회가 될 수 있습니다. 러시아가 해밀턴항을 점령하지 않겠다고 확약하면 영국은 아마도 해밀턴항을 다시 비워줄 것입니다.

본인의 짐작으로는 만약 영국이 조선의 중립화에 동의하고 해밀턴항을 다시 포기하면 러시아는 조선의 중립화를 승인할 것입니다. 청국과 일본은 중립화에 만족할 것입니

---

1 [감교 주석] (생략)은 원문 표기
2 [감교 주석] 거문도(Port Hamilton)
3 [감교 주석] 흥선대원군(興宣大院君)
4 [감교 주석] 영국의 거문도 점령

다. 독일, 미국, 이탈리아, 오스트리아, 프랑스 역시 긍정적인 반응을 보일 것으로 예상됩니다.

조선 정부는 앞으로도 오랫동안 스스로 자기 영토를 지킬 수 있는 능력이 없습니다.

지금까지는 청국이 그 일을 해주었습니다. 그것도 아무런 사심 없이 조선에 우호적인 방식으로. 말하자면 아버지의 역할을 해준 것입니다. 그런데 정변 당시 프랑스와 충돌[5]하고 있던 청국은 지난번 폭동으로 인해 지금까지 해왔던 보호자 역할을 이제 포기할 수밖에 없습니다.

그것은 매우 유감스러운 일이 아닐 수 없습니다. 아주 바람직한 것은 청국의 보호 대신 모든 조약 국가들의 보호하에 조선이 중립화되는 것입니다.

독일의 이익은 그것을 통해서만 지켜질 수 있습니다. 그런 조처가 실행되지 않으면 독일의 이익은 항상 위험에 처하게 될 것입니다.

(생략)[6]

젬부쉬

원본: 조선 2

5　[감교 주석] 청불전쟁(Sino-French War, 清佛戰爭)
6　[감교 주석] (생략)은 원문 표기

27

[젬부쉬의 조선 중립화 견해]

발신(생산)일	1885. 5. 25	수신(접수)일	1885. 7. 13
발신(생산)자	젬부쉬	수신(접수)자	비스마르크
발신지 정보	서울 주재 독일총영사관	수신지 정보	베를린 정부 A. 5727

A. 5727   1885년 7월 13일 오후 수신

서울, 1885년 5월 25일

개인적 서신에서 발췌

(생략)[1]

향후 조선 주재 독일 대표부와 관련해 삼가 아래와 같은 말씀을 드리고 싶습니다.

제국의회는 조선의 영사 직에 단 한 자리만 승인하였습니다. 그런데 배치되는 관리의 숫자가 적을수록 그 사람이 중국어(가능하면 일본어도)를 할 수 있는지가 중요합니다.

본인은 건강 문제로 이곳에서 겨울을 보내지 못할 것 같습니다.

본인이 나가사키에 잠시 체류하는 동안 휴가차 그곳에 들른 켐퍼만[2] 영사로 부터 비교적 추운 기후의 조선에 가고 싶다는 이야기를 들었습니다. 그의 언어 능력으로 볼 때 그는 특히 조선에 적합합니다.

또한 본인은 조선 주재 독일대표는 청국 주재 공사관에 소속되는 것이 합당하다고 믿습니다. 이유는 여러 가지가 있는데, 군함 징발권이 한 가지 이유가 될 수 있습니다. 만일 독일이 서울에 공사를 파견하면 조선 정부는 매우 흡족해할 것입니다.

사실 공사가 조선까지 갈 필요는 거의 없습니다. 우리 독일의 입장에서 볼 때 사실상 조선은 청국에 딸린 일종의 부속국가나 마찬가지입니다.

우리는 항상 브란트[3]와 연락을 취하고 있기에, 그에게도 비슷한 취지의 편지를 써 보냈습니다.

젬부쉬

---

1   [감교 주석] (생략)은 원문 표기
2   [감교 주석] 켐퍼만(T. Kempermann)
3   [감교 주석] 브란트(M. Brandt)

노르트도이췌 알게마이네 차이퉁[4]
1885년 7월 14일
No. 321

작년 12월 조선, 서울에서 벌어진 분쟁[5]들과 관련해 청국과 일본 정부 간에 지금까지 진행된 협상에 따라 체결된 조약[6]의 내용을 이곳에 공고한다. 더불어 청국 정부가 이 사안을 최종적으로 마무리 짓기 위해 일본 천황폐하의 정부에 보내온 각서도 함께 공고한다.

서명 : 산조 사네토미[7]
추밀원 의장
서명 : 이노우에 가오루[8]
외무대신

1885년 5월 27일

조약

일본 측 특별대사이자 추밀원위원이자 일본 제국정부 대신이자 일본 2등공로훈장 수훈자, 이토[9]와 청국 측 특별대사이자 지방장관이자 황태자의 고문이자 추밀원 대표위원이자 북양대신[10]이자 국방부 수장이자 직례총독[11], 리훙장[12]은 반드시 지켜야 할 지침들에 맞추어 사전에 협의한 바에 따르며 우호 관계를 유지하고 촉진하려는 목적에 입각해 조약을 체결하였다. 조약의 내용은 다음과 같다.

청국은 현재 조선에 주둔하고 있는 모든 군대를, 일본은 조선 주재 공사관을 보호하

4　[감교 주석] 노르트도이췌 알게마이네 차이퉁(Norddeutsche Allgemeine Zeitung)
5　[감교 주석] 갑신정변
6　[감교 주석] 톈진조약
7　[감교 주석] 산조 사네토미(三條實美)
8　[감교 주석] 이노우에 가오루(井上馨)
9　[감교 주석] 이토 히로부미(伊藤博文)
10　[감교 주석] 북양대신(北洋大臣)
11　[감교 주석] 직례총독(直隷總督)
12　[감교 주석] 리훙장(李鴻章)

기 위해 주둔시킨 군대를 조약의 조인과 비준이 이루어진 날로부터 4개월 이내에 철수시키기로 합의한다. 혹시 모를 양국 간 충돌을 방지하기 위해 청국군은 마산포에서 승선하고 일본군은 인천에서 승선한다.

조약의 양 당사국은 조선 국왕에게 공공의 평화와 안정을 지켜줄 수 있는 군부대 창설을 권유하기로 합의한다. 이러한 목적을 위해 조선 국왕은 한 명 혹은 여러 명의 제3국 출신 외국인 장교들을 채용해 병사들의 훈련을 맡길 수 있다. 청국과 일본은 향후 조선군을 훈련시키기 위해 자국의 장교를 조선으로 파견해서는 안 된다.

장차 조선에서 심각한 소요사태가 발생할 경우 청국이나 일본은 그 사실을 상대방에게 사전에 서면으로 통보한다는 조건하에 공동 혹은 단독으로 신속하게 군대를 조선으로 파견할 수 있다. 질서가 회복되고 문제된 사안이 해결되면 파견부대를 즉시 다시 철수시켜야 하며 그곳에 잔류시킬 수 없다.

메이지 18년(1885년) 4월 18일
(서명) 이토 히로부미
특별대사, 추밀원 위원 등

광서 11년 음력 3월 4일
(서명) 리훙장
특별대사 등등

특별대사 리훙장은 작년 10월 서울에서 발생한 정변[13] 당시, 조선 국왕의 궁궐에서 양국 군대 간에 돌발적으로 발생한 전투에 대해 심심한 유감의 뜻을 표하는 바입니다. 오래전부터 지속돼 두 나라의 우호관계를 고려하면, 양국 군대가 비록 당시 일촉즉발의 상황에서 전투를 피할 수는 없었다 하더라도 좀 더 신중하게 처신했어야 함은 인정하지 않을 수 없습니다.

일본인 혼다 슈노스케[14]와 귀국의 국왕이 파견한 다른 사람들의 발언을 보면 청국 병사들이 서울에서 일본인의 주택에 난입하여 재산을 탈취하고 인명을 해쳤다고 하는데, 이쪽에서는 그에 관한 확실한 증거가 전혀 없습니다. 그에 따라 장교와 병사들에 대해

---

13 [감교 주석] 갑신정변
14 [감교 주석] 혼다 슈노스케(本多修之助). 김용원은 1884년 초 촬영국(撮影局)을 설립하였는데, 이때 초빙된 사진사가 일본인 혼다 슈노스케였음.

조사를 실시하고 사실관계를 규명하기 위해 관리들이 파견될 예정입니다.

만약 그날 우리 수비대의 병사나 다른 사람들이 소요사태를 일으켰거나 일본 국민의 재산을 탈취하고 인명을 해쳤다는 것이 사실로 드러나면 그들은 청나라의 엄격한 군법에 따라서 처벌될 것입니다.

이상 각하의 양해를 바랍니다.

광서 11년 음력 3월 4일

이토 귀하

28

[영국의 상하이-거문도-제주도 전신 설치에 관한 건]

발신(생산)일	1885. 7. 11	수신(접수)일	1885. 7. 18
발신(생산)자	슈바이니츠	수신(접수)자	비스마르크
발신지 정보	페테르부르크 주재 독일대사관	수신지 정보	베를린 정부
	No. 225		A. 5854

사본

A. 5854 1885년 7월 18일 오후 수신

상트페테르부르크, 1885년 7월 11일

No. 225

특급 기밀!

비스마르크 각하 귀하

이곳에 진출한 덴마크 전신회사의 정보요원이 입수한 정보에 의하면 영국이 상하이와 퀠파트[1] 및 해밀턴항[2] 사이에 해저케이블을 설치한다고 합니다. 그로 인해 상기 회사는 이익을 침해당할 위기에 처했습니다. 덴마크가 파악한 바에 의하면 그 회사는 심지어 외국과의 경쟁을 배제한다는 내용으로 청국과 계약까지 체결했습니다. 이 회사는 러시아의 시베리아 케이블을 이용해 유럽과 동아시아 간에 급속히 증가하고 있는 전신수요를 거의 다 장악했습니다. 프랑스 군사통신은 거의 전적으로 이 회사 망을 통해 이루어지고 있습니다. 소문에 의하면 많은 양이 독일인 수중에 있다고 전해지는 이 회사의 주식가격이 상승했습니다. 이미 여러 번 보고드렸다시피 본인이 수차에 걸쳐 은밀히 러시아 전신 감독관에게 페테르부르크-파노-파리 간 케이블을 우선적으로 고려해줄 것을 요청했으나 번번이 거절당했습니다. 덴마크 통신회사는 러시아의 비호를 받고 있습니다.

이런 연유로 본인의 덴마크 동료는 자신이 러시아 외무대신 보좌관 블랑갈리[3]에게

---

1 [감교 주석] 퀠파트(Quelpart), 오늘날 제주도
2 [감교 주석] 거문도(Port Hamilton)
3 [감교 주석] 블랑갈리(Vlangaly)

영국의 해저케이블 설치에 관해 주의를 환기시켰을 때 그가 어떤 반응을 보일지 충분히 예상할 수 있었습니다. 키오에르[4] 장군은 덴마크 회사가 현재 조선과 통신선을 연결할 계획을 세우고 있지만 영국인들이 그들보다 먼저 상하이–퀠파트 간 케이블을 설치할 것이라고 덧붙였습니다.

이런 상황에서 주목할 만한 것은 러시아 전함 수척이 그 해역에 머물고 있음에도 불구하고 영국의 이 흥미진진한 시도에 대해 러시아 정부에 아무런 보고도 올라오지 않았다는 사실입니다. 그 때문에 사람들은 덴마크 측 정보의 정확성을 거의 의심하고 있는 상황입니다.

블랑갈리는 키오에르 장군에게 총영사 베베르[5]가 서울에 부임하기 전까지는 아무 일도 일어날 수 없다고 답변하였습니다.

슈바이니츠

---

4 [감교 주석] 키오에르(Kjoer)
5 [감교 주석] 베베르(K. I. Weber)

발췌문
베를린, 1885년 7월 19일   A. 5709, 5657

슈바이니츠 귀하   (생략)[6]
상트페테르부르크   지금까지 유럽에서는 조선이 독립적으로 외국과 협상
                                        할 권리를 갖고 있다는 것에 일말의 의심도 하지 않았
No. 439   습니다. 조선이 지난 몇 년 동안 여러 열강들과 맺은─
                                        영국과도 1883년 11월 26일 맺은─조약들에서 조선
                                        국왕은 독립적인 군주로 등장했습니다.
                                        조선이 외교적인 사안에 관해 청국에 의존하지 않고
                                        독립적으로 협상할 수 없다는 현재 영국 정부의 견해
                                        는 새로운 내용입니다. 따라서 귀하께서 폰 기르스를
                                        통해 이 문제와 관련해 러시아 정부의 입장은 무엇인
                                        지 알아봐 줄 것을 요청합니다. 런던의 전보를 전달하
                                        는 것이 이 문제에 대해 알아볼 수 있는 적절한 기회
                                        를 제공할 것입니다.

                                                                        하츠펠트
                                                                원본: 조선 2

---

6 [감교 주석] (생략)은 원문 표기

29

[슈뻬이예르의 조선행과 묄렌도르프의 해임 위기]

발신(생산)일	1885. 7. 16	수신(접수)일	1885. 7. 19
발신(생산)자	슈바이니츠	수신(접수)자	비스마르크
발신지 정보	페테르부르크 주재 독일대사관	수신지 정보	베를린 정부
	No. 233		A. 5887
메모	7월 22일 페테르부르크 446 전달		

사본

A. 5887   1885년 7월 19일 수신

상트페테르부르크, 1885년 7월 16일

No. 233

비스마르크 각하 귀하

해독

일본 주재 러시아 공사관에서 조선에 파견한 공사관 서기관 슈뻬이예르[1]의 보고에 따르면, 조선 정부는 해밀턴항[2] 문제[3]와 관련해 러시아에 도움을 요청하였습니다. 폰 기르스는 베를린 주재 대사에게 이 문제에 관한 훈령을 요청하였습니다. 더 나아가 슈뻬이예르는 묄렌도르프[4]의 입지가 흔들리고 있다고 보고하였습니다. 영국을 비롯해 정체를 정확히 알 수 없는 다른 열강의 대표들이 묄렌도르프에 대한 반감을 부추겼는데, 슈뻬이예르는 단지 그 열강들 편을 들었다는 이유만으로 이제 아무 것도 할 수 없을 뿐만 아니라 조선을 다시 떠나야 한다는 사실을 깨달았다고 했습니다.

기르스는 총영사 베베르[5]가 조만간 그의 파견지에 도착할 것이라고 믿고 있습니다.

슈바이니츠

원본: 조선 2

---

1 [감교 주석] 슈뻬이예르(A. Speyer)
2 [감교 주석] 거문도(Port Hamilton)
3 [감교 주석] 영국의 거문도 점령 사건
4 [감교 주석] 묄렌도르프(P. G. Möllendorff)
5 [감교 주석] 베베르(K. I. Weber)

사본

베를린, 1885년 7월 20일   A. 5647

내용: 청국과 조선의 관계는 명확하지 않다. :
청국과 조선의   Ⅰ. 청국 황제는 조선 왕국이 청국의 종주권*하에
관계 및 해밀턴항[6]   있다고 주장한다.
                                  Ⅱ. 조선은 최근까지도 청국의 내정 간섭을 받았
보고자 : 린다우   다. 그러나 한편으로는 외교적 관계에 관한 한 독
                                  립국가로서 행동하였다.
Ⅲ. 일본은 청국 정부가 조선 문제에 개입할 권리가 있다는 것을 단호히 부인한다.
Ⅳ. 유럽의 열강들과 미국은 독립국가 조선과 협상하였다.
조선과 맺은 조약들은 청국을 고려하지 않고 체결되었으며 청국의 동의나 이의제기 없
이 시행되었다.

_____

* [메모] 예전에는 이러한 견해가 일반적이고 관습적이었다. 우리에게는 조선과의 관계보
다 청국과의 관계가 더 중요하다. 따라서 조선을 고려하고 국법을 고려해서 청국과의
관계를 손상시키는 일이 있어서는 안 된다. 또한 청국의 요구를 대놓고 거부하는 일은
피해야 한다. 조선에서는 얻어낼 것이 많지 않다. 만약 우리가 조선의 입장을 수용할
필요가 있을 경우에는 일단 그 문제에 관해 러시아와 의견을 나눠봐야 한다. 그럴 필요가
없을 경우에는 입장을 밝히지 않는 편이 더 낫다.

Ⅰ에 대하여 : 청국에 대한 조선의 지위에 관한 청국 측 견해는 베이징 관보에 공표된
      황제의 여러 칙령에 드러나 있다. 조선의 정변[7]을 계기로 1882년 9월 23일 공표된
      황제의 칙령은 다음과 같이 시작한다.: "조선 왕국의 통치자들은 짐의 만주-청 왕
      왕조의 종주권하에서 짐의 허락하에 수 세대에 걸쳐 짐의 제국의 변방에서 나라를
      다스려왔다. 그들이 수년 전부터 짐에게 특별한 공경과 충성을 바치고 있다는 명성
      이 자자하였기에 짐은 그들을 짐의 나라와 똑같이 여겨왔다. 그에 따라 짐은 법을
      집행하는 대신 관대함과 은총을 베풀어 왕의 부친[8]을 짐의 영토인 직례성[9] 바오딩

_____

6   [감교 주석] 거문도(Port Hamilton)
7   [감교 주석] 임오군란

부[10]에 억류시킬 것을 지시하노라."(베이징, 1882년 9월 29일 자 A. 7061 보고서 참조.) 이 지시는 그대로 이행되었다. 청국의 황제 폐하에게 부친의 석방을 간절히 요청한 조선 국왕의 굴욕적인 청원서에는 거절의 답신이 보내졌다.

(베이징 주재 독일 공사; 감교자) 브란트[11]의 보고에 따르면 조선 국왕의 부친에 대한 청국의 그러한 처사는 베이징에 있는 외국인들에게 나쁜 인상을 심어 주었다. 왜냐하면 청국이 예전에[12] 조선은 내정에 있어[13] 완전히 독립돼 있다고 천명했던 것과는 달리 실제로는 스스로를 여전히 조선의 종주국으로 간주하고 있다는[14] 것을 암시하기 때문이다.

과거에 혹시 청국이 조선의 내정과 외치의 완전한 독립성을 강조한 적이 있는지 찾아보았으나 이곳에서는 관련된 문서가 발견되지 않았다. 그러나 베이징 주재 독일제국 공사한테 그에 관해 확인한 후 보고하라고 요청해 놓았다.

베이징 관보에 공표된 내용과 관련해 브란트는 청국 정부는 가끔 국민들에게 타당한 근거도 전혀 제시하지 않은 채 청국 황제가 세상에서 가장 강력한 통치자이며, 논쟁의 여지가 없는 확실한 권한을 소유하고 있다고 강조하는 관례가 있다고 언급하였다. 하지만 이른바 황제가 갖고 있다는 권한 가운데 많은 것들은 더 이상 행사되지 않을 뿐만 아니라 행사될 수도 없는 것들이다.

Ⅱ에 대하여 : 1885년 2월 9일 부영사 부들러[15]가 서울에서 다음과 같이 보고하였다. "조선 국왕이 화려한 위용을 갖추어 청국의 상무총판을 방문하였습니다. 청국 측에서는 이 방문을 조선 국왕이 청국의 종주권을 새로 명백히 인정한다는 뜻으로 해석하였습니다. 조선인들 스스로 청국의 황제를 기꺼이 그들의 군주로 인정한다는 것입니다."

그와 반대로 주목할 만한 것은 일본 주재 조선 공사관[16]은(1882년 10월 25일 자

---

8 [감교 주석] 흥선대원군(興宣大院君)
9 [감교 주석] 직례(直隸)성
10 [감교 주석] 바오딩부(保定府)
11 [감교 주석] 브란트(M. Brandt)
12 [원문 메모] 내치를 어디에서 발견할 수 있나?
13 [원문 메모] 내치를 어디에서 발견할 수 있나?
14 [원문 메모] 의문의 여지가 없다.
15 [감교 주석] 부들러(H. Budler)
16 [감교 주석] 독일어 원문에는 일본 주재 조선공사관(die koreanische Gesandtschaft in Japan)으로 표기되어 있지만, 1885년 당시 일본에는 조선 공사관이 설치되어 있지 않았음. 이는 독일 외무부에서 사실관계를

도쿄발 보고 A. 7168과 비교) 거듭 조선이 독립국가임을 강조했다는 사실이다.

Ⅲ에 대해서 : 일본 정부는 항상 청국이 조선에 대해 종주권을 행사할 권한이 있다는 것을 부인하였다. 일본이 최근(1885년 4월 18일) 조선의 사건들과 관련해 청국 정부와 체결한 조약[17]은 무엇보다 청국이 조선에 주둔시키고 있는 모든 군대를 일본군과 동시에 조선에서 철수시킨다는 약속을 담고 있다. 또한 두 열강은 조선 국왕에게 독자적인 조선군의 창설 과제를 맡겼다고 한다. 이로써 청국은 이번 기회에 실제로 그들이 조선에서 이제 더 이상 다른 열강들이 허용하는 것 이상의 주권은 갖고 있지 않다는 사실을 인정하였다.

Ⅳ에 대해서 : 조선이 미국 및 유럽 열강들과 체결한 조약에는 조선 국왕의 이름만 들어 있다. 조약에 관한 협상을 진행한 조선 대표에게 전권을 부여한 것도 오로지 조선 국왕뿐이다. 1883년 11월 26일 자 조선과 영국의 조약[18]에서도 청국의 종주권에 대한 언급은 포함되지 않았다.

따라서 조선은 청국의 명백한 동의 없이는 외국과 그 어떤 협상도 할 수 없다는 영국의 견해는 새로운 것으로, 조선과 영국의 관계에 대해 현재까지 알려진 모든 사실과 모순된다.

일본에서 들어온 옛 보고들에 의하면 이미 수년 전부터 조선과 관련해 러시아와 일본 사이에 분명한 협정이 존재한다. 1879년 12월 30일 (도쿄 주재 일본공사; 감교자) 아이젠데허[19]는 (도쿄 주재 영국공사; 감교자) 파크스[20]가 5,000달러를 주고 그 협정서 사본을 입수했다고 보고했다. 그 사본에 따르면 조선과 관련해 러시아의 계획 및 러일 간 협정을 저지하기 위해 이미 꽤 오래전부터 영국과 청국 간에 공조가 이루어져 온 듯하다.

(생략)[21]   원본: 조선 2

잘못 파악하였거나, 조선 주재 일본공사관을 잘못 기재한 것으로 추정할 수 있음. 실제 다음 단락에는 일본 정부의 입장이 소개되어 있음.

17 [감교 주석] 톈진조약
18 [감교 주석] 제2차 조영수호통상조약
19 [감교 주석] 아이젠데허(C. Eisendecher)
20 [감교 주석] 파크스(H. S. Parkes)
21 [감교 주석] (생략)은 원문 표기

사본

베를린, 1885년 7월 22일   A. 5657

브란트 귀하

베이징, No. A 11

귀하는 1882년 9월 29일 자 보고 No. 68에서 조선 사
태[22]에 관한 황제의 칙령과 관련해 그것이 내정과 외치
에서 조선의 완전한 독립성을 인정한다던 과거 청국의
성명들과 모순되기 때문에 베이징 거주 외국인 사회에
불쾌한 인상을 심어 주었다고 말했습니다.

조선은 이제 확실히 정치적으로 중요한 의미를 가지게
되었으므로 독립국가로서의 조선의 지위가 어떤 원칙들
에 입각해 있는지 확인하는 것이 매우 중요합니다. 그에
따라 귀하에게 조선과 중국의 관계를 가능한 한 상세하
게 파악해서 보고해 줄 것을 요청합니다. 즉 청국 정부
가 실제로 조선에 대한 종주권을 포기하고 조선에 내정
독립은 물론이고 외교적인 협상의 권리까지 인정한다고
언급한 포고령이 있는지 확인해주기 바랍니다.

하츠펠트
원본: 조선 2

---

22 [감교 주석] 임오군란

사본

베를린, 1885년 7월 22일   A. 5887

암호우편

슈바이니츠 귀하   암호로 작성된 귀하의 보고 No. 233에 대한 답변. 유
상트페테르부르크   감스럽게도 우리는 묄렌도르프[23]와 아무런 접촉도
No. 446   없을 뿐만 아니라 그에 관한 그 어떤 정보도 갖고
                              있지 않습니다. 그 사실을 기회가 닿을 때마다 구두
                              로 기르스[24]에게 전하는 것은 귀하의 권한입니다.

하츠펠트
원본: 조선 2

---

23 [감교 주석] 묄렌도르프(P. G. Möllendorff)
24 [감교 주석] 기르스(N. Giers)

조선과 관련한 일본과 청국의 조약 비준 및 대원군을 조선으로 귀환시키려는 노력과 그로 인해 야기될 수 있는 결과들

발신(생산)일	1885. 5. 27	수신(접수)일	1885. 7. 23
발신(생산)자	브란트	수신(접수)자	비스마르크
발신지 정보	베이징 주재 독일공사관 No. 122	수신지 정보	베를린 정부 A. 5988

A. 5988   1885년 7월 23일 오전 수신

베이징, 1885년 5월 27일

No. 122

비스마르크 각하 귀하

며칠 전 베이징 주재 일본 공사와 총리아문 사이에, 금년 4월 18일 톈진에서 중국과 일본 사이에 체결된 조약[1]을 양국 군주가 재가했다는 보고서가 교환되었다는 보고를 드리게 되어 영광입니다.

총리아문의 대신들이 전해준 바에 따르면, 리훙장에게 청국군의 조선 철수를 명령할 권한이 부여되었습니다. 청국군의 조선 철수는 단계적으로 이루어질 예정입니다. 예측컨대 철수는 가까운 시일 내에 시작될 것입니다.

본인은 조선 정부가 1882년부터 바오딩부[2]에 억류되어 있는 국왕의 부친, 즉 대원군[3]을 석방해 달라고 요청할 생각이라는 조선발 소식을 접하고, 총리아문의 대신들에게 사실 확인을 요청하였습니다. 대신들은 조선 정부의 그런 계획에 관해 이야기를 들었다면서, 물론 청국 정부는 대원군이 조선으로 돌아가는 것을 원치 않지만 부친의 석방을 거듭 요청하는 조선 국왕의 간절한 마음을 외면하기 어려울 것이라고 했습니다. 본인이 대원군과 왕후의 친정 민씨 일가의 적대감정이 여전히 지속되고 있어 국왕의 부친이

---

1   [감교 주석] 톈진조약
2   [감교 주석] 바오딩부(保定府)
3   [감교 주석] 흥선대원군(興宣大院君)

조선으로 돌아가는 것은 소요사태의 발발로 이어질 수도 있다는 의견을 밝히자 대신들은 그것은 조선 정부의 사정이라고 답했습니다.

본인은 물론이고, 대신들에게서 같은 내용의 발언을 들은 (베이징 주재; 감교자) 영국 대리공사[4]도 청국 정부가 대원군을 조선으로 돌려보내 반 친일파[5]의 지도자 역할을 떠맡김으로써 청국의 영향력을 강화하려는 목적을 갖고 있는 듯한 인상을 받았습니다. 짐작컨대 조선에서 소요사태가 발발할 경우 그것을 청국군을 조선에 재파견할 구실로 이용할 의도가 어느 정도 숨어 있는 듯합니다. 이곳의 반일 분위기는 아주 심각한 지경입니다. 그래서 본인의 예상으로는 프랑스와의 갈등을 해결하고 나면 청국 정부는 일본에 대해 그다지 호의적으로 나오지 않을 것 같습니다. 이 예상을 결코 틀리지 않을 것이라고 믿습니다.

대원군의 조선 귀환이 야기할지도 모를 위험한 사태는 차치하더라도, 일본 정부의 의도는 청국과 일본 사이에 불화를 일으킬 수 있는 또 다른 요인입니다. 즉 일본 정부는 한편으로는 조선에서 군대를 철수시킨 이후에도 서울 주재 일본 공사관을 보호한다는 명목으로 강력한 경찰수비대를 주둔시킬 생각이면서 다른 한편으로는 청국 정부가 그들과 똑같은 조처를 취하겠다고 주장할 경우 청국은 서울에 공사관이 없다는 이유를 내세워 이의를 제기할 계획입니다. 이런 행동으로 일본 측이 의도하는 바는 청국 정부로 하여금 조선에서 일본과 비슷한 규모의 경찰수비대 유지를 포기하게 만드는 것과 보호국으로서의 지위를 단념하고 서울에 공사관을 개설해 다른 조약국들과 똑같은 지위임을 천명하게 만드는 것, 이 두 가지 중 하나를 선택하게 하려는 것이 분명합니다. 하지만 일본의 그러한 요구에 청국이 따를 가능성은 거의 없다고 할 수 있습니다.

브란트

내용 : 조선과 관련한 일본과 청국의 조약 비준,
대원군을 조선으로 귀환시키려는 노력과 그로 인해 야기될 수 있는 결과들

---

4 [감교 주석] 오코너(N. R. O'Conor)
5 [감교 주석] 친청파. 여기서 친일파는 급진개화파를 의미함. 일본의 한국 식민지화와 일제의 식민 정책에 협조한 '친일파'와 동일한 개념이 아님. '일본에 우호적인 세력'으로 이해하는 것이 타당함.

Auswärtiges Amt
Abth. A.

Politisches Archiv d. Auswärt. Amts

Acta

betreffend
Korea.

Vom November 1882
Bis 19. Januar 1885

Vol.: 3
conf. Vol.: 4

Politisches Archiv des Auswärtiges Amt
R 18903

KOREA. № 1.

Berlin, den 14. November 1882

A. 6829

An
Den königlichen Gesandten
Herren von Wentzel
Hochwohlgeboren
Hamburg.
№ 40

In Verfolg meines Erlasses vom 23. Januar 1877(№ 3) beehre ich mich Ew. Hochwohlgeboren beifolgenden Bericht des kaiserl. Gesandten in Peking vom 12. September d. J., den koreanischen Aufstand betreffend,

originaliter sub fide comissionis ergebenst zu übersenden.

N. d. H. U. St. S.

Koreanische Angelegenheiten betreffend

PAAA_RZ201-018903_003 ff.

Empfänger	Bismarck	Absender	Pelldram
A. 6894 pr. 14. November 1882.		Tientsin, den 20. September 1882.	

A. 6894 pr. 14. November 1882.

№ 54.

Tientsin, den 20. September 1882.

Seiner Durchlaucht

Dem Fürsten von Bismarck.

Eurer Durchlaucht habe ich die Ehre, im Anschluß an den Bericht vom 11. d. Mts. Nr. 49 betreffend die koreanisch-japanischen Differenzen ganz gehorsamst zu melden, daß ich auf Anordnung des kaiserlichen Herrn Gesandten zu Peking Gelegenheit gesucht habe, um gegenüber den hierher gekommenen koreanischen Gesandten, von denen die beiden im Vorbericht genannten den deutsch-koreanischen Vertrag mitunterzeichnet haben, die Freude des Herrn Gesandten darüber auszusprechen, daß sie bei der Emeute vom 23. Juli d. Js. unversehrt davon gekommen sind.

In Folge deßen wurde eine Zusammenkunft mit den 3 Koreanern, nämlich Tschao-ning-hsia, ein Neffe der Königin, Witwe und Adoptiv-Mutter des jetzigen Königs, erzählte, daß er sich mit dieser während des Aufstands versteckt gehalten hätte. Es sei ihm gelungen, dieselbe vor allen Gefahren zu beschützen, einmal, weil die Rebellen vor ihnen noch die gebührende Ehrfurcht gehabt hätten, zweitens aber auch, weil er bei den jüngsten Vertragsabschlüssen mitgewirkt habe.

Chin-hung-tschi gab an, er sei zur Zeit des Aufstandes krank und außerhalb der Hauptstadt gewesen und sei dadurch für seine Person allen Schwierigkeiten entgangen; indessen wisse er gar nichts über seine Frau und Kinder. Es sei möglich, daß sie sich noch irgendwo versteckt hielten, es sei aber auch ebenso möglich, daß sie getötet seien.

Li-tsu-yüan ist bereits zu wiederholten Malen mit diplomatischen Missionen nach China und Japan betraut gewesen. Als Da-yun-kun die Herrschaft an sich riß, wählte er sich ihn wegen seiner reichen wissenschaftlichen Kenntnisse und Erfahrungen als Privatsekretär, wiewohl er wußte, daß derselbe dem früheren Regime treu ergeben war. Er behauptete, er sei der Ermordung nur dadurch entgangen, daß die Rebellen vor seinen gediegenen Kenntnissen Achtung gehabt hätten.

Tschao-ning-hsia erzählte ferner, die Königin, Witwe und auch die Gemahlin des jetzigen Königs, der es gleichfalls gelungen sei, den Mördern zu entgehen, seien sehr klug und hätten sehr viel Gutes für das Land getan. Da-yün-kun wäre aber deren Einfluß ein Dorn im Auge gewesen, und er hätte deshalb, während dieselben sich versteckt hielten, ausgesprengt, sie seien umgekommen; er habe auch angeordnet, Landestrauer für sie zu tragen. Es sei dies indessen alles nur geschehen, um sie, wenn tunlich, für alle Zeit von jedem Auftreten am politischen Horizont auszuschließen.

Die 3 Koreaner äußerten sich sehr mißliebig über die scharfe Abgrenzung der in Korea bestehenden 3 Klassen der Gesellschaft. Zur ersten Klasse, welcher sie alle drei angehören, werden nur die Familien des ältesten, anscheinend vor langer Zeit aus China eingewanderten und zur Herrschaft gelangten Adels gerechnet, und ist es beinahe unmöglich, daß eine neue Familie, selbst durch Auszeichnung während mehrerer Generationen, den Eintritt in diese erlangt. In der zweiten Klasse sind die hohen Staatsbeamten und kann ein Aufsteigen aus der dritten Klasse in diese nur stattfinden, wenn sich eine Familie durch 3 bis 4 Generationen ganz besonders im Staatsdienst ausgezeichnet hat.

Selbst der höchste Staatsbeamte hat, wenn er zu dieser zweiten Klasse gehört, nicht das Recht, mit einem Angehörigen der ersten Klasse am selben Tisch zu speisen. Die drei Abgesandten meinten, daß es dringend nötig sei, diese strengen Klassenunterschiede zu beseitigen und daß der gegenwärtige König wohl geneigt sei, dazu seine Hand zu bieten.

Dieselben sind gestern von hier nach Peking gereist.

Einige Tage nach diesem Besuch erfuhr ich aus sehr guter Quelle, daß Li-hung-chang[1] mit dem unter Ma-Rië-tchong's Vermittlung abgeschlossenen jüngsten japanisch-koreanischen Vertrag sehr unzufrieden sei und daß er das Vorgehen Ma's für all´ zu voreilig halte und gewünscht hätte, man hätte mit Abschluß des Vertrages auf seine eigene Rückkunft gewartet. Er findet sowohl die auferlegte Kriegskontribution für das im Ganzen arme Land Korea viel zu hoch und ist auch mit der Gewährung der Eskorte für die japanische Gesandtschaft in Seoul, deren Stärke neuerdings auf 200 Mann angegeben wird, nicht einverstanden.

Der beste Beweis für die Stichhaltigkeit dieser Angabe ist meines Erachtens darin zu erblicken, daß Ma gestern bei mir erschien und sich mit bei ihm sonst nicht gebräuchlicher Offenheit über seine Erlebnisse in Korea aussprach.[2] Ma erzählte, er sei anfänglich nur mit 200 Mann in Korea gelandet, da mehr Truppen augenblicklich nicht zur Verfügung

---

1   Edit. Von anderer Hand durchgestrichen und darüber „Vornehme Koreaner sind indeßen" geschrieben.
2   Edit. Von anderer Hand durchgestrichen und darüber „in betreff seiner Erlebniße in Korea" geschrieben.

gewesen wären. Er habe erfahren, daß die Japaner mit 1200 Mann Seoul bereits besetzt hätten. Indessen seien dieselben wieder abgezogen und er sei am selben Abend noch mit jenen 200 Mann ohne Schwierigkeit in Seoul eingerückt. Er sprach sein Bedauern darüber aus, daß er nicht vor Ankunft der Japaner mit einer genügenden Truppenzahl zur Stelle gewesen wäre; er hätte sich dann der Landung der Japaner mit allen ihm zu Gebote stehenden Mitteln widersetzt. Er sei von den Koreanern freundlich aufgenommen worden. Der König wäre von seinem Vater Da-yün-kun aber völlig aller Willensfreiheit beraubt gewesen. Da-yün-kun sei sehr gut beanlagt, aber ein Ungeheuer(monstre), und habe früher während zehn Jahren die Regentschaft geführt. Vor einigen Jahren hätte indessen die Königin-Witwe die Herrschaft an sich gebracht und die von Da-yün-kun vertretene Altkoreanische Partei verdrängt.

Nachdem inzwischen weitere chinesische Truppen, zusammen etwa 3000 Mann, gelandet seien und ein Lager vor Seoul bezogen hätten, habe Ma eine Audienz bei Da-yün-kun erhalten, der ihn sehr entgegenkommend aufgenommen und ihm unter anderem auch einen seiner Tragstühle zur Verfügung gestellt habe. Am Tage darauf habe Da-yün-kun den Besuch im chinesischen Lager erwidert. Ma veranlaßte, daß die ihn begleitenden Eskorte von 200 Mann sowie der Tragstuhl des Regenten von den chinesischen Soldaten zur Seite geführt wurden. Den koreanischen Truppen wurde dabei ein Festschmaus bereitet; Ma aber selbst fesselte den Da-yün-kun durch gute Konversation von 3 Uhr nachmittags bis zum Abend. Sobald es völlig dunkel geworden, erklärte Ma hierauf denselben für seinen Gefangenen und ließ ihn in derselben Nacht vermittelst des ihm geliehenen Tragstuhles unter starker Bewachung chinesischer Soldaten, welche von Admiral Ting kommandiert wurden, nach dem etwa 60 Kilometer entfernten Meeresstrand und auf einem chinesischen Kanonenboot hierher bringen. Die Truppen und Stuhlträger müssen gut marschiert sein, denn sie sollen die Distanz von 8 Uhr abends bis 8 Uhr morgens zurückgelegt haben.

Boten, die am selben Abend von Seoul nach dem chinesischen Lager entsendet wurden, um sich nach dem Verbleib des Regenten zu erkundigen, wurden bis zum nächsten Morgen zurückgehalten und ebenso ist auch während der Überführung nach dem Strand die Gefangennahme des Da-yün-kun nicht bekannt geworden. Ma benachrichtigte den gegenwärtigen König sofort von dem Vorgefallenen, dessen Bekanntwerden auch in Seoul keine weiteren Schwierigkeiten hervorrief.

Über die Ursachen des Aufstandes befragt, erklärte Ma, daß Da-yün-kun einen ausgebrochenen, unbedeutenden Militäraufstand sich zu Nutzen gemacht hätte, um die Herrschaft an sich zu reißen.   Pelldram.

Inhalt: Koreanische Angelegenheiten betreffend.

Die Unruhen in Korea.

PAAA_RZ201-018903_015 f.

Empfänger	Bismarck	Absender	Krencki
A. 6895 pr. 14. November 1882.		Shanghai, den 4. Oktober 1882.	
Memo	Orig. 21. 11. nach Hamburg		

A. 6895 pr. 14. November 1882. 1 Anl.

Shanghai, den 4. Oktober 1882.

№ 117.

Seiner Durchlaucht

dem Fürsten von Bismarck.

Eurer Durchlaucht habe ich die Ehre, im Auftrage des kaiserlichen General-Konsuls in Verfolg des ehrerbietigsten Berichts vom 9. v. M., № 104, einige die Unruhen in Korea betreffende Zeitungsausschnitte (North China Daily News und Shanghai Mercury) zur hochgeneigten Kenntnisnahme anliegend ganz gehorsamst zu überreichen.

Dieselben enthalten das Urteil gegen den Dai-in-kun, Vater, nicht Oheim, des Königs von Korea, den Bescheid auf die seitens des letzteren für seinen Vater eingelegte Fürsprache, ein Edikt des Königs, in welchem er die Schuld an den letzten Unruhen seiner fehlerhaften Regierung beimißt und gründliche Reformen in Aussicht stellt, sowie endlich die überraschende Nachricht, daß die Königin von Korea, welche allgemein tot geglaubt wurde, am Leben ist und unter chinesischer Militär-Eskorte ihren Einzug in die Hauptstadt gehalten hat.

Krencki

Inhalt: betr. die Unruhen in Korea.

SENTENCE ON THE DAI IN KUN.

AN IMPERIAL DECREE.

The *Shên Pao* contains the following edict dealing with the case of the Corean rebel: — Corea is a dependency of Our Ta Taing country and has been subject to Us for generations. She has always been known to conduct herself with reverence and care, and the Court regards her as one of the same family (as China), sharing alike joy and sorrow together. Some time ago, Chang Su-sheng memorialised us saying that a mutiny had broken out among the seditious soldiery of Corea, who in the sixth moon suddenly surrounded the Royal Palace. The Queen王妃 suffered disaster被難* and the nobles were put to the sword. The members of the Japanese Legation were also injured. We therefore commanded Chang Shu-sheng to set in motion Our land and water forces, that they might put down the rebellion; and ordered Li Hung-chang, whose leave of absence had expired, to return immediately to Tientsin and assist in the undertaking. Meanwhile Generals Wu Chang-ching and Ting Ju-ch′ang, the Taotai Ma Kien-chung and others led Our forces across the Eastern straits, entered the Capital of the said country, and apprehended the seditious gang to the number of over a hundred men. Having captured the chief ringleader, We pardoned his followers; within ten days′ time, the riots and troubles were allayed, and the hearts of men became perfectly tranquil. Now it has been found out from the talk of the public streets in that country that the whole trouble arose from the soldiers demanding their rations, and the man who instigated them throughout and was at the bottom of the mischief was Li Kwen-ying-ying † (the Dai In Kun). Through the instrumentality of Wu Chang-ching and others, this man was arrested and formally forwarded to Tientsin, and We decreed that the Viceroys Li-Hung-chang and Chang Shu-sheng should investigate his case and report. They memorialised to the effect that Li Kwen-ying-ying, taking advantage of the tender years of the rightful monarch, had arrogated to himself the regal Authority and oppressed the People. The evil consequences (lit. footprints) were everywhere manifest, and as days went on the public hatred deepened. A year ago, his son Li Tsai-hsien made certain seditious attempts; and on this occasion, when the mutineers first rose, his house (Li Kwen-ying-ying′s) was the first they went to, to set forth their grievances. Not only did he fail to repress them with proper representations, but after the affair was over, dared to usurp the control of public business, dispensing terror here and blessing there with his own hands, and neglecting to take any notice of the rioters. When Li Hung-chang and others, in obedience to the Decree, questioned him, he was unwilling to tell the truth, covering it with many artifices and evasions. But he cannot escape universal execration as being the head of the mutineers and the bad genius of the whole gang. For his crimes of treason to the King and treachery to his country, which he nearly brought to the brink of ruin, he is deserving of the severest and most rigorous punishment. But We have taken into consideration that Li Kwen-ying-ying is a near relative of the Corean King, and his senior in the family; if We were to visit upon him the heaviest penalty he has incurred, the King would be subject to the greatest embarrassment. We therefore proclaim that as a special Act of Grace We shall deal with him leniently. He will be freed from the infliction of punishment, but will be placed in the City of Pao-ting Fu in the province of Chihli, never (to all eternity) to be allowed to return to his native land. The Viceroy of Chihli is commanded to treat him with consideration, to provide him with a regular allowance, and keep strict surveillance over him. This is in order to eradicate the source of the troubles he has brought upon his country and to protect the King from all possibility of infringing the Five Relationships.

The soldiers of General Wu will, meanwhile, be left in Corea to preserve order, until everything is fixed upon an auspicious and peaceful basis. Li-Hung-chang and the others will be expected to assist the Court to the utmost of their power with their counsels and investigations, with a view to the pacification of Our Tributary land.

---

* Here this expression, which is of elastic interpretation, has the force of „was murdered.“
— TRANS.

† The character rendered „kwen“ is apparently an error, being differently printed in different places. Its transliteration here is therefore open to question. — TRANS.

An Edict to the following effect has recently been issued by the King of Corea: — Being devoid of virtue I have occupied the Throne in a disorderly manner for nineteen years. As I neglected justice, the public administration has lost the confidence of the people, who have therefore become discontented. I alone am responsible for these scandals. Disasters have accumulated upon me, but I invited them. I repent of my laxity, but, alas, too late. Since my accession I have exacted heavy taxes for erecting buildings, thus reducing the people to poverty. In that I have sinned. I have frequently debased the standards of value, and put to death many innocent people. I confess my wickedness. I have sinned in destroying the temples and neglecting to reverence the sages. I have sinned in neglecting the administration of public affairs. I have sinned in heeding the supplications of flatterers, and wasting money on them. I have sinned in neglecting to employ able Minsters, and transferring my powers to an incompetent self-seeking clique. Through my faults the reverence due to the throne has been lost. Through my fault bribery has been open and scandalous, criminals have escaped with immunity, and the distress of the people has been ignored. Through my fault, although foreign intercourse was commenced at the appointed time, affairs have been mismanaged, and ill-feeling caused. At last the anger of the Gods was aroused, and my people hated me. Hundreds of troubles occurred, the people disregarded the royal edicts, and members of the royal family were insulted. It has been my crime that these matters have troubled the mind of the Emperor, and disturbed the tranquility of the nation. Through my fault the country has lost the friendship of neighboring states, and become a laughingstock. Alas! I am ashamed to show myself before my vassals or my subjects. I am ashamed to occupy the throne I have hitherto so unworthy filled. Pardon my manifold transgressions, as I am now determined to amend. I cancel all laws unsuitable to the people. I intend to choose able Ministers in future, so that the country will be properly governed. I desire my people to join with me in restoring the national prosperity. The Imperial soldiers have quelled the recent disorders, and now in order to make amends for my errors I hereby order the release of all prisoners improperly kept in custody. As I am anxious to save the country, I publish this Edict.

PETITION ON BEHALF OF THE DAI IN KUN!

AN IMPERIAL DECREE!

The *Shên Pao* has received per telegraph another interesting Edict on the subject of the Corean rebel, of which the following is an abstract: -

"The Board of Rites has memorialised Us to the effect that it has received despatches from the King of Corea copies of which are now forwarded to Us for perusal. That Corea, having lately suffered from an insurrection of seditious soldiery which was put down by Our armies, knows how to show her gratitude to Us, is a thing worthy of high praise. With a sense of unutterable awe and veneration this Kingdom now beseeches the Celestial clemency to permit Li Ch'eng Ying-ying to return to his native land. But Li Ch'eng Ying-ying, in having arrogated power to himself so far as to threaten the safety of his Sovereign, and having plotted to ruin his own Country, has committed crimes which place him beyond the pale of pardon. Out of consideration for the King of Corea, We have been especially lenient towards him, and have already issued a Decree providing him with a residence and an ample pension. In acting thus we have conferred upon him a special Act of Grace. Now the King of Corea, bearing in mind the natural relationships of mankind and observing the filial rites of morning and evening attendance (on his father), states that Li Ch´eng Ying-ying is a victim to the infirmities of age and numerous attacks of sickness, and on these grounds begs the Board of Rites to intercede with Us for a further extension of Our Grace. The substance and wording of the Letters are characterized by an anxious care which arises from profound piety and filial love. But Li Ch´eng Ying-ying has committed too great an offence again his country (to be a fit subject of further clemency); and the King of Corea, who holds the possessions of his ancestors in trust, ought to consider the impropriety of gratifying his private affections at the expense of the public welfare. Any further petition for the release of return of Li Ch´eng Ying-ying will not be entertained; but we grant to the Corean King the privilege of sending a messenger to enquire after the health of Li Ch´eng Ying-ying at the end of each year, so as to afford some satisfaction to the constant thoughtfulness of the King. Hereafter let no other Memorial be presented regarding this affair.

NEWS FROM JAPAN ABOUT KOREA:

The "Hiogo News" of the 20th inst. says: -

About the most extraordinary development of the Korea business is the reappearance of the Queen, well and hearty, after the circumstantial account of her murder received general acceptance, and her obsequies were solemnly celebrated at Seoul. Indeed an attempt was made to defer giving a definite reply to Mr. Hanabusa´s ultimatum, until after the period of mourning for the murdered Queen should expire. According to the latest news on the subject, which appears in two of the Osaka papers, the King offered to save Tai In Kun the trouble of killing the Queen, and undertook the task himself. Instead of murdering her, however, the King had his consort hidden away, persuaded Tai In Kun the deed was accomplished, and notice of her death was then made public. When Tai In Kun was abducted by the astute Chinese Envoy, the King deemed it safe to reproduce his spouse and on the 12th instant she made a sort of triumphal progress from her hiding place to the palace at Seoul. If the story is really true, Tai In Kun will doubtless realize the desirability of having the corpses ready when next he orders a royal funeral. Artemus Ward would have managed things better.

The *Japan Gazette* has the following: — The report of that the Queen of Korea had been poisoned is said to be untrue: and it is now declared she has been discovered in hiding in Seishin in the Chusei-do. The Korean authorities have therefore countermanded the notification for national mourning. What are we to believe from Korea after this?

The ambassador to be sent to this country by the Korean government to apologize for the recent outrage is said to be Boku Yeiko, a relative of the Queen of Korea.

———————————

The "Hiogo News" translates from the *Nippon Rikken Seito Shimbun:* — A telegram from Shimonoseki says that the safety of the Korea Queen was made public at Seoul on the 8th instant, and Her Majesty was a few days afterwards escorted to the palace by 1000 Chinese soldiers. The Korea Authorities appear unable to pay the 50,000 yen for the families of the murdered Japanese at once, and therefore the return of Mr. Hanabusa may be delayed.

Lage der Verhältnisse in Korea. Artikel der „Shên Pao". Koreanische Gesandtschaft in Tientsin.

PAAA_RZ201-018903_018 ff.			
Empfänger	Bismarck	Absender	Brandt
A. 6897 pr. 14. November 1882.		Peking, den 17. September 1882.	
Memo	Orig. 21/11 nach Hamburg		

A. 6897 pr. 14. November 1882. 1 Anl.

Peking, den 17. September 1882.

A. № 60.

Seiner Durchlaucht

dem Fürsten von Bismarck.

Zur weiteren Klarlegung der Verhältnisse in Korea beehre Eurer Durchlaucht ich mich in der Anlage Übersetzung eines der „Shên Pao" vom 9. September dieses Jahres entnommenen Artikels zu überreichen, welcher eine unzweifelhaft authentische Darstellung des Vorgehens der chinesischen Bevollmächtigten in Korea mit besonderer Berücksichtigung der gegen Tai-in-kun ergriffenen Maßregeln und der japanisch-koreanischen Verhandlungen enthält.

Die am Schluß des Artikels erwähnte koreanische Gesandtschaft, aus den beiden Unterzeichnern des deutsch-koreanischen Vertrages, Chao-ning-hsia und King-hung-chi bestehend, ist bereits vor einigen Tagen in Tientsin eingetroffen und ist Li-hung-chang, welcher die Funktionen als stellvertretender Handelssuperintendant der nördlichen Häfen wieder übernommen hat, durch kaiserliches Edikt angewiesen worden, die Verhandlungen mit denselben zu führen.

Der kaiserliche Konsul Herr Pelldram hat auf meinen Wunsch den koreanischen Gesandten einen Besuch gemacht und denselben meine Befriedigung darüber ausgesprochen, daß sie den Gefahren, welche sie bei der jüngsten Umwälzung in ihrem Vaterland bedroht hätten, glücklich entronnen seien. Die koreanischen Minister haben diesen Schritt, wie es scheint mit großer Befriedigung aufgenommen und sich Herrn Pelldram gegenüber eingehender über ihre persönlichen Erlebnisse während der letzten Vorgänge geäußert. Merkwürdigerweise haben sie dabei auch der bereits in chinesischen und japanischen Zeitungen enthaltenen Tatsache Erwähnung getan, daß man keine bestimmten Nachrichten über das Schicksal der Königin habe und daß man, obgleich man im Lande Trauer für sie angelegt, doch immer noch hoffe, sie eines Tages aus einem Versteck, in das sie sich bei den jüngsten Wirren geflüchtet, wiedererscheinen zu sehen.

Da, wie jetzt wohl unzweifelhaft feststeht, die Ereignisse in Korea sich auf einen Kampf um Macht und Einfluß zwischen zwei Familien, der des Vaters des Königs und der der Königin, d.h. der Familie Min, zurückführen lassen und von der letzteren alle Mitglieder niedergemacht worden sind, derer ihre Gegner habhaft werden konnten, so ist es nicht unmöglich, daß man die Fiktion von der geretteten König aufrecht zu erhalten sucht, um vielleicht ein anderes weibliches Mitglied der Familie Min ihre Rolle weiterspielen zu lassen und so der Familie ihre bevorzugte Stellung und ihren Einfluß zu erhalten.

Brandt.

Inhalt: Lage der Verhältnisse in Korea. Artikel der „Shên Pao“.
Koreanische Gesandtschaft in Tientsin.
1 Anlage

Anlage zu Bericht A. № 60 vom 17. September 1882.
Abschrift
Übersetzung

Aus der *Shênpao* vom 9. September 1882

Um (mit einigen Kürzungen) nähere Erkundigung über die koreanischen Ereignisse einzuziehen, haben wir zwei Spezial-Korrespondenten, den einen von Japan, den anderen von Chefoo aus, an Ort und Stelle gesandt. Von demjenigen, welcher von Japan aus hingegangen war, haben wir jetzt Nachricht erhalten. Er schreibt uns folgendes:

Als neuerlich der Taotai Ma Meshu (Ma Kietchong) nach Chefoo kam, fand er daselbst den Admiral der nördlichen Flotte, Ting Yüt´ing (Ting Juch´ang), bereits mit drei Kriegsschiffen, nämlich der „Weiyuen“, „Ch´aoyung“ und „Yangwei“, im Hafen wartend vor. Am 9. August (6. Mt. 26. Tg.) wurden die Anker gelichtet und die Fahrt nach Osten begonnen. Am 10. August wurde der Hafen von Jên-ch´uan erreicht. Man fand daselbst nur ein japanisches Schiff vor; Herr Hanabusa war noch nicht da.

Was den Ursprung der Revolte vom 23. Juli anbetrifft, so stellt es sich als durchaus richtig heraus, daß die Soldaten rückständigen Soldes wegen unzufrieden waren, und so von dem „Großen Landesherzog"(Kuo-Taikung) zur Meuterei verleitet wurden. Der „Große Landesherzog", der leibliche Vater des Königs, ist derselbe, der unter dem Namen „Ta-yüan-chün", „der Fürst des Großen Hofes", mit dem Titel „Fürst von Hsinghsüan" bekannt ist. Sein persönlicher Name ist Li-shih-ying. Von den bei Gelegenheit der Emeute mitermordeten hohen Würdenträger sind als die bedeutendsten zu nennen: Li-tsui-ying, Fürst von Hsing-yin, ein Onkel des Königs und leiblicher älterer Bruder des Li-shih-ying; die Brüder Min, Vetter der Königin; Kin-fu-hsüan, Mitglied des Staatsrats. Diese alle hatten neuerlich einen leitenden Einfluß bei Hofe ausgeübt, und waren dem Li-shih-ying daher aufs Tiefste verhaßt. Nachdem nämlich der König im Alter von neun Jahren den Thron bestiegen hatte, führte anfangs Li-shih-ying als sein Vater, an seiner Statt die Regierung. Als aber später der König großjährig wurde, verlangten die Min's, d. h. die Verwandten der Königin, viel Einfluß bei Hofe und verdrängten den Ta-yüan-chün zuletzt gänzlich. Seit zehn Jahren hatte daher dieser ein häusliches, zurückgezogenes Leben sehr wider Willen führen müssen. Sein unruhiger Geist aber war nicht gebändigt. Sein zweiter Sohn, Li-tsai-hsien, hatte letztes Jahr mit An-ki-yung und Genossen eine Verschwörung angezettelt, um den König vom Thron zu stoßen. Die Sache wurde aber ruchbar, ehe die Verschwörer hatten handeln können, und die Beteiligten mußten im Kerker den Giftbecher trinken. Die diesjährige Emeute war nur eine Fortsetzung der vorjährigen Ereignisse.

Der Ta-yüan-chün ist nämlich ein verschlagener Mensch, und er hatte einen großen Anhang. Nach der Revolte vom 23. Juli nahm er seine Wohnung im Palast, riß die Regierung an sich, ließ seine Gegner töten und umgab sich mit seinen eigenen Kreaturen, sodaß der König und die hohen Würdenträger in der größten Gefahr schwebten und sehnlichst auf Hilfe warteten.

Unter diesen Umständen war der Taotai Ma der Ansicht, daß, wenn man sich des Li-shih-ying (Ta-yüan-chün) nicht bemächtige, der König am Rande des Verderbens stehe und auch die japanisch-koreanische Differenz in diesem Falle die unabsehbarsten Folgen nach sich ziehen könne. Da es aber noch an Landtruppen fehlte, schien es ihm nicht geraten, schon jetzt etwas zu unternehmen. Er ersuchte daher den Admiral Ting, auf der „Weiyuen" nach Tientsin zurückzukehren und Truppen zu holen. Inzwischen blieb Ma mit den beiden anderen Schiffen (Ch´aoyung und Yangwei) auf der Reede von Jen-chuan liegen. Am folgenden Tage langte Herr Hanabusa mit Seesoldaten an und hatte mit dem Taotai Ma eine Zusammenkunft, bei welcher alles sehr freundschaftlich herging.

Später kamen noch mehr japanische Schiffe nach, im ganzen sieben, mit 1000 und einigen hundert Mann Soldaten, welche allmählich der Reihe nach ausgeschifft wurden und in Chinopu und im Distrikt von Jên-ch´uan Quartiere bezogen. Zwischen den

Kommandanten der japanischen und chinesischen Schiffe fand ein durchaus freundlicher Verkehr statt. Forts, die hätten besetzt werden können, gibt es dort nicht, und noch weniger ist seitens der Japaner irgend ein Versuch gemacht worden, die chinesischen Soldaten am Landen zu verhindern.

Am 16. August (7. Mt. 3. Tg.) machte sich Herr Hanabusa mit ein paar hundert Mann Soldaten nach Seoul auf den Weg. Am 20. (7. Mt. 7. Tg.) langte Admiral Ting mit den 5 Schiffen „Weiyuen", „Jih-Hsin", „Tai An", „Chên Tung" und „Kungpai" und in Begleitung des 2. Militärbevollmächtigten für Shantung, Wuhsiao-hsüan, an. Diese Schiffe brachten 2000 Soldaten mit, welche alsbald bei Nanyang ausgeschifft wurden. Aus ihnen wählte der Taotai Ma 200 mit fremden Gewehren bewaffnete aus, mit denen er vorausging, während Ting und Wu ihm folgten. Am folgenden Tage langten noch 2 Schiffe von der südlichen Flotte, nämlich die „Weitsing" und die „Ch´eng-ch´ing", mit ferneren 1000 Mann an.

Hier ist nun zunächst nachzuholen, daß schon vorher, währen der Admiral Ting in Chefoo abwesend war, der Taotai Ma an Li-shih-ying ein Schreiben gerichtet hatte, des Inhalts, unsere Truppen seien einzig und allein gekommen, um ein Abkommen mit Japan herbeizuführten u. s. w. In Kuoch´uan angelangt, erhielt Ma jetzt einen Brief von Li-shih-ying, in welchem dieser schrieb, Herr Hanabusa habe nach seiner Ankunft in Seoul ein Programm in 7 Artikeln aufgestellt und ihm zur Annahme desselben 3 Tage Frist gegeben. Da nun diese Frist jetzt abgelaufen sei, ohne daß er Herrn Hanabusa eine Antwort erteilt habe, so habe letzterer die Verhandlungen plötzlich abgebrochen und sei auf davon gegangen. An demselben Abend erreichte Ma die Hauptstadt und nahm Wohnung im Nan-piê-kung innerhalb der Stadtmauern. Li-shih-ying benahm sich sehr zuvorkommend. Am folgenden Tage hatte Ma in Jên-ch´uan eine Zusammenkunft mit Herrn Hanabusa, welche zu einer vollständigen Verständigung führte. Am 25. August (12. Monatstag) kehrte Ma in seine Stadtwohnung zurück. Inzwischen waren auch die Generäle Wu und Ting angelangt. Wu hatte mit der Hauptmacht ein verschanztes Lager bei Poch´êng bezogen; Ting war mit 100 Mann in die Hauptstadt eingezogen und hatte mit denselben im Nan-piê-kung (wo auch Ma residierte) sein Quartier aufgeschlagen. In der folgenden Nacht wurde der Aktions-Plan festgesetzt. Am folgenden Tage machten Ma, Wu und Ting dem Li-shih-ying einen Besuch. Als letzterer bei eintretender(einbrechender) Dunkelheit diesen erwiderte, wurde er unter die Soldaten gelockt und festgenommen, worauf General Ting ihm bedeutet, er müsse nun mitkommen. So wurde er denn auf das Kriegsschiff „Têngying-chou", Kommandant Yîe, und auf diesem alsbald nach Tientsin gebracht. Ma dagegen blieb vor der Hand im Nan-piê-kung, um der Meuterer gleichfalls Herr zu werden. Am 26. August (13. Mtstg.) wurde in Erfahrung gebracht, daß die

Meuterer, alle Soldaten, welche durch reichliche Geldgeschenke Li-shih-ying's gewonnen worden waren, zum größten Teil in 2 Dörfern östlich von der Hauptstadt, namens Wanghsün und Lit´ai, sich festgesetzt hatten. Es wurde beschlossen, sie dort in der Nacht vom 27. Auf den 28. August zu umzingeln und dingfest zu machen. In der Nacht vom 26. auf den 27. aber wurde zunächst, um den Meuterern einen möglichen, gefährlichen Führer zu rauben, Li-shih-ying's ältester Sohn, Li-tsai-mun, ein hoher Militär, gleichfalls in den Nan-piê-kung gelockt und dort festgenommen. Bei dem darauf erfolgenden Angriff auf die beiden Rebellendörfer wurde, um die dort gleichfalls wohnenden friedlichen Bürger nicht zu schädigen, von dem Gebrauch schweren Geschütztes Abstand genommen. Durch das Gewehrfeuer, welches man eröffnete, wurden nur 20 bis 30 Leute getötet, beinahe 200 wurden zu Gefangenen gemacht, die Übrigen zerstreuten sich wie ein Rudel Wild oder wie eine Schar flüchtiger Vögel. So wurden die Rebellennester völlig gesäubert. Am 29. August (16. Mtstg.) veranstalteten Ma und Wu unter Assistenz koreanischer Beamter ein Verhör und verfügten mehrere Hinrichtungen. In der Nacht vom 25. auf den 26. August, nach der Gefangennahme des Li-shih-ying, hatte Ma bereits an den König geschrieben und ihn gebeten, eine Gesandtschaft bestehend aus Li-yü-yuan als erstem und Kin-h´ung-chi als zweitem Bevollmächtigten nach Jên-Ch´uan zu schicken, um mit Herrn Hanabusa über die japanischen Forderungen zu unterhandeln. Es gelang bei dieser Gelegenheit, die anfänglichen Forderungen der Japaner bedeutend herabzustimmen. Inzwischen hat der jetzt von einer kleinen Zahl umsichtiger Staatsmänner umgebene König den Kriegsminister Chao-ning-hsiao, den Vize-Präsidenten Kin-h´ung-chi und den Sekretär Li-tsu-yüan mit dem Taotai nach Tientsin geschickt, um mit Li-hung-chang die ferneren Maßregeln zu beraten. Dieselben sind außerdem die Überbringer eines Dankschreibens an seine Majestät den Kaiser.

Für richtige Übersetzung:
(gez.) E. Arendt.

Kaiserliches Edikt über die Bestrafung Tai-in-kun's. – Proklamation der chinesischen Bevollmächtigten in Korea.

PAAA_RZ201-018903_032 f.

Empfänger	Bismarck	Absender	Brandt
A. 6898 pr. 14. November 1882.		Peking, den 25. September 1882.	
Memo	Orig. 21. 11. nach Hamburg		

A. 6898 pr. 14. November 1882. 2 Anl.

Peking, den 25. September 1882.

A. № 65

Seiner Durchlaucht

Dem Fürsten von Bismarck.

Eurer Durchlaucht habe ich die Ehre, in der Anlage Übersetzung eines in der Peking-Zeitung vom 23. September veröffentlichten kaiserlichen Edikts zu überreichen, welches auf die koreanischen Wirren Bezug hat und durch welches die lebenslängliche Internierung Tai-in-kun's, des nach China gefangen fortgeführten früheren Regenten und Vaters des Königs von Korea in Pao-ting-fu, der Hauptstadt Chihli's, ausgesprochen wird.

Zugleich wird die fernere Belassung der chinesischen Truppen in Korea unter dem Befehl Wu-ch'ang-ching's angeordnet und Li-hung-chang und der stellvertretende General-Gouverneur von Chihli, zu dessen Ressort seit kurzem die koreanischen Angelegenheiten gehören, mit der weiteren Behandlung derselben beauftragt. Zur Vervollständigung der Geschichte der jüngsten Ereignisse in Korea beehre ich mich zugleich in der Anlage Übersetzung einer von den chinesischen Kommissaren und Befehlshabern in Korea am 26. August erlassenen Proklamation beizufügen, welche der „Shên pao" vom 13. September entnommen ist.

Brandt.

Inhalt: Korea betreffend. Kaiserliches Edikt über die Bestrafung Tai-in-kun's. – Proklamation der chinesischen Bevollmächtigten in Korea.
2 Anlagen.

Anlage 1 zu Bericht A. № 65 vom 25. September 1882.

Übersetzung

Aus der Peking-Zeitung vom 23. September 1882.

(Kuangsü 8 Jahr, 8 Monat, 12 Tag)

Edikt.

Das unter der Oberhoheit unserer Mandschu-chinesischen Dynastie stehende Königreich Korea, dessen Herrscher seit vielen Generationen mit unserer Sanktion an den Grenzen unseres Reiches regiert haben, hat seit langem in dem Ruf besonderer Anhänglichkeit und Ehrerbietung gestanden und ist von Uns immer als gleichsam zu Uns selber gehörig angesehen worden, sodaß wir an seinem Freud und Leid stets den innigsten Anteil nahmen. Als uns daher vor einiger Zeit Chang-shu-shêng (der stellvertretende General-Gouverneur von Chihli) meldete, daß in dem Königreich Korea eine Militär-Emeute ausgebrochen sei, daß die Meuterer im Laufe des 6. Monats (Juli d. J.) den königlichen Palast plötzlich angegriffen hätten, daß die Person der Königin angetastet worden und mehr als einer von den hohen Würdenträgern des Landes als Opfer gefallen, auch gegen die japanische Gesandtschaft Gewalt verübt worden sei, befahlen wir dem Chang-shu-sheng alsbald, eine aus Land- und Seesoldaten bestehende Truppenmacht an Ort und Stelle zu entsenden und dem König zu Hilfe zu kommen und die Rebellen niederzuwerfen. Da ferner die Zeit des von uns Li-hung-chang zugestandenen Urlaubs nahezu verstrichen war, beriefen wir ihn nach Tientsin, um bei der Untersuchung und Regelung der Angelegenheiten mitzuwirken. Nicht lange dauerte es, und die Generäle Wu-Chiang-ch'ing und Ting-Ju-ch'ang, sowie der Tautai Ma-Kien-chung und Kollegen zogen an der Spitze unserer Truppen ostwärts über das Meer, gelangten vorrückend zur Hauptstadt des Landes, nahmen von den Aufrührern weit über hundert gefangen und belegten die Rädelsführer mit der Strafe des Todes, während sie den Übrigen, die nur in Folge von Furcht oder Verführung an der Verschwörung teilgenommen hatten, Verzeihung gewährten. So ward innerhalb eines Zeitraumes von zehn Tagen der Unordnung und dem Aufruhr gesteuert und die Gemüter der Menschen wurden vollständig wieder beruhigt. Die angestellten Nachforschungen haben jedoch ergeben, daß in Korea die öffentliche Meinung einstimmig sich dahin ausspricht, daß der Ausbruch zwar seine nächste Veranlassung in Soldforderungen der Soldaten hatte, daß aber der Antrieb zur offenen Meuterei einzig und allein von Li-shih-ying (Tai-in-kun) als dem geheimen Leiter der ganzen Bewegung ausging. Daher haben Wu-ch'ang-ching und Kollegen ihn gefangen nach Tientsin gebracht und haben wir bereits durch früheres

Edikt Li-hung-chang und Chang-shu-shêng angewiesen, ihn einem gerichtlichen Verhör über den ganzen Hergang zu unterwerfen. Aus dem uns eingegangenen Bericht über die Ergebnisse dieses Verhörs geht hervor, daß Li-shih-ying zur Zeit der Minderjährigkeit des Königs alle Macht an sich gerissen hatte. Die Tyrannei, die er in jener Zeit gegen das Volk ausübte, zeigte schon damals die Schlechtigkeit seines Charakters in hellem Licht. Nachdem er dann später die Regentschaft niedergelegt hatte, lebte er in der Zurückgezogenheit mit sich von Tag zu Tag steigerndem Groll, im Geheimen ehrgeizige Hoffnungen hegend. Bereits im vorigen Jahr wurde sein Sohn, Li-tsai-hsien, über rebellischen Plänen ertappt, und was die neuerlichen Ereignisse angeht, so begaben die unzufriedenen Soldaten, als sie auf Meuterei sannen, sich zu allererst nach dem Hause des Li-shih-ying und klagten diesem ihr Leid. Er aber versuchte nicht nur vorher nicht, sie mit mahnenden Worten von ihrem Vorhaben abzubringen, sondern auch nach geschehener Tat und nachdem er sich in den Besitz der ganzen Regierungsgewalt zu setzen gewußt hatte, als Schrecken und Huld in seiner Hand lagen, unterließ er gerade das Eine und Nächste, nämlich die Meuterer zur Verantwortung zu ziehen. Sodann hat er noch, als Li-hung-chang und Chang-shu-shêng ihn unserer Befehle gemäß ins Verhör nahmen, zu leugnen und zu beschönigen gesucht und sich hartnäckig eines offenen Geständnisses geweigert. Daß er das Haupt der Emeute, der Anstifter des Unheils war, wie sollte er – und hätte er auch hundert Zungen statt einer – gegen diese Anklage sich zu verteidigen, diese Schuld von sich abzuwälzen vermögen!

Erwägt man die Schwere des Verbrechens, das er auf sich geladen, indem er gegen den König und die rechtmäßige Dynastie hochverräterische Anschläge schmiedete, so könnte nur die schwerste Strafe als hinreichende Sühne erscheinen. In Erwägung dessen, daß der König von Korea zu Li-shih-ying in dem Verhältnis engster Blutverwandtschaft steht, sodaß, wenn man die Strenge des Gesetzes gegen ihn zur Anwendung brächte, der König in eine geradezu unhaltbare Lage versetzt werden würde, wollen wir in diesem Falle außerordentliche Milde und Gnade statt Recht walten lassen. Wir verfügen demgemäß hiermit, daß von der Bestrafung des Li-shih-ying Abstand genommen werden soll, daß er in Paotingfu in unserer Provinz Chihli interniert und ihm auf ewige Zeiten die Rückkehr nach seiner Heimat verwehrt werde. Den General-Gouverneur von Chihli beauftragen wir, für seinen Unterhalt reichlich zu sorgen, aber ihn gleichzeitig auf das Strengste zu bewachen, auf daß die Quelle der Revolution in jenem Lande verstopft und die dem König von seinem eigenen Fleisch und Blut drohende Gefahr beseitigt werde. Was unsere Truppen unter dem Kommando Wu-ch´ang-ch´ing's angeht, so befehlen wir, daß dieselben behufs Niederhaltung etwaiger fernerer Versuche des Aufstandes vor der Hand in Korea verbleiben. Li-hung-chang und Chang-shu-shêng werden mit der weiteren

Regelung der koreanischen Angelegenheiten, welche sich aus den jüngsten Ereignissen ergeben, betraut, und erwarten wir, daß dieselben dabei sich der äußersten Sorgfalt befleißigen werden, in Übereinstimmung mit unseren wohlwollenden Absichten und unserem Bestreben, die Wahrung des Rechts und Gesetzes mit Berücksichtigung des menschlichen Gefühls zu vereinen und in dem uns treu ergebenen Grenzstaat die Ruhe zu sichern.

Für richtige Übersetzung:

(gez.) E. Arendt

Anlage 2 zu Bericht A. № 65 vom 25. September 1882.
Übersetzung.

Aus der *Shên pao* vom 13. September 1882.
(Kuangsü 8 Jahr, 8 Monat, 2 Tag)

Die Kaiserlichen Bevollmächtigten für die Ordnung der koreanischen Angelegenheit, nämlich der mit der Anwartschaft auf eine Tautai-Stelle und den Insignien des 2.Ranges versehene Ma, der Admiral der Flotte von Kuangtung, Wu, der mit der Anwartschaft auf eine Admiralstelle versehene Ting und der designierte Tautai von Honan mit dem Range eines Provinzial-Schatzmeisters Wei, erlassen zur allgemeinen Kenntnisnahme hiermit folgende Proklamation:

„Das unter chinesischer Oberhoheit stehende Königreich Korea genießt von alten Zeiten her einen vortrefflichen Ruf. Während der letzten Jahre rissen einige der höchsten Würdenträger unberechtigter Weise alle Macht an sich und verwalteten die ihnen nicht zustehenden Geschäfte vollständig eigenmächtig, ein Übel, welches im Laufe der Zeit einen immer weiter um sich greifenden verderblichen Einfluß ausübte und schließlich die Revolte vom Juli d. J. im Gefolge hatte, bei der die Gemahlin des Königs ermordet, der König in herabwürdigender Weise beleidigt und Volk und Beamten mißhandelt wurden. Seit den ältesten Zeiten sind solche Greueltaten kaum jemals zu verzeichnen gewesen. Nun aber kommt keine Staatsumwälzung ohne einen leitenden Anstifter zu Stande, sei es nun, daß sie ihren Ursprung habe in ehrgeizigen Plänen hochstehender Personen, oder aus verräterischen Absichten schlechter Individuen hervorgehe, und die größere oder geringere Schwere des Verbrechens richtet sich je nach dem verschiedenen Anlaß. Als die Nachricht von der jüngsten Revolution in Eurem Lande bei uns bekannt wurde, erzählte sich das Volk übereinstimmend auf allen Straßen, daß der Tai-in-kun mit diesem Aufstand irgendwie in Verbindung zu bringen sei. Als Seine Majestät unser Kaiser von dem Ausbruch der Emeute hörte, wurde er sehr zornig, und von der Erwägung ausgehend, daß Tai-in-kun, da er um die Angelegenheit wußte, gewiß auch die Rädelsführer des Aufstandes kennen müsse, hat er uns jetzt an der Spitze von Truppen in euer Land entsendet, mit dem Auftrag Euren Tai-in-kun mit uns nach China zu nehmen, um ihn persönlich einem Verhör zu unterwerfen und nach Feststellung der hauptsächlichsten Verbrecher die Rädelsführer hinzurichten, die weniger Schuldigen dagegen straflos ausgehen zu lassen.

Diesem kaiserlichen Befehl gehorchend, ist nun der Befehlshaber der nördlichen Flottendivision, Admiral Ting, mit Eurem Tai-in-kun über See gegangen, um ihn in des Kaisers Residenz zu geleiten. Da es sich um eine Angelegenheit zwischen Vater und Sohn handelt, so wird unser erhabener Kaiser auf das Verhältnis zwischen den Beteiligten ebensoviel Rücksicht nehmen als auf die Notwendigkeit, der Gerechtigkeit Genüge zu leisten; aus diesem Grunde wird auch dem Tai-in-kun keine so schwere Strafe auferlegt werden! –

Wir fürchten nun jedoch, daß durch die überaus schnelle und plötzliche Ankunft unserer Truppen in Korea die Gemüter von euch, o, Beamte und Volk, aufgeregt sind und ihr den wahren Grund unseres Hierseins nicht erkennt, weil euch vielleicht das Schicksal zweier hoher Würdenträger eures Landes, Chung-yi und Chung-hui unter der Yüan-Dynastie, vor Augen schwebt. Solltet ihr solches fürchten, so verkennt ihr durchaus die wahren, wohlwollenden Absichten unseres Herrschers. Denen freilich, die, nachdem sie sich an der Rebellion beteiligt haben, auch in Zukunft noch fortfahren, weitere Pläne zu schmieden, denen sagen wir, daß wir uns zu Wasser und zu Lande mit großer Heeresmacht auf dem Wege befinden; bereits sind 20 Bataillone hier eingetroffen und noch andere Truppen sind in ununterbrochenen Anzuge. Glaubt ihr unserer Truppenmacht jemals Widerstand leisten zu können?! Wenn Ihr Euch stark genug fühlen solltet uns zu trotzen, so versucht es und tretet uns in offener Schlachtordnung entgegen! Wir sind ganz bereit, den Kampf anzunehmen. Falls es Euch aber an Mut mangelt, so bedenkt wohl, was euch zum Heil und zum Verderben gereicht und kommt uns reuevoll entgegen. Beharret nicht bei eurer Torheit und eurem bösen Willen, denn dadurch würdet Ihr nur euer Unglück beschleunigen und eure friedlichen Mitbürger in Beunruhigung versetzten! –

Oh! China betrachtet Korea samt seinem Volk Herrscher als ein ihm eng verwandtes Land!

Wir aber, die wir im Auftrag unseres Herrn und Herrschers hierher gekommen sind, werden uns in Einklang zu setzen wissen mit den wohlwollenden Absichten unseres Kaisers, müssen hingegen dem Kriegsrecht seinen Lauf lassen. Wir werden es verstehen, schrecklich zu sein wie Blitz und Donner, wohltätig aber wie Sonne und Mond!

Diese Proklamation bringen wir hiermit zu eurer Kenntnisnahme und ermahnen euch dringend, diese Worte zu beherzigen!"

Gegeben am 13. Tage des 7. Monats des 8. Jahres Kuangsü (26. August 1882.). —

Für richtige Übersetzung:
(gez.) Frhr. von Seckendorff

Besuch und Erklärungen der koreanischen Gesandten.

PAAA_RZ201-018903_048 f.

Empfänger	Bismarck	Absender	Brandt
A. 6900 pr. 14 November 1882.		Peking, den 27. September 1882	
Memo	Orig. 21. 11 nach Hamburg		

A. 6900 pr. 14 November 1882.

Peking, den 27. September 1882.

A. № 67.

Seiner Durchlaucht
dem Fürsten von Bismarck.

Eurer Durchlaucht beehre ich mich ganz gehorsamst zu berichten, daß die beiden koreanischen Gesandten Chao-ning-hsia und Kin-hung-chi, die Unterzeichner unseres Vertrages, welche vor einigen Tagen hier eingetroffen sind, mich in Begleitung des Legations-Sekretärs Li-tsu-yüan am 25. h. aufgesucht und mir mündlich die Versicherung wiederholt haben, daß die Ruhe in Korea hergestellt sei und die koreanische Regierung an den getroffenen völkerrechtlichen Vereinbarungen festhalte, sowie zur Ausführung derselben bereit sei.

Gleichlautende Mitteilungen haben die Gesandten an demselben Tage den Vertretern Großbritanniens und der Vereinigten Staaten gemacht.

Brandt.

Inhalt: betreffend Besuch und Erklärungen der koreanischen Gesandten.

[   ]

PAAA_RZ201-018903_050

Empfänger	Bismarck	Absender	Wentzel
A. 6906 pr. 15. November 1882.		Hamburg, den 14. November 1882.	

A. 6906 pr. 15. November 1882. 1 Beil.

Hamburg, den 14. November 1882.

Seiner Durchlaucht

dem Fürsten von Bismarck.

Eurer Durchlaucht beehre ich mich, den mit dem hohen Erlaße № 38 vom 5. d. M. mir zugefertigten Bericht des kaiserlichen Gesandten in Peking vom 29. August d. J., die politische Umwälzung in Korea betreffend hirneben gehorsamst zurückzureichen, nachdem ich davon den entsprechenden vertraulichen Gebrauch gemacht habe.

Wentzel

Berlin, den 21. November 1882   A. 6895, 6897, 6898 u. 6900

An

den Königlichen Gesandten

Herrn von Wenzel

Hochwohlgeboren

Hamburg.

№ 41.

In Verfolg meines Erlasses vom 23. Januar 1870
(№ 3:) beehre ich mich Ew. Hochwohlgeboren
beifolgend drei Berichte des Kaiserl. Gesandten in
Peking vom 17, 25. u. 27. September und einen
Bericht des Kais. General-Konsulats zu Shanghai,
sämmtlich die Zustände auf Korea betreffend,

originaliter sub fide remissionis ergebenst zu
übersenden.

N. d. H. U. St. S.

Kaiserliches Edict, die Bitte des Königs von Korea um Freilassung seines Vaters abschläglich bescheidend. Eindruck der letzten Edicte auf nicht chinesische Kreise.

PAAA_RZ201-018903_052 ff.

Empfänger	Bismarck	Absender	Brandt
A. 7061 pr. 24. November 1882.		Peking, den 29. September 1882.	
Memo	Orig. 11. 12. nach Hamburg		

A. 7061 pr. 24. November 1882. 1 Anl.

Peking, den 29. September 1882.

A. № 68.

Seiner Durchlaucht
dem Fürsten von Bismarck.

Eurer Durchlaucht habe ich die Ehre in der Anlage Übersetzung eines in der Peking-Zeitung vom 27sten September veröffentlichten Kaiserlichen Edicts zu überreichen, durch welches die Bitte des Königs von Korea um Freilassung seines Vaters und Gestattung der Rückkehr desselben nach Korea abgelehnt, er dagegen ermächtigt wird, sich viermal im Jahre durch einen besonderen Abgesandten nach seinem Ergehen erkundigen zu laßen.

Die plötzliche und ganz unerwartet am 27sten dieses Monats erfolgte Abreise der Koreanischen Gesandten von hier nach Tientsin, wo dieselben noch einige zwanzig Tage verweilen wollen, wird mit diesem Edict in Verbindung gebracht.

Der Ton und die Fassung dieser letzten Kundgebung der chinesischen Regierung wie der die Internierung Ta in kun´s betreffenden, welche den Gegenstand meines ganz gehorsamsten Berichts A. № 67 bildete, haben auf die nicht chinesischen Kreise der Hauptstadt einen wenig vortheilhaften Eindruck hervorgebracht, da sie im Gegensatz zu den früheren Erklärungen China´s, daß Korea ganz unabhängig in seiner inneren Veraltung sei, anzudeuten scheinen, daß China sich auch thatsächlich als der Oberherr Korea´s betrachte.

Der japanische Militair-Attaché, Oberst-Lieutenant Kajiyama, welcher mich gestern aufsuchte, gab dieser Auffassung unverholen Ausdruck und dürfte ziemlich genau die Stimmung repräsentiren, welche durch diese letzten Edicte in Japan hervorgerufen werden wird.

Meiner Ansicht nach sind die chinesischen Kundgebungen in erster Linie für das chinesische Volk berechnet und bestimmt, demselben eine hohe Meinung von der Stärke und Macht seiner Regierung zu geben; der Miscredit, in welchen dieselbe durch die Jahrzehnte langen Regentschaften gekommen, läßt ein derartiges Verfahren erklärlich erscheinen; ich zweifle aber nicht im Geringsten daran, daß falls eine fremde Regierung von diesen Kundgebungen Act nehmen wollte, die chinesischen Staatsmänner sofort wieder auf die frühere Erklärung von der vollständigen administrativen und äußeren Selbstständigkeit Korea′s zurückgreifen würden.

Das augenblickliche Vorgehen der chinesischen Regierung schließt nichtsdestoweniger eine ernsthafte Gefahr ein, da es die Eifersucht Japan′s im höchsten Maße erregen wird und auch die anderen fremden Mächte in ihrer Auffassung des gegenseitigen Verhältnißes Korea′s zu China irre zu machen durchaus geeignet ist.

Brandt

Inhalt: Kaiserliches Edict, die Bitte des Königs von Korea um Freilassung seines Vaters abschläglich bescheidend. Eindruck der letzten Edicte auf nicht chinesische Kreise. Eine Anlage.

Anlage zu Bericht A. № 68 vom 29. September 1882.
Übersetzung.

Aus der Peking Zeitung
vom 27. September 1882.
(Kuangsü 8 Jahr 8 Monat 16 Tag).

Edikt.

Das Ministerium des Cultus und der Ceremonien (Lî pu) hat Uns ein Schreiben des Königs von Korea vorgelegt, aus welchem Wir mit großer Befriedigung ersehen, daß der König von aufrichtigem Danke gegen Uns wegen der durch Unsere Truppen bewirkten Niederwerfung der Militär-Emeute in seinem Lande erfüllt ist. Wenn der König aber weiterhin der Beunruhigung seines Gemüthes Ausdruck giebt und Uns anfleht, dem Li shih ying die Rückkehr in die Heimath zu gestatten, so müßen Wir darauf hinweisen, daß Li shih ying, indem er sein Verhältniß innigster Blutverwandtschaft zu dem Könige und sein durch die Länge der Zeit befestigtes persönliches Ansehen dazu mißbrauchte, um den König zu terrorisiren und das Bestehen der Dynastie durch hochverrätherische Anschläge zu gefährden, eine Schuld auf sich geladen hat, welche ungeahndet zu lassen unmöglich sein würde. Auch haben wir in dem Bestreben, gleichzeitig der Gerechtigkeit Genüge zu thun und gegen das menschliche Gefühl nicht zu verstoßen, bereits besondere Milde walten lassen und, außerordentliche Gnade übend, bestimmt, daß Li shih ying an einem geeigneten Ort internirt und mit reichlichen Mitteln des Lebensunterhalts versehen werden solle. Wenn der König, von kindlicher Liebe getrieben und von dem Wunsche beseelt, mit seinem Vater in persönlichem Verkehr zu bleiben, darauf hinweist, daß Li shih ying schon alt und kränklich sei, und wenn er auf Grund deßen mit Worten, die nicht umhin können einen tiefen Eindruck zu machen, durch Vermittlung des Lî pu um Gnade für ihn bittet; so können Wir zwar den vortrefflichen Gefühlen, die seiner Bitte zu Grunde liegen, Unsere Anerkennung nicht versagen, indeßen geben Wir dem König zu bedenken, wie schwer das Verbrechen ist, welches sich Li shih ying gegen das öffentliche Wohl des Staates, an deßen Spitze der König berufen worden ist, hat zu Schulden kommen lassen. In dieser seiner Stellung muß der König das Staatswohl über sein persönliches Gefühl stellen. Wir können daher seiner Bitte, dem Li shih ying die Rückkehr in die Heimath zu gestatten, kein Gehör geben, wollen aber hiermit die Erlaubniß gewähren, daß der König viermal im Jahre einen Beamten entsende, um ihm seine Grüße zu überbringen und sich von seinem Wohlsein zu überzeugen. Indem Wir den König hierdurch in den Stand setzen, seinem kindlichen Gefühl Genüge zu thun, sprechen Wir zugleich die Erwartung aus, daß er seine diesmalige Bitte nicht wiederholen werde.

Dem betreffenden Ministerium ist von vorstehendem Edikt Kenntniß zu geben.

Für richtige Übersetzung.
(gez.): E. Arendt.

Betreffend koreanische Zustände. Die Rettung der Königin und der Abzug der japanischen Truppen.

PAAA_RZ201-018903_060 ff.			
Empfänger	Bismarck	Absender	Brandt
A. 7063 pr. 24. November 1882.		Peking, den 4. October 1882.	

A. 7063 pr. 24. November 1882.

Peking, den 4. October 1882.

A. № 70.

Seiner Durchlaucht

dem Fürsten von Bismarck.

Nach einer mir am 1sten dieses Monats von den Ministern des Tsungli-Yamen gemachten Mittheilung hat sich das Euerer Durchlaucht bereits früher gemeldete Gerücht von der Rettung der Königin von Korea betätigt. Derselben war es gelungen, wenn auch verwundet, nach einem ungefähr 200 Li von Séoul gelegenen Orte zu einem jüngeren Bruder zu entkommen und sich dort versteckt zu halten. Am 7ten September (Kuangsü 8 Jahr, 7 Monat, 25 Tag) wurde sie dort wieder aufgefunden und unter starker Escorte abgeholt und kehrte am 12ten September in die Hauptstadt und in den Palast zurück.

Fast alle ihre Brüder und die anderen der Familie Min angehörigen Personen, sowie die Kronprinzessin seien indessen ermordet worden.

Die Minister betonten bei dieser Gelegenheit auf's Neue, daß die Königin sehr bedeutende Fähigkeiten besitze und den größten Einfluß auf den Gang der Regierung übe, ihr Verlust würde daher, bei der ohnehin numerisch sehr bedeutenden Minderzahl der liberalen Partei ganz besonders zu bedauern gewesen sein. —

Nach anderen aus Tientsin stammenden chinesischen Nachrichten sollen die japanischen Truppen bis auf 100 Mann, welche als Escorte des Gesandten in Séul zurückgeblieben sind, das koreanische Gebiet geräumt haben. Nach aus derselben Quelle stammenden Angaben hätten die Japaner in Folge zu leichter Kleidung sehr durch Krankheiten gelitten.

Brandt.

Inhalt: betreffend koreanische Zustände. Die Rettung der Königin und der Abzug der japanischen Truppen.

[   ]

PAAA_RZ201-018903_063

Empfänger	Bismarck	Absender	Wentzel
A. 7077. p. 25. November 1882.		Hamburg, den 24. November 1882.	

A. 7077. p. 25. November 1882. 3 Anl.

Hamburg, den 24. November 1882.

№ 58.

Seiner Durchlaucht

dem Fürsten von Bismarck.

Eurer Durchlaucht beehre ich mich die mit dem hohen Erlasse № 39. vom 10. d. M. mir zugefertigten Berichte des Kaiserlichen Gesandten in Peking vom 5. September und des kaiserlichen Geschäftsträgers in Tokio vom 25. September, die Zustände in Korea betreffend, hieneben gehorsamst zurückzureichen, nachdem ich davon den entsprechenden vertraulichen Gebrauch gemacht habe.

Wentzel

[   ]

PAAA_RZ201-018903_064

Empfänger	Bismarck	Absender	Wentzel
A. 7156 pr. 30. November 1882.		Hamburg, den 29. November 1882.	

A. 7156 pr. 30. November 1882. 1 Anl.

Hamburg, den 29. November 1882.

№ 61.

Seiner Durchlaucht

dem Fürsten von Bismarck.

Euerer Durchlaucht beehre ich mich den mit dem hohen Erlasse № 40. vom 14. d. M. mir zugefertigten Bericht des Kaiserlichen Gesandten in Peking vom 12. September d. J.[3], den koreanischen Aufstand betreffend, hieneben gehorsamst zurückzureichen, nachdem ich davon den entsprechenden Gebrauch gemacht habe.

Wentzel

---

3   A. 6829.

Korea

PAAA_RZ201-018903_065 ff.

Empfänger	Bismarck	Absender	Zedtwitz
A. 7168 pr. 1. Dezember 1882.		Tokio, den 25. Oktober 1882.	
Memo	Orig. 12. 12. nach Hamburg		

A. 7168 pr. 1. Dezember 1882.

Tokio, den 25. Oktober 1882.

№ A. 67.

Seiner Durchlaucht
dem Fürsten von Bismarck.

Euerer Durchlaucht beehre ich mich im Verfolg meines Berichtes vom 25ten vor. Mts. A. 62 ganz gehorsamst zu melden, daß die in dem Japanisch-Koreanischen Abkommen ausbedungene Gesandtschaft von Seoul hier eingetroffen und am 19ten d. Mts. behufs Überreichung des Entschuldigungsschreibens und der Geschenke des Königs von Korea vom Mikado in Audienz empfangen worden ist. Dieselbe besteht, abgesehen von dem zahlreichen Gefolge, aus dem Gesandten Pak Yöng-hio, welcher dem Vernehmen nach ein Verwandter des Königs ist und sich „Minister Plenipotentiary of Great Chosön" nennt, dem Vize-Minister Kim Man-sik und einem Sekretär, welcher bereits im vergangenen Frühjahr hier war. Der Gesandte hat den Vertretern der Mächte Besuche abgestattet und hierbei wiederholt Gelegenheit genommen, sich dahin auszusprechen, daß Korea ein unabhängiges Land sei. Mir gegenüber äußerte er den Wunsch, daß der Deutsch -Koreanische Vertrag bald ratifiziert werden möge; gleichzeitig kündigte er mir an, daß er sich später in verschiedenen Dingen meinen Rath erbitten werde. Wie lange die Gesandtschaft hier bleiben wird, ist zur Zeit noch nicht bestimmt; sie hat unter Anderem Auftrag, mit der Japanischen Regierung Verhandlungen darüber zu pflegen, in welcher Weise die Zahlung der in dem Abkommen stipulierten Indemnität erfolgen soll.

Der hiesige Französische Minister Herr Tricou theilte mir kürzlich mit, daß sich der Minister des Auswärtigen bezüglich der Chinesischerseits geltend gemachten Suzeränitätsrechte über Korea auch an ihn gewandt und ihm die Frage vorgelegt habe, ob die Europäischen Mächte eventuell gewillt sein würden, die Neutralität der Halbinsel zu garantieren. Herr Inouye hat bei dieser Gelegenheit von einem „ostasiatischen Belgien" gesprochen und Seitens des Französischen Ministers, wie vorauszusehen, eine ausweichende Antwort erhalten. Herr Tricou sagte mir ferner, daß er seiner Regierung gerathen habe, bis zur Klärung der staatsrechtlichen Verhältnisse des Landes von Vertrags-Verhandlungen mit Korea Abstand zu nehmen. Meinem italienischen Kollegen gegenüber hat der Koreanische Gesandte den Wunsch seiner Regierung ausgesprochen, mit Italien in ein Vertrags-Verhältniß zu treten.

Der Anführer der Aufstandspartei Tai-in-kun, ist wie Euerer Durchlaucht aus Peking gemeldet worden sein dürfte, einstweilen in der Chinesischen Provinz Chili interniert worden. Der Koreanische Gesandte hegt indessen die Überzeugung, daß der Genannte in nicht zu ferner Zeit in seine Heimath zurückgesendet werden wird.

Zedtwitz.

Inhalt: Korea

[   ]

PAAA_RZ201-018903_069

Empfänger	Bismarck	Absender	Wentzel
A. 7315. p. 9. Dezember 1882.		Hamburg, den 8. December 1882.	

A. 7315. p. 9. Dezember 1882. 8. Anl.

Hamburg, den 8. December 1882.

№ 64.

Seiner Durchlaucht

dem Fürsten von Bismarck.

Euerer Durchlaucht beehre ich mich die mit dem hohen Erlasse № 41. vom 21.
November 1882 mir zugefertigten Berichte des Kaiserlichen Gesandten in Peking vom 17.,
25. und 27sten September d. J. und einen Bericht des Kaiserlichen General-Konsulats zu
Shanghai vom 4. October d. J., sämmtlich die Zustände auf Korea betreffend[4], hieneben
gehorsamst zurückzureichen, nachdem ich davon den entsprechenden vertraulichen
Gebrauch gemacht habe.

Wentzel

---

4   A. 6895. A. 6897. A. 6898. A. 6900.

Berlin, den 12 December 1882.   A. 7061

An
den königlichen Gesandten
Herrn von Wentzel
Hochwohlgeboren
Hamburg.
№ 44.

In Verfolg meines Erlasses vom 23. Januar 1870
(№ 3) beehre ich mich Ew. Hochwohlgeboren
beifolgenden Bericht des K. Gesandten in Peking
vom 29. 9. die Koreanische Angelegenheit
betreffend,

originaliter sub fide remissionis
ergebenst zu übersenden.

i. m.

Berlin, den 12. December 1882.   A. 7168

An   In Verfolg meines Erlasses vom 23. Januar 1870
den Königlichen Gesandten   (№ 3) beehre ich mich Ew. Hochwohlgeboren
Herrn von Wentzel   beifolgenden Bericht des K. Geschäftsträgers in
Hochwohlgeboren   Peking vom 25. October, die koreanische
Hamburg.   Gesandtschaft auf Japan betreffend,
№ 45.

                          originaliter sub fide Remissionis
                              ergebenst zu übersenden.
                                    i. m.

[   ]

PAAA_RZ201-018903_072

Empfänger	Bismarck	Absender	Wentzel
A. 7625 pr. 29. Dezember 1882.		Hamburg, den 28. December 1882.	

A. 7625 pr. 29. Dezember 1882. 1. Anl.

Hamburg, den 28. December 1882.

№ 67.

Seiner Durchlaucht
dem Fürsten von Bismarck.

Euerer Durchlaucht beehre ich mich den mit dem hohen Erlasse vom 12. d. M. № 45. mir zugefertigten Bericht des Kaiserlichen Geschäftsträgers in Tokio vom 25sten October d. J., die Koreanische Gesandtschaft nach Japan betreffend[5], hieneben gehorsamst zurückzureichen, nachdem ich davon den entsprechenden vertraulichen Gebrauch gemacht habe.

Wentzel

---

5   A. 7168.

[   ]

PAAA_RZ201-018903_073

Empfänger	Bismarck	Absender	Wentzel
A. 7626 pr. 29. Dezember 1882.		Hamburg, den 28 December 1882.	

A. 7626 pr. 29. Dezember 1882. 2 Anl.

Hamburg, den 28 December 1882.

№ 68.

Seiner Durchlaucht

dem Fürsten von Bismarck.

Euerer Durchlaucht beehre ich mich den mit dem Hohen Erlasse № 44. vom 12. d. M. mir zugefertigten Bericht des Kaiserlichen Gesandten in Peking vom 29sten September d. J., die Koreanische Angelegenheit betreffend[6], hieneben gehorsamst zurückzureichen, nachdem ich davon den entsprechenden vertraulichen Gebrauch gemacht habe.

Wentzel

---

6 A. 7061.

A. 236.

H. v. Ges. Cap. R. Goering

z. gefl. Kenntnißnahme
g. erg. vorgelegt.

Unterschrift 23. I

Entsendung eines Chinesischen Residenten nach Korea betreffend.

PAAA_RZ201-018903_075 ff.

Empfänger	Bismarck	Absender	Pelldram
A. 236 pr. 16. Januar 1883.		Tientsin, den 30. November 1882.	

A. 236 pr. 16. Januar 1883.

Tientsin, den 30. November 1882.

№ 67.

Seiner Durchlaucht

dem Fürsten von Bismarck.

Euerer Durchlaucht habe ich die Ehre im Anschluße an den Bericht vom 20ten September d. Js. № 54. betreffend die Koreanischen Angelegenheiten ganz gehorsamst zu melden, daß, zuverläßigen Nachrichten zufolge, die Koreanische Regierung mit der China Merchants Steam-Navigation Co. ein Anlehen von etwa 800,000 Taels zur Deckung der Japanischen Kriegskosten-Entschädigung und der durch Errichtung von Zollämtern für den ausländischen Handel und andere einzuführende Verbesserungen zu erwartenden Ausgaben abgeschlossen hat. Der Zinsfuß ist der hier allgemein übliche von 8 poso und es sind dafür einige Kohlenbergwerke in Korea verpfändet.

Die Chinesische Regierung beabsichtigt demnächst einen sogenannten Residenten nach Korea zu entsenden, der dem Könige in Séoul als Beirath dienen soll. Der ältere Bruder des Taotai Makié-tschang ist für diesen Posten in Aussicht genommen. Derselbe, ein ehemaliger katholischer Missionspriester, war zuletzt Chinesischer Konsul in Kobe. Um indessen die Beziehungen China´s zu Korea noch denen ähnlicher zu gestalten, welche z. B. zu Tibet bestehen, wird auch noch ein zweiter Chinesischer Beirath nach Séoul entsendet werden, der indessen außerdem auch noch in ganz direktem Abhängigkeits-Verhältniße zum Könige von Korea steht.

Für diesen Posten ist der seitherige Kaiserliche Dolmetscher Herr P. G. von Möllendorff engagirt. Derselbe erhält seine politischen Direktiven von dem hiesigen Stellvertretenden Handelssuperintendenten Li-Hung-tschang und dafür ist ihm auch ein Minimal-Einkommen von mehreren hundert Taels sowie im Falle seines Todes eine entsprechende Entschädigung für seine Ehefrau zugesichert.

Andererseits soll er aber auch dem Könige von Korea als Beirath in seinen

Verhandlungen mit den Ausländern & bei Einführung europäischer Einrichtungen dienen und er hat deshalb mit dem hier anwesenden Koreanischen Abgesandten Tschao ning-hsia einen Kontrakt abgeschlossen.

Insbesondere wird ihm darin die Einrichtung der Seezollämter für den ausländischen Handel übertragen, die er ganz selbstständig zu leiten haben wird. Dafür erhält er einen bestimmten Prozentsatz der eingehenden Zölle, von dem er aber auch sämmtliche Gehälter an die Angestellten und die baulichen Einrichtungen zu bestreiten hat. Seine Stellung wird in dieser Beziehung der des Chinesischen General-Inspectors der Zölle ähnlich sein.

Für diese Anstellung hatten die Japaner Herrn Hanabusa & Sir Robert Hart Herrn Hughes, Zollkommissar in Tschifu, in Vorschlag gebracht. Der Letztere soll sich erhaltenem Auftrage gemäß bereits vor längerer Zeit vollkommen reisefertig gemacht haben und hat nunmehr eine längere Jagdpartie in´s Innere des Landes unternommen.

Herr v. Möllendorff trägt sich, wie ich von anderer Seite höre, mit den abentheuerlichsten Gedanken über die sofort in Korea einzuführenden Neuerungen. Er erzählt, er wolle das Heer reorganisiren und sich dazu einige Unteroffiziere aus Deutschland verschreiben, er wolle gute Wege und Brücken bauen, Baumpflanzungen und Meiereien anlegen und endlich sogar auch den Koreanern Änderung ihrer Kleidung & Haartracht anempfehlen. Er läßt wohl auch durchblicken, daß er obgleich ihm ein höherer Chinesischer Mandarins-Rang in Aussicht gestellt worden ist, dennoch möglichst auf völlige Autonomie der Koreaner hinarbeiten würde. Ich will für den Wohlstand Koreas hoffen, daß seine voreiligen Pläne auf energischen Widerstand stoßen werden und daß übereilten Verbesserungs-Gedanken gleich vom Beginn an jede Aussicht auf Erfolg abgeschnitten werden möge.

Herr v. Möllendorff begiebt sich in wenigen Tagen in Begleitung des Älteren Ma, sowie des Direktors der China Merchants Steam Navigation Co. Tong-king-hsing und eines in Deutschland ausgebildeten und zur Zeit in den Kaiping-Minen verwendeten Englischen Berg-Ingenieurs nach Korea.[7]

In nächster Zeit sollen auch Regulationen für den Handel zwischen China & Korea erscheinen, worin namentlich auch die dem Landhandel bisher gewährten außerordentlichen Erleichterungen wesentlich beschränkt werden sollen.

Es hat dies wohl hautsächlich darin seinen Grund, daß man Rußland die Erwartung abschneiden will, es würde bei einem etwaigen Vertrage besondere Vergünstigungen für den Landhandel auf der nur etwa 5 bis 25 Kilometer langen Russisch-Koreanischen Grenze erlangen können.   Pelldram.

Inhalt: Entsendung eines Chinesischen Residenten nach Korea betreffend.

---

7   Ihnen werden binnen Kurzem 6 von den in Amerika ausgebildeten jungen Chinesen folgen.

Nordd. Allg. Ztg. (№ 34)
21. I. 83.

Man schreibt uns aus Tientsin:

Zuverlässigen Nachrichten zufolge hat die koreanische Regierung mit der China Merchants Steam Navigation Co. ein Anlehen von etwa 800,000 Taels (etwa 4 Millionen Mark) zur Deckung der japanischen Kriegskostenentschädigung und der durch Errichtung von Zollämtern für den ausländischen Handel und andere einzuführende Verbesserungen zu erwartenden Ausgaben abgeschlossen. Der Zinsfuß ist der hier allgemein übliche von 8 pCt. und es sind dafür einige Kohlenbergwerke in Korea verpfändet.

Die chinesische Regierung beabsichtigt demnächst, einen sogenannten Residenten nach Korea zu entsenden, der dem Könige in Séoul als Beirath dienen soll. Der ältere Bruder des Taotai Ma-kié-tschang, ist für diesen Posten in Aussicht genommen. Derselbe, ein ehemaliger katholischer Missionspriester, war zuletzt chinesischer Konsul in Kobe (Japan). Um indessen die Beziehungen Chinas zu Korea noch denen ähnlicher zu gestalten, welche z. B. zu Tibet bestehen, wird auch noch ein zweiter chinesischer Beirath nach Séoul entsendet werden, der indessen außerdem auch noch in ganz direktem Abhängigkeitsverhältnisse zum Könige von Korea steht.

Für diesen Posten ist der frühere kaiserliche Dolmetscher Herr. P. G. v. Möllendorff engagirt. Derselbe erhält seine politischen Direktiven von dem hiesigen Stellvertretenden Handels-Superintendenten Li-sung-tschang und dafür ist ihm auch ein Minimaleinkommen von mehreren hundert Taels, sowie im Falle seines Todes eine entsprechende Entschädigung für seine Ehefrau zugesichert.

Andererseits soll er aber auch dem Könige von Korea als Beirath in seinen Verhandlungen mit den Ausländern und bei Einführung europäischer Einrichtungen dienen, und er hat deshalb mit dem hier anwesenden koreanischen Abgesandten Tschao-ning-hsia einen Kontrakt abgeschlossen.

Insbesondere wird ihm darin die Einrichtung der Seezollämter für den ausländischen Handel übertragen, die er ganz selbstständig zu leiten haben wird. Dafür erhält er einen bestimmten Prozentsatz der eingehenden Zölle, von dem er aber auch sämmtliche Gehälter an die Angestellten und die baulichen Einrichtungen zu bestreiten hat. Seine Stellung wird in dieser Beziehung der des chinesischen Generalinspektors der Zölle ähnlich sein.

Für diese Anstellung hatten die Japaner Herrn Hanabusa und Sir Robert Hart Herrn Hughes, Zollkommissar in Tschifu, in Vorschlag gebracht.

[   ]

PAAA_RZ201-018903_084

Empfänger	Auswärtiges Amt in Berlin	Absender	Graf Beust
A. 423 pr. 28. Januar 1883.		Washington, den 28. Januar 1883.	

A. 423 pr. 28. Januar 1883.

Telegramm.

Washington, den 28. Januar 1883. 2 Uhr 45 Min. V.

Ankunft: 7 Uhr 30 Min. V.

Der K. Geschäftsträger an Auswärtiges Amt.

Entzifferung

№ 2.

Unabhängigkeit Korea´s im Vertrag mit Vereinigten Staaten erklärt. Drei Häfen geöffnet. Diplomatische Agenten Consularagenten, und Handelsniederlassungen zugelassen.

Graf Beust.

Nordd. Allg. Ztg. (№ 48)
30. I. 83.

Aus Washington wird uns der wesentliche Inhalt des neuerdings zwischen den Vereinigten Staaten und Korea abgeschlossenen Vertrages mitgetheilt. - Korea, welches die Rechte eines unabhängigen Staates für sich in Anspruch nimmt, öffnet dem fremden Handel vorläufig drei Häfen, in denen diplomatische oder Konsular-Agenten residiren und Handelsniederlassungen zugelassen werden sollen.

Japanische Pläne in Betreff der Neutralisirung Corea's.

PAAA_RZ201-018903_086 ff.

Empfänger	Bismarck	Absender	Brandt
A. 1041. pr. 7. März 1883.		Peking, den 7. Januar 1883.	
Memo	d. Ang. v. 8. 3. nach Paris, London, Washington mitgetheilt.		

A. 1041. pr. 7. März 1883.

Peking, den 7. Januar 1883.

A. № 4.

Vertraulich.

Seiner Durchlaucht

dem Fürsten von Bismarck.

Mein Amerikanischer College Mr. Young, theilte mir vor einigen Tagen mit, daß der japanische Gesandte, Admiral Enomotto, ihn sondirt habe, ob er glaube, daß die Regierung der Vereinigten Staaten geneigt sein würde sich an einem Congreß zu betheiligen, der aus Vertretern Japans, der drei mit Korea Verträge abgeschlossen habenden Mächte und vielleicht Frankreichs und Rußlands zu bestehen haben würde, in Tokio tagen könne und dessen Zweck sein würde, die Unabhängigkeit resp. Neutralität Corea's, ähnlich wie dies mit Belgien und Luxemburg geschehen sei, zu garantieren. Er, Mr. Young, habe eine Diskussion der Frage abgelehnt und Admiral Enomotto darauf verwiesen, daß der einfachste Weg sich über die Intentionen des Kabinets von Washington zu vergewissern, der sein würde, den dort beglaubigten japanischen Gesandten mit einer solchen Anfrage zu beauftragen.

Mir selbst gegenüber hat Admiral Enomotto noch nicht die ziemlich abenteuerliche Idee berührt und ich glaube Euerer Durchlaucht hohen Intentionen zu entsprechen, indem ich ihm eventuell in derselben Weise wie mein amerikanischer College antworte.

Brandt.

Inhalt: Japanische Pläne in Betreff der Neutralisirung Corea's.

Berlin, den 8. März 1883

An

die Missionen in

Vertraulich.

4. Paris Nr. 38

5. London Nr. 43

7. Washington A. 1.

Ew. p. beehre ich mich beifolgend zur gefälligen vertraulichen Kenntnißnahme Abschrift eines Berichts des K. Gesandten in Peking vom 7. dies. Monats, Japanische Pläne in Bezug auf die Neutralisirung Coreas betreffend,

ganz ergebenst zu übersenden.

N. S. E.

i. m.

Abschluß einer koreanischen Anleihe betreffend.

PAAA_RZ201-018903_090 ff.

Empfänger	Bismarck	Absender	
A. 2442 pr. 30. Mai 1883.		Shanghai, den 12. April 1883.	
Memo	mitg. 31. 5 nach London (95)		

A. 2442 pr. 30. Mai 1883.

Shanghai, den 12. April 1883.

seiner Durchlaucht

dem Fürsten von Bismarck.

Die koreanische Regierung ist seit einigen Monaten, eigentlich seit der Beilegung der koreanisch-japanischen Differenz bemüht gewesen, eine Anleihe in Höhe von Taels 500,000 bis zu einer Million abzuschließen, deren Ertrag theils zur Bezahlung der an Japan zu entrichtenden Entschädigung, theils zur ersten Einrichtung der Zollämter dienen sollte.

Die Versuche durch Vermittlung chinesischer Firmen eine solche Anleihe mit einer der fremden Banken oder Kaufmannshäuser abzuschließen, waren wegen Mangel an Sicherheiten, welche die koreanische Regierung bieten konnte oder wollte, gescheitert, bis schließlich vor einigen Wochen die chinesische China Merchants Steam Navigation Company, die sich bis dahin geweigert hatte, gegen andere als sehr bedeutende Bergwerks=Concessionen auf ein solches Geschäft einzugehen, auf den Befehl Li-hung-changs sich hat entschließen müssen den Koreanern Taels 200,000 vorzuschießen. Der Betrag ist zu acht Prozent verzinsbar, die Amortisierung des Kapitals soll nach Ablauf von fünf Jahren in der Weise beginnen und fortgeführt werden, daß sie innerhalb von zwölf Jahren beendet ist. Als Sicherheit sind der China Merchant Company das Monopol der Ausfuhr gewisser Arten Ginseng und ein Antheil, dessen Höhe ich nicht habe feststellen können in den Einnahmen der einzurichtenden Zollämter überwiesen worden.

Die Anleihe ist, selbst für die geringen Bedürfnisse der Koreanischen Regierung ganz unzureichend, und wird Korea daher wohl bald wieder mit neuen Anleihe-Versuchen auf dem Markte erscheinen.

Brandt.

Den Abschluß einer koreanischen Anleihe betreffend.

Berlin, den 31. Juni 1883.   A. 2442.

An die Missionen in
Vertraulich.

5. London Nr. 95.

Ew. p. beehre ich mich beifolgend zur gefälligen
vertraulichen Kenntnißnahme Abschrift eines Berichts
des K. Gesandten in Peking z. Zt. in Schanghai vom
12. April, den Abschluß einer koreanischen Anleihe
betreffend,

ganz ergebenst zu übersenden.

(i. m.)

[   ]

PAAA_RZ201-018903_094

Empfänger	Bismarck	Absender	Focke
A. 3908 pr. 20. August 1883.		Shanghai, den 6. Juli 1883.	
Memo	Orig. in actis: Asien Franz. Besitz. 1		

Auszug.

A. 3908 pr. 20. August 1883.

Shanghai, den 6. Juli 1883.

Nr. 100.

Seiner Durchlaucht

dem Fürsten von Bismarck.

pp.

Einige weitere, soviel ich weiß, korrekte Angaben über die Sachlage enthalten die anliegenden Ausschnitte aus der hiesigen Zeitung North China Daily News, denen ich auch eine Mittheilung desselben Blattes aus Mukden in der Mantschurei über Koreanische Verhältnisse zu Euerer Durchlaucht hochgeneigten Kenntnißnahme gehorsamst beizuschließen nicht verfehle.

(gez.) Focke.

N. Ch. D. N. 5. 7. 1883

COREA AND ANNAM

(FROM OUR MOUKDEN CORRESPONDENT)

A recent Proclamation by the King of Corea has just been put into my hands, which I send you as given me. A some¬ what similar but more lengthy one was issued last year, of which also a copy was sent here. These proclamations were posted in all the cities of Corea, and it is to be hoped that foreigners going thither will prove their worthiness of the remarkable solicitude for their safety manifested by the King. In the proclamation of last year there was one subject entirely omitted in this. It proclaimed the same threats against acts or language inimical to foreigners, but declared that foreigners came for purposes of trade, which should be mutually beneficial, while their doctrines, *which are impure*, must be carefully and strictly avoided. Whence this notion of "impurity" or uncleanness arises we leave to others to guess. Notwithstanding the stern prohibition against harbouring that "impure" doctrine of last year's proclamation, the entire absence of the prohibition in this one is not my only reason for believing that Christianity will make rapid progress in that land, and if men of ordinary prudence and wisdom, who will not foolishly tilt like another Quixote at every custom and prejudice of the people, enter the country immediately, I am persuaded that, treaty or no treaty, they will not be molested in their work. Various nationalities are already represented at Seoul, and the Englishman may, if he likes, boast of having won mean¬ time the first place in the esteem of the people. Why is it that the Coreans have concluded that neither America, France, England nor Germany has any designs on the freedom of their country, though they are not quite so sure of their northern neighbour? Probably that very neighbourhood suffices to raise suspicions. A Corean small mandarin on his way back from Peking to his lord's court called on me the other day. "You are now a free people," I said, "and will have no more comings and goings with tribute to Peking. "Oh," he replied, "our relations with Peking are just what they were; we shall present our tribute and the Chinese Government will send its presents in re¬ turn as of old," Just before he came I had been reading the American Treaty with Corea in Chinese, in which it is published that though Chao-hsien was formerly under the suzerainty of China, it was henceforth to be an independent country. If therefore Ministers to Corea are to be of such a high rank as must imply the independence of the Court to which they are accredited, there is a little piece of diplomatic action yet required. Perhaps, however, they will act towards and with the King as independent, and use their glass, Nelson-like, when looking over the route to Moukden and Peking. By the way, could not some kind friend of both urge upon Japan and China the desirability of sending their respective troops now in Seoul to protect the land of their birth? "The Chinese despise the Japanese, the Japanese look down on the Chinese," –this is my last news from Corea. Were it not better that they should look at each other from each side of the Yellow Sea? Comtemptuous glances and disparaging remarks would lose much of their power to do evil if cast over the wide waters, while as long as both are cheek by jowl they may lead to consequences such as no friend of either would like to see.

I recollect speaking months ago to a high official on the subject of Annam. My interest in the subject began at a stage so far subsequent to the origin of the present difficulty that I had to request information on the point. It was given at once, and was in perfect consistency with the relationship subsisting between China and Annam both during the past and under the present dynasty. From Chinese history I had learned that in the border-land between China and both Annam and Burma were many silver mines, worked by Chinese who had mostly fled for reasons which made them happier across the border. These gave a certain royalty to the Annamese King on their earnings in the silver mines, and when the mines ceased to be very productive, they changed the pick for the musket and made raids into the wealthier lands of the diligent Chinese within the border. I was now informed that these raids had become so frequent and of such comparative magnitude that, as the Annamese King was unable to cope with the evil, regular troops had to be sent from Chinese soil. This was no new thing, but in former times the Chinese were the only people to keep order, such as it was, within the lawless regions of the silver mines. Such attempts to prevent and punish robbery in modern times are not however compatible with the dignity of France. Hence the present unpleasant scrimmage.

The following is the Proclamation by the King of Corea referred to above:-

To the Different Camps on Patrolling Duties.

We are considering opening our ports for commerce, not only because it is beneficial to our country and subjects, but it is also the custom of the different countries of the world. People of the various nations can come and go on public business. We established rules and regulations before (foreigners) were allowed commercial privileges, and they are now permitted to go about, to show our sincerity in treating with them. Wherever they are, provisions must be supplied to purchasers. Whatever place they pass through, guards must accompany them to give protection; so that the blame of provoking quarrels may not rest with us. The Kuan Hsi District 開西 is a large and populous thoroughfare, with its rivers, mountains, terraces and lofty buildings, with much merchandise and people; we cannot but know that travelers from different nations will come and gaze upon (the beauties of such a place.) But countrymen burdened with ignorance and women inflamed with curiosity may first be frightened and run away at the queer appearance of their attire and the unintelligible sounds of their language; and in the next place will provoke a quarrel with them, so that in the end a disturbance is produced. Besides, street Arabs (in their eagerness to see strangers) may block up the road, or throw stones out of pure mischievousness. The fault then lies with us, but vengeance is theirs! These small difficulties will lead to great trouble and there is not knowing to what extent mischief will increase. If indeed (our country is involved by doings of mischief makers) the criminals according to their deserts will suffer decapitation and are not to be pitied, but at the same time the officers cannot be excused for negligence of their duty. How will the officers answer to the Government for their conduct? It is necessary to prevent such a contingency by notification.

Subjects of various nations, in passing through the country, do you no harm, and you must accompany and protect them. The man who first lays a hand on or speaks an angry word to them must be reported to the patrolling guards, who are empowered to put such a one to death before reporting to the Government. This placard is written in the commonest dialect* Let the (inhabitants of the) streets and alleyways be all informed, so that not one subject of the country is ignorant of our proclamation. We sincerely hope the people of high and low grades will perfectly understand us.

22nd June.

*It is, Worse Chinese it would be difficult to write. -ED.

[   ]

PAAA_RZ201-018903_096

Empfänger	Bismarck	Absender	Gabriel
A. 5043 pr. 12. Oktober 1883.		Shanghai, den 31. August 1883.	
Memo	mitgeth. 15/10 nach London, Paris, München, Dresden, Weimar		

Auszug.

A. 5043 pr. 12. Oktober 1883.

Shanghai, den 31. August 1883.

№ 122.

Seiner Durchlaucht

dem Fürsten von Bismarck.

Euerer Durchlaucht beehre ich mich den beifolgenden Ausschnitt aus der hier erscheinenden Zeitung North China Daily News vom 28. d. M., enthaltend 4 Proclamationen des Königs von Korea mit Bezug auf die Bestrafung der Theilnehmer an einer hochverrätherischen Unternehmung ganz gehorsamst zu überreichen. Ob Korea ebenso wie China von geheimen Gesellschaften und Verbindungen unterwühlt ist, läßt sich noch nicht erkennen. Es würde dies jedenfalls der beginnenden Verkehrsentwickelung des Landes hindernd im Wege stehen.

pp.

S. V.

gez: Gabriel

Orig. in actis: Asien Franz Bes. 1.

[   ]

PAAA_RZ201-018903_097

Empfänger	Bismarck	Absender	Wanenbach
A. 1025 pr. 16. Februar 1884.		Peking, den 13. Dezember 1883.	

A. 1025 pr. 16. Februar 1884. 1 Anl.

Peking, den 13. Dezember 1883.

№ 138.

Seiner Durchlauch

dem Fürsten von Bismarck.

Einer Mittheilung der in Shanghai erscheinenden chinesischen Zeitung Schên-pao zu
Folge hat im Königreich Korea am 12ten Oktober dieses Jahres eine allgemeine
Volkszählung stattgefunden, die folgende Ziffern für das ganze Reich ergeben hat:

Familien: 2 355 499

Individuen: 10 518 937

davon   männliche: 5 302 633

weibliche: 5 196 204

Die Zahlen können nicht ganz richtig sein, da die Summe der beiden letzten Zahlen
nur 10 498 837 Individuen ergiebt, also 20 100 weniger als in der Gesammtsumme
angegeben sind.

Wanenbach

Inhalt: betreffend Bevölkerung Koreas. Eine Anlage.

Anlage zu Bericht B. № 138 vom 13. Dec. 1883.

Bevölkerung Koreas.

Der Schên-pao vom 11. November 1883 zufolge hat in Korea am 12. Oktober dieses Jahres eine allgemeine Volkszählung stattgefunden und folgende Ziffern für das ganze Reich ergeben:

	Familien:	2 355 499
	Individuen:	10 518 937
darunter	Männliche:	5 302 633
	Weibliche:	5 196 204

(Bemerkung: Die Zahlen können nicht ganz richtig sein, da die Summe der beiden letzten Zahlen nur 10 498 837 Individuen ergiebt, also 20 100 Individuen weniger, als in der Gesammtsumme angegeben sind.)

gez. E. Arendt.

[   ]

PAAA_RZ201-018903_100

Empfänger	Bismarck	Absender	Tattenbach
A. 1749. pr. 17. März. 1884.		Peking, den 16. Januar 1884.	

Abschrift.

A. 1749. pr. 17. März. 1884.

Peking, den 16. Januar 1884.

№ 10.

Seiner Durchlaucht

dem Fürsten von Bismarck.

Nach hier eingetroffener telegraphischer Nachricht ist der chinesische Postdampfer "Wei-yüen", welcher die in der Zeit vom 10-14 Dezember v. J. der hiesigen Post zur Beförderung übergebenen Briefe an Bord hatte, im offenen Meere gesunken, ohne daß es möglich gewesen wäre, auch nur die Post zu retten.

Ich beehre mich daher Euerer Durchlaucht Abschriften der Berichte A. № 84. 85. 86. 87. 88 und B № 138[8] hierneben ganz gehorsamst vorzulegen.

(gez:) Tattenbach.

Orig. in actis: Asien Franz. Bes. 1.

---

8   bereits am 16. Feb. eingegangen.

Betreffend Bevölkerung Corea's

PAAA_RZ201-018903_101 f.			
Empfänger	Bismarck	Absender	Graf Tattenbach
[o. A.]		Peking, den 13. December 1883.	
Memo	A. 1025		

Abschrift.

Peking, den 13. December 1883.

№ 138.

Seiner Durchlaucht
dem Fürsten von Bismarck.

Einer Mittheilung der in Shanghai erscheinenden chinesischen Zeitung Schên-pao zufolge hat im Königreich Corea am 12. October d. J. eine allgemeine Volkszählung stattgefunden, die folgende Ziffern für das ganze Reich ergeben hat:

Familie: 2, 355, 499

Individuen: 10, 518, 937

davon männliche: 5, 302, 633

       weibliche: 5, 196, 204

Die Zahlen können nicht ganz richtig sein, da die Summe der beiden letzten Zahlen nur 10, 498, 837 Individuen ergibt, also 20, 100 weniger als in der Gesammtsumme angegeben sind.

gez. Graf Tattenbach.

Inhalt: Betreffend Bevölkerung Corea's

Handelsvertrag zwischen Rußland und Korea.

PAAA_RZ201-018903_103 ff.

Empfänger	Bismarck	Absender	Ben Büler
A. 5951 pr. 26. September 1884.		St. Petersburg, den 23. September 1884.	

A. 5951 pr. 26. September 1884.

St. Petersburg, den 23. September 1884.

№ 242.

Seiner Durchlaucht

dem Fürsten von Bismarck.

An den angeblich kürzlich erfolgten Abschluß eines Handelsvertrages zwischen Rußland und Corea knüpft die hiesige Presse weitgehende Erwartungen. Der Bevollmächtigte Rußlands bei Abschluß der in Rede stehenden Konvention soll ein Herr Weber gewesen sein, während der leitende Minister Coreas, Herr von Möllendorff, auf der anderen Seite als Delegirter fungirte. Herr von Möllendorff ist ein Urenkel des aus dem siebenjährigen Krieg bekannten Preußischen Feldmarschalls. Es scheint, daß sich der Ackerbau in den östlichsten Besitzungen Rußlands ungeachtet sonst günstiger Bedingungen wegen Mangels an Arbeitskräften in trauriger Lage befindet. Das Mündungsgebiet des Amur produzirt nicht einmal die für die wenigen Bewohner nöthigen Nahrungsmittel, so daß Fleisch und Getreide importirt werden müssen. Jetzt hofft man, daß infolge des neuen Handelsvertrages die nöthige Anzahl Feldarbeiter und Ansiedler aus dem an 9 Millionen Einwohner zählenden Corea in die weiten und wenig bewohnten Länderstrecken zwischen Nikolajewsk und Wladiwostok einwandern werden.

Ben Büler

Inhalt: Handelsvertrag zwischen Rußland und Korea.

Feier am Geburtstage des Königs von Korea.

PAAA_RZ201-018903_106 ff.

Empfänger	Bismarck	Absender	Hermann Budler
A. 7239 pr. 16. November 1884.		Chemulpo, den 18. September 1884.	

A. 7239 pr. 16. November 1884.

№ 20.

Chemulpo, den 18. September 1884.

Seiner Durchlaucht,

dem Fürsten von Bismarck.

Euerer Durchlaucht beehre ich mich ganz gehorsamst zu berichten, daß der Geburtstag des Königs von Korea hier am 14ten ds. Ms. in einer Weise gefeiert worden ist, die erkennen ließ, daß die koreanische Regierung bemüht ist gute Beziehungen zu den im Lande angesessenen Fremden zu pflegen.

Von dem Handelskommissar, (Superintendent of Trade) dem höchsten koreanischen Beamten unseres Distriktes, waren Einladungen an die fremden Vertreter und eine große Anzahl fremder Kaufleute ergangen und wurden etwa 80 Personen, von denen die große Mehrzahl Japaner waren, festlich bewirthet. Außer dem Handelskommissar war auch der Präfekt des Distriktes Inch-hön, der Militair-Kommandant und mehrere Unterbeamte anwesend. Es ist bekannt, daß die Festlichkeit auf Anordnung des Auswärtigen Amtes in Seul stattfand.

Wie bei dieser Gelegenheit, so beobachten die koreanischen Beamten auch fast eine entgegenkommende Haltung.

Das koreanische Auswärtige Amt legt zur Zeit, wohl unter der Einwirkung des Herrn von Möllendorff, ein großes Gewicht darauf, daß die bei der Regierung akkreditirten Vertreter der fremden Staaten einen genügend hohen Rang bekleiden. Aus diesem Grunde dürften die Vereinigten Staaten Vortheil daraus ziehen, daß ihr bevollmächtigter Minister im Lande selbst residirt, während Großbritannien an Ort und Stelle nur durch einen General-Consul vertreten wird, der dem in Peking wohnenden Gesandten unterstellt ist.

Budler.

Inhalt: Betr. Feier am Geburtstage des Königs von Korea.

[   ]

PAAA_RZ201-018903_110

Empfänger	Foreign Office Berlin	Absender	Budler
A. 7811 pr. 13 Dezember 1884.		Nagasaki, den 12. Dezember 1884.	
Memo	Telegr. Ang. nach Paris 150, London 174. 14. 12.		

Abschrift.

A. 7811 pr. 13 Dezember 1884.

Telegramm.

Nagasaki, den 12. Dezember 1884 1 Uhr 25 M. Nm.

Foreign Office Berlin.

Collision as[9] soul between Chinese and Japanese troops Japanese withdrew occupy Chemulpo Foreigners uninjured British gunboat here Chemulpo. 8th.

(sig.) Budler.

---

9 [sic.]

<table>
<tr><td>Blatt Nr. 19.
Leitung Nr. 2 _____
Telegramm Nr. _____

A. 7811 pr. 13 Dezember 1884

Aufgenommen von Pbg.
den 13/12 um 1 Uhr 8 M. mittl.
durch Wiese</td><td>Foreign Office Berlin.

Telegraphie des
Deutschen Reiches.
Berlin W.
Haupt-Telegraphenamt.</td><td>Ausgefertigt den
13/12 durch Brandes</td></tr>
</table>

berlin nagasaki 104 23 12/12 1 25 n

collision as[10] soul between Chinese and Japanese troops Japanese withdrew occupy chemulpo foreigners uninjured british gunboat here chemulpo 8th budler +

C. 187. Haupt - Telegraphenamt.

---

10 [*sic.*]

[   ]

PAAA_RZ201-018903_112

Empfänger	Norddeutsche Allgemeine Zeitung	Absender	Eduard Meyer
13. Dezember 1884.		Hamburg, den 13. Dezember 1884.	

Abschrift

Hamburg, den 13. Dezember 1884.

Telegramm

Ankunft   1 Uhr 35 M. N.
Aufgenommen   2 Uhr 25 M. N.

An die Norddeutsche Allgemeine Zeitung

Mein Corea-Haus telegraphirt soeben es sei dort Empörung ausgebrochen. Die Mitglieder meiner Firma E. Meyer & Co. Chemulpo sind in Sicherheit.

Eduard Meyer.
Orig. bei Abth. II.

Berlin, den 14. (13) December 1884.   A. 7811

An

1. Fürst Hohenlohe
   Paris № 150
2. Graf Münster
   London № 174

chiffr. Nr. 534.
Bachmann u. Roland.

Tel. in Ziffern

Der Kaiserliche Konsul in Nagasaki telegraphirt, es sei in Corea zu einem Kampfe zwischen chinesischen und japanischen Truppen gekommen; letztere haben sich zurückgezogen und Chemulpo besetzt; Fremde seien nicht geschädigt, auch befinde sich englisches Kanonenboot in Chemulpo. Bitte mitzutheilen, was dort hierüber bekannt.

N. S. E.

[   ]

PAAA_RZ201-018903_114

Empfänger	Auswärtiges Amt in Berlin	Absender	Hohenlohe
A. 7847 pr. 15. Dezember 1884.		Paris, den 15. Dezember 1884.	
Memo	mitg. nach Paris 559. 16. 12.		

A. 7847 pr. 15. Dezember 1884.

Telegramm.

Paris, den 15. Dezember 1884.   1 Uhr M. N.
Ankunft: 3 Uhr 10 M. N.

Der K. Botschafter an Auswärtiges Amt.
Entzifferung.

№ 165.

Antwort auf Telegramm № 150. Der französische Gesandte meldet aus Shanghai, daß Unruhen in der Hauptstadt von Korea ausgebrochen und Kampf zwischen chinesischen und japanischen Truppen stattgefunden. Das Gebäude der japanischen Gesandtschaft soll][11] zerstört, der Sohn des Königs und sechs Minister getödtet sein. Li-hung-chang ist mit Herstellung der Ordnung beauftragt. Ministerpräsident dankt für Nachricht und bittet eventuell um weitere. Er wird mir die hier einlaufenden Nachrichten mittheilen.

Hohenlohe.

---

11 [Edit.] hieran, ausgelassen in PAAA_Rz201_018903.

[   ]

PAAA_RZ201-018903_115 ff.

Empfänger	Auswärtiges Amt in Berlin	Absender	Münster
A. 7851 pr. 15 Dezember 1884.		London, den 15. Dezember 1884.	
Memo	mitg. nach Paris 559. 16/12		

A. 7851 pr. 15 Dezember 1884.

Telegramm

London, den 15. Dezember 1884. 12 Uhr M. N. M.
Ankunft: 4 Uhr 16 Nm.

Der K. Botschafter an Auswärtiges Amt.
Entzifferung.

№ 201.

Antwort auf Telegramm № 174. +)[12]

Englischer Admiral telegraphirt Honkong 13. Dezember: Unruhen in Soül (Korea) zwischen Chinesen und Japanesen; japanische Gesandtschaft verbrannt. Kriegsschiff Espoir vor Chemulpo zur Hülfe für Generalkonsul. Sir Harry Parkes telegraphirt 12. Dezember: Chinesische Regierung erhielt Nachricht über Aufstand am 5. in Soul, Sohn des Königs und 6 koreanische Minister getödtet, Königin verschwunden, König fortgeschleppt durch Rebellen, durch Japanesen befreit. Am 6. Collision zwischen japanischen und chinesischen Truppen, welche beide den Palast besetzen wollten. Keine Nachrichten über Generalkonsul und Europäer. Englischer Generalkonsul in Korea telegraphirt vom 13.: Sechs höhere Beamte in Soul ermordet, Conflict zwischen Japanesen, Koreanern und Chinesen. Alle Europäer in Sicherheit.

Dieses die Telegramme, die Lord Granville bisher erhielt und mir mittheilte.

Münster.

---

12 +) ehrerbietigst beigefügt.

Berlin den 16. Dezember 1884.   A. 7847, 7857

An   Antwort[13] auf Telegramm № 165.

tit. Fürst Hohenlohe   Der Kaiserl. Verthrether in London theilt mit[14], Sir

Paris № 559.   Harry Parkes, der engl. Gesandte in Peking habe

                                        telegraphirt: „Chinesische ? ? in Sicherheit". Weitere

                                        Nachrichten, die Unruhen in Korea betreffend hat die

                                        engl. Regierung seither nicht erhalten.

                                                                                     B.

                                                                               L. 16. 12

---

13 [Edit.] Von anderer Hand durchgestrichen und darüber „Mit Bezug" geschrieben.

14 [Edit.] Von anderer Hand durchgestrichen und darüber „berichtet" geschrieben.

Nordd. Allgem. Ztg.

№ 590 v. 16/12. 1884.

Ueber die am 8. d. M. in der Hauptstadt von Korea ausgebrochenen Unruhen gehen uns aus Shanghai noch telegraphische Mittheilungen zu, wonach das Gebäude der japanischen Gesandtschaft in Söul von den chinesischen Truppen zerstört und der Sohn des Königs und sechs Minister getödtet sein sollen. Li-hung-chang ist mit der Wiederherstellung der Ordnung beauftragt worden.

[   ]

PAAA_RZ201-018903_120

Empfänger	Auswärtiges Amt in Berlin	Absender	Lührsen
A. 7912. p. 18. Dezember 1884.		Shanghai, den 17. December 1884.	
Memo	s. Ang. an die Admiralität. 18. 12.		

A. 7912. p. 18. Dezember 1884.

Telegramm.

Shanghai, den 17. December 1884.   4 Uhr 32 M. N.
Ankunft: 18/12   12 Uhr 15 M. N.

Der K. General-Konsul an auswärtiges Amt.

Entzifferung

№ A.

Zembsch ersucht zu telegraphiren: Erbitterter Krieg mit Japan unmittelbar Fremde in Gefahr Kriegsschiff erbeten Commodore und Gesandtschaft.

Lührsen.

[   ]

PAAA_RZ201-018903_121 f.

Empfänger		Absender	Lührsen
A. 7912 pr. 18. Dezember 1884.		Shanghai, den 19. Dezember 1884.	

A. 7912 pr. 18. Dezember 1884.

Shanghai, den 19. Dezember 1884.

№ 193.

Seiner Durchlaucht

dem Fürsten von Bismarck.

Entzifferung.

Euerer Durchlaucht beehre ich mich das gestern abgesandte Telegramm:
Foreign Office Berlin.

Zembsch ersucht zu telegraphiren:
Erbitterter Krieg mit Japan unmittelbar Fremde in Gefahr Kriegsschiff erbeten diesseits
Commodore und Gesandtschaft telegraphirt.

Siegel. Lührsen.

ehrerbietigst zu bestätigen.

Lührsen.

Berlin, den 18. Dezember 1884.   ad A. 7912.

Heute

An (tit)
Herrn G. B. von Caprivi
Excellenz.

Nach einem amtlichen Telegramm aus Shanghai meldet der Kais. Gst. Zembsch in Korea, daß dort der Ausbruch eines erbitterten Krieges mit Japan als unmittelbar bevorstand gelte, daß die Fremden in Gefahr seien und daß er daher von dem Commodore unseres ostasiatischen Geschwaders ein Kriegsschiff erbeten habe.

Obwohl ich nach Lage der Umstände annehmen zu dürfen glaube, daß dieser Requisition inzwischen entsprochen sein wird, so erlaube ich mir doch nach Bestimmung des Herrn Reichskanzlers Epp. noch besonders zu ersuchen, den Geschwader-Chef auf telegraphischem Wege zur Entsendung eines Kriegsschiffes nach Korea ermächtigen zu wollen.

I. V. des St. S.
Hg. 18. 12.

[   ]

PAAA_RZ201-018903_124

Empfänger	Graf von Hatzfeldt-Wildenburg	Absender	Caprivi
A. 7938 pr. 19. Dezember 1884.		Berlin, den 19. December 1884.	
Memo	s. Ang. an die Admiralität 21. 12.		

A. 7938 pr. 19. Dezember 1884. 1 Anl.

Berlin, den 19. December 1884.

An den Königlichen Staatsminister und Staatssekretär des Auswärtigen Amts
Herrn Grafen von Hatzfeldt-Wildenburg, Excellenz.

Euerer Excellenz beehre ich mich in Erwiderung auf das gefällige Schreiben vom gestrigen Tage – A. 7912. / J. № 5910.+)[15] – ganz ergebenst Abschrift eines von mir an den Kommodore Paschen abgegangenen Telegrammes zu übersenden.

Caprivi.

---

15 +) ehrerbietigst beigefügt.

Abschrift.

Staatsdepesche.

Commodore Paschen, german flag ship Shanghai.

Requisition General-Consuls in Korea Folge leisten, wenn möglich, Nautilus hinschicken.

gez. von Caprivi.

[   ]

PAAA_RZ201-018903_127

Empfänger	Auswartiges Amt in Berlin	Absender	Schweinitz
A. 7965 pr. 20. Dezember 1884.		St. Petersburg, den 20. Dezember 1884.	
Memo	s. Ang. an die Admiralität 21. 12.		

A. 7965 pr. 20. Dezember 1884.

Telegramm.

St. Petersburg, den 20. Dezember 1884. 8 Uhr 2 M. N.

Ankunft: 7 Uhr 35 M. N.

Der K. Botschafter an Auswärtiges Amt.

Entzifferung.

№ 198.

Auf Antrag des Herrn von Giers schickt Rußland ein Schiff seiner ostasiatischen Escadre nach Korea.

Schweinitz.

Berlin, den 21. December 84.   A. 7965. 7938.

An
tit. General von Caprivi
Exc.

Unter Bezugnahme auf das gef. Schreiben vom 19
Dec., wonach Commodore Paschen angewiesen
worden ist, einer Requisition des Kais. Gen. Consuls
in Korea Folge zu leisten u. wenn möglich den
„Nautilus" zu seiner Verfügung zu stellen, beehre ich
mich Ew. mitzutheilen, daß der Kaiserl. Botschafter
in St. Petersburg soeben telegraphisch meldet, auch
die russische Regierung habe ein Schiff seiner
ostasiatischen Escadre nach Korea abgesandt.

N. d. H. U. St. S.

[   ]

PAAA_RZ201-018903_129

Empfänger	Auswärtiges Amt in Berlin	Absender	Dönhoff
A. 7972 pr. 21. December 1884.		Tokio, den 21 Dezember 1884.	
Memo	mitg. nach Paris 566, Petersburg 738, London 493. 21. 12.		

A. 7972 pr. 21. December 1884.

Telegramm.

Tokio, den 21 Dezember 1884.   10 Uhr 10 M. Vm.
Ankunft: 8 Uhr 55 M. Vm.

Der K. Gesandte an Auswärtiges Amt.

Entzifferung.

№ 3.

Der Minister der auswärtigen Angelegenheiten geht morgen nach Korea um erstens mit Koreanischer Regierung und zweitens mit Chinesischem Spezialvollmacht-Gesandten separatim zu verhandeln. Von französischer Seite sind bereits Allianz-Vorschläge eingegangen; vorläufig aber als verfrüht abgelehnt.

Dönhoff.

Berlin, den 21. December 1884. A. 7972.

An

1. tit. Fürst Hohenlohe
   Paris № 566

2. tit. Gen. v. Schweinitz
   St. Petersburg № 738

3. tit. Graf Münster
   London № 493

Nach einer telegraphischen Meldung des Kais. Gesandten in Tokio vom 21ten, die ich mich beehre Ew. tit. zur gef. vertraul. Kenntnißnahme mitzutheilen, wird sich der japanische Minister der Ausw. Angelegenheiten nach Korea begeben, um zunächst mit der Koreanischen Regierung und sodann mit dem Chinesischen Spezial-Vollmachts-Gesandten über die in Söul ausgebrochenen Unruhen zu verhandeln. Graf Dönhoff fügt hinzu, es seien der japanischen Regierung von französischer Seite bereits Allianz- Vorschläge gemacht worden, welche die Japaner jedoch [sic.].

N. D. H. U. St. S.

[   ]

PAAA_RZ201-018903_133

Empfänger	Grafen von Hatzfeldt-Wildenburg	Absender	Caprivi
A. 7979 pr. 21. Dezember 1884.		Berlin, den 21 Dezember 1884.	

A. 7979 pr. 21. Dezember 1884.

Berlin, den 21 Dezember 1884.

An den Königlichen Staatsminister und Staatssekretair des Auswärtigen Amts
Herrn Grafen von Hatzfeldt-Wildenburg, Excellenz.

Ew. Excellenz beehre ich mich im Anschluß an meine Nachricht vom 19. d. Mts. A.
7081. Ia den Befehl an Kommodore Paschen zur Entsendung eines Fahrzeuges nach Korea
betreffend – ganz ergebenst mitzutheilen, daß eingegangenem Telegramm zufolge der
genannt Flaggoffizier S. M. Kreuzer „Nautilus" Tientsin des Eises Wegen nicht verlassen
kann.

Caprivi

[   ]

PAAA_RZ201-018903_134 ff.

Empfänger	Bismarck	Absender	Hohenlohe
A. 8151 pr. 31 Dezember 1884.		Paris, den 27. Dezember 1884.	
Memo	Geheim. Durch Gelegenheit.		

Auszug

A. 8151 pr. 31 Dezember 1884.

Paris, den 27. Dezember 1884.

№ 341.

Seiner Durchlaucht

dem Fürsten von Bismarck.

Mir ist ein Bericht aus London von einem französischen Agenten zugegangen, aus welchem ich nachstehende Mittheilungen entnehme. Derselbe sagt:

„In Europa täuscht man sich vollständig über die letzte Insurrektion in Corea. Sie ist keineswegs durch politische Intrigen Chinas oder Japans veranlaßt. Beide Nationen haben ein Interesse in diesem Augenblick Schwierigkeiten zu vermeiden; beide erkennen, daß sie in Bezug auf Corea zusammengehen müssen, und daß es sich darum handelt, fremde Einmischung Rußlands zu verhindern. Der Aufstand war nur ein einfacher Kampf, eine Bewegung der fanatischen Partei in Corea, die seit langem jeder Beziehung mit Europäern feindlich gegenüber steht. Die neuere Politik, welche in Corea nur deshalb eingeschlagen wurde, weil China und Japan der dortigen Regierung vorstellten, daß sie ihre Unabhängigkeit nur dann erhalten könne, wenn sie Handelsverträge mit den europäischen Mächten abschlösse, wurde von der Partei, welche den Verbindungen mit Europa abgeneigt und deren Chef der Bruder des Königs ist, seit lange bekämpft. Sie veranlaßte vor zwei Jahren die Vertreibung des japanischen Gesandten durch den Pöbel und hatte zur Folge, daß China Truppen nach Corea schickte, um die Bewegung zu unterdrücken. Der Bruder des Königs wurde als Gefangener nach China gerührt, wo er noch jetzt im Exil und unter Aufsicht von Li-Hung-Chan lebt. Die chinesischen Truppen blieben in Corea und die Japanischen ließen ihre Gesandtschaft durch eine kleine Truppe von einigen hundert Mann bewachen. England hat in Japan wie in China eine Wachmannschaft dieser Art. Eine japanische Besetzung von Corea hat nicht stattgefunden und, wenn chinesische und japanische Truppen sich bekämpft haben, so kann dies nur in der Verwirrung geschehen sein. China und Japan werden die Bewegung unterdrücken müssen, wenn die Regierung von Corea es nicht selbst thun kann. Jedenfalls hat China keine Lust, sich auch die Japanesen auf den Hals zu laden.

gez. Hohenlohe.

Orig. in actis: Ägypten 5.

Äußerungen des Herrn von Giers betreffend Ost-Asien.

PAAA_RZ201-018903_138 ff.

Empfänger	Bismarck	Absender	Schweinitz
A. 1 pr. 1. Januar 1885.		St. Petersburg, den 23. Dezember 1884.	
Memo	mitg. nach London 1, Paris 1, Wien 1. 2. 1.		

A. 1 pr. 1. Januar 1885. 1 Anl.

St. Petersburg, den 23. Dezember 1884.

№ 343.

Seiner Durchlaucht

dem Fürsten von Bismarck.

Wann immer Ereignisse im Auslande einen Stoff bieten, dessen Besprechung die Preßbehörde nicht hindert, so bemächtigen sich die russischen Zeitungen desselben um ihre übergroßen Spalten zu füllen. Solch einen willkommenen Gegenstand bieten die, noch unbestätigten, Nachrichten aus Korea. Als Proben von chauvinistischen Forderungen erlaube ich mir in der Anlage Auszug aus einem Artikel der „Nowoje Wremja" vom 21. d. M. ganz gehorsamst einzureichen.

Dergleichen Preß-Erzeugnisse würden gar keine Beachtung verdienen, wenn nicht der Vorwurf der Zaghaftigkeit auch von gemäßigten Menschen gegen Herrn von Giers nur zu häufig erhoben würde. Seine Nachgiebigkeit in der Kuldscha-Frage wird ihm noch oft verargt und zwar jetzt, wo China im Streit mit Frankreich ist, mehr als je. Der Minister aber, der Zustimmung des Kaisers sicher, läßt sich dadurch nicht im Geringsten irre machen.

Die Lage der Franzosen wird durch Herrn Popoff, den russischen Gesandten in Peking, als sehr übel, der Übermuth der Chinesen als zunehmend geschildert; sie sind es, die jetzt eine Kriegsentschädigung verlangen wollen. „Sehen Sie", sagte mir Herr von Giers „wie recht ich hatte, als ich den Vertrag von Livadia schloß; wir haben jetzt Alles erhalten, was wir brauchten, die Zahlung von 16 Millionen Rubel, den freien Durchzug für unsere Handeltreibenden u.s.w.; was hätten wir gewinnen können bei einem Kriege gegen einen Staat, der so viel Menschen hat, daß man ihm fast einen Dienst erweist, wenn man ihm einige Tausende tödtet?"

„Was Korea betrifft" fuhr der Herr Minister fort „so ist für uns die Ostseite der

Halbinsel wichtiger als die Westküste; wir werden in den Fragen, welche in jenem Lande jetzt vielleicht aufgeworfen werden, mit dem uns befreundeten Japan gehen; aber wir werden Reserve beobachten so lange als weder die Vereinigten Staaten noch England nach Präponderanz in Korea streben."

Daß Rußland eines der Schiffe seiner ostasiatischen Eskadre nach dem Schauplatze der neuesten Unruhen in Korea geschickt hat, habe ich bereits die Ehre gehabt zu melden.

Schweinitz.

Inhalt: Äußerungen des Herrn von Giers betreffend Ost-Asien.

Anlage zum Bericht № 143.

Nowoje Wremja vom 21. 9. Dezember 1884.

Russische Interessen in Korea.

...... Die Engländer, die sich überall einmischen, wo ihr Handel in Frage kommt, haben schon ein Kriegsschiff nach den Gewässern von Korea entsendet. Wir haben noch nichts nach Korea geschickt. Doch werden die Umstände, wenn wir nur einigen Werth auf unsere Machtstellung im Orient und auf die zukünftige Entwicklung des Handels im Stillen Ozean legen, uns wahrscheinlich zwingen, noch energischer als die Engländer zu handeln, um so mehr, als uns als unmittelbaren Nachbarn Koreas dies viel leichter fallen würde. Es wird uns keine besondere Mühe kosten, einen Kreuzer nach den Gewässern von Korea zu entsenden und sogar ein kleines Detachement, freilich nicht zum feindlichen Zwecke, dorthin vorrücken zu lassen.

Wladiwostok, unser Hafen im Stillen Ozean, ist von Korea nur 35 Meilen entfernt ... Korea hat seiner Lage nach eine große strategische Bedeutung. ... Es unterliegt gar keinem Zweifel, daß Rußland ebenso auch wie Amerika, im Stillen Ozean rechtmäßig als Seemacht ersten Ranges auftreten müßten.[16] Es würde vollkommen billig und zweckentsprechend sein, wenn wir einen pacificirenden Druck auf die jetzt in Korea herrschende Anarchie ausübten und dort ein für alle Mal unsern Einfluß so befestigten,

---

16 Hierzu brauchen wir Häfen, welche nicht zufrieren.

daß derselbe ein prädominirender und unabstreitbarer wird. Alle Umstände sind auch günstig hierfür. Sowohl unsere persönlichen Beziehungen zu Korea, als auch unsere gegenwärtige politische Lage in Europa. Die Einwohner von Korea verhalten sich den Russen gegenüber schon längst sympathisch, gleich wie die Mehrzahl der asiatischen Völker. Ihre Übersiedlungen nach unseren Besitzungen wurden von unserer örtlichen Verwaltung gehemmt, da Letztere die Koräer von den Chinesen nicht zu unterscheiden verstand; die Auswanderung wurde dort aus dem Grunde aufgehalten, weil dieselbe in Folge unserer übertriebenen Vorstellung von dem Einflusse der Chinesen auf die Korea'sche Regierung als ein feindliches Vorrücken der Chinesen aufgefaßt wurde. Ebenso machen wir auch von den Handelsvortheilen, welche Korea uns zu bieten im Stande ist, keinen Gebrauch, während England, Amerika und sogar Deutschland schon längst dort nach solchen streben. Die gegenwärtige politische Situation, wo Frankreich in Tonking und England in Egypten & Indien beschäftigt sind, ist der allergünstigste Moment. Man darf ein Land nicht verschmähen, welches für uns eine außerordentlich günstige geographische Lage einnimmt und eine Bevölkerung von fast 8 Millionen Menschen besitzt.

Früher oder später werden wir mit den Chinesen abzurechnen haben und ist die Frage, wessen Einfluß, der unsrige oder der chinesische, in Korea die Oberhand erlangen wird, von größter Bedeutung. Die Zeit, welche wir jetzt durchleben, ist eine sehr bedeutsame. Dank seiner hohen Civilisation und Kultur erobert Europa allmälig die ganze Welt. Europäische Mächte ersten Ranges fangen an die alte Welt, d.h. Afrika und Asien, unter sich zu vertheilen. Zur Aufrechterhaltung des Friedens ist die Kolonialpolitik die allerwirksamste. Frankreich hat Tonking in Besitz genommen, England sucht sich in Egypten und Deutschland in Afrika zu befestigen. Es wäre zu ungerecht und für unsere Kolonialinteressen schädlich, wenn in Korea außer unserem Einflusse irgend ein anderer Einfluß vorherrschen würde. In diesem Lande muß die russische Flagge höher als alle übrigen aufgehißt werden."

Berlin, den 2. Jan. 1885   A. 1.

An

die Missionen in   Euer pp. beehre ich mich anbei Abschrift eines
1. London № 1   Berichts des Ks. Botschafters in Petersburg vom 23. v.
2. Paris № 1   Mts.
3. Wien № 1   betreffend Korea,
                         zur gefälligen Information zu übersenden.

                                                                    i. m

Bericht des Generalkonsul Zembsch in Korea über den Erlaß der
Entschädigungszahlung Korea's an Japan, seitens der letzteren Regierung.

PAAA_RZ201-018903_147 ff.			
Empfänger	Bismarck	Absender	Otto Zembsch
A. 94 pr. 6. Januar 1885.		Söul, den 6. November 1884.	

A. 94 pr. 6. Januar 1885.

Söul, den 6. November 1884.

№ 6.

Seiner Durchlaucht

dem Fürsten von Bismarck.

Euerer Durchlaucht

beehre ich mich ganz gehorsamst zu berichten, daß der Japanische Vertreter Minister
Resident Takezoye Shinichiro vor einigen Tagen mit einem japanischen Kriegsschiff nach
längerer Abwesenheit wieder hier eingetroffen ist und dem Könige von Korea außer
einigen Geschenken von Seiten des Mikado die Nachricht überbracht hat, daß die
Japanische Regierung auf die Zahlung von 400,000 Yen, von der als Entschädigung für
den Überfall der Japanischen Gesandtschaft im Jahre 1882 festgesetzten Summe von
500,000 Yen, verzichte. Bis jetzt sind von der Koreanischen Regierung nur 75,000 Yen
an Japan gezahlt worden, so daß noch 25,000 Yen zu zahlen bleiben.

Diese großmüthige Handlungsweise der Japaner, deren Verkündung grade mit der Feier
des Geburtstages des Mikado am 3ten November zusammenfiel, hat natürlich die
Koreanische Regierung sehr angenehm berührt.

Zembsch.

Betrifft: Bericht des Generalkonsul Zembsch in Korea über den Erlaß der
        Entschädigungszahlung Korea's an Japan, seitens der letzteren Regierung.

[   ]

PAAA_RZ201-018903_150 ff.

Empfänger	Unterstaatssekretär, Busch	Absender	Edward Malet
A. 148 pr. 9. Januar 1885.		Berlin, January 9. 1885.	
Memo	s. Immediatbericht 11. 1.		

A. 148 pr. 9. Januar 1885.

Berlin, January 9. 1885.

His Excellency
Doctor Busch

Dear Doctor Busch,

It may interest you to know that in consequence of British mediation having been requested by Corea, our Consul General has been authorized to act in concert with his German and American Colleagues – The Japanese seem to have accepted the proposed mediation and the Chinese also ask for good offices.

Believe me wbc
sincerely yours
Edward Malet

[   ]

PAAA_RZ201-018903_150 ff.

Empfänger	Unterstaatssekretär, Busch	Absender	Edward Malet
A. 148 pr. 9. Januar 1885.		Berlin, January 9. 1885.	

Übersetzung.

A. 148 pr. 9. Januar 1885.

Berlin, den 9. Januar 1885.

An den Unterstaatssekretär, Herrn Dr. Busch.

Es wird Sie vielleicht interessiren zu erfahren, daß die koreanische Regierung die englische Vermittelung in Anspruch genommen hat, und daß unser Generalkonsul in Folge dessen beauftragt worden ist, im Einverständniß mit seinem deutschen und amerikanischen Kollegen zu handeln. – Die Japaner scheinen mit der vorgeschlagenen Mediation einverstanden und auch die Chinesen bitten um freundliche Unterstützung.

Ich verbleibe Ihr
aufrichtig ergebener
(gez.) Ed. Malet.

Übersetzung.

Berlin, den 9. Januar 1885.

An den Unterstaatssekretär
Herrn Dr. Busch.

Lieber Doktor Busch.

Es wird Sie vielleicht interessiren zu erfahren, daß die koreanische Regierung die englische Vermittelung in Anspruch genommen hat, und daß unser General-Konsul in Folge dessen beauftragt worden ist, im Einverständniß mit seinem deutschen und amerikanischen Kollegen zu handeln. – Die Japaner scheinen mit der vorgeschlagenen Mediation einverstanden und auch die Chinesen bitten um freundliche Unterstützung.

Ich verbleibe Ihr aufrichtig ergebener
gez. Ed. Malet.

Berlin, den 11. Januar 1885.

An

Seine Majestät

den Kaiser & König

Ew. Majestät dürfte erinnerlich sein, daß vor Kurzem in Söul, der Hauptstadt von Korea, ein blutiger Zusammenstoß zwischen japanischen und chinesischen Truppen stattgefunden hat. Ein Brief des englischen Botschafters, den ich mir gestatte anl. ehrfurchtsvoll zu überreichen, theilt nun mit, daß die koreanische Regierung die englische Vermittlung in Anspruch genommen hat, um den Zwischenfall zu einem gütlichen Ausgleich zu bringen.

N. d. H. U. St. S.

B.

L. 11. 1.

Berlin, den 11. Januar 1885.

Seiner Majestät

dem Kaiser und Könige.

Euerer Kaiserlichen und Königlichen Majestät dürfte erinnerlich sein, daß vor Kurzem in Söul, der Hauptstadt von Korea, ein blutiger Zusammenstoß zwischen japanischen und chinesischen Truppen stattgefunden hat. Ein Brief des englischen Botschafters, den ich mir gestatte anliegend ehrfurchtsvoll zu überreichen, theilt nun mit, daß die koreanische Regierung die englische Vermittelung in Anspruch genommen hat, um den Zwischenfall zu einem gütlichen Ausgleich zu bringen.

Bunn.

[   ]

PAAA_RZ201-018903_150 ff.

Empfänger	Auswärtiges Amt in Berlin	Absender	Budler
A. 299 pr. 16. Januar 1885.		Nagasaki, den 15. Januar	

A. 299 pr. 16. Januar 1885.

Abschrift.

Telegramm.

Nagasaki, den 15. Januar 1885. 4 Uhr 2M. N.

Der K. Vice-Konsul

an Auswärtiges Amt.

№ -.

Japan and Corea signed treaty without China. Troops remain
Soul 905

sig. Budler.

Auswärtiges Amt
Abth. A.

Politisches Archiv d. Auswärt. Amts

Acta

betreffend
Korea.

Vom 20. Januar 1885.
Bis 23. April 1885.

Vol.: 4.
conf. Vol.: 5.

Politisches Archiv des Auswärtiges Amt
R 18904

KOREA. № 1

Koreanischer Konflikt und Entsendung des Herrn Inouye nach Seoul.

PAAA_RZ201-018904_002 ff.

Empfänger	Bismarck	Absender	Otto Graf von Dönhoff
A. 509 pr. 26. Januar 1885.		Tokio, den 22. Dezember 1884.	

A. 509 pr. 26. Januar 1885.

Tokio, den 22. Dezember 1884.

A. № 61.

Seiner Durchlaucht
dem Fürsten von Bismarck.

Die aufständischen Bewegungen, die in der ersten Hälfte dieses Monates in Korea stattfanden und die darin verknüpften Konflikte zwischen den Japanischen und Chinesischen Garnisonstruppen, über die Euerer Durchlaucht von dort aus Bericht erstattet wurde, haben, wie begreiflich, die hiesigen Regierungskreise und Bevölkerung sehr erregt.

Der abwesende Minister der Auswärtigen Angelegenheiten wurde telegraphisch zurückbeordert und traf ohne Säumen in Tokio ein. Auf seine Veranlassung ging sofort ein Beamter des Auswärtigen Amtes nach Seoul zur Feststellung des bis dahin noch recht unklaren Thatbestandes und ein Kriegsschiff von Nagasaki nach Chemulpo zum Schutze und zur Verpflegung der dort inzwischen eingetroffenen Japanischen Bevölkerung und Garnison.

Nachdem seither nähere Details über die Vorgänge selbst eingegangen sind, hat die hiesige Regierung einer von Peking telegraphisch empfangenen Aufforderung zu Folge beschlossen, einen Spezial-Gesandten an Ort und Stelle zu schicken, der in Seoul mit einem chinesischer Seits ebenfalls entsandten Spezial-Bevollmächtigten zur Regelung des Konfliktes zusammentreffen soll.

Seitens der Japanischen Regierung ist der Minister des Äußeren persönlich mit dieser Mission vom Mikado betraut worden und heute Morgen mit weitgehenden Vollmachten versehen und großem Gefolge an Bord eines Spezialdampfers, dem ein Kriegsschiff folgt, nach Chemulpo abgereist.

Während seiner Abwesenheit vertritt ihn hier der Vice-Minister Yoshida.

G Dönhoff

Inhalt: Koreanischer Konflikt und Entsendung des Herrn Inouye nach Seoul.

PAAA_RZ201-018904_006 ff.

Empfänger	Bismarck	Absender	Dönhoff
A. 510 pr. 26. Januar 1885.		Tokio, den 22. Dezember 1884.	
Memo	mitg. nach Petersburg 55, Paris 49, London 36. 30. 1.		

A. 510 pr. 26. Januar 1885.

Tokio, den 22. Dezember 1884.

A. № 62.

Vertraulich.

Seiner Durchlaucht

Dem Fürsten von Bismarck.

Ich hatte mit Herrn Inouye vor seiner Abreise nach Korea noch eine längere Unterredung.

Der Minister, der, wie stets mir gegenüber, sehr offenherzig war, theilte mir vertraulich mit, daß die chinesische Regierung, die gleich nach den Ereignissen in Korea in Tokio angefangen habe, die Nothwendigkeit einer friedlichen Lösung der schwebenden Differenz zu betonen, gebeten habe, einen Spezialbevollmächtigten nach Korea zu senden, der dort mit einem von ihr ebenfalls zu entsendenden Bevollmächtigten zusammentreffen und deren Aufgabe es sein solle, nach gehöriger Feststellung der Vorgänge eine friedliche Lösung herbeizuführen. Die Japanische Regierung sei auf diesen Vorschlag eingegangen, da sie, wenn möglich, eine friedliche Beilegung wünsche, habe aber zu gleicher Zeit in Peking angezeigt, daß sie nicht nur über die stattgehabten Vorgänge, sondern auch über Präventiv-Maßregeln für die Zukunft zu verhandeln gedenke. Er selbst habe diese Mission nach Korea übernommen, damit keine Zeit durch Rückfragen verloren ginge. Seine Absicht sei: erstens mit der Koreanischen Regierung allein, als der Regierung eines unabhängigen Landes, über die Niederbrennung der Japanischen Gesandtschaft und Kasernen, die wie bereits feststehen soll, durch koreanische Truppen ausgeführt wurde, und wegen des den japanischen Kaufleuten seitens der Koreaner zugefügten körperlichen und materiellen Schadens zu unterhandeln, zweitens aber, und zwar ebenfalls allein, beabsichtige er mit dem chinesischen Bevollmächtigten über den unmotivierten Eingriff der chinesischen Truppen zu verhandeln, und wie ähnlichen Vorfällen in Zukunft vorzubeugen sei.

In Bezug auf Letzteres theilte mir Herr Inouye ganz vertraulich mit, daß er den jetzigen Moment für geeignet halte, die koreanische Frage mit China zur Lösung zu bringen und es daher seine feste Absicht sei, die Zurückziehung der chinesischen Truppen aus Korea zu verlangen, wogegen er sich bereit erklären würde, die japanischen ebenfalls abzuberufen. Für den Fall der Ablehnung dieses Vorschlages sei er entschlossen, die Zahl der japanischen Garnison auf dieselbe Höhe zu bringen und zu erhalten wie die der Chinesen; allerdings sei dann ein Zusammenstoß der beiderseitigen Truppen nur eine Frage der Zeit und, wie er glaube, überaus kurzer Zeit.

Der Minister theilte mir ferner ganz vertraulich mit, daß seit den Ereignissen in Seoul der französische Gesandte Patenôtre in Shanghai den dortigen japanischen General Konsul bereits wiederholt aufgefordert habe, seiner Regierung die Mittheilung zu machen, daß er mit ihr über Allianz-Vorschläge verhandeln wolle und dazu seitens des Herrn Ferry bevollmächtigt sei; er habe darauf erwidern lassen, daß ihm derartige Verhandlungen vorläufig verfrüht erschienen, da die japanische Regierung den Konflikt, wenn irgendmöglich friedlich zu lösen wünsche. Der Minister ließ mir gegenüber durchblicken, daß die ihm früher nicht sympathisch erschienene französische Allianz jetzt eventualiter nicht undenkbar sei; er bemerkte unter anderem, daß französische Schiffe und japanische Truppen zusammen vielleicht ein ganz passendes Ganzes ausmachen würden.

Seitens meines englischen Kollegen ist Herrn Inouye, wie er nur ebenfalls ganz vertraulich mittheilte, auf das Dringendste angerathen worden, China gegenüber sehr vorsichtig aufzutreten und ja keine ernstliche Schwierigkeiten herbei zu führen, die für Japan nur gefährlich werden könnten. Der Minister schien über diese guten Rathschläge weniger erbaut und sagte mir, daß er jeden Konflikt zu vermeiden wünsche und suche, aber das Prestige Japans jedenfalls wahren müsse und würde. Ich habe allen Grund zu glauben, daß dies auch der Geist ist, in dem die Verhandlungen in Seoul geführt werden sollen.

Mein Russischer Kollege hat aus Petersburg die Weisung erhalten, seinen Legations-Sekretär an Bord eines Kriegsschiffes nach Chemulpo zur Beobachtung der Situation und Berichterstattung zu senden, und ist der Betreffende gestern von Yokohama aus in See gegangen.

H. Dönhoff.

PAAA_RZ201-018904_012 ff.

Empfänger	Bismarck	Absender	Budler
A. 511 pr. 26. Januar 1885.		Chemulpo, den 8. Dezember 1884.	

A. 511 pr. 26. Januar 1885.

Chemulpo, den 8. Dezember 1884.

Seiner Durchlaucht

dem Fürsten von Bismarck.

pp

Am 4. Abend wurde ein hoher koreanischer Beamter Namens Min Yong-ik auf der Straße von Unbekannten angefallen und verwundet. Derselbe ist ein Verwandter der Königin, war als Außerordentlicher Gesandter in den Vereinigten Staaten und soll zur chinesenfreundlichen Partei gehören. Alsbald nach dem Vorfall, der durch zufällige Umstände sofort zur Kenntniß der fremden Vertreter kam, wurde die Wache der japanischen Gesandtschaft, etwa 160 Mann alarmirt, und der japanischen Minister-Resident Takeroye begab sich mit derselben, wie er selbst mir sagte, auf Wunsch des Königs in den Palast, angeblich um den König zu schützen. Am 5. wurden noch mehrere, es scheint sechs chinesenfreundliche koreanische höhere Beamte getödtet, wie die meisten annehmen, auf Betreiben der japanischen Partei. Die chinesischen Vertreter scheinen die Räumung des Palastes von dem japanischen Vertreter verlangt zu haben, welche verweigert wurde. Es erfolgte darauf noch am 5. ein Versuch chinesischer und koreanischer Truppen den Eingang des Palastes zu erzwingen, der erfolglos blieb, am 6. wurde der Versuch wiederholt, und verließen, scheint es, die japanischen Truppen den Palast nach kurzem Wiederstande, bei dem auf beiden Seiten einige Mann getödtet und verwundet wurden.

Die Japaner zogen sich nach der Gesandtschaft zurück. Am 7. wurde ein wenig ernstlicher Angriff auf die Gebäude derselben gemacht, am Nachmittage verließ der Minister-Resident mit seinem Personal, den Mannschaften und begleitet von den japanischen Kaufleuten Seül, es kam noch zu einigen Plänkeleien, die Japaner konnten sich aber in guter Ordnung zurückziehen und kamen heut bald nach Tagesanbruch hier an. Ein japanisches Kanonenboot liegt auf der Außen-Rhede, welches etwa 100 Mann an Bord hat. Daßelbe ist schon seit längerer Zeit hier, die Truppen sind in den Häusern der japanischen Niederlassung einquartirt, auf den Höhen von Chemulpo, nach Seül zu, stehen japanische Posten. Der regelmäßig hier verkehrende japanische Handels-Dampfer, welcher am 6. hier eintraf, liegt im inneren Hafen. Wie ich im japanischen Konsulat erfuhr, soll derselbe morgen, von den japanischen Behörden gechartert, direct nach Nagasaki gehen, um Nachrichten dorthin zu bringen und sollen Frauen und Kinder mit demselben fortgesandt werden.

Die Ordnung ist bislang hier nicht gestört worden, das gute Verhältniß zwischen dem chinesischen und dem japanischen Konsul und den Kaufleuten der beiden Nationen ist bis jetzt aufrecht erhalten worden. Das englisches Kanonenboot „Espoir" mit einer Besatzung von etwa 80 Mann liegt im inneren Hafen. Zum Schutz gegen etwaige Angriffe der koreanischen Bevölkerung sind von den europäischen und amerikanischen Ansiedlern, ungefähr 20 Personen, im Einvernehmen mit dem chinesischen und dem japanischen Konsul Maßregeln getroffen worden, bei welchen die Mitwirkung des englischen Kanonenbootes, wenn nöthig, gesichert ist. Der Kommandant desselben ist heute mit einer Eskorte von 8 Mann nach Seül aufgebrochen, um den Rückzug des englischen, amerikanischen und deutschen Vertreters aus Seül, wenn nöthig, zu erleichtern. Nach allen Nachrichten sind dieselben bis jetzt unverletzt, auch Herr von Möllendorff und seine Beamten sind unversehrt, die chinesischen Truppen halten die Ordnung in der Hauptstadt aufrecht.

(:gez.) Budler.

Nachträge.

pp Der chinesische Konsul kommt, um mir die chinesische Darstellung der Thatsachen zu geben. Die Japaner hätten nach Besetzung des Palastes versucht, die Regierung des Landes an sich zu reißen, die chinesischen Vertreter seien nicht zur Audienz beim König zugelassen, fünf oder sechs hohe koreanische Beamte seien von den Japanern ermordet worden. Die Chinesen hätten die Japaner aufgefordert, den Palast zu verlassen, was diese verweigert, dieselben hätten die ersten Schüsse gefeuert. Die Japaner hätten den Streit ganz entschieden gesucht. Der König befinde sich jetzt bei den chinesischen Truppen.

Bei einem Besuche, dem ich heute Abend dem japanischen Minister-Residenten machte, erklärte derselbe, er werde mir eine Darstellung der Begebenheiten zustellen; wichtig sei, daß er mit der japanischen Wache auf ausdrücklichen Wunsch des Königs in den Palast gegangen sei.

Der chinesische Konsul hat heute Nachmittag dem japanischen Minister-Residenten Besuch gemacht und haben beide darin übereingestimmt, daß nach dem Grundsatze des internationalen Rechtes verfahren werden solle, daß Nichtcombattanten nicht in Mitleidenschaft gezogen werden. Die chinesischen und koreanischen Truppen scheinen nicht die Absicht zu haben, die Japaner aus Chemulpo zu vertreiben und so darf man hoffen, daß es hier jetzt nicht zu Kämpfen kommen wird. Die Japaner sind aber sehr auf der Hut gegen einen Ueberfall und haben heut Abend ein Feldgeschütz auf der Seül Straße nicht weit von der Niederlassung aufgestellt.

pp.

Nach der Besetzung des Palastes durch die chinesischen Truppen sollen eine Anzahl, zehn oder elf, der japanisch gesinnten koreanischen Beamten getödtet worden sein.

pp

[   ]

PAAA_RZ201-018904_020 ff.

Empfänger	Bismarck	Absender	Hermann Budler
A. 511 pr. 26. Januar 1885.		Chemulpo, den 8. Dezember 1884.	
Memo	Mitg. nach London 37, Paris 50, Petersburg 59, Wien 47, den 3 deutschen Höfen. 30/1 (Cf. A. 4560 de 94)		

A. 511 pr. 26. Januar 1885.

Chemulpo, den 8. Dezember 1884.

Seiner Durchlaucht

dem Fürsten von Bismarck.

Da der Kaiserliche General-Konsul von Söul aus voraussichtlich nicht im Strande sein wird mit einer Gelegenheit, die sich morgen unerwartet bietet, zu berichten, so halte ich es für meine Pflicht Euerer Durchlaucht über jüngste Ereignisse in der Hauptstadt Koreas das Folgende kurz zu melden.[17]

Am 4ten abends wurde ein hoher koreanischer Beamter namens Min Yong-ik auf der Straße von Unbekannten angefallen und verwundet. Derselbe ist ein Verwandter der Königin, er war als außerordentlicher Gesandter in den Vereinigten Staaten und soll zur chinesenfreundlichen Partei gehören. Alsbald nach dem Vorfall, der durch zufällige Umstände sofort zur Kenntnis der fremden Vertreter kam, wurde die Wache der japanischen Gesandtschaft, etwa 160 Mann, alarmiert, und der japanischen Minister-Resident Takeroye begab sich mit denselben, wie er selbst mir sagte, auf Wunsch des Königs, in den Palast, angeblich um den König zu schützen. Am 5ten wurden noch mehrere, es scheint sechs, chinesenfreundliche koreanische höhere Beamte getötet, wie die meisten annehmen, auf Betreiben der japanischen Partei. Die chinesischen Vertreter scheinen die Räumung des Palastes von dem japanischen Vertreter verlangt zu haben, welche verweigert wurde. Es erfolgte darauf noch am 5ten ein Versuch chinesischer und koreanischer Truppen, den Eingang des Palastes zu erzwingen, der erfolglos blieb. Am 6ten wurde der Versuch wiederholt, und verließen, scheinbar, die japanischen Truppen den Palast nach kurzem Wiederstande, bei dem auf beiden Seiten einige Männer getötet und verwundet wurden.

---

17 "Da ... melden.": Durchgestrichen von Dritten.

Die Japaner zogen sich nach der Gesandtschaft zurück. Am 7ten wurde ein wenig ernstlicher Angriff auf die Gebäude derselben gemacht, am Nachmittag verließ der Minister-Resident mit seinem Personal, den Mannschaften und begleitet von den japanischen Kaufleuten Söul; es kam noch zu einigen Plänkeleien, die Japaner konnten sich aber in guter Ordnung zurückziehen und kamen heute bald nach Tagesanbruch hier an. Ein japanisches Kanonenboot liegt auf der Außen-Rhede, welches etwa 100 Mann an Bord hat. Daßelbe ist schon seit längerer Zeit hier, die Truppen sind in den Häusern der japanischen Niederlassung einquartiert; auf den Höhen von Chemulpo, nach Söul zu, stehen japanische Posten. Der regelmäßig hier verkehrende japanische Handelsdampfer, welcher am 6ten hier eintraf, liegt im inneren Hafen. Wie ich im japanischen Konsulat erfuhr, soll derselbe morgen, von den japanischen Behörden gechartert, direkt nach Nagasaki gehen, um Nachrichten dorthin zu bringen und sollen Frauen und Kinder mit demselben fortgesandt werden.

Die Ordnung ist bislang hier nicht gestört worden, das gute Verhältniß zwischen dem chinesischen und dem japanischen Konsul und den Kaufleuten der beiden Nationen ist bis jetzt aufrecht erhalten worden. – Das englische Kanonenboot „Espoir" mit einer Besatzung von etwa 80 Mann liegt im inneren Hafen. Zum Schutz gegen etwaige Angriffe der koreanischen Bevölkerung sind von den europäischen und amerikanischen Ansiedlern, ungefähr 20 Personen, im Einvernehmen mit dem chinesischen und dem japanischen Konsul Maßregeln getroffen worden, bei welchen die Mitwirkung des englischen Kanonenbootes, wenn nötig, gesichert ist. Der Kommandant desselben ist heute mit einer Eskorte von 8 Mann nach Söul aufgebrochen, um den Rückzug der englischen, amerikanischen und deutschen Vertreter aus Söul, wenn nötig, zu erleichtern. Nach allen Nachrichten sind dieselben bis jetzt unverletzt, auch Herr von Möllendorff und seine Beamten sind unversehrt, die chinesischen Truppen halten die Ordnung in der Hauptstadt aufrecht.

Da meine Zeit sehr beschränkt ist, so laße ich diesen Bericht dem Kaiserlichen Konsul in Nagasaki zugehen und bitte diesen Abschriften desselben unverweilt an die kaiserlichen Vertreter in Peking und Tokio sowie an den kaiserlichen Chef der ostasiatischen Station zu senden.[18]

Budler.

Nachträge. 7 Uhr abends. Die Japaner landen vom Kriegsschiff 2 Geschütze mit je 14 Mann Bedienung, außerdem sind vom Schiff etwa 40 Mann an Land. Es scheint die

---

18 "Da ... senden.": Durchgestrichen von Dritten.

Absicht zu bestehen den Platz zu halten. Weiber und Kinder sind eingeschifft.

Europäer von Söul bringen die Nachricht, daß die Gesandtschaften geschützt werden und meinen, daß die englische Eskorte ohne Schwierigkeiten Eingang finden wird; ferner melden sie, daß Herr von Möllendorff sich geflüchtet hat und, in europäischen Kleidern, nach hier unterwegs ist.[19]

Der chinesische Konsul kommt, um mir die chinesische Darstellung der Tatsachen zu geben. Die Japaner hätten nach Besetzung des Palastes versucht, die Regierung des Landes an sich zu reißen, die chinesischen Vertreter seien nicht zur Audienz beim König zugelassen, fünf oder sechs hohe koreanische Beamte seien von den Japanern ermordet worden. Die Chinesen hätten die Japaner aufgefordert den Palast zu verlassen, was diese verweigerten; dieselben hätten die ersten Schüsse gefeuert. Die Japaner hätten den Streit ganz entschieden gesucht. Der König befinde sich jetzt bei den chinesischen Truppen.

Bei einem Besuche, den ich heute Abend dem japanischen Minister-Residenten machte, erklärt derselbe, er werde mir eine Darstellung der Begebenheiten für den kaiserlichen Generalkonsul zustellen; wichtig sei, daß er mit der japanischen Wache auf ausdrücklichen Wunsch des Königs in den Palast gegangen sei.

Der chinesische Konsul hat heute nachmittag dem japanischen Minister-Residenten Besuch gemacht und haben beide darin übereingestimmt, daß nach dem Grundsatz des internationalen Rechtes verfahren werden solle, daß Nicht-Kombattanten nicht in Mitleidenschaft gezogen werden. – Die chinesischen und koreanischen Truppen scheinen nicht die Absicht zu haben, die Japaner aus Chemulpo zu vertreiben und so darf man hoffen, daß es hier jetzt nicht zu Kämpfen kommen wird. Die Japaner sind aber sehr auf der Hut gegen einen Überfall und haben heute abend ein Feldgeschütz auf der Söul-Straße, nicht weit von der Niederlassung, aufgestellt.

Mehrere fremde Zollbeamte sind heute Abend hier aus Söul angekommen; sie melden, daß es dort unmöglich war die gewöhnlichen Lebensmittel sich zu verschaffen, daß sie auf dem Wege nicht belästigt worden sind, daß die fremden Vertreter spätestens morgen früh sich hierher begeben wollten.[20]

Nach der Besetzung des Palastes durch die chinesischen Truppen sollen eine Anzahl, zehn oder elf, der japanisch gesinnten koreanischen Beamten getötet worden sein.

Ein chinesisches Kriegsschiff war vor einigen Tagen in Masampo (40 Seemeilen südlich von hier) und dürfte die Nachricht von den Vorgängen durch daßelbe schnell nach China gelangen.

---

19 "7 Uhr ... ist.": Durchgestrichen von Dritten.
20 "Mehrere ... wollten.": Durchgestrichen von Dritten.

Das folgende Telegramme ersuche ich den kaiserlichen Konsul in Nagasaki an das Auswärtige Amt in Berlin und an die kaiserliche Gesandten in Peking und Tokio zu expedieren (Foreign Office Berlin) Collision at Söul between Chinese and Japanese troops. Japanese withdrew, reentry Chemulpo. Foreigners uninjured. British gunboat here.[21]

Chemulpo 8th   Budler.

---

21 "Ein ... here.": Durchgestrichen von Dritten.

Berlin, den 30. Januar 1885.   A. 510.

An

die Missionen in   Euerer pp. beehre ich mich anbei Abschrift eines

Vertraulich.   Berichtes des K. Gesandten in Tokio vom 22. v. Mts.,

1. Petersburg № 58.   betreffend die Begrenzungen Japans zu China u. Korea

2. Paris № 49.   zur gefl. vertraulichen persönlichen Information zu

3. London № 36.   übersenden.

                                                                                    B

                                                                            L 30. 1.

Berlin, den 30. Januar 1885.   A511.

An

die Missionen in

1. London № 37.

2. Paris № 50.

3. St. Petersburg № 59.

4. Wien № 47.

18. München № 27.

19. Dresden № 24.

20. Stuttgart № 23.

Euerer pp. beehre ich mich anbei Auszug eines Berichts des K. Consulats in Chemulpo (Korea), vom 8. v. Mts., betreffend die Unruhen in Söul zur gefälligen persönlichen Information zu übersenden. Ad. 1-7 eventl. zu machende Zusätze. Zugleich sind Euer pp. ermächtigt, den Inhalt nach Ihrem Ermessen zu verwerten.

B

L 30. 1.

Aufstand in Korea.

PAAA_RZ201-018904_033

Empfänger	Bismarck	Absender	Johannes Lührsen
A. 635 p. 31. Januar 1885.		Shanghai, den 19. Dezember 1884.	

A. 635 p. 31. Januar 1885. 1 Anl.

Shanghai, den 19. Dezember 1884.

№ 192.

Seiner Durchlaucht
dem Fürsten von Bismarck.

Euerer Durchlaucht beehre ich mich beifolgend Abschrift eines mir gestern zugegangenen Schreibens des Kaiserlichen General-Konsuls Zembsch am 9. d. M., betreffend die Lage in Korea, mit ehrerbietigsten Bemerken zu übersenden, daß ich den Wunsch des Genannten um Absendung eines Seiner Majestät Kriegsschiffe nach Korea sofort telegraphisch zur Kenntniß des Kaiserlichen Kommodore, zur Zeit in Hongkong und des Kaiserlichen Gesandten in Peking gebracht, dem Letzteren auch Abschrift des erwähnten Schreibens mitgeteilt habe.

S. M. Kbt. Iltis

verläßt soeben den hiesigen Hafen, um sich auf telegraphischen Befehl des Kommodore Paschen nach Korea zu begeben.

Lührsen.

betr. Aufstand in Korea.

[Anlage zu № 192.]

Abschrift J. № 109.

Söul, den 9. Dezember 1884

An den K. General-Konsul, Herrn Dr. Lührsen, Hochwohlgeboren

Euere Hochwohlgeboren

beehre ich mich in größter Eile ganz ergebenst zu benachrichtigen, daß hier eine Revolution ausgebrochen ist, augenscheinlich durch eine Verschwörung vorbereitet. Eine größere Anzahl der angesehensten Minister und Vornehmen sind ermordet worden. Die japanische Gesandtschaftswache ist in Konflikt mit den hier befindlichen chinesischen Truppen geraten, später von den Koreanern angegriffen worden und hat sich kämpfend aus Söul nach Chemulpo gezogen. Eine Menge hier lebender Japaner ist von dem aufgebrachten Volk erschlagen worden. Das japanische Gesandtschaftsgebäude, noch nicht ganz vollendet, ist niedergebrannt worden, ebenso eine Anzahl anderer Gebäude in der Stadt. Man muß befürchten, daß bei der Aufregung des Volks Ausschreitungen auch gegen andere Fremde vorkommen werden. Es hat den Anschein als ob von Japan ein Kriegsfall mit Korea gewünscht würde. Kommt es zum Kriege, so tritt bei den mangelhaften gestörten Verkehrsmitteln auch Hungersnot in Söul ein und alsdann sind alle Fremden in allergrößter Gefahr. Nun ist zu bedenken daß die einzige Schiffscommunication mit Korea in einem japanischen Dampfer besteht, der im Kriegsfalle vermutlich von Japanern benützt werden könnte und durch die Zufuhr von Lebensmitteln nicht erfolgen würde. Tritt erst Noth ein dann können die Fremden gar nicht mehr fort. Unter diesen Umständen bitte ich, dringend den Geschwaderchef zu ersuchen, eines S. M. Kriegsschiffe nach Chemulpo zu entsenden, damit während des Winters Fremde, welche flüchten müssen, aufgenommen und in Sicherheit gebracht werden können. Es ist sehr möglich daß auch die fremden Vertreter sich von hier werden zurückziehen müssen. Ich habe nicht die Zeit, um mich jetzt schriftlich nach Peking an den Kaiserlichen Gesandten zu wenden, deshalb bitte ich Euere Hochwohlgeboren, dies unter Motivierung mit der dringenden Gefahr telegraphisch zu thun und gleichzeitig an den Geschwaderchef zu gehen. Ferner bitte ich, Seiner Durchlaucht dem Herrn Reichskanzler telegraphisch Meldung von der dringenden Gefahr zu machen, und schlage hierzu etwa folgenden Wortlaut vor:

„Aufstand in Korea erbitterter Krieg mit Japan unmittelbar Fremde in dringendster Gefahr Hülfe Kriegsschiff erbeten."

Ich befürchte namentlich, daß wenn auch die dringendste Gefahr augenblicklich vorüber geht, daß dann, wenn der Krieg beginnt und Mangel eintritt, keine Möglichkeit mehr vorhanden ist, Hülfe herbeizurufen, denn wir haben dann keine Verbindung mehr mit der übrigen Welt. Es müßte also jedenfalls abwechselnd nach einander so ein Kriegsschiff der in Korea vertretenen Nationen hinkommen, um im Fall der Noth helfen oder wenigstens Nachricht von der Noth nach chinesischen Häfen bringen zu können. Wenn ein Kriegsschiff nicht disponibel sein sollte, so müßte wenigstens ein Dampfer wie die „Nanzing" gemiethet und zur Aufnahme von Flüchtlingen und mit Proviant versehen hergesendet werden. Bitte den Inhalt dieses Berichts auch schriftlich nach Berlin und Peking zu übermitteln, da ich mit gegenwärtiger Postgelegenheit nicht selbst direkt berichten kann. Herr von Möllendorff hat Söul verlassen müssen.

gez. Zembsch.

PAAA_RZ201-018904_039

Empfänger	Herrn Grafen von Hatzfeldt-Wildenburg	Absender	Caprivi
A. 688 pr. 3. Februar 1885.		Berlin, den 31. Januar 1885.	
Memo	A. 574. Ia.		

A. 688 pr. 3. Februar 1885. 1 Anl.

Berlin, den 31. Januar 1885.

An

den Königlichen Staats-Minister und Staatssekretair des Auswärtigen Amts,
Herrn Grafen von Hatzfeldt-Wildenburg Excellenz
Hier

Euerer Excellenz beehre ich mich, im Anschluß an mein Schreiben vom 21. Dezember
v. Js. – A. 7115. -, anliegend Abschrift des Berichts des Geschwaderchefs auf der bei
Abth. II Ostasiatischen Station, Kommodore Paschen, zur gef. d.d. Hongkong den 20ten
Dezember v. Js. Kenntniß-1748-betreffend die Entsendung S. M. Kbt. „Iltis" nach Korea,
zur gefälligen Kenntniß ergebenst zu übersenden.

Caprivi.

[Anlage zu A. 688.]
Abschrift.

Hongkong, den 20. Dezember 1884.

Ostasiatisches Geschwader-Kommando. J. № 1748.
Entsendung S. M. Kbt. „Iltis" nach Korea.

Euer Excellenz beehre ich mich ganz gehorsamst zu berichten, daß laut einer vom

Kaiserlichen General-Konsul in Shanghai an mich gelangten Depesche vom 18. hj. der General-Konsul Zembsch in Korea dringendst um ein Kriegsschiff ersucht, da das Leben der Fremden in Folge eines Aufstandes bedroht sei. Ich habe sofort unter Mittheilung an die Gesandtschaft in Peking S.M. Kbt. „Iltis", welches mittlerweile in Shanghai angekommen war, Befehl gegeben, schleunigst nach Chemulpo zu gehen und ist das Kanonenboot bereits am 19ten dahin abgegangen. Die heute eingetroffene Depesche Eurer Excellenz ließ sich bezüglich S.M. Kbt. „Nautilus" nicht mehr ausführen, da dasselbe bereits im Winterlager und im Eise festliegt.

Zur Zeit des Aufstandes war das englische Kanonenboot Espoir in Chemulpo anwesend und ist auch „Albatros" dahin beordert worden mit dem Auftrage, durch Espoir sofort weitere Nachrichten nach Shanghai zu senden und von dort dem Admiral Dowell telegraphisch zu übermitteln. Letzterer hat mir gütige Mittheilung derselben zugesagt. Den Nachrichten kann morgen oder übermorgen entgegengesehen werden und warte ich dieselben ab, um dann nach Shanghai zurückzukehren mit der Absicht auf dieser Reise in allen dem Tiefgange S.M.S. „Stosch" zugänglichen Vertragshäfen die Flagge zu zeigen.

gez: Paschen.

Kommodore und Geschwaderchef.

An den Chef der Admiralität Berlin.

Die Mission Inouye's nach Korea.

PAAA_RZ201-018904_042 ff.			
Empfänger	Bismarck	Absender	Dönhoff.
A. 776 pr. 7. Februar 1885.		Tokio, den 30. Dezember 1884.	

A. 776 pr. 7. Februar 1885.

Tokio, den 30. Dezember 1884.

A. № 63.

Seiner Durchlaucht
dem Fürsten von Bismarck.

Die Reise des Ministers des Äußern (cfr si pl. Berichte A. № 61 und 62 vom 22. d. Mts.) hat in Shimonoseki eine mehrtägige Unterbrechung erfahren und ist erst vorgestern von dort aus fortgesetzt worden.

Kaum hatte Herr Inouye Yokohama verlassen, als hier Nachrichten von China eingingen, nach welchen den vorhergehenden Vereinbarungen entgegen, der chinesischerseits nach Korea zu entsendende Bevollmächtigte Wuh nicht nur nicht mit gleichen Vollmachten wie der japanische ausgerüstet, da nach chinesischem Brauche eine derartig ausgedehnte Vollmacht nie ertheilt würde, sondern auch, begleitet von einer sogenannten Leibgarde von 500 Mann und drei Kriegsschiffen bereits seit mehreren Tagen in Chemulpo eingetroffen sei.

Da man ganz besonders übereingekommen war, augenblicklich keine Truppen mit dem Bevollmächtigten nach Korea zu senden, so entstand hier die Frage was nun geschehen solle.

Nach kurzer Berathung und besonders auf Wunsch des Herrn Inouye, den man beim Passiren von Shimonoseki noch rechtzeitig telegraphisch anhalten konnte, kam die Regierung zu dem Entschluß, denselben ebenfalls mit einer Leibgarde zu versehen; nur ist die Stärke derselben gleich so gewählt worden, daß der Minister bei seiner Ankunft in Korea über eine ebenso große Truppenmacht verfügen kann, wie der chinesische Bevollmächtigte.

Nachdem zwei Bataillone Infanterie, etwa 1100 Mann, in Shimonoseki eingeschifft worden

waren, hat Herr Inouye die Reise fortgesetzt.

Japanischerseits befinden sich ebenfalls drei Kriegsschiffe in Chemulpo; dieselben ankern auf der südlichen Seite der in der Bai liegenden Insel, während die chinesischen auf der nördlichen liegen, sodaß eine Collision derselben vorläufig ausgeschlossen erscheint, da die sie trennende Entfernung etwa fünfzehn englische Meilen betragen soll. Außer diesen drei Schiffen ist auch nach den Häfen von Fusan und Gensan, wo japanische Niederlassungen sind, je ein Kriegsschiff beordert worden.

Der diesseitige Gesandte in Korea, Herr Takezoye, hat sich auf Befehl seiner Regierung mit einer Eskorte von 50 Mann nach Seoul zurückbegeben; seitdem sind keine weiteren Berichte von ihm hier eingegangen.

Die Ankunft des Herrn Inouye in Chemulpo steht heute zu erwarten; Nachrichten von ihm werden kaum vor einer Woche vorliegen.

Die Handlungsweise des Tsungli-Yamen hat jedenfalls eine schnelle und befriedigende Lösung der Verwickelungen sehr erschwert.

Mir ist es bis jetzt nicht gelungen festzustellen, ob die von der japanischen Presse gebrachte Nachricht, daß Admiral Courbet zwei Schiffe nach Korea geschickt habe, der Wahrheit entspricht. Es würde mich nicht überraschen, wenn auf diese Weise im gegebenen Momente dort Verhandlungen angeknüpft und geführt würden, die von Frankreich wiederholt gesucht, von hier aus kürzlich nur als verfrüht bezeichnet wurden.

H. Dönhoff.

Inhalt: Die Mission Inouye's nach Korea.

Verhandlungen behufs Verständigung zwischen Korea und Japan.

Empfänger	Bismarck	Absender	Budler
A. 778 pr. 7. Februar 1885.		Söul, den 18. Dezember 1884.	
Memo	J. № 149.		

PAAA_RZ201-018904_046 ff.

A. 778 pr. 7. Februar 1885.

Söul, den 18. Dezember 1884.

Lfde. № 11.

Seiner Durchlaucht

dem Fürsten von Bismarck.

Am 8ten dss. Ms. erlaubte ich mir, von Chemulpo aus Euerer Durchlaucht über jüngste Ereignisse in Söul gehorsamsten Bericht zu erstatten.

Am 12ten erhielt ich von dem Kaiserlichen Generalkonsul Herrn Zembsch, der am 10ten in Chemulpo angekommen war, den Auftrag, mich nach Söul zu begeben, um an seiner Stelle als Kaiserlicher Kommissar zu fungiren, am Abend desselben Tages kam ich hier an.

Ich nehme an, daß Herr Kapitain Zembsch von Chemulpo aus wie über meine Entsendung hierher so über den Fortgang der Ereignisse berichtet hat, und hebe hier nur der Vollständigkeit halber die hauptsächlichsten Momente aus der Zeit vom 9ten bis zum 12ten Dezember hervor, soweit dieselben zu meiner Kenntniß gelangt sind.

Am 9ten kam der neu ernannte Präsident des Auswärtigen Amtes nach Chemulpo und machte mit dem dortigen Handelskommissar in voller Staatstracht dem japanischen Minister-Residenten Besuch. Es scheint der Abgesandte hatte von dem Könige den Auftrag, den Vertreter Japan's aufzufordern nach Söul zurückzukehren. Der letztere aber soll erklärt haben, ohne bestimmte Bürgschaften für die Zukunft könnte er dieser Aufforderung nicht nachkommen.

Hatte der bezeichnete Besuch auch keinen greifbaren Erfolg, so war er doch ein deutliches Zeichen für die Stimmung der koreanischen Regierung und der chinesischen Vertreter in Söul und man konnte jetzt mit Sicherheit annehmen, daß die Japaner in Chemulpo zunächst nicht würden angegriffen werden.

Am Abend des 10ten trafen die Vertreter der Vereinigten Staaten, Deutschlands und Englands in Chemulpo ein, um mit dem japanischen Minister-Residenten wegen der

Vorfälle vom 4-7ten Dezember auf Wunsch des Königs von Korea Besprechungen zu halten und Anknüpfungspunkte für eine friedliche Beilegung des Streites zu suchen.

Es wurde erreicht, daß Herr Takezoye, der Vertreter Japan's, seiner Regierung berichtete, daß der König durch die fremden Vertreter dem Wunsche nachdrücklichen Ausdruck gegeben habe, daß die freundlichen Beziehungen Japan's und Korea's durch den unliebsamen Zwischenfall in keiner Weise Störung erleiden möchten.

Jedenfalls war der Schritt ein weiteres Zeichen dafür, daß Korea und China ernstlich die Erhaltung des Friedens anstrebten, denn Korea würde schwerlich in der Weise vorgegangen sein, wenn die chinesischen Vertreter nicht einverstanden gewesen wären.

Die fremden Vertreter stellten ferner fest, daß Herr Takezoye sich besonders gereizt zeigte durch ein Schreiben des Auswärtigen Amtes vom 6ten Dezember in welchem ihm vorgeworfen war, er sei unautorisirt in den Palast gegangen, habe dem König Zwang angethan, hohe koreanische Beamte ermorden lassen und die „Schutztruppen" (Chinesen und Koreaner) zu Schaden gebracht.

Da ich an den Besprechungen in Chemulpo nicht Theil genommen habe, so muß ich betreffs derselben sowie der Mission der fremden Vertreter auf die Berichterstattung des Kaiserlichen Generalkonsuls verweisen.

Hier in Söul fanden am 13ten und 14ten Dezember mehrfach vertrauliche Besprechungen statt, im Auswärtigen Amte, bei dem chinesischen Kommissar, beim amerikanischen Gesandten und im Vorzimmer des Königs, welche zum nächsten Resultat hatten, daß die koreanische Regierung sich entschloß das anstößige Schreiben vom 6ten Dezember mit den vorzitirten weitgehenden Beschuldigungen gegen den japanischen Vertreter ganz zurückzuziehen und demselben mitzutheilen, daß zwei Gesandte, Herr Hsü und Herr von Möllendorff, welcher letztere am 11ten nach Söul zurückgekehrt war und wieder koreanische Kleider angelegt hatte, ernannt seien, die sich mit erster Gelegenheit nach Japan begeben würden, um eine gütliche Beilegung des Streites herbeizuführen.

Hier will ich gleich erwähnen, daß der König mich am Nachmittage des 14ten Dezember, nachdem der amerikanische Gesandte bereits empfangen worden war, um über den Erfolg der Mission nach Chemulpo zu berichten, zu sich bitten ließ und mich zugleich mit dem chinesischen Kommissar empfing. Ich sagte dem König auf seine Frage, daß der Kaiserliche Kommissar zunächst noch in Chemulpo geblieben sei, um eventuell weitere Verhandlungen mit dem japanischen Vertreter zu führen, was derselbe dankend anerkannte, und gab meine Zustimmung zu erkennen, als der chinesische Kommissar dem König anrieth, eine Gesandtschaft nach Japan zu entsenden und die Mitglieder derselben sofort zu ernennen.

Die koreanische Regierung erklärte ferner dem japanischen Vertreter, daß sie bereit sei, eine Untersuchung und Bestrafung in Sachen der in den Straßen Söul's von der aufgeregten Bevölkerung ermordeten japanischen Unterthanen eintreten zu lassen, falls die japanische Regierung ein Gleiches thun wolle mit Bezug auf die friedlichen Bewohner, die von den japanischen Truppen ohne jede Veranlassung niedergemacht worden seien. Es wird behauptet, daß 35 Japaner und 45 Koreaner, darunter mehrere Kinder, in der bezeichneten Weise ums Leben gekommen sind.

Die koreanische Regierung hat noch einen weiteren Schritt gethan, um eine Verständigung herbeizuführen. Der Präsident des Auswärtigen Amtes ist gestern zum zweiten Male nach Chemulpo geschickt worden, um mit dem japanischen Gesandten zu verhandeln und dies Mal ist ihm einer der designirten Gesandten für Japan, Herr von Möllendorff, beigegeben worden.

Da die Koreaner und Chinesen wiederholt ausdrücklich erklärt haben, daß sie die Japaner in Chemulpo nicht angreifen werden und dem Wunsche Ausdruck gegeben haben, daß die Japaner sich verpflichten möchten, ihrerseits bis auf weiteres nicht über Chemulpo hinauszugehen, so nehme ich an, daß unter anderem über diesen Punkt jetzt mit dem japanischen Minister ein Abkommen getroffen werden soll. Die chinesischen Vertreter verfehlen nicht darauf hinzuweisen, wie klar ihre friedlichen Absichten daraus hervorgehen, daß sie den japanischen Truppen gestatten, sich unbelästigt in Chemulpo auf koreanischem Gebiete festzusetzen.

Da ich nicht weiß, wann sich eine Postgelegenheit nach Europa bieten wird, dies aber wahrscheinlich in den nächsten Tagen von Chemulpo aus der Fall sein wird, so erlaube ich mir diesen gehorsamsten Bericht heute abzuschließen und dorthin zu senden und werde demselben, falls wünschenswerth, von Tag zu Tag geschriebene Nachträge folgen lassen, ein Verfahren, welches ich Euere Durchlaucht ehrerbietigst bitte hochgeneigtest mit den besonderen vorwaltenden Umständen entschuldigen zu wollen.

Budler.

Betrifft: Verhandlungen behufs Verständigung zwischen Korea und Japan.

Japanische und Koreanische Darstellung der Ereigniße vom 4. bis 7. Dezember.

PAAA_RZ201-018904_054 ff.

Empfänger	Bismarck	Absender	Budler
A. 779 pr. 7. Februar 1885.		Söul, den 19. Dezember 1884.	
Memo	J. № 151.		

A. 779 pr. 7. Februar 1885. 2 Anl.

Söul, den 19. Dezember 1884.

Lfde. № 12.

Seiner Durchlaucht
dem Fürsten von Bismarck.

Betreffend die Ereigniße vom 4ten bis 7ten Dezember liegt eine Darstellung der Thatsachen seitens des japanischen Minister-Residenten Takezoye vor, welche derselbe unter dem Datum des 8ten Dezember geschrieben und am folgenden Tage an den Gesandten der Vereinigten Staaten, als den Doyen des diplomatischen Korps, gerichtet hat.

Herr Takezoye hatte zugesagt, mir diese Darstellung direkt zugehen zu lassen, doch ist ihm dies nachher wegen Überhäufung mit Geschäften unmöglich geworden.

Eine Abschrift dieses Stückes beehre ich mich Euerer Durchlaucht in Anlage 1 ganz gehorsamst einzureichen.

Von Seiten der koreanischen Regierung ist bisher eine zusammenhängende Darstellung der Ereigniße den fremden Vertretern nicht mitgetheilt worden, die

2./ Auffassung derselben geht aber aus dem in Anlage 2 beigefügten Schriftstück hervor, welches die Antwort resümirt, die das koreanische Auswärtige Amt dem japanischen Ministerresidenten auf seine Ausführungen unter dem 10ten Dezember ertheilt hat.

Die wichtigsten Punkte in den beiderseitigen Darstellungen scheinen mir die folgenden zu sein: Der japanische Vertreter sagt, daß der König selbst ihn hat bitten lassen, in den Palast zu kommen, um ihm Schutz zu gewähren und er implicirt, daß der König diesen Schutz ohne Widerspruch angenommen hat, nachdem er mit seinen Mannschaften gekommen war. Nachdem es sich aber klar herausgestellt hatte, daß gerade die Anwesenheit der japanischen Eskorte den König in Gefahr brachte, verließ Herr Takezoye den Palast mit seinen Truppen. Diese Gefahr wurde nicht durch die Schuld der Japaner sondern durch den plötzlichen und ganz unberechtigten Angriff der koreanischen und chinesischen

Truppen herbeigeführt, gegen den die ersteren sich lediglich defensiv verhielten.

Über die Ermordung der koreanischen hohen Beamten sagt der japanische Ministerresident lediglich, daß er von derselben am Abend des 5ten gehört habe.

Die koreanische Replik ließe sich in den wesentlichsten Punkten etwa wie folgt zusammenfassen : Es lag nur eine gefälschte Order des Königs vor, die kein Siegel trug, und der japanische Vertreter handelte zum mindesten sehr unbedacht, ohne vorherige Anfrage beim Auswärtigen Amt, einen so wichtigen Schritt, wie die Besetzung des Palastes mit seinen Truppen war, zu thun.

Es ist schwer begreiflich, daß der japanische Vertreter die Ermordung der Beamten nicht hätte verhindern oder daß er wenigstens die Mörder nicht hätte verhaften lassen können.

Der Angriff der Koreaner und Chinesen auf die im Palast befindlichen Aufrührer und Rebellen war vollständig berechtigt.

Die übrigen Argumente sind in Anlage 2 schon mit genügender Deutlichkeit und Kürze zusammengefaßt.

Es ist zur Zeit noch sehr schwierig, sowohl die Ereigniße in allen Einzelheiten genau festzustellen als auch die Beweggründe und Zwecke der Handelnden völlig aufzuklären, ich werde aber versuchen, möglichst bald Euerer Durchlaucht eingehender über die Vorkommniße vom 4ten bis 7ten Dezember und ihre Ursachen zu berichten.

Budler.

Betrifft: Japanische und Koreanische Darstellung der Ereigniße vom 4. bis 7. Dezember.

Abschrift.
Anlage 1. ad J. № 151.

Chemulpo, December 8th, 1884

Dear General,

On the evening of the 4th inst. when H. E. Min-yokiku was seriously wounded by assassins and general confusion ensued, His Majesty the King sent me his autograph note requesting me to go to the palace to protect him. Soon after the message an official of the court came and pressed the request. At the time there had been fire breaking out and as the soldiers have assembled in the legation as it had been done always in such cases,

I was just going out with the guards, when the King sent me one of his household officials conveying the message that I would go to the palace called Kong-yin-Kum, with the guards.

When I went to that palace, I found His Majesty the King, the queen, the crown prince, the princess and the queen dowager there and the confusion was beyond description.

All around the place where the king was with his suite, the Legation guard kept the watch while the Corean soldiers were placed in the outer enclosure. The gates were alone guarded by our soldiers and whenever there was a person entering them, they demanded the name and the entrance was allowed only upon the permission of the king.

But the Captain lieutenant of the guards reported to me that he was unable to command the whole place as the gates were too long distant between themselves and in crooked position.

Accordingly I transmitted the report, through the proper authorities to His Majesty.

On the next day the fifth, His Majesty told me, that the court would be removed to the residence of Mr. Li Chai Guin as the present room had been found too cold.

The removal took place on the same day as I told you when I had the conversation with you in that palace.

In the afternoon of the same day His Majesty and the suite returned to the late palace upon the earnest request of his mother the dowager in whose room he and his suite was with her.

It was for a temporary purpose and as the peace and order would be restored soon, until that time, our guards were requested to keep watch as before, all around the king's Place, but the gates were watched this time by the Corean soldiers. It was in this evening that I was informed of the assassination of Bin Tai ho, Cho ning hio, Han koi chick, Li-tso yen, Yum tai chun, Min yok mok and others.

On the next day afternoon at about three, the Chinese soldiers suddenly rushed into the palace and began to fire. The King was greatly surprised at the noise. While the inquiry into what had been the noise, was being made by the king, the firing continued and the shots reached to the place where the king and the Royal family were.

It was soon found that the Corean soldiers had been firing at a great heat to king side with the Chinese and our guards were compelled to answer the firing for the defense.

Meanwhile the king removed to the back-garden and the Japanese soldiers followed.

When the night began to set in, an official waiting upon the king carried His Majesty on his back and was seen running close to the gate. Where he found out that those soldiers placed outside this gate sided with the Chinese and had already taken his mother into their hands, His Majesty was particularly distressed about it and told me his determination that he should be with his mother even at the cost of his life. Thus we had to escort the king and when we were passing to the gate, the Corea soldiers outside the gate began to fire as soon as they found the escorte of Japanese soldiers.

The shots struck the hand of the Corean official waiting upon the king. -

Under this circumstance there was fear, that the escorte of Japanese soldiers might become the cause of danger to the king instead of protecting him from it.

Here I took my leave of His Majesty and went out with the guards from the back gate to return to the Legation.

When we came out at the broad street signal fires were burning at several places at two of which where we passed, pieces of tiles and stones were thrown against us. In this way we got back to the Legation.

During my absence four or five shots were fired at a time in the direction of the front and back gates and aloe at the new Legation building.

On the following day the seventh, from early hours in the morning two or three shots were continuously fired towards the front and back gates and a number of Coreans burst a furious noise. They tried to rush into the gates from both sides by throwing stones. Thus our soldiers were compelled to drive them away by firing guns.

I fully expected that the Corean Government would put down these riots but to my greatest astonishment did not take a step in the matter. And to add to this, more than thirty of the Japanese subjects in Söul were killed by the riots, yet the Government never tried to put them down.

Accordingly to an information which reached to me, the city gates in all directions were to be shut and locked, the people in the streets collected stones and laid the wood in piles across the road.

By this way they planned the attack upon the Legation in the evening and further planned to kill all of us, if we were to leave the Legation after the attack.

I wanted to report these extraordinary events soon to my Government but there was no means of communication as the gates had been shut and as every Japanese subject was aimed at for the murder.

Considering all these states of things I came to the conclusion that there might be a chance of escaping if we would go out of the Capital before all the preparations would become full. I used every effort to communicate my resolution to all the foreign ministers and Consul generals, but it was all in vain and I gave up, for if a Japanese subject were sent out to carry the communications he would surely be killed.

However I could find a Corean who after the greatest difficulties consented to the service of taking a letter to Corean officials. -

By these means I sent a despatch to

H. E. Kim,

H. E. Kim, the President of the Foreign Office, stating that I would remove the Legation to Ieuchuan for temporary purpose, and requesting him that the Corean Government would protect the Legation in Söul, and then we left the Legation yesterday afternoon. It was half past two o'clock.

From the Legation to Mapo in four places guns were fired at, in three places stones thrown and in two places arrows were discharged against us. - Most dangerous we were when we came out at the street before the old palace, two cannons were fired in succession besides the continuous discharge of muskets.

Fortunately none had fallen down. At the West-gate it was found shut as had been expected but at the time as it was before the soldiers came to keep them we could get through it. The use at Mapo while we were crossing it, guns were fired at us from one of the boats a little below and we fired at them. A man was seen escaping from the boat towards the land. There were two or three more, remaining in the boat and as our purpose has been simply to cross the river safely we fired no more. The fire entirely ceased after we crossed the ferry.

The above are the facts and reasons which, I hope will show you how I have been induced to leave the capital as well as the particulars of what took place on the way to this place from the Capital.

I am

Dear Sir
gez. Shinichiro Takezoye

Für konforme Abschrift
18/12/84.   Braun
B.

Abschrift.

Anlage 2. ad J. № 151.

Précis

of despatch addressed by the Corean Foreign Office to the Japanese Minister
on the 10th December 1884.

1.) The Foreign Office was established for the management of all foreign affairs, no matter small or great and all these affairs must pass through this channel.

2.) The sending of soldiers into the palace was done without the consent of the Foreign Office, and without examination of the King's order "Japanese Minister come protect", which was falsified and does not bear the seal of the King.

3.) Restrictions were placed upon the king and high officials were killed; to have prevented this would have been protection.

4.) The people and the Officials were prevented, by force, from entering the palace, but the rebels were allowed to exercise their cruelty inside. The king was in their midst and enjoyed no freedom. The Japanese Minister was with the king. To it possible that he perceived nothing of the cruel acts that occurred?

5.) The Japanese Minister has given too much credence to the words of the rebels thus enabling them to accomplish their wicked treason. If he says that these were matters he need not know, what does he mean then by speaking of protection?

6.) The Corean people who mustered together in order to attack the rebels and the Corean soldiers who fired their rifles to drive them out, may he said to have done so with perfect justice, in accordance with the dictates of their conscience.

7.) After the king had been delivered up, the Foreign Office still attaching the greatest importance to the maintenance of friendly relations between the two countries prohibited the renewal of hostilities.

8.) The ignorant people being excited to resentment fought, it is true, with the Japanese, but on both sides there were persons killed or injured.

9.) When the Japanese Minister left his Legation the Foreign Office did not know of it. When the buildings of the Legation were on fire, it was reported that the inmates had set fire to it themselves.

10.) The city gates were shut in order to prevent the rebels from escaping, but without any intention of giving trouble to the Japanese. The Corean government had ordered the soldiers and the people not to attack the Japanese troops. Had it been otherwise, how could they all have left the city in safety?

11.) The Japanese Minister has evidently allowed himself to be imposed upon by the rebels, as he will now on investigation of the circumstances easily understand.

12.) The traitor Hung Ying chick has been killed by the Corean soldiers and people, but the other four rebels are at large. It is said that these criminals escaped to Chemulpo and are in hiding there with certain people who took pity upon them. The Japanese Minister is therefore requested to arrest these four criminals and hand them over to the local authorities, which will be in accordance with the friendly relations between the two countries.

Uebersetzt von dem Dolmetscher des chinesischen Kommissars.

Für konforme Abschrift
18. /12. /84. Braun.

B.

Verhandlungen behufs Verständigung zwischen Korea und Japan.

PAAA_RZ201-018904_068 ff.

Empfänger	Bismarck	Absender	Budler
A. 780 pr. 7. Februar 1885.		Chemulpo, den 24. Dezember 1884.	
Memo	J. № 174.		

A. 780 pr. 7. Februar 1885.

Chemulpo, den 24. Dezember 1884.

Lfde. № 14.

Seiner Durchlaucht
dem Fürsten von Bismarck.

Unter Bezugnahme auf meinen Bericht vom 18ten ds. Ms. erlaube ich mir das Folgende ganz gehorsamst nachzutragen.

Der Präsident des Auswärtigen Amtes und Herr von Möllendorff haben hier, in Chemulpo, eine Besprechung mit dem japanischen Ministerresidenten gehabt, aber es scheint nicht, daß eine Verständigung auch nur angebahnt worden ist und daß von japanischer Seite wenig Entgegenkommen gezeigt wurde.

Herr Takezoye hat geäußert, er sei insultirt worden, seine Gesandtschaft niedergebrannt, Angehörige seines Landes ermordet, welche Genugthuung man ihm hierfür geben wolle.

Koreanischerseits ist erwidert worden, der japanische Minister habe Aufrührer unterstützt, welche hohe Beamte ermordet hätten, der königliche Palast sei durch eine Mine beschädigt, koreanische Staatsangehörige seien von japanischen Truppen getödtet worden.

Der Präsident des Auswärtigen Amtes ist hier noch zurückgeblieben, doch glaube ich nicht, daß sein Hiersein praktische Erfolge haben wird. Herr von Möllendorff ist gestern nach Söul zurückgekehrt, um dem Könige Bericht zu erstatten. Die beiden Gesandten dürften nun bald ihre Reise nach Japan antreten. Der hiesige Gesandte der Vereinigten Staaten Herr Foote hat sich auf eine Aufforderung der koreanischen Regierung bereit erklärt, die Gesandten nach Japan zu begleiten, um behülflich zu sein, eine Verständigung herbeizuführen, er wird aber zunächst von Nagasaki aus telegraphisch die Instruktionen seiner Regierung einholen.

Zwei japanische Kriegsschiffe sind hier angekommen und ebenfalls zwei von der

Regierung gecharterte japanische Handelsdampfer. Die letzteren scheinen Proviant und Kriegsmaterial gebracht zu haben. Truppensendungen sind noch nicht erfolgt.

Vier chinesische Kriegsschiffe wurden von einem amerikanischen Kriegsschiffe in Masampo vor Anker liegend gesehen, 40 Meilen südlich von hier.

Zur Zeit befinden sich hier zwei amerikanische Kriegsschiffe, drei japanische, ein englisches und ein deutsches.

Das letztere ist S. M. Kbt. „Iltis" Kommandant Korvetten-Kapitain Rötger, welches am Abend des 22ten hier eingetroffen ist.

Über die Absichten und Entschließungen der japanischen und der chinesischen Regierung werden Euerer Durchlaucht aus Tokio und Peking genauere und frühere Mittheilungen zugehen, und enthalte ich mich daher aller Erwägungen in dieser Richtung. Die augenblickliche Haltung der koreanischen Regierung und der hiesigen chinesischen Vertreter ist schon genügend gekennzeichnet worden.

Vom Abend des 12ten bis zum Morgen des 22ten war ich in Söul. Es war dort Alles ruhig und die Nachricht, welche am 21ten Morgens eintraf, daß die japanischen Schiffe ohne Truppen angekommen waren, wurde als ein günstiges Zeichen aufgefaßt. Ebenso wurde die Entsendung eines Sekretärs des Auswärtigen Amtes in Tokio angesehen, der anscheinend lediglich gesandt war, um genaue Informationen einzuziehen.

Während meines Aufenthaltes in Söul habe ich in den unvermeidlichen Gesprächen über die Lage in vertraulicher Weise und als Ausdruck einer persönlichen Ansicht, mich immer zu Gunsten solcher Schritte ausgesprochen, die ein Entgegenkommen Korea's bekundeten und der Regierung Japan's nur willkommen sein konnten, wenn sie nicht wirklich nach einem Vorwande für den Krieg sucht. Ich rechne dahin die in meinem Schreiben vom 18ten ds. Ms. erwähnte Zurückziehung eines anstößigen Schreibens, die Entsendung von Gesandten, die Zusage der Bestrafung der Koreaner, welche japanische Kaufleute ermordet haben. Auch einer möglichst genauen Feststellung der Thatsachen und der Nothwendigkeit eigene Fehler nicht zu beschönigen, habe ich gelegentlich auf Fragen der koreanischen Beamten hin das Wort geredet, zugleich aber erkennen lassen, daß mir das Beste Korea's bei derartigen Bemerkungen wirklich am Herzen liegt.

Der japanische Vertreter ist in seinen mündlichen Äußerungen mir, und es scheint auch den anderen fremden Vertretern gegenüber, sehr zurückhaltend gewesen, und habe ich es daher vermeiden können, auf Einzelheiten einzugehen und bei gelegentlichen Gesprächen nur der Hoffnung Ausdruck gegeben, daß kriegerische Maßregeln vermieden werden möchten.

Die Interessen der hiesigen deutschen Firma E. Meyer & Co. leiden natürlich einigermaßen unter den Kriegsbefüchtungen, da für geschäftliche Unternehmungen jeder

Art genügende Sicherheit nicht gegeben ist.

Vor meiner Abreise von Söul habe ich dem Auswärtigen Amte mitgetheilt, daß ich auf einige Tage Geschäfte halber nach Chemulpo gehe. Ich werde nach dem Gange der Ereigniße erwägen müßen, wann ich mich hier und wann ich mich in Söul aufzuhalten habe.

Augenblicklich befinden sich der amerikanische Gesandte, mit dem ich zu gleicher Zeit Söul verließ, der japanische Minister-Resident und der englische General Konsul hier.

Ich werde darauf bedacht sein, S. M. Kanonenboot „Iltis" hier nicht länger als nötig festzuhalten und ist zu hoffen, daß zwischen den Geschwaderchefs der Vereinigten Staaten, Englands und Deutschlands ein Abkommen über die Stationirung eines Kanonenbootes hierselbst getroffen werden wird.

Den Kaiserlichen Gesandten in Peking und Tokio lasse ich Mittheilung über den Gang der Ereigniße zugehen.

Budler.

Betrifft: Verhandlungen behufs Verständigung zwischen Korea und Japan.

Berlin, den 7. Februar 1885.

ad A. 776. 778. 779. 780.

Betrifft den
Zusammenstoß
zwischen
Chinesischen
und Japanischen
Truppen in
Korea.

Ref. W. L. R.
Lindau

Die drei Berichte aus Söul und Chemulpo vom 18. 19. und 24. Dezember bringen ferner Details über die bekannten Vorgänge in Söul, jedoch nichts, was dieselben in einem neuen Lichte zeigte. Bemerkenswerth dürfte nur sein, daß der deutsche Vertreter in Korea der Ansicht ist, daß die Japaner den Zusammenstoß zwischen chinesischen und japanischen Truppen verschuldet haben, was mit den Berichten des Grafen Dönhoff in Tokio im Widerspruch steht. - Die Berichterstattung aus Korea, dem Schauplatze der Ereigniße, ist in dem vorliegenden Falle wohl als die verbürgtere zu betrachten.

Vice-Consul Budler zeigt ferner an, daß der K. General-Consul Zembsch, der sich krank gemeldet hat, nach China abgereist ist, nachdem er Herrn Budler beauftragt hat, sich nach Söul zu begeben und dort als Kaierl. Kommissar zu fungiren.

Der Bericht des Kaierl. Gesandten in Tokio vom 30. Dezember meldet, daß der japanische Gesandte, der sich nach Korea begeben sollte, um ein Verständiß mit dem dorthin entsandten chinesischen Bevollmächtigten herbeizuführen, seine Abreise um einige Tage verzögert hat, da er die Einschiffung von 1100 Mann jap. Infanterie abgewartet hat, die ihn nach Korea begleiten sollen, nachdem in Erfahrung gebracht worden ist, daß der chinesische Gesandte mit einer Leibgarde von 500 Mann und drei Kriegsschiffen in Korea eingetroffen.

Der Kaiserl. Gesandte in Tokio hatte in früheren Berichten gemeldet, daß französischerseits eine Verbindung mit Japan gegen China gesucht werde, daß Japan sich aber diesen Bemühungen gegenüber bisher ablehnend verhalten habe. Dies scheint sich nun geändert zu haben, denn Graf Dönhoff schreibt, daß es ihn nicht überraschen werde, wenn die Unterhandlungen zwischen Frankreich und Japan nunmehr wieder aufgenommen würden.

Lindau.

The Times

Wednesday, February 11, 1885

(BY TELEGRAPH.)
THE COREAN OUTBREAK.
PEKIN (via Troizkossawak), Jan. 18.

The following is the official statement regarding recent occurrences at Seoul : --

"Chin-Yun-Chuen and others of the rebel party returned from Japan inflated with pride and despising their native country. The King, however, conferred on them some important offices, owing to their presumed ability in foreign affairs. Councillor Min, on blaming the choice of the King, incurred the hostility of the rebel party.

"On the afternoon of December 4 the movement of armed Japanese soldiers excited some suspicion. Later in the day the Postmaster gave a banquet, to which were invited the Foreign Ministers. The Japanese Minister excused himself on account of illness. The movements of the rebels among the guests were suspicious.

"At 8 o'clock an alarm of fire was raised. Min went out and encountered the assassins, who stabbed him, but he was assisted back into the hall. The guests at once dispersed. The rebel party then rushed to the palace and alarmed the King, alleging that the Chinese soldiers had revolted, fired the city, and committed massacres, and that His Majesty must immediately escape and rely on the protection of the Japanese Minister. The King refused. The conspirators, however, finally compelled the King and the Royal Family to go out in an undignified manner. When they arrived at the Young-suh-mung Gate firing was heard. The rebels exclaimed that foreign soldiers were coming, and that the King should hasten his escape, as soldiers were concealed. The discharge of the guns was a signal of the conspirators intended to alarm the King. The rebels again urged him to appeal to the Japanese Minister, but he still refused. Then the conspirators wrote to the Japanese Minister to come and protect the King. They had previously sent similar messages.

"The King having arrived at Chin-You-Koung, where the Japanese soldiers were already posted, the Japanese Minister received His Majesty, who, with his family, occupied the eastern wing of the palace of the Minister. The rebels occupied the hall. The officers and students who had returned from Japan, 13 in number, suddenly entered the palace as if to protect the King, including Chin-Yun-Chuen. The Japanese soldiers were posted outside and the rioters and students inside, in order to prevent all communication.

"At dawn on the 5th three of the King's officers, seeing the state of affairs, consulted as to sending information to the Chinese camp. The rioters, suspecting this design, incited

430 독일외교문서 한국편(1874~1910) 제2권

the students to massacre them. Three Ministers of State were then falsely summoned out and killed in front of the hall, the King repeatedly calling 'Mercy!' Their blood was spattered over the walls, the cries of the victims being heard within. These Ministers and officers were His Majesty's most devoted adherents. The King was now alone with the conspirators, who shifted their prisoner from one building to another, the Royal officials and the people being driven away by the Japanese troops. The conspirators assumed the chief offices of State, and debated the question of an abdication.

"The excitement in the city increased daily, owing to the uncertainty as to the King's fate. At last the officials and people, resolving to save their monarch, requested the assistance of the Chinese. On the 6th the Chinese commanders sent a messenger to see the King, demanding of the Japanese Minister why his soldiers were not dismissed. The messenger waited for three hours without obtaining a reply. At about 6 in the evening the Chinese soldiers, the Coreans assisting them, entered the palace gates, the Japanese firing from the upper part and killing nine Chinese and five Coreans. The Chinese and their allies feared to attack the building, the King being within, but the Japanese conspirators had removed their prisoner in the darkness, and the Corean soldiers eventually rescued him. Some of the rebel party urged the King to go to the Perkuan temple. The Chinese commandant received His Majesty with his troops. Hund-yih-Chin and others clutched the King's dress to prevent him from following the Chinese. The excitement was becoming intense. At last the King departed in a chair, with four bearers, Hund-yih-Chin still upbraiding him. Our soldiers then dragged out the latter and Yingihiao and hacked them to pieces, and also seven students.

"Great joy was displayed by the people, who followed the King, raising loud shouts, like thunder, and some lighting torches. The soldiers and people now regarded the Japanese with mortal hatred, but the King forbade violence and ordered the officials to protect the Japanese, and to send soldiers to guard the foreign Legations. The populace, however, boiling with rage, attacked the Japanese, and there was much bloodshed on both sides. The Japanese Minister finally led his soldiers out of the city, fighting along the road, where many persons were killed.

"It is said by the Japanese conspirators that the students, with their hair cut and dressed like Europeans, were hidden in boxes by the Japanese Consul and taken on board of a Japanese ship. The Government demanded their arrest, but the Japanese Minister sent them to Japan.

"The persons killed included 150 Coreans, nine Chinese, and 33 Japanese."

[   ]

PAAA_RZ201-018904_079

Empfänger	Bismarck	Absender	Peters
A. 913 pr. 13. Februar 1885.		Berlin, den 12. Feb. 1885.	

A. 913 pr. 13. Februar 1885. 3 Anl.

Berlin, den 12. Feb. 1885.

Durchlauchtigster Fürst!
Edler Fürst und Herr!

Von dem beseligenden Dankesgefühl für Euer Durchlaucht erfüllt, wer Großes für Preussen, für Deutschland, ja für die ganze Welt geschaffen haben, erlaubt sich der gehorsamst Unterzeichnete Euer Durchlaucht eine so eben an mich eingegangene authentische Darstellung des Aufstandes in Corea zu unterbreiten. Ich habe den Bericht, der mir von Freundes Hand zugegangen ist, keiner Zeitung mitgetheilt, weil ich nicht wünschte, so je nach der Farbe der Zeitung, derselbe dargestellt, respective entstellt werden sollte. Zur Bequemlichkeit Euer Durchlaucht habe ich solchen sofort drucken lassen, ohne irgend Jemand davon Mittheilung zu machen.

Genehmigen Euer Durchlaucht, wenn der Unterzeichnete es wagt, sich in tiefster Verehrung zu zeichnen.

Euer Durchlaucht
gez. gehorsamster
Herm. Peters
Verlagsbuchhändler

[Anlage 1 zu A. 913.]

······ Schon seit längerer Zeit gährte es gewaltig in den betreffenden Kreisen. Der japanische Ministerresident Takezoye kam von seiner letzten Reise in Japan von Gesinnungen erfüllt zurück, welche deutlich durchblicken ließen, daß er alle Beamte, die sich nicht als ausgesprochene Japanfreunde bethätigen würden, als Japanfeinde zu behandeln beabsichtige.

Am 3. November gab er zu Ehren des Geburtstages des Mikado ein Diner, bei welchem er Gelegenheit nahm, seine feindselige Stellung kund zu thun, so daß wir vermuthen konnten, Japan beabsichtige irgend eine Aktion, zu der wir den Grund in dem Krieg zwischen Japan und China suchten, um so mehr, da China mit Frankreich engagirt war.

Doch Alles blieb auffallend ruhig.

Vier Wochen später, am 4. December, gab der General-Postmeister Hong-Yöng-sik im Postamts-Gebäude ein großes Diner. Die geladenen Gäste waren: der deutsche Generalconsul Zembsch, der jedoch krankheitshalber nicht erscheinen konnte, der amerikanische Gesandte, General Foote, der englische Generalconsul Aston, der chinesische Vertreter Tschen Schu-tang und sein Secretair Tau, Takezoye, der sich entschuldigen ließ, aber seinen Secretair Schimannura und einen Dolmetscher schickte. Von Koreanischen Beamten waren anwesend: die Generäle Mon Yong-ik, Li Tso-wön, Han Tschu-tschi, von Möllendorff, der Präsident des Auswärtigen Amts Kim Hong-tschip und noch mehrere andere. Die Stimmung war eine recht gedrückte, trotz des immer glücklichen Humors Möllendorff's, der sich mit Min angelegentlichst unterhielt.

Gegen 10 Uhr stürzte plötzlich ein Diener mit dem Ruf „Feuer" in den Speisesaal. Erschrocken erhob sich Alles von den Sitzen, doch Min beruhigte die Gemüther, indem er allein hinausging. v. Möllendorff folgte ihm unmittelbar, denn der Ruf drang hinein, auch Packlong (sein Häusercomplex) stehe in Flammen. Kaum aber in dem Hof angelangt, kommt ihm Min, Blut überströmt, entgegen und sinkt ihm mit den Worten: „ich sterbe, man hat mich verwundet" in die Arme, - er war von dem Schwert eines Unbekannten durchbohrt. Möllendorff hebt ihn auf und trägt ihn auf seinen Armen in den Speisesaal zurück. Bei dem unerwartet grausigen Anblick ergreift panischer Schrecken sämmtliche Gäste, schreiend und in wilder Flucht drängen alle zum Hause hinaus und überlassen es v. Möllendorff den Schwerverwundeten nothdürftig zu verbinden. Fast eine Stunde lang blieben beide mit nur einem einzigen Soldaten allein im Postgebäude, bis denn durch die ebenfalls entflohenen Diener die Nachricht des Geschehenen nach Packlong gebracht wurde, von wo nun der Secretair Tang, Assistent Arnous, Kniffler, ein gerade zum Besuch dort anwesender Kaufmann aus Nagasaki, der Mafu und noch einige andere, die sich schnell bewaffnet hatten, herbei eilten, um ihren Chef mit dem Verwundeten heimzuführen.

Nun folgte eine Schreckensnacht ohne Gleichen. - Es stellte sich heraus, daß das Volk durchaus keinen Aufstand plante und daß der Mordversuch auf Min ein vereinzelter Fall geblieben. Den König hatte man gezwungen, sich in seinen Gemächern zu verbergen, vorgebend das Volk sei im Aufruhr, wahr blieb nur, daß eine Bande von Schuften, mit Takezoye an der Spitze, 12 koreanische Studenten, welche in Japan studirt hatten, nebst 200 japanischen Soldaten den Palast besetzt hatten und alle Beamten von Einfluß niedermetzelten. Man hatte sie einzeln in den Palast gelockt und sie dann ermordet. Der junge Min war das erste Opfer, ihm folgten Mins Vater, Min Tai-ho, Min Yöng-mock, die Generäle Li Tso-wön, Yün Tai-tschau, Hau Tschu-tschi und der vortreffliche, biedere Tschau.

Min, der wie bereits erwähnt, in Möllendorffs Palast Packlong gebracht worden war, wo der herzugerufene amerikanische Arzt die Lebenshoffnung für ihn nicht ausschloß, wurde für todt gehalten, Möllendorff selbst für ebenfalls schwer verwundet; diesem Umstand war es zu verdanken, daß beide frei gelassen blieben.

Hong Yöng-sik und Kim Ock-kün regierten nun mit Takezoye; von Möllendorff trat dem mit der Ansicht entgegen, daß das diplomatische Corps ohne Chinesen nicht vollzählig, oder beschlußfähig sei und daß die Chinesen, welche doch zum Schutz des Königs da wären, Schritte gegen die Japaner thun würden; auch Zembsch, der deutsche Generalconsul, stimmte dem bei, drang aber nicht durch.

Sonnabend den 6. December stürmten die Chinesen dann den Palast. Einige von den Uebelthätern waren gefallen, der Rädelsführer Kim Ock-kün und fünf andere flohen zu den Japanern.

Das Volk ist sehr erregt, voller Entrüstung und Verachtung gegen die Japaner, deren keiner sich auf die Straße wagen durfte, ohne sich der Gefahr auszusetzen, erschlagen zu werden. Kim Ock-küns Haus ist der Erde gleich gemacht.

Am Sonntag flohen alle Japaner aus Seul nach Chemulpo, wo sie noch sind.

Nun ist in der neuformirten Regierung v. Möllendorff als Präsident vorgestellt und befindet sich augenblicklich als Gesandter für Korea, telegraphisch von Li Hung-tschang mit Vollmachten für China ausgestattet, auf dem Wege nach Japan, um den Frieden zu vermitteln; denn die Sachlage ist durchaus noch nicht klar; die Chinesen befürchten, daß Japan sofort Militair herschicken wird, und sind daher ihrerseits eifrig mit Rüsten beschäftigt.

Allgemein ist die sittliche Entrüstung der Koreaner, daß der amerikanische Gesandte Foote und der englische Gesandte Aston ihren Glaubensgenossen im Moment größter Gefahr im Stich gelassen hatten.

Mein Bericht schließt damit, daß wir es wieder der Macht unsers großen Bismarck zu verdanken haben, daß ein Deutscher von drei asiatischen Nationen als Gesandter zu ihrem Friedens-Vermittler gewählt worden ist.

Betreffend die Unruhen in Corea und die von der chinesischen Regierung mit Bezug auf dieselben getroffenen Maßregeln.

PAAA_RZ201-018904_088 ff.			
Empfänger	Bismarck	Absender	Brandt
A. 989 pr. 16. Februar 1885.		Peking, den 19. Dezember 1884.	

A. 989 pr. 16. Februar 1885.

Peking, den 19. Dezember 1884.

A. № 231.

Inhalt: betreffend die Unruhen in Corea und die von der chinesischen Regierung mit Bezug auf dieselben getroffenen Maßregeln.

Seiner Durchlaucht
dem Fürsten von Bismarck.

Euere Durchlaucht werden durch die Berichte des Kaiserlichen Generalkonsuls Zembsch von den Unruhen in Kenntniß gesetzt worden sein, welche zwischen dem 4ten und 8ten Dezember in Seul stattgefunden und unter anderem zu einem Zusammenstoß zwischen den dort befindlichen chinesischen und japanischen Truppen geführt haben.

Nach hier von den Ministern des Tsungli Yamen eingezogenen Nachrichten faßt man chinesischerseits den Vorfall ziemlich ruhig auf; man sieht in dem Zusammenstoß der beiderseitigen Truppen einen durch äußere Umstände herbeigeführten Zufall und scheint selbst die angeblich japanischerseits beabsichtigte Entsendung einer Anzahl Kriegsschiffe und Truppen nach Chemulpo sehr kühl und als selbstverständlich aufzunehmen. Wie die Minister versichern, wird die chinesische Regierung zuvörderst zwei höhere Beamte, den Vizepräsidenten im Censorat, Wu-ta-cheng, und den Salzdirektor in Tientsin, Hsü-chang, als Kaiserliche Commissare zur Untersuchung des Vorfalls nach Corea entsenden und behält sich weitere Entschließungen bis nach Eingang der Berichte derselben vor. Da, wie ich von meinem japanischen Collegen höre, von Tokio aus in derselben Weise bereits vorgegangen worden ist, so dürfte zu hoffen sein, daß die erste selbstverständlich namentlich in Japan sehr bedeutende Erregung über die Vorfälle in Söul keinen zu großen Einfluß auf die schließliche Abwickelung der Sache ausüben wird. Zu befürchten bleibt allerdings immer, daß die japanische Regierung für die innern wenig befriedigenden

Zustände eine Ableitung nach außen zu suchen sich genöthigt sehen und dieselbe in einer die hungernden früheren Samurais beschäftigenden und decimirenden Expedition gegen Korea respektive China zu finden glauben mag.

Übrigens würde nach Berichten des englischen Generalkonsuls Aston wie nach solchen aus japanischen Quellen, das Vorgehen der sogenannten liberalen Partei in Korea als ein sehr übereiltes und für das nationale Gefühl verletzendes bereits vor längerer Zeit einen gewaltsamen Conflikt mit den Conservativen haben voraussehen lassen.

Brandt.

Betreffend die Unruhen in Korea und die Beziehungen der chinesischen und japanischen Regierung.

PAAA_RZ201-018904_092 ff.

Empfänger	Bismarck	Absender	Brandt
A. 1238 pr. 27. Februar 1885.		Peking, den 28. December 1884.	

A. 1238 pr. 27. Februar 1885.

Peking, den 28. December 1884.

A. № 233.

Seiner Durchlaucht

dem Fürsten von Bismarck.

Nach einer Mittheilung meines Japanischen Kollegen hat die Japanische Regierung den Minister der Auswärtigen Angelegenheiten Inouye zum außerordentlichen Botschafter ernannt und sollte derselbe am 22ten December von Tokio nach Korea abgehn, um die dort vorhandenen Differenzen an Ort und Stelle endgültig zu erledigen. Zugleich hatte Admiral Enomotto den Auftrag erhalten, die Chinesische Regierung zu veranlassen, den von ihr für Korea ernannten Kaiserlichen Commissaren ebenfalls den Rang als Botschafter beizulegen und denselben Vollmacht zur Erledigung der schwebenden Angelegenheiten in Korea selbst zu ertheilen.

Beide Wünsche sind, wie dies zu erwarten war, von der chinesischen Regierung – der letztere mit dem Bemerken, daß die Sache zu ernst sei, um nicht der Entscheidung der Regierung unterbreitet werden zu müssen – abgelehnt worden und hat das hastige Vorgehn der Japanischen Regierung hier unbedingt einen ungünstigen Eindruck hervorgerufen, der sich namentlich dadurch kennzeichnet, daß man auch chinesischerseits mit Rekriminationen gegen die Japaner beginnt. Im Übrigen sind die Japanische und Chinesische Darstellung der neulichen Vorgänge in Korea so abweichend von einander – die Chinesen behaupten z.B., ebenfalls einige vierzig Mann bei denselben verloren zu haben und daß die Japaner ihre Gesandtschaft, bevor sie dieselbe verlassen, selbst in Brand gesteckt hätten, - daß vor dem Eintreffen weiterer Nachrichten ein Urtheil über dieselben kaum möglich sein dürfte.

Im Übrigen möchte ich an der Ansicht festhalten, daß man chinesischer-Seits alles thun wird, um einen friedlichen Ausgleich herbeizuführen, einem Versuch der Japaner, die

Gelegenheit zu benutzen, um die politische Stellung China's in Korea zu erschüttern, dagegen entschiedenen Widerstand entgegensetzen würde.

Brandt.

Inhalt: betreffend die Unruhen in Korea und die Beziehungen der chinesischen und japanischen Regierung.

Mission Inouye nach Korea.

PAAA_RZ201-018904_096 ff.

Empfänger	Bismarck	Absender	Dönhoff
A. 1279 pr. 28. Februar 1885.		Tokio, den 12.Januar 1885.	

A. 1279 pr. 28. Februar 1885.

Tokio, den 12.Januar 1885.

A. № 2.

Seiner Durchlaucht
dem Fürsten von Bismarck.

Im Anschluß an meinen ganz gehorsamsten Bericht A. № 63 vom 30. Dezember v. J's, die Mission des japanischen Ministers des Äußern nach Korea betreffend, beehre ich mich zu melden, daß nach gestern hier eingegangenen telegraphischen Nachrichten, Herr Inouye am 30. Dezember v. J's. in Chemulpo eingetroffen und nachdem er seitens der koreanischen Regierung dort begrüßt worden war, nach Seoul mit Eskorte weitergegangen ist.

Bald nach seiner Ankunft daselbst haben die Verhandlungen mit der koreanischen Regierung begonnen und, wie es scheint, schnell zu einem Verständniß geführt; die bis jetzt darüber vorliegenden telegraphischen Berichte besagen nur, daß die koreanische Regierung die ihr gestellten Bedingungen und Verlangen acceptirt habe. Welches diese Forderungen sind und welche Garantien für deren Ausführung gegeben wurden, ist augenblicklich entweder wirklich noch nicht bekannt, oder soll erst nach der Rückkehr des Ministers bekannt gegeben werden.

Herr Inouye hat den König von Korea bei seiner Ankunft gesehen und sollte auch vor seiner Abreise, die, wie er meldet, für heute in Aussicht genommen ist, nochmals empfangen werden.

Die weitere Aufgabe, die sich der Minister gestellt hatte, die Verständigung mit dem chinesischen Bevollmächtigten, ist ihm zu lösen nicht möglich gewesen, da Letzterer Herrn Inouye nach dessen Ankunft in Seoul besuchte, um ihm mitzutheilen, daß er sich überhaupt gar nicht im Besitze irgend welcher Vollmachten zum Verhandeln befinde. Unter diesen Umständen haben keine weiteren Begegnungen oder Besprechungen mit Herrn Wuh stattgefunden, und beabsichtigt die hiesige Regierung in Folge dessen, über diesen Theil der Frage in Peking zu verhandeln.

Herr Inouye wird hier etwa am 18. d. Mts zurückerwartet; in seiner Begleitung wird sich der Japanische Minister-Resident in Korea, Herr Takezoye, befinden, der vorläufig einen längeren Urlaub antritt, während Herr Kondo, Sekretair im Auswärtigen Amte, zum Geschäftsträger ad interim ernannt wurde.

H. Dönhoff.

Inhalt: Mission Inouye nach Korea.

[   ]

PAAA_RZ201-018904_100

Empfänger	Auswärtiges Amt in Berlin	Absender	Dönhoff
A. 1290 p. 1. März 1885.		Tokio, den 1. März 1885.	

A. 1290 p. 1. März 1885.

Telegramm.

Tokio, den 1. März 1885. 9 Uhr 10 M. Vorm.
Ankunft: 5 Uhr 15 M. Vorm.

Der K. Gesandte an Auswärtiges Amt.

Entzifferung.

№ 1.

Minister Ito gestern in Mission nach China abgereist, über seine Instruktion ist der Gesandte in Berlin zu vertraulicher Mittheilung informirt.

Dönhoff.

Berlin, den 2. März 1885.   A. 1290.

Betrifft:
Mittheilungen
des hiesigen
japanischen
Gesandten über
die Mission des
jap.
Ministers Ito
nach China.

Ref. W. L. R.
Lindau.

Nach mündlichen Mittheilungen des hiesigen japanischen Gesandten Aoki hat sich der Minister Ito in außerordentlicher Mission nach China begeben, um mit der dortigen Regierung über die Vorfälle in Korea zu verhandeln.

Herr Aoki behauptet, die chinesischen Befehlshaber hätten den Zusammenstoß zwischen chinesischen und japanischen Truppen provocirt. Die japanische Regierung verlange deshalb, daß jene Befehlshaber bestraft und daß ferner alle chinesischen Truppen aus Korea zurückgezogen würden. Sollten diese Vorschläge zurückgewiesen werden, so würde Japan kaum etwas Anderes übrig bleiben, als sich durch Gewalt Recht zu verschaffen; jedoch würde Japan sicherlich nicht einen so gewagten Schritt thun, ohne vorher den Rath der deutschen Regierung eingeholt zu haben.[22] Dieser allein sei maßgebend für Japan, denn man wisse in Tokio, daß England unter allen Umständen für − Frankreich gegen China Partei nehmen werde; daß auch Russland eigene Interessen in der Koreanischen Frage habe und daß Deutschland allein unparteiisch, im Interesse des allgemeinen Wohls[23] urtheilen werde.

Die Äußerung des japanischen Gesandten bezüglich der Haltung Englands und Frankreichs findet dadurch Bestätigung, daß einerseits Graf Dönhoff aus Tokio berichtet, man bemühe sich daselbst französischerseits, die Japaner zu einem Bündniß gegen China zu gewinnen, - während englische Blätter (u. A. die Times vom 11. Febr.) Berichte über die Vorfälle in Korea bringen, welche die Schuld des Conflicts auf die Japaner wälzen.[24]

Was dagegen die Darstellung des Herrn Aoki über den Ausbruch des Zusammenstoßes angeht, so steht dieselbe im

---

22 [Randbemerkung] Ich kann die Situation nicht genau [sic.] um nützlichen Rath geben zu können, Was heißt „Rath geben" überhaupt, wenn man nicht ausführen hilft.
23 [Randbemerkung] Was verlangt das?
24 [Randbemerkung] Also Partei für China nehmen?

Widerspruch mit den Berichten des K. General-Konsuls Zembsch. Danach wäre dem in englischen Zeitungen veröffentlichten Berichte mehr Glauben beizumessen als der Erzählung des Herrn Aoki.

General Consul Zembsch berichtet (d.d. Shanghai 18. Januar), „der Aufstand ist, nach meiner Ansicht, vorbereitet und veranlasst worden von ehrgeizigen, japanischgesinnten Koreanern, welche hohe Ämter und Würden erlangen wollten und dabei die Unterstützung der Japaner benutzten und mißbrauchten. Die Aufrührer waren sämmtlich japanisch gesinnt und haben den am Ruder befindlichen, meist chinesisch gesinnten Ministern Macht und Ämter nehmen wollen und haben sich hierzu des Meuchelmordes und der Macht der Japaner, denen sie wohl falsche Vorspieglungen gemacht haben mögen, bedient."

Unruhen in Korea. Truppensendungen von Japanischer und Chinesischer Seite.
Vollmachten für die Chinesischen Commissare.

PAAA_RZ201-018904_105 ff.			
Empfänger	Bismarck	Absender	Brandt
A. 1304. p. 1. März 1885.		Peking, den 30. Dezember 1884.	

A. 1304. p. 1. März 1885.

Peking, den 30. Dezember 1884.

A. № 235.

Seiner Durchlaucht
dem Fürsten von Bismarck.

Die Japanische Regierung hat sich, nachdem sie auf die Mittheilung, daß die Chinesische Regierung keine Truppen nach Korea schicken würde, auch ihrerseits auf die Entsendung von Truppen nach dort verzichtet hatte, entschlossen, zwei Bataillone nach Chemulpo abgehen zu lassen, weil trotz der entgegenstehenden Erklärungen des Tsungli Yamen dem chinesischen Bevollmächtigten vierhundert Mann als persönliche Bedeckung mitgegeben und weitere dreihundert Mann Truppen auf einem Kriegsschiff nach Korea befördert worden sind.

Der japanische Minister der Auswärtigen Angelegenheiten, Herr Inouye, in dessen Hand als Botschafter die Erledigung der koreanischen Angelegenheit gelegt worden ist, hat gestern am 29sten Dezember Simonoseki verlassen, um sich nach Chemulpo zu begeben, wohin die chinesischen Commissare, freilich zum Theil über Land, bereits vor einigen Tagen aufgebrochen sind.

Vermuthlich um dem Andrängen der Japanischen Regierung auf Erlaß weiter gehender Vollmachten an die Commissare in Etwa entgegenzukommen, ist am 29sten hujus das nachstehende Kaiserliche Edikt dem Japanischen Gesandten mitgetheilt worden:

Nachdem (Unsere Specialbevollmächtigten) Wu-ta-cheng und Hsü-chand sich jetzt bereits auf den Weg gemacht haben, befehlen wir denselben hiermit, sich mit der größten Beschleunigung nach der Hauptstadt des betreffenden Landes (Korea's) zu begeben, den wirklichen Sachverhalt auf das Eingehendste festzustellen, in einem friedfertigen Geiste in die Berathungen und Verhandlungen einzutreten, und die Sache sobald als möglich in zufriedenstellender Weise zu erledigen.

Die chinesischen Bevollmächtigten werden sich aber trotzdem unzweifelhaft nicht für berechtigt halten, irgend wie weitergehende Vereinbarungen selbständig zu treffen.

Brandt.

Inhalt: Unruhen in Korea. Truppensendungen von Japanischer und Chinesischer Seite. Vollmachten für die Chinesischen Commissare.

Unruhen in Korea. Proklamation des Königs von Korea; Haltung der chinesischen Regierung.

PAAA_RZ201-018904_109 ff.

Empfänger	Bismarck	Absender	Brandt
A. 1490 pr. 7. März 1885.		Peking, den 6. Januar 1885.	

A. 1490 pr. 7. März 1885. 1 Anl.

Peking, den 6. Januar 1885.

A. № 3.

Seiner Durchlaucht

dem Fürsten von Bismarck.

Euerer Durchlaucht habe ich die Ehre in der Anlage Übersetzung einer Proklamation zu überreichen, welche von dem König von Korea kurze Zeit nach den Ereignissen, welche in Seul zwischen dem 4ten und 7ten Dezember vorigen Jahres stattgefunden haben, erlassen worden ist. Dieselbe ist mir vom Tsungli-Yamen mitgetheilt worden und giebt in den Anschuldigungen, welche sie gegen den Japanischen Ministerresidenten und die Anhänger der japanischen Partei in Korea als die Urheber der jüngsten Unruhen enthält, jedenfalls die Auffassung der zur Zeit in Korea anwesenden chinesischen Beamten wieder, in deren Händen sich der König bei Abfassung der Proklamation befand.

Die Minister des Yamen fahren fort zu erklären, daß die Chinesische Regierung Alles thun werde, um einen friedlichen Ausgleich mit Japan herbeizuführen, und sie behaupten, daß nach den telegraphischen Mittheilungen ihres Gesandten in Tokio die japanische Regierung von denselben Gefühlen beseelt sei. Das Meiste wird indessen von der von hier aus im Voraus schwer zu beurtheilenden Haltung der an Ort und Stelle befindlichen Vertreter der beiden Regierungen abhängen.

Brandt.

Inhalt: Unruhen in Korea. Proklamation des Königs von Korea; Haltung der chinesischen Regierung.

Anlage zum Bericht A. № 3. Vom 6. Januar 1885.

Manifest des Königes von Korea über die Anschläge verrätherischer Minister.[25]

Von Chin-yü-chün, Hung-ying-chih, Pu-yung-hsiao, Hsü-kuang fan und Hsü-tsai-pi, welche schon seit geraumer Zeit verrätherischen Gedanken nachhingen, wurde im Geheimen der Plan geschmiedet, ihr Vaterland Preis zu geben.

Am Abend des 17ten Tages des laufenden Monats (4ten December 1884), wurde von Hung-ying-chih in dem Postgebäude ein Festmahl gegeben, bei welchem er Hsü-tsai-chang und anderen Mitgliedern der Gelehrten- und Beamten-Welt, sowie der studirenden Klasse ein Versteck außerhalb des Portales des Postgebäudes gewährte, in welchem sie dem Ming-yung-yu auflauerten und ihn beim Verlassen des Gebäudes mit Dolchen überfielen. Darauf legten sie Feuer an die Häuser der Einwohner und forderten laut zur Rebellion auf. Chin-yü-chün, Hung-ying-chih, Pu-yung-hsiao und Hsü-kuang fan begaben sich direkt in die Japanische Gesandtschaft und von dort in den Palast und während sie Uns eindringlichst beschworen, einen Zufluchtsort außerhalb des Palastes aufsuchen zu wollen, indem sie der Befürchtung Ausdruck gaben, daß der eben begonnene ernste Aufruhr Unsere Ruhe zu gefährden geeignet sei, zwangen sie Uns gleichzeitig die Ausführung ihres Ansinnens auf. Wir zogen Uns während der Nacht in Eile in die Ching-yu Residenz zurück und der Japanische Gesandte Chu-tien besetzte den Palast mit Soldaten und umstellte Unseren Thron während er einige zehn Gelehrte, Beamte und Studirende anwies, die Thore zu hüten und Unseren Unterthanen den Ein- und Ausgang zu wehren, wodurch der Austausch von Mittheilungen verhindert wurde. Chin-yü-chün und die Übrigen gingen nun, gestützt auf die Hülfe der anwesenden Japanischen Truppen daran, ihren guten und bösen Neigungen nach eigenem freien Ermessen freien Lauf zu lassen. Sie tödteten die hochgestellten Minister Min-tsai-hao, Chao-ning-hsia, Min-yung-mu, Yin-tai chün, Li tsu yüan und Han-kuei-chi sowie den Eunuchen Liu-tsai-hsien mit einer für Augenzeugen herzzerreißenden Barbarei und fingen darauf an, officielle Bestallungen und Beförderungen unter einander auszutheilen und sich der Aufsicht über Finanz- und Militair Angelegenheiten zu bemächtigen, wobei sie ihren Herrscher so völlig in seiner Freiheit zu handeln beschränkten, daß Ihm selbst die Auswahl der ihm zu reichenden Nahrung genommen war. Wahrlich die Gewaltthätigkeit und Unverschämtheit des Gebahrens zu dem sie sich hingerissen sehen mochten, war unbegränzt.

Als die Erbitterung der Volkes ihren Höhepunkt erreicht hatte, wurden die drei

---

25 Die sämmtlichen Namen sind in chinesischer Aussprache angegeben.

Bataillone chinesischer Truppen nach dem Palast gezogen in der Absicht, Uns Schutz zu gewähren, worauf die Japanischen Truppen unerwarteter Weise das Feuer auf sie eröffneten und mit ihnen in Gefecht traten, wobei es auf beiden Seiten Todte und Verwundete gab.

Wir nahmen diese Gelegenheit wahr, um zu entkommen und zogen Uns an einen innerhalb des Nordthores gelegenen Ort zurück, jedoch die drei Bataillone chinesischer Truppen, sowie unsere Leibwache geleiteten uns später in feierlichem Zuge unter den Beglückwünschungen einer ungeheueren Volksmenge, welche bis zu Thränen der Freude gerührt war, zurück.

Hung-ying-chih wurde von der Bevölkerung nieder gemacht, alle übrigen jedoch entgingen der Gefangennahme, mit Ausnahme des Hsü-tsai-chang, welcher verhaftet wurde und ein umfassendes Geständniß über den in der Nacht vom 4ten December ausgeführten mörderischen Überfall abgelegt hat.

Diese fünf verrätherischen Minister, bauend auf die Hülfe der Truppen einer anderen Nation, haben auf ihren König und Landesvater Zwang ausgeübt und damit ein selbst im Tode nicht zu sühnendes Verbrechen begangen, während der Japanische Gesandte in einer außergewöhnlichen und unverständlichen Art und Weise gehandelt hat, indem er den Worten verrätherischer Minister Gehör gab und der von ihnen vertretenen Partei Hülfe leistete.

Möge es sich damit verhalten, wie dem wolle, so stellt doch unsere Regierung dessen ungeachtet die Aufrechterhaltung der freundschaftlichen Beziehungen oben an und werden Wir Niemandem erlauben, das Verhalten des Gesandten anzuschuldigen, welches Wir selbst offen entschuldigen.

Was die von einer ungebildeten Volksmenge ausgeübte Rache anbetrifft, so war es unmöglich einzelne Akte derselben aufzuhalten, während die unerwartete Inbrandlegung seiner eigenen Wohnstätte durch den Japanischen Gesandten Chu Tien und seine darauf folgende Abreise Handlungen sind, welche das Internationale Recht nicht billigen kann.

Die fremden Vertreter werden zweifelsohne diese Angelegenheit zum Gegenstande gemeinsamer Berathungen machen und die Sache auf dem Wege der Vermittlung beizulegen wissen.

[   ]

PAAA_RZ201-018904_120

Empfänger	Graf von Hatzfeldt-Wildenburg	Absender	Caprivi
A. 1508 pr. 7. März 1885.		Berlin, den 5. März 1885.	

A. 1508 pr. 7. März 1885. 1 Anl.

Berlin, den 5. März 1885.

An den Königlichen Staatsminister und Staatssekretär des Auswärtigen Amtes
Herrn Grafen von Hatzfeldt-Wildenburg, Excellenz

Eurer Excellenz beehre ich mich anliegend Abschrift des Berichts des Geschwaderchefs
auf der Ostasiatischen Station, Kommodore Paschen, d.d. Shanghai den 19ten Januar
d. Js.
- № 86 -, betreffend die von demselben veranlaßte Rückbeorderung S. M. Kbt. „Iltis"
von Chemulpo (:Korea:) nach Canton, sowie die chinesischen Kriegsoperationen auf der
Station, zur gefälligen Kenntniß ganz ergebenst zu übersenden.

Caprivi.

[Anlage zu A. 1508.]
Abschrift!

Ostasiatisches Geschwader-Kommando. J. № 86.
Shanghai, den 19. Januar 1885.

Betrifft Verlegung S.M.Kbt. „Iltis" von Chemulpo nach Canton und Verhältnisse auf der
Station.

An den Chef der Admiralität, Berlin.

Euer Excellenz beehre ich mich ganz gehorsamst zu berichten, daß ich nach meiner am 17. huj. erfolgten Rückkehr den General-Konsul für Korea, Kapitän zur See Zembsch hier angetroffen habe. Derselbe hat mir mitgetheilt, daß die Anwesenheit eines einzigen Kriegsschiffs in Chemulpo allen Fremden völlig genüge, deren Gesammtzahl sich noch auf etwa 30 beläuft, während Eigenthum und Interessen so gut wie nicht vorhanden sind. Da ein englisches Kanonenboot unter allen Umständen und ein amerikanisches Schiff wahrscheinlich dort verbleiben, habe ich S. M. Kbt. „Iltis" Befehl ertheilt, nach Rücksprache mit dem deutschen Vertreter und falls sich keine erneuerten dringenden Momente für den ferneren Aufenthalt ergeben haben sollten, auf seine Station nach Canton zurückzukehren.

Ich habe jedoch kaum Aussicht, diesen Befehl vor Mitte Februar in Kapitän Rötger's Händen zu sehen, wenn sich dem Konsul in Nagasaki nicht Gelegenheit bieten sollte, das Schreiben durch ein japanisches Kriegsschiff zu befördern.

Die Verhältnisse in Korea liegen so, daß wenn auch zunächst ein Abkommen zwischen Japan und Korea getroffen wird, die chinesische Regierung dies nicht ohne Weiteres zugeben und namentlich dem offenbar beabsichtigten Versuch Japan's, den chinesischen Einfluß zu paralysiren und sich an dessen Stelle zu setzen, zähen Widerstand entgegensetzen wird.

Es ist dies die Meinung des General-Konsul Zembsch.

S. M. S. „Elisabeth" bedarf noch einiger Reparaturen, nach deren Beendigung ich unter Mittheilung an die Kaiserlichen Gesandten das Schiff nach Nagasaki beordert habe, um dort zur Verwendung bereit zu liegen. Sollten mit beginnendem Frühjahr die französischen Operationen sich nach Norden richten, so würde die Stationirung des Schiffes in Chefoo nothwendig werden und hat der Kaiserliche Gesandte in Peking mich besonders darum gebeten.

Ebenso würde in diesem Falle die Anwesenheit eines Schiffes in Tientsin erforderlich sein und beabsichtige ich, nach Freiwerden der Schifffahrt „Nautilus" daselbst durch „Iltis" ablösen zu lassen.

Aus Formosa liegen keinerlei Nachrichten vor, weder über das Eintreffen der Truppen noch über Wiederaufnahme der Operationen gegen Tamsui.

Die chinesischen Kreuzer unter Kommando von Wan-Li-Cheng (Sebelin) sind nach Korea gegangen und wenn es des Vice-Königs von Chihli's Absicht gewesen ist, durch den gedrohten Angriff auf die französische Flotte das Zusammenziehen derselben im Norden Formosa's zu veranlassen und unterdessen an der freigewordenen Küste Truppen und Geld zu landen, so ist sie vollständig gelungen. Nunmehr ist die Blockade von Neuem effectiv geworden.

gez. Paschen.

Kommodore und Geschwaderchef.

Rückkehr des Ministers Inouye aus Korea und die daselbst abgeschlossene Konvention betreffend.

PAAA_RZ201-018904_124 ff.			
Empfänger	Bismarck	Absender	Dönhoff
A. 1532 pr. 8. März 1885.		Tokio, den 21.Januar 1885.	

A. 1532 pr. 8. März 1885. 1 Anl.

Tokio, den 21.Januar 1885.

A. № 3.

Seiner Durchlaucht

dem Fürsten von Bismarck.

Der Minister des Äußern Graf Inouye ist vorgestern Nachmittag von Korea hier widereingetroffen und mit besonderen Ehren seitens des Mikado und seiner Mitminister, die ihm bis Yokohama entgegengefahren waren, empfangen worden.

Die von ihm mit der dortigen Regierung abgeschlossene Konvention wird heute im "Kampo" veröffentlicht und beehre ich mich dieselbe in deutscher Übersetzung anliegend ganz gehorsamst zu überreichen.

Graf Inouye hat mich bald nach seiner Ankunft mit seinem Besuche beehrt und mir Vieles über seinen Aufenthalt in Seoul mitgetheilt. Nach seiner eigenen Erzählung ist die Begegnung, die er mit dem chinesischen Spezialgesandten hatte, sehr bezeichnend für die dortige Situation. Letzterer, mit dem der Minister vorher nur Karten ausgetauscht hatte, ist nämlich ganz unerwartet in dem Sitzungszimmer erschienen, in welchem Graf Inouye mit dem koreanischen Bevollmächtigten eben in Berathung getreten war, und verlangte an den nach seiner Ansicht doch wohl öffentlichen Verhandlungen Theil nehmen zu können. Graf Inouye hat Herrn Wuh darauf erklärt, daß es keine öffentliche Berathung sei, die stattfinde, er daher allein mit den koreanischen Ministern zu verhandeln habe, aber später gern bereit sein werde mit ihm in Verbindung zu treten, falls er im Besitz der erforderlichen Vollmachten sei. Herr Wuh erwiderte hierauf, daß er keine Vollmachten habe, da es keine Frage gebe, die einer Verständigung zwischen der chinesischen und japanischen Regierung bedürfe, und zog sich, nachdem er dem koreanischen Minister einen an diesen gerichteten Brief übergeben, zurück. Dieser Brief, dessen Inhalt Graf Inouye zu kennen verlangte und der ihm, als er drohte die Verhandlungen abzubrechen, auch gezeigt wurde, enthielt eine Art Instruktion, über die sich dann der koreanische Bevollmächtigte dahin aussprach, daß sie ihn Nichts angehe und eine Anmaßung des chinesischen Abgesandten sei, da die koreanische Regierung eine unabhängige sei und keine Instruktionen von China zu empfangen habe.

Aus den Äußerungen des Herrn Ministers über den Vertrag selbst, habe ich entnommen, daß die hiesige Regierung zufrieden ist, ohne Einmischung China's, zur Verständigung mit Korea gelangt zu sein und er weniger Werth auf die Schärfe der Bedingungen und die Höhe der zu zahlenden Indemnität gelegt habe, als auf ersteren Umstand.

Von nicht geringem Einfluß auf sein Verhalten scheint die Thatsache gewesen zu sein, daß weder die Handlungsweise der koreanisch-japanischen Parthei in Seoul, noch die des japanischen Minister-Residenten daselbst vorwurfsfrei zu nennen ist, und daß die Haltung der Russischen Regierung zu Befürchtungen Veranlassung gab, falls es zu offenen Feindseligkeiten auf der Halbinsel kommen sollte.

Die öffentliche Meinung und japanische Presse, die sehr erregt und kriegerisch geworden war, hat sich auch heute noch nicht vollständig beruhigt, ihr scheint zwar das mit Korea geschlossene Abkommen nach dieser Seite zu genügen, sie verlangt aber nach einer Aufklärung der chinesischen Handlungsweise und fordert von der Regierung ein nachdrückliches Vorgehen in dieser Richtung.

Die früheren militärischen Elemente (Samurai's), die unter den jetzigen Verhältnissen des Landes heruntergekommen sind, hetzen zum Kriege und bieten sich zu Tausenden der Regierung als Freiwillige an. Was die Regierung zur Befriedigung dieser Kundgebungen thun wird, ist mir bis jetzt noch nicht bekannt. Nach vertraulichen Äußerungen des Herrn Inouye muß ich aber glauben, daß er seine früher beabsichtigten Vorschläge wegen Zurückziehung der beiderseitigen Truppen aus Korea, weiter verfolgen wird. Er sagte mir, daß er vorläufig nur ein Bataillon Japaner in Seoul zurückgelassen habe, da er durch die letzten Ereignisse, bei denen die Chinesen sich sehr schlecht geschlagen hätten, die Überzeugung gewonnen habe, daß ersterer mit der in Seoul anwesenden chinesischen Truppenmacht nöthigen Falles leicht fertig werden würde.

Französische Kriegsschiffe sind, wie der Minister mir sagte, in Chemulpo nicht erschienen, auch sollen weitere Unterhaltungen französische Allianz-Vorschläge während seiner Abwesenheit nicht statt gefunden haben.

Die Reise des Generals Takashima und des Contre-Admirals Kabayama, die sich aus der Begleitung des Ministers Inouye, mit dem sie nach Seoul gegangen waren, plötzlich nach Shanghai begeben haben und von dort in den allernächsten Tagen direkt hierher zurückkehren, soll, wie verbreitet wird, nur persönlichen Zwecken gedient haben.

Inhalt: Rückkehr des Ministers Inouye aus Korea und die daselbst abgeschlossene Konvention betreffend.

1. Anlage.

Anlage zu Bericht A. № 3.

Übersetzung aus dem „Kampo" (Staatsanzeiger) vom 21. Januar 1885.

Bekanntmachung des Staatsraths № 1.

In Folge der im Dezember vor. J's zu Seoul in Korea stattgehabten Ereignisse sind in einer Berathung mit der dortigen Regierung nachstehende Bedingungen vereinbart worden: den 21. Januar 1885.

Präsident des Staatsrathes:

Koshaku Sanjo Sanetomi

der Minister des Äußern:

Hakushaku Inouye Kaoru.

Die jüngsten Ereignisse in Seoul sind von nicht geringer Bedeutung. Der Kaiser von Japan bedauerte dieselben in hohem Grade und befahl dem Hakushaku Inouye Kaoru sich als außerordentlicher Bevollmächtigter nach Korea zu begeben und seinen Vollmachten entsprechend zu verhandeln.

Der König von Korea, gleichfalls die Vorfälle sehr bedauernd, bevollmächtigte Herrn Kim Ko Shu und befahl ihm das Geschehene beizulegen und ähnlichen Vorfällen für die Zukunft vorzubeugen. Nachdem die Bevollmächtigten beider Länder zur Berathung zusammengetreten waren, sind dieselben zur Erhaltung der Freundschaft und zur Verhütung künftiger Schwierigkeiten über nachstehende Bedingungen übereingekommen und haben dieselben mit ihren Namen und Siegeln versehen:

Art. 1.

Die Koreanische Regierung verspricht der Japanischen Regierung ein Schreiben des Königs zu übermitteln, in welchem derselbe die Japanische Regierung um Verzeihung bittet;

Art. 2.

Die Koreanische Regierung verpflichtet sich für die Verwundeten und die Hinterbliebenen der Ermordeten, sowie für das verloren gegangene Eigenthum der Kaufleute etc. der Japanischen Regierung eine Entschädigung von 110 000 yen zu zahlen;

Art. 3.

Die Koreanische Regierung wird eifrig bemüht sein, die Mörder des Hauptmannes Isobayashi zu verhaften und mit schweren Strafen zu belegen;

Art. 4.

Die Koreanische Regierung wird auf einem neu zu wählenden Grundstücke ein Japanisches Gesandtschafts-Gebäude errichten und für ein Konsulat ebendaselbst ein Grundstück anweisen, auch ferner zur event. Vergrößerung und nothwendigen Reparaturen 20 000 yen zahlen;

Art. 5.

In Ausführung des Artikel 5 des Nachtrags zur Konvention vom Jahre Jungo (1882) wird in der Nähe der Gesandtschaft ein Grundstück für eine Kaserne der Japanischen Sicherheitswache bestimmt und übergeben werden. Den 9. des 1. Monats des 18ten Jahres Meidji (1885) und den 24. des 11. Monats des Jahres 493 nach Gründung des Koreanischen Reiches.

Der außerordentliche Bevollmächtigte Hakushaku Inouye Kaoru (L. S.).

Zusatz.

Die in Artikel 2 und 4 der Bedingungen aufgeführten Beträge sind dem Werthe Japanischer Silber-Yen entsprechend, binnen drei Monaten in Nincheng zu entrichten.

Die in Artikel 3 erwähnte Bestrafung der Mörder wird innerhalb 20 Tagen vom Abschlusse dieses Übereinkommens an gerechnet, stattfinden.

(Folgen die Unterschriften pp. wie vorher). –

Für die Übersetzung:
gez. L. v. Zansen gen. von der Asten

Vertrauliche Mittheilungen über die Lage der japanisch chinesischen Differenzen.

PAAA_RZ201-018904_135 ff.

Empfänger	Bismarck	Absender	Dönhoff
A. 1533 pr. 8. März 1885.		Tokio, den 25. Januar 1885.	

A. 1533 pr. 8. März 1885.

Tokio, den 25. Januar 1885.

A. № 4.

ganz vertraulich.

Seiner Durchlaucht

dem Fürsten von Bismarck.

Wie ich bei Gelegenheit einer heutigen Unterredung mit dem Minister des Äußern erfuhr, ist die Regierung in der China gegenüber zu beobachtenden Politik bis jetzt zu keinem Entschluß gekommen. Es scheint nach ganz vertraulichen Äußerungen des Grafen Inouye nicht vollständige Einigkeit darüber im Kabinet zu herrschen, ob man die Verhandlungen mit China in einer Weise eröffnen solle, die jedenfalls zu friedlicher Lösung führt, oder ob dieselben auf einer Basis einzuleiten sind, die eine kriegerische Verwickelung eventualiter zur Folge haben könnte. Der Minister sagte mir, er habe seine persönliche Meinung noch nicht gebildet, die Verantwortung für ihn sei sehr groß und deshalb müsse er alle Eventualitäten reiflich überlegen.

Graf Inouye ließ sich dann in eine nähere Beleuchtung der ganzen Situation ein, streifte die Allianz-Angelegenheit mit Frankreich und meinte, daß nach den in den letzten Tagen ihm über Shanghai zugegangenen Eröffnungen die Bedingungen einer derartigen Allianz wohl fast von Japan bestimmt werden könnten.

Dagegen scheint der Minister der Stabilität der Pariser Regierung nicht zu trauen und zu fürchten, daß sie später nicht aufrichtig in der Erfüllung ihrer Engagements sein könnte.

Den seitens des Englischen Gesandten ihm wiederholt vorgehaltenen Bedenken, glaubt Graf Inouye keinen sehr großen Werth beilegen zu sollen, wogegen ihm die Haltung Rußlands mehr Besorgniß erregend erscheint. Er hegt die Befürchtung, daß Letzteres, im Falle kriegerischer Verwickelungen, den Hafen von Fusan, der im Winter nicht zufriert und daher von großer Bedeutung ist, und wahrscheinlich sogar den größeren Theil von ganz Korea besetzen würde. Die hierdurch herbeigeführte nähere Nachbarschaft mit Rußland scheint Japan nicht sympathisch zu sein.

Nach den dem Minister aus Peking vorliegenden Berichten, nimmt er an, daß die chinesische Regierung sich zu kleinen Concessionen bereit finden, bei größeren Forderungen es aber zu offenen Feindseligkeiten kommen lassen würde.

Die Eindrücke, die ich aus dieser sehr vertraulichen Auseinandersetzung des Herrn Ministers gewonnen habe, sind, erstens, daß die Unschlüssigkeit der Japanischen Regierung, schon allein beeinflußt durch den Mangel an Geld, schließlich zur Eröffnung versöhnlicher Unterhandlungen mit China führen wird, zweitens, daß die Französische Regierung Japan zum Kriege und zur Allianz um jeden Preis zu treiben sucht, die Lage ihrer Truppen in Tongking und Formosa daher wohl eine ungünstigere sein muß, als bisher angenommen wurde.

H. Dönhoff.

Inhalt: Vertrauliche Mittheilungen über die Lage der japanisch chinesischen Differenzen.

Einreichung einer Denkschrift des koreanischen Auswärtigen Amtes betreffend die Ereigniße vom 4. - 7. Dezember 1884.

PAAA_RZ201-018904_139 ff.			
Empfänger	Bismarck	Absender	Budler
A. 1557 pr. 9. März 1885.		Söul, den 8. Januar 1885.	
Memo	J. № 15.		

A. 1557 pr. 9. März 1885. 1 Anl.

Söul, den 8. Januar 1885.

Lfde. № 4.

Seiner Durchlaucht
dem Fürsten von Bismarck.

Das koreanische Auswärtige Amt hat den fremden Vertretern mit amtlichem Schreiben eine Darstellung der Ereigniße vom 4 - 7ten Dezember übersandt, von der ich mir erlaube, eine Übersetzung in englischer Sprache in der Anlage Euerer Durchlaucht ganz gehorsamst einzureichen.

Zu meinem Bedauern war es mir bisher nicht möglich, eine deutche Übersetzung des chinesischen Originals anzufertigen, ich habe mich aber überzeugt, daß die vorliegende Wiedergabe, die im Büreau des Herrn von Möllendorff angefertigt worden ist, keine wesentlichen Unrichtigkeiten enthält.

Die Darstellungen des japanischen Minister-Residenten und des koreanischen Auswärtigen Amtes widersprechen sich in vielen Punkten und ist es noch in vielen Beziehungen nicht möglich festzustellen, was wirklich geschehen ist, um aber die ganze Bewegung in ihrem Charakter zu kennzeichen, läßt sich schon jetzt das Folgende sagen.

Eine Anzahl von koreanischen Beamten, die in Japan erzogen waren, Reformen im Lande, freundliche Beziehungen zu Japan und Unabhängigkeit von China wünschten, hatten eine Verschwörung angezettelt und versuchten, sich mit Gewalt des Königs zu bemächtigen und die Regierungsgewalt an sich zu reißen. Zu diesem Ende ermordeten sie eine Anzahl derjenigen koreanischen Würdenträger die den chinesischen Einfluß begünstigten, aber nicht als Reformen abgeneigt bezeichnet werden können.

Die Verschwörer erreichten für kurze Zeit ihr Ziel dadurch, daß der japanische Minister-Resident mit seinen Soldaten den Palast besetzte und sie gewähren ließ.

Sobald er den Palast verließ, mußten auch die Verschwörer fliehen, da sie im Volke keinerlei Anhang hatten, und der von ihnen versuchte Staatsstreich war kläglich mißlungen.

Die Bevölkerung der Hauptstadt hatte sich sofort gegen die Verschwörer und gegen die Besetzung des Palastes durch die Japaner erklärt und hatte bedauerlicher Weise ihre Wuth über die Ermordung der hohen koreanischen Beamten an unschuldigen japanischen Kaufleuten ausgelassen und eine Anzahl derselben erschlagen.

Andere Fremde als Japaner sind nicht angegriffen, die allgemeine Ordnung ist nicht gestört worden.

Seit dem 8ten Dezember ist die Regierungsgewalt, in Folge des Einschreitens der chinesischen Vertreter, wieder in den Händen des Königs und der von ihm bestellten koreanischen Beamten.

Über den Verlauf der Verhandlungen, die augenblicklich in Söul stattfinden, werde ich Euerer Durchlaucht gesonderten Bericht zu erstatten mir erlauben.

Budler.

Betrifft: Einreichung einer Denkschrift des koreanischen Auswärtigen Amtes betreffend die Ereigniße vom 4. - 7. Dezember 1884.

Anlage ad J. № 15.
Abschrift

The true facts of the recent riot.

The conspirators Kim O'Kuan, Pack Yung How, Hung Yung Sik, Shu Quan Paun, Shu Jay Paal who have travelled and seen Japan, in consequence thereof they despised their own country and looked upon their fellow-countrymen with contempt, they became extravagant in their habits, meddlesome in affairs and reckless in expenditure. Our king seeing that they have obtained a slight knowledge of foreign affairs liked and trusted them and bestowed upon them high official ranks.

But the Vice President Min Yong Ik had foreseen of their faults and had many times told them so to their faces; consequently they hated him.

On the evening of the 17th inst. a grand dinner was given at the Post-office by the Postinaster-general Hung Yong Sik, to which all the foreign representatives were present, but the Japanese Minister Takezoye declined the invitation on plea of sickness. -

While at dinner Kim O'Kuan got up from the table and went out several times, no doubt to give ill-meant signs.

At 8. o'clock an alarm of fire was heard in the neighbourhood; Min Yong Ik, Lee Tso Yun went out with the intention of giving orders to their soldiers to go and put out the fire. No sooner had they gone out, they met five armed men with drawn swords ready to attack them. Whence they cut Min and incurred serious wounds on him. He then returned to the reception room, all the hosts at the sight of this being terrified ran out and fled to all directions. But H. E. von Möllendorff stood by him and took him to his house for medical treatments.

Then the conspirators O'Kuan, Yung How, Quan Paun went straight to the Palace conveying false reports to H. M. stating that the Chinese soldiers were rebelling and were setting the whole city on fire and killing everybody in the capital, men with loaded rifles and drawn swords were everywhere.

Kim then begged H. M. to send for Japanese troops for protection which the king refused; then pretending fear, he urged the king to remove into another palace and all of the officials followed in the mast disrespectful manner. When they reached the Soon(2) Yun(1) gate a gun was heard (which was a signal gun, given by the conspirators). Kim cried out, "be quick, be quick!" The conspirators again begged H. M. to send for the Japanese Minister for protection which H. M. decidedly refused the second time.

O'Kuan, Quan Paun then took out a piece of foreign paper and pencil wrote the following four words: "Japanese Minister come protect," which did not bear the Royal seal but sent the message with flying speed to the Japanese Minister.

H. M. was at the time entirely unaware of this.

About three o'clock in the following morning Japanese soldiers were seen everywhere in the Palace and when on inquiring of some of the attendants, they said the Japanese soldiers had taken possession of all the gates since 10 o'clock the night previous.

About noon of the 19th inst. Japanese soldiers were seen removing ammunitions and implements of war from the barracks to the Legation, at 2 they were seen by everyone in the streets.

When they were entering the Palace that evening, H. M. was sitting in the Throne in the audience hall, a Japanese interpreter, Assayama, entered and said repeatedly: "Japanese Minister Takezoye will come immediately," at which the king and a few followers went into the East chamber while the Japanese Minister and the conspirators remained near by.

Then suddenly a band of 13 Students who have studied in Japan entered and each carrying a long sword created a great disturbance in the Palace. Japanese soldiers surrounded all the gates, and the conspirators and the students unlawfully prevented after people from coming to and fro, so that communications were checked off.

On the morning of the 18th inst. commanders of the Left camp Lee Tso Yun, of the Front camp Han Kwai Sik, whom the conspirators hated were led into one of the small rooms in the Palace, hither they were assassinated by the hand of the Japanese students one after the other. Commander of the Coast-defence Min Yong Nak, Viceroy Min Tai Ho and Chou Ming Huo who came to the Palace under false rummours were also assassinated. The eunuch Luo Yay Yen who was then in the hall suffered the same fate.

When the king saw this he cried several times: "do not kill, do not kill," but his orders were unlistened to.

The blood of the murdered ones spurt all over the walls.

These six Officials killed were greatly loved and trusted by the king.

Indeed it was a painful sight to see their corpses laying by the door-ways of one of the small rooms.

The king who was surrounded by the conspirators so horrified by their fierce gestures and audacious speeches, that he could neither eat nor sleep.

About 10 o'clock of the 18th inst. the king was removed to the Prime Minister Lee Say Wan's residence which was strongly guarded and admittance to no one was allowed. All those who were allowed admittance were conspirators who possessed passes from the Japanese lieutenants.

Outside of the Palace gates, hundreds of officials, soldiers and people were watching anxiously, but no one was allowed to enter and those who approached near to the gates were driven back by the swinging swords of the Japanese soldiers; weeping the multitude retreated.

About noon that day the conspirators promoted themselves, Yong Sik to Viceroy; O'Kuan - President of the Treasury Department having under his control the whole nation's treasures and President of Commercial affairs; Yung How - Commander of the Front and Rear camps and Left Commander in Chief; Quan Paun - Commander of the Right and Left camps and Right Commender in Chief, President and Vice-President of the Foreign Office; Chai Paal - General of the Front camp.

At this time all the military force and treasuries were in the hands of the conspirators, who, with elevated head and waving gestures, declared themselves to be the rulers of the nation and possessed the power of dethroning the reigning king and inaugurating another.

-

About twilight they again returned to the old Palace. The king perceived that the state of affairs were growing worse, as the Japanese soldiers had taken possession of all the gates, communications with his trustworthy ministers war impossible.

Various rumours were rapidly spreading throughout the city, the whole capital was in an uproar.

The people were in a great state of anxiety, not knowing whether the king's person was safe or not, the constant cries were to safe the king.

They accordingly went and asked for the protection of the king from the Chinese Generals Woo, Yuen and Chung.

About 10 o'clock of the 19th inst. Chinese General Woo, Yuen and Chung sent a message to the Palace to see the King and at the same wrote to Takezoye, demanding his explanation for not withdrawing his troops.

Having waited till 3 o'clock in the afternoon but no replies came. At 4 o'clock the Chinese together with Corean soldiers of the Right and Left camps marched to the Palace. The Japanese soldiers who were guarding the Pao Tung gates first opened fire from cracks and crevices of doors killing nine of the Chinese and five of the Corean soldiers. Both the Chinese and Coreans knowing that the king was within the Palace did not return the firing, but nevertheless the Japanese soldiers kept up their firing constantly from door cracks upstairs, for which reason so many of the Chinese and Coreans were killed.

At 8 o'clock that evening the Japanese soldiers and conspirators forced the king to go to the Yen Kung Hall in the back gardens to avoid danger of the soldiers and moreover he was stopped of having any communications with his attendants. When darkness prevailed the Japanese soldiers concealed themselves in ambush and fired from amongst the far trees, therefore our soldiers were kept at bay. The king then concealed himself behind the walls of the spring of the flowing pearls. It was at this time when our military forces were beginning to force open the gates. The conspirators finding themselves unable to resist this, fled to all directions with the Japanese soldiers.

But Yong Sik and Yung Soo (Yung How's brother) at the time the king's chamberlain, and 7 of the students followed H. M. to the Northern Temple, and there they remained.

At 11 o'clock General Woo of the Chinese camps having learned that H. M. had taken refuge in the Northern temple, he immediately went there with a body of soldiers, Yong Sik and other conspirators were then clinging on to H. M.'s robe and begged him not to go.

When H. M. was approaching to the four bearer chair, Yong Sik and others again urged him not to go.

Our soldiers being infuriated at this dragged Yong Sik and Yung Soo cut and chopped them till they were reduced to mincemeat (or atoms) and also executed 7 of the students on the spot.

There were none that did not rejoice at this. Chinese General Yuen also went with soldiers to escort the king. When they reached the Soon Yun gate just outside General Woo's camp, a roaring cheer like thunder arose from the populace, even houses were pulled down to build bonfires to illuminate the streets.

About noon of the 20th inst. H. M. was then reescorted to Who Do Kam, General Yuen's camp.

Indignation and hatred having arisen to such degree against the Japanese by our people, that whenever they were met they were attacked and some were killed regardless they were soldiers or merchants.

H. M. immediately issued Royal Edicts prohibiting this and further notified all local officials to protect those Japanese who where still carrying on trade in the interior and also sent soldiers to protect the different Legations.

Those twenty odd Japanese who had taken refuge in the different Legations were all safely escorted down to Jeuchuan.

At 3 o'clock the Japanese Minister and troops retreated from Söul, firing upon the people as they went, consequently innocent men, women and children were killed in great number. At this time the Japanese Legation was seen to be on fire and the people declared, that the Japanese themselves had set fire to it; similar to that what they had done two years ago, when they set fire to their hired legation.

Our people knowing that there was a great quantity of gunpowder stored away in the Legation did not dare to approach near to it.

Conspirator Kim O'Kuan, Yung How, Quan Pann, and over ten students put on foreign clothings, fled down to the Japanese Consulate at Jeuchuan and whence they were conveyed on board of the Japanese merchant steamer "Chitose" concealed in wooden boxes. This caused a great many comments in Jeuchuan.

The Foreign Office there wrote to the Japanese Minister demanding the above named criminals should be handed over. To which the Japanese Minister replied that he knows nothing about it; but in reality we know that he had sent them to his own country.

Für konforme Abschrift.
6/1/85. Braun.

Abschluß eines Vertrages zwischen Korea und Japan betreffend Ereignisse vom 4/7 Dezember 1884.

PAAA_RZ201-018904_152 ff.			
Empfänger	Bismarck	Absender	Budler
A. 1558 pr. 9. März 1885.		Söul, den 10. Januar 1885.	
Memo	s. Notiz J. № 21.		

A. 1558 pr. 9. März 1885. 1 Anl.

Söul, den 10. Januar 1885.

Lfde. № 5.

Seiner Durchlaucht

dem Fürsten von Bismarck.

Euerer Durchlaucht

beehre ich mich in der Anlage eine Inhaltsangabe des Vertrages ganz gehorsamst zu überreichen, welcher am gestrigen Tage von den Bevollmächtigten Japan's und Korea's unterzeichnet worden ist.

Das koreanische Auswärtige Amt hat mir eine Abschrift des Vertrages, der in chinesischer Sprache abgefaßt ist, zur Kenntnißnahme übersandt und ist die obige Inhaltsangabe von mir nach derselben gefertigt.

Den Kaiserlichen Konsul in Nagasaki ersuche ich das folgende Telegramm zu expediren:

Foreign Office – Berlin.

Japan and Corea signed treaty without China.

Troops remain.

Söul 9th.

Budler.

[Notiz]

Graf Inouye, der japanische Botschafter, hat dem chinesischen Abgesandten, der keine besonderen Vollmachten hat, erklärt, daß er nicht mit ihm verhandeln könne, und haben die Berathungen zwischen dem japanischen und dem koreanischen Bevollmächtigten ohne Dazwischenkunft des chinesischen Abgesandten stattgefunden.

Japan wird wahrscheinlich ein größeres Truppen-Kontingent in Korea zurücklassen, und dann in Verhandlungen mit China über die gleichzeitige Zurückziehung der beiderseitigen Truppen eintreten.

Die Gefahr eines erneuten Zusammenstoßes zwischen den japanischen Soldaten und den chinesisch-koreanischen Truppen erscheint ziemlich nahe gerückt.

S. M. Kbt. „Iltis" befindet sich noch im Hafen von Chemulpo.

Dem Kaiserlichen Gesandten in Tokio habe ich für die heute schließende Post betreffend den Gang der Verhandlungen Mittheilung gemacht.

Dem Kaiserlichen Gesandten in Peking übersende ich heute durch Vermittelung des chinesischen Kommissars den Text des Vertrages mit kurzer Notiz über das Hierbleiben der japanischen Truppen.

Euerer Durchlaucht werde ich baldmöglichst näheren Bericht erstatten.

Budler.

Betrifft: Abschluß eines Vertrages zwischen Korea und Japan betreffend Ereignisse vom 4/7 Dezember 1884.

Anlage ad J. № 21.

A. 1558

Inhaltsangabe

des Vertrages vom 9. Januar 1885,

vereinbart zwischen den Bevollmächtigten Japan's und Korea's

Der Kaiser von Japan hat wegen der diesmaligen schwerwiegenden Unruhen in Söul in seiner Besorgniß für Korea den Grafen Inouye mit unumschränkter Vollmacht als Botschafter abgesandt.

Der König von Korea in seiner Besorgniß und in seinem Wunsche nach freundschaftlichen Beziehungen hat den Kim Hong Jip als seinen Vertreter mit unumschränkter Vollmacht bestellt, um das Vorgefallene zu erledigen und für die Zukunft Fürsorge zu tragen.

Dieselben haben darauf den folgenden Vertrag unterschrieben und untersiegelt:

1.) Korea schickt eine Staatsschrift an Japan um seiner Erkenntlichkeit Ausdruck zu geben.

2.) Für die Familien der Ermordeten, für die Verwundeten und die Geschädigten zahlt Korea die Summe von $ 110,000. -

3.) Die Mörder des Beamten Chin Lin (?) sollen verhaftet und mit der schwersten Strafe belegt werden.

4.) Korea stellt Japan ein Grundstück und Gebäude für eine Gesandtschaft und ein Konsulat zur Verfügung und zahlt $20,000. - zur Vornahme von Erweiterungen und Ausbesserungen.

5.) Die Japanische Wache wird in der Nähe der Gesandtschaft untergebracht, und findet Artikel 5. des Zusatz-Vertrages von 1882 auf dieselbe Anwendung. − (Nach diesem Artikel ist die Stärke der Wache und der Zeitpunkt des Zurückziehens derselben in das Belieben Japan's gestellt).

B.

Vertrags-Abschluß zwischen Korea und Japan.

PAAA_RZ201-018904_158 ff.

Empfänger	Bismarck	Absender	Budler
A. 1559 pr. 9. März 1885.		Söul, den 14. Januar 1885.	
Memo	s. Notiz J. № 30.		

A. 1559 pr. 9. März 1885.

Söul, den 14. Januar 1885.

Lfde. № 6.

Seiner Durchlaucht

dem Fürsten von Bismarck.

Euerer Durchlaucht

habe ich unter dem 27ten Dezember vor. Js. - Lfde. № 17 - über die Fortdauer der Verhandlungen zwischen Japan und Korea, am 8ten Januar ds. Js. - Lfde. № 4 - über eine Darstellung der Ereignisse durch das koreanische Auswärtige Amt und am 10ten Januar über den Abschluß eines Vertrages zwischen Korea und Japan ganz gehorsamst berichtet.

Aus den ausführlichen Mittheilungen, die ich inzwischen über den Gang der Verhandlungen und das Verhalten der Partheien den Kaiserlichen Gesandten in Tokio und Peking habe zugehen lassen, erlaube ich mir jetzt, die wichtigeren Notizen Euerer Durchlaucht in Folgendem ehrerbietigst einzureichen.

Der japanische Minister-Resident Herr Takezoye und Herr Inouye Ki (nicht Ren) begaben sich am 28ten Dezember nach Söul und wurden höflich empfangen, die Bevölkerung blieb ruhig.

Der Depeschenwechsel zwischen Herrn Takezoye und dem koreanischen Auswärtigen Amte dauerte fort ohne zu einem Resultate zu führen.

Am 1ten Januar trafen zwei hohe chinesische Abgesandte hier ein, am Abend des 3ten Januar kam Graf Inouye Kaoru an, der japanische Minister des Auswärtigen, welcher sich selbst als „Special Ambassador" auf seiner Karte bezeichnete. Derselbe brachte eine Eskorte von 450 Mann mit.

Bei einem Besuche, den ich dem Botschafter machte, äußerte derselbe, die jetzige

Schwierigkeit werde sich wohl beilegen lassen, schwieriger sei es aber, Guarantien für die Zukunft zu finden. Es würde sich wohl empfehlen, daß China und Japan ihre Truppen gleichzeitig zurückzögen, die Partheien im Lande, die Reform Parthei, die sogenannte japanische und die konservative Parthei, die sogenannte chinesische, würden dann auf keine Unterstützung seitens der betreffenden Länder rechnen. Die japanische Regierung habe übrigens ihre Vertreter stets angewiesen, sich nicht in die inneren Angelegenheiten Koreas einzumischen. Er selbst habe vor 2 Jahren Kim Ok-kun, einer der Leiter der Reform-Parthei, abschläglich beschieden, als derselbe Unterstützung für Kontrahirung einer Anleihe nachgesucht habe. – Japan wünsche nicht irgend welche territoriale Erwerbungen in Korea zu machen.

Ein Punkt, dessen Hervorhebung dem japanischen Botschafter augenscheinlich sehr wichtig schien, war, daß er eine starke Eskorte mitzunehmen sich erst entschlossen habe, nachdem er erfahren, daß die chinesischen Abgesandten ohne eine solche nicht kommen würden.

Vielleicht wurde diese Motivirung deswegen mit so besonderem Nachdruck gegeben, um den wirklichen Beweggrund zu verbergen. Es erscheint nicht unwahrscheinlich, daß man eine starke Eskorte japanischer Seits deshalb mitbrachte, um bei der beabsichtigten Forderung der gleichzeitigen Zurückziehung der japanischen und der chinesischen Truppen in Betreff der vorhandenen Zahl nicht allzusehr zurückzustehen.

Herr Inouye hat denn auch 500 Mann statt der früheren 160 Mann hier zurückgelassen.

Bei den von mir mit den chinesischen Abgesandten ausgetauschten Besuchen äußerten dieselben mit Bezug auf die Lage nur, daß sie sicher hofften, daß sich eine friedliche Beilegung des Streites werde herbeiführen lassen.

Friedliche Gesinnungen hatten dieselben gleich dadurch erwiesen, daß sie die Zurückziehung der chinesischen Soldaten von einem strategisch wichtigen Punkte außerhalb der Stadt und von den Thoren Söul's noch vor der Ankunft des japanischen Botschafters angeordnet hatten, mit der ausgesprochenen Absicht, jeden Anschein kriegerischer Vorbereitungen zu vermeiden.

Auch erließen sie eine Bekanntmachung an ihre Soldaten in welcher dieselben ermahnt wurden, sich keinerlei Ungebührlichkeiten zu Schulden kommen zu lassen.

Am 6ten Januar wurde Graf Inouye in feierlicher Audienz vom Könige empfangen, die Bevölkerung, die durch amtliche Bekanntmachungen zur Ruhe ermahnt war, ließ sich keinerlei Ausschreitungen zu Schulden kommen, am 7ten Januar begannen die Verhandlungen und am 9ten Januar wurde, wie schon gemeldet, der Vertrag unterzeichnet.

Der japanische Botschafter scheint seine ursprünglichen Forderungen ohne wesentliche Abänderungen durchgesetzt zu haben. Eine Diskutirung des Verhaltens des japanischen

Minister-Residenten in den Ereignissen vom 4/7 Dezember hat er abgelehnt.

Die chinesischen Abgesandten haben die koreanische Regierung nicht ermuthigt, die japanischen Forderungen zurückzuweisen. China könne augenblicklich keinen Krieg mit Japan führen, da es durch Frankreich schon zur Genüge in Anspruch genommen sei – das war die Begründung ihres Verhaltens.

Auch ein russischer Agent, der Sekretär der Gesandtschaft in Tokio, dessen Herkommen in vertraulicher Weise von der koreanischen Regierung erbeten worden war, hatte derselben erklärt, daß sie die von Japan geforderten Zugeständnisse machen müsse, daß seine Regierung aber ihren Einfluß aufbieten würde, um einen Krieg Japan's mit China auf koreanischem Boden zu verhindern.

Zwischen dem japanischen Botschafter und den chinesischen Abgesandten ist es nicht nur nicht zu Verhandlungen gekommen, sondern es sind selbst Besuche von ihnen nicht ausgetauscht worden.

Während der Verhandlungen zwischen dem japanischen und dem koreanischen Bevollmächtigten ist der erste chinesische Abgesandte ganz unerwartet im Sitzungssaale erschienen und ist hier zum ersten Male mit dem Grafen Inouye zusammengetroffen.

Auf eine Frage des letzteren nach seinen Vollmachten erwiderte derselbe, er habe keine besonderen Vollmachten, könne aber den Thron bitten, ihm dieselben zu ertheilen. Der japanische Abgesandte entgegnete darauf, daß er unter diesen Umständen mit dem chinesischen Vertreter überhaupt nicht verhandeln könne. Erst nachdem derselbe den Raum verlassen hatten, wurden die Berathungen weiter geführt.

Die Stimmung ist hier auf chinesischer Seite eine gegen die Japaner sehr erbitterte. Man begreift, daß man jetzt wegen der französischen Verwicklungen nachgeben muß, wird aber das diesmalige Vorgehen Japan's in Korea zu geeigneter Zeit zu vergelten suchen.

Was die Forderung des Grafen Inouye betreffend die gleichzeitige Zurückziehung der chinesischen und der japanischen Truppen aus Korea betrifft, so ist fraglich, ob die Ordnung im Lande nach Abzug derselben aufrecht erhalten werden würde. Es ist in den Provinzen eine Parthei stark vertreten, welche keinen Verkehr mit dem Auslande will und es ist nicht unwahrscheinlich, daß dieselbe sich erheben und versuchen würde, die jetzige Regierung zu stürzen und das Land wieder vollständig abzuschließen. Das Volk sehnt sich nach dem alten Regenten, der im Jahr 1882 nach China abgeführt wurde und dort zurückgehalten wird, und dieser Regent, der Vater des jetzigen Königs, ist ein abgesagter Feind aller Fremden. Die Berichte, daß die alten Zustände von der großen Masse des Volkes zurückgewünscht werden, erscheinen um so glaubwürdiger, wenn man erwägt, daß man allerorten auf eine ähnliche rückläufige Bewegung gefaßt sein müßte.

Ein Plan des Herrn von Möllendorff einen Guarantivertrag der Mächte, vor allem

China's, Japan's und Rußland's – über die Neutralisirung Korea's herbeizuführen, scheint dem Wunsche des japanischen Ministers des Auswärtigen sehr entsprochen zu haben und wird wohl auch bei den bevorstehenden Verhandlungen zwischen Japan und China zur Erörterung kommen.

Graf Inouye hat am 11ten Januar, nachdem er am 10ten nochmals vom Könige in feierlicher Audienz empfangen worden war, Söul verlassen und mit ihm sind Herr Takezoye, der bisherige japanische Minister-Resident, und Herr Shimamura, der bis vor kurzem Geschäftsträger gewesen war, gegangen. Herr Kondo ist als Geschäftsträger hier bestellt worden und als Gesandtschaftswache ist, wie schon erwähnt, ein Bataillon, 500 Mann, hier belassen worden.

Die Gefahr eines Zusammenstoßes zwischen den japanischen und den chinesischen Truppen herabzumindern, haben sich die chinesischen Abgesandten angelegen sein lassen. Sie haben den japanischen Geschäftsträger am 12ten eingeladen, im chinesischen Lager den Schießübungen der Truppen beizuwohnen, und, wie mir Herr Kondo schrieb, ist ihm jede Höflichkeit erwiesen worden, und ist so den Truppen gezeigt, daß freundschaftliche Beziehungen obwalten.

Japanische Soldaten hätten sich der koreanischen Bevölkerung gegenüber einige Ungebührlichkeiten erlaubt, so sagte mir der Präsident des Kriegsministeriums, doch habe der japanische Geschäftsträger Verhütung ähnlicher Vorfälle für die Zukunft zugesagt.

Die chinesischen Abgesandten erwarten hier den Bescheid des Thrones auf ihren Bericht vom 9ten Januar bevor sie ihre Rückreise antreten.

Was die Ausführung des japanisch-koreanischen Abkommens vom 9ten Januar betrifft, möchte ich Folgendes erwähnen.

Die in § 1 bezeichnete Staatsschrift soll von den schon früher ernannten Abgesandten Hsü Hsiang Yü und Herrn von Möllendorff nach Tokio überbracht werden, der Termin der Abreise derselben ist aber noch nicht festgesetzt.

Herrn von Möllendorff scheint von dem Grafen Inouye einige Aussicht gemacht zu sein, daß ein Theil der festgesetzten Entschädigungsgelder von der japanischen Regierung werde erlassen werden.

Daß eine Wache von 500 Mann von den Japanern hier zurückgelassen worden, ist schon wiederholt erwähnt.

Mit Bezug auf einen Abschnitt meines gehorsamsten Berichtes vom 27ten Dezember 1884 erlaube ich mir noch ehrerbietigst zu vermerken, daß der Kommandant S. M. Kbt. „Iltis" es nach wiederholter Erwägung vorgezogen hat, das Schiff nicht zu verlassen und daß auch mir seine Anwesenheit in Chemulpo noch wünschenswerther erschien als die Vorstellung beim Könige, die wenigstens keine dringliche war.

Erwähnen möchte ich schließlich, daß der großbritannische General-Konsul Herr Aston vor einigen Tagen Korea krankheitshalber verlassen hat und daß der amerikanische Gesandte Herr Foote von Söul vor einigen Tagen abgereist ist, wie ich höre, um sich nach Japan zu begeben. Der letzte hat schon vor einiger Zeit die Geschäfte einem Attache, dem Marine-Lieutenant Foulk, als Geschäftsträger übergeben und hiervon Anzeige gemacht.

Die Geschäfte des englischen General-Konsulats werden von dem Vize-Konsul Herrn Carles wahrgenommen werden, dem zwei der chinesischen Sprache kundige Beamte beigegeben sind.

Bei den zwischen dem japanischen und dem koreanischen Bevollmächtigten geführten Verhandlungen sind die fremden Vertreter völlig unbetheiligt gewesen, zur Zeit werden sie in vertraulicher Weise ihre Mitwirkung zu dem Behufe eintreten lassen können, daß alle Anstalten getroffen werden, um neuen Zusammenstößen vorzubeugen.

Budler.

Betrifft: Vertrags-Abschluß zwischen Korea und Japan.

Jetzige Verhältnisse in Korea.

PAAA_RZ201-018904_170 ff.

Empfänger	Bismarck	Absender	Budler
A. 1560 pr. 9. März 1885.		Söul, den 22. Januar 1885.	
Memo	s. Notiz J. № 51.		

A. 1560 pr. 9. März 1885.

Söul, den 22. Januar 1885.

Lfde. № 9.

Seiner Durchlaucht

dem Fürsten von Bismarck.

Dem Berichte vom 14ten ds. Ms. – Lfde. № 6. – habe ich heute nur Folgendes nachzutragen.

Die Ruhe und Ordnung sind bis jetzt nicht wieder gestört worden.

Die Frage, ob es in unserem Interesse liegt, daß die chinesischen Truppen aus Korea zurückgezogen werden, dürfte wie schon angedeutet nicht ohne weiteres zu bejahen sein. Es müßten auf jeden Fall vorher Maßregeln getroffen werden, damit die Ordnung im Lande nicht, von irgendeiner Parthei, mit Leichtigkeit gestört werden kann.

Soweit ich zu sehen vermag, haben die Chinesen in Korea, in jüngster Zeit, keinen fremdenfeindlichen Einfluß ausgeübt, und sind auch Reformen nicht abgeneigt.

Daß das Land unter japanischem Einflusse vielleicht schneller fortschreiten würde als unter chinesischem ist wohl anzunehmen, indeß frägt es sich, ob deutsche Kaufleute dabei mehr gewinnen würden, ebenso wie das Land selbst, als bei der jetzigen langsameren Entwicklung, da natürlich die japanischen Staatsangehörigen bei allen Unternehmungen der Regierung bevorzugt werden würden. Jede fremde Konkurrenz ist bisher von den Japanern, Beamten wie Kaufleuten, in sehr energischer und nicht immer sehr wählerischer Weise bekämpft worden.

Da die Stimmung der koreanischen Regierung und Bevölkerung eine gegen die Japaner sehr erbitterte ist, so ist es wünschenswerth ein gemeinsames Vorgehen mit den Japanern möglichst zu vermeiden, und würde es auch nicht gerathen sein, im Falle weiterer Unruhen, den Schutz durch japanische Truppen anzunehmen.

Dieser Schutz wurde von dem japanischen Geschäftsträger den fremden Vertretern kürzlich in einer Weise in Aussicht gestellt, die mit anderen Anzeichen zusammengehalten dahin deutet, daß die japanische Politik darauf hinarbeitet, die Fremden hier in ihre eigenen Schwierigkeiten mit hineinzuziehen. Ich werde dagegen auf der Hut sein, natürlich möglichst ohne erkennen zu lassen, daß ich es bin.

Der König hat vor einigen Tagen in feierlicher Sitzung seinen Räthen und Beamten verkündet, daß er in Zukunft sich eines persönlichen Eingreifens in die Regierungsgeschäfte enthalten und das genehmigen werde, was die Minister ihm empfehlen. Man könnte die königliche Erklärung mit gewißen Beschränkungen dahin zusammenfassen, daß er ein konstitutionelles, anstatt des bisherigen absoluten Regime's, verheißt.

Wahrscheinlich soll mit dieser Ankündigung der Stimmung im Volke entgegengewirkt werden, welche den König und vor allem die Königin, wegen ihrer Regierungsmaßregeln, tadelt und den früheren Regenten zurückwünscht.

Daß eine allgemein fremdenfeindliche und reaktionaire Politik eingeleitet werden wird, glaube ich nicht, doch dürfte der chinesische Einfluß im Ministerrathe noch mehr als bisher fühlbar werden.

Herr von Möllendorff wird von den chinesischen Vertretern zur Zeit gestützt und dürfte seine Stellung wieder befestigt sein.

Die russische Regierung scheint Wünsche betreffend Abtretung eines Kriegshafens haben laut werden lassen und die koreanische Regierung nicht abgeneigt zu sein, auf dieselben einzugehen. Man dürfte aber über eine vorläufige Besprechung des Planes nicht hinausgegangen sein.

Da meine Anwesenheit zur Zeit in Chemulpo nicht erforderlich ist, zumal weil Herr Wolter, der Chef der Firma E. Meyer & Co. es vortrefflich versteht, sich selbst zu helfen, und die fremden Konsularbeamten bereitwillig direkt mit ihm, die seine Firma betreffenden Sachen erledigen, und da ferner es für die Förderung unserer kommerziellen Interessen nützlich erscheint, daß ich die Verhältniße hier am Platze näher beobachte, so werde ich meinen Aufenthalt hier noch verlängern.

Für Chemulpo ist durch Abgang des Amtsdieners eine vorläufige Ersparniß herbeigeführt.

Am heutigen Tage hat die oben genannte deutsche Firma hier mit Herrn von Möllendorff einen Kontrakt abgeschlossen, durch welchen sie die Beschaffung von Maschinen für den Betrieb einer Münze übernimmt und das Engagement einiger Techniker vermittelt (cf. Bericht № 26 vom 1ten Oktober 1884).

Herr von Möllendorff ist vom König durch Edikt zum Münzdirektor ernannt worden und als solcher Kompetent die Bestellung zu machen. Der Preis der Maschinen beträgt nur ungefähr $ 20,000. - und eine Anzahlung von $ 3,000. - ist gemacht.

Die Maschinen werden von Shanghai telegraphisch bestellt, die Herstellung derselben wird 4 bis 6 Monate in Anspruch nehmen.

Betreffend das Engagement von Technikern, welches nicht als bald stattfinden wird, werde ich mir noch erlauben zu berichten; es wäre den Leuten jedenfalls Vorsicht beim Abschluße ihres Kontraktes zu empfehlen.

Budler.

Betrifft: Jetzige Verhältnisse in Korea.

Betreffend den Nachlaß der durch Korea an Japan zu zahlenden Entschädigung.

PAAA_RZ201-018904_176 ff.

Empfänger	Bismarck	Absender	Brandt
A. 1564 pr. 9. März 1885.		Peking, den 10. Januar 1885.	

A. 1564 pr. 9. März 1885. 1 Anl.

Peking, den 10. Januar 1885.

A. № 6.

Seiner Durchlaucht

dem Fürsten von Bismarck.

Bei dem Interesse, welches die Beziehungen Japans zu Korea in diesem Augenblick haben, beehre Eurer Durchlaucht ich mich, in der Anlage den auf den Nachlaß der von Korea an Japan zu zahlenden Entschädigung in Höhe von 400,000 (Rest der nach dem Aufstand in 1882 auferlegten Entschädigung von einer halben Million Dollars) bezüglichen Schriftwechsel zwischen dem japanischen Minister-Residenten und dem koreanischen Minister der auswärtigen Angelegenheiten ganz gehorsamst zu überreichen.

Das Schreiben des japanischen Vertreters dürfte hinreichen, das Gefühl des Hasses zu erklären, welches die Mehrzahl der Koreaner gegen alles Japanische zu beseelen scheint. In Korea wird man zunächst nicht vergessen haben, daß Japan in alten Zeiten seine Zivilisation dem Lande verdankte, dem gegenüber es sich jetzt in so überhebender Weise ausläßt.

Brandt.

Inhalt: Betreffend den Nachlaß der durch Korea an Japan zu zahlenden Entschädigung.
1 Anlage.

Anlage zum Bericht A. № 6 vom 10. Januar 1885.

Die „Shanghai Daily News" vom 24. Dezember 1884 veröffentlicht den der offiziellen japanischen Zeitung entnommenen Schriftwechsel zwischen dem japanischen Minister in Seoul und dem koreanischen Auswärtigen Ministeriums bezüglich des Nachlasses der von Korea zu entrichtenden Entschädigung: „Der Endesunterzeichnete beehrt sich der koreanischen Regierung die Mitteilung zu machen, daß bei Gelegenheit der ihm am Vorabend der Abreise auf seinen Posten von Seiner Kaiserlichen Majestät dem Mikado gewährten Audienz, Seine Majestät ihm die nachstehenden Instruktionen zu erteilen geruht haben:

Nach eingehender Kenntnisnahme der augenblicklichen Verhältnisse in den Gebieten des Königs von Korea gereicht es Uns zur Freude wahrzunehmen, daß das Regierungssystem verbessert, die politische Leitung und das Erziehungswesen dieses Landes eine Umformung erfahren, und daß der König von Korea von früh bis spät mit Plänen zu Nutzen seines Volkes beschäftigt ist. Wir erlassen hiermit vierhunderttausend Yen der Indemnität von fünfhunderttausend Yen, welche Korea schuldete, indem Wir der ernsten Hoffnung Ausdruck geben, daß diese Summe als ein Beitrag zu den Fonds, welche bereits zur Einführung der Zivilisation in jenes Land ausgeworfen worden sind, verwandt werden möge. - Diese Unsere Absicht wollen Sie der Regierung Koreas bekanntgeben."

In Gemäßheit der Weisungen seines Souveräns ist der Unterzeichnete bereits von Seiner Majestät dem König von Korea empfangen worden, welchem er die kaiserliche Botschaft übermittelte. Der Unterzeichnete ist daher der festen Zuversicht, daß die Freundschaft zwischen den beiden Ländern in der Folge sich enger und inniger gestalten werde, eine Voraussicht, welche er mit Freude begrüßt. Er hat die Ehre, der Annahme Ausdruck zu verleihen, daß die Minister der koreanischen Regierung hierin mit ihm übereinstimmen und Seine Majestät den König in Ausführung Seiner Majestät aufgeklärter und wohlgemeinter Politik unterstützen werden."

> (gez.) Takezoye,
> Minister Seiner Majestät des Kaisers
> von Japan.
> 9. Tag, 11. Monat, 17. Jahr Meiyi.

Auf die vorstehende Note wurde folgende Antwort erteilt: „Der Unterzeichnete, Minister für auswärtige Angelegenheiten und Handel für Korea, beehrt sich, den Empfang einer amtlichen Zuschrift Eurer Excellenz des japanischen Ministers vom 22. Tag des laufenden Monats, nachstehenden Inhalts: (folgt Wortlaut der vorstehenden Note) zu bestätigen. Der Unterzeichnete ist tief gerührt von den aufrichtigen Gefühlen des Kaisers von Japan gegen ein befreundetes Land, mit welchem er die seitens dieses Königreichs schuldige Indemnität erlassen hat. Gleichsam hat ihn die Versicherung des Ministers, nach welcher derselbe seiner ganz besonderen Freude darüber Ausdruck gibt, durch sein eifriges Bemühen eine wachsende Freundschaft zwischen beiden Ländern gesichert zu sehen und für welche er hiermit seinen Dank abstattet, mit überaus freudiger Genugtuung erfüllt. – Unterzeichneter hat Eurer Excellenz Zuschrift den sämtlichen Ministern der koreanischen Regierung mitgeteilt, welche alle ohne Ausnahme von dem Inhalt der Botschaft mit großer Bewunderung erfüllt wurden. Es ist der untertänigste Wunsch einer warmen Freundschaft, beide Länder sich vieler Tage und Monde eines wahren Glücks und der Wohlfahrt erfreuen möchten.

(gez.) Kim
Minister für auswärtige Angelegenheiten und
Handel. 24. Tag, 9. Monat, des Jahres Ko-shin."

Berlin, den 10. Mai 1885.   ad A. 1557, 1558, 1559, 1560

Betrifft: Korea

Referent
W. L. R. Lindau

A. 1557 enthält weitere Mitteilungen über den Zusammenstoß zwischen chinesischen und japanischen Truppen in Söul. Dieselben bestätigen den Bericht des General-Konsuls Zembsch, wonach die Unruhen durch japanisch gesinnte Koreaner angestiftet worden sind. Die dem Bericht beigefügte Darstellung der Unruhen deckt sich in allen wesentlichen Punkten mit dem vom kaiserlichen Gesandten in Peking eingesandten Manifest des Königs von Korea.

A. 1558 überreicht Inhaltsangabe des am 9. Januar zwischen Korea und Japan abgeschlossenen Vertrages, wonach Korea den Familien der bei dem Zusammenstoß mit chinesischen Truppen getöteten Japanern eine Summe von etwa einer halben Million Mark als Entschädigung zahlen wird; der Vertrag ist ein neuer Beweis dafür, daß koreanischerseits die Wiederherstellung guter Beziehungen mit Japan lebhaft gewünscht wird.

A. 1559 enthält weitere Einzelheiten über den Gang der Verhandlungen zwischen Korea und Japan, die durch die Zeichnung des Vertrages vom 9. Januar ihren Abschluß gefunden haben. Die Chinesen haben sich jenen Verhandlungen fern gehalten; ihre Stimmung ist eine sehr verbitterte; sie begreifen, daß sie jetzt wegen der französischen Verwicklungen nachgeben müssen, werden aber das Vorgehen Japans in Korea zur geeigneten Zeit zu vergelten suchen.

A. 1560 Der kaiserl. Vize-Konsul in Korea hält es nicht für erwünscht, daß die chinesischen Truppen ohne weiteres aus Korea zurückgezogen werden. Er sieht in diesem Fall Beunruhigungen durch die Japaner voraus, unter denen der sich langsam aber befriedigend entwickelnde Handel leiden würde.

Die russische Regierung scheint Wünsche wegen Abtretung eines Kriegshafens haben laut werden lassen, und die koreanische Regierung scheint nicht abgeneigt zu sein, darauf einzugehen.

Die „Times" veröffentlichte am 11. Februar ein Telegramm aus Peking vom 18. Januar, welches die offizielle chinesische Darstellung des Zusammenstoßes zwischen chinesischen und japanischen Truppen in Korea enthielt. Die letzte Post aus China bringt nun auch den Wortlaut einer Proklamation, welche von dem König von Korea in Bezug auf jene Ereignisse erlassen worden ist und der chinesischen Darstellung als Grundlage gedient zu haben scheint. Das „Manifest des Königs von Korea über die Anschläge verräterischer Minister" lautet in der Übersetzung:

„Von Chin-yü-chün, Hung-ying-chih, Pu-yung-hsiao, Hsü-kuang-fan und Hsü-tsai-pi, welche schon seit geraumer Zeit verräterischen Gedanken nachhingen, wurde im geheimen der Plan geschmiedet, ihr Vaterland preiszugeben.

Am Abend des 17. Tages des laufenden Monats (4. Dezember 1884) wurde von Hung-ying-chih in dem Postgebäude ein Festmahl gegeben, bei welchem er Hsü-tsai-chang und anderen Mitgliedern der Gelehrten- und Beamtenwelt, sowie der studierenden Klasse ein Versteck außerhalb des Portales des Postgebäudes gewährte, in welchem sie dem Ming-yung-yi auflauerten und ihn beim Verlassen des Gebäudes mit Dolchen überfielen. Darauf legten sie Feuer an die Häuser der Einwohner und forderten laut zur Rebellion auf. Chin-yü-chün, Hung-ying-chih, Pu-yung-hsiao und Hsy-kuang-fan begaben sich direkt in die japanische Gesandtschaft und von dort in den Palast, und während sie uns eindringlichste beschworen, einen Zufluchtsort außerhalb des Palasts aufsuchen zu wollen, indem sie der Befürchtung Ausdruck gaben, daß der eben begonnene ernste Aufruhr unsere Ruhe zu gefährden geeignet sei, zwangen sie uns gleichzeitig die Ausführung ihres Ansinnens auf. Wir zogen uns während der Nacht in Eile in die Ching-yu-Residenz zurück, und der japanische Gesandte Chu-tien besetzte den Palast mit Soldaten und umstellte unseren Thron, während er einige zehn Gelehrte, Beamte und Studierende anwies, die Tore zu hüten und unseren Untertanen den Ein und Ausgang zu wehren, wodurch der Austausch von Mitteilungen verhindert wurde. Chin-yü-chin und die übrigen gingen nun, gestützt auf die Hilfe der anwesenden japanischen Truppen daran, ihren bösen Neigungen nach eigenem Ermessen freien Lauf zu lassen. Sie töteten die hochgestellten Minister Min-tsai-hao, Chao-ning-hsia, Min-yung-mu, Yin-tai-chün, Li-tsu-yüan und Han-kuei-chi, sowie den Eunuchen Liu-tsai-hsien mit einer für Augenzeugen herzzerreißenden Barbarei und fingen darauf an, offizielle Bestallungen und Beförderungen untereinander auszuteilen und sich der Aufsicht über Finanz- und Militärangelegenheiten zu bemächtigen, wobei sie ihren Herrscher so völlig in seiner Freiheit zu handeln beschränkten, daß ihm selbst die Auswahl der ihm zu reichenden Nahrung benommen war.

Wahrlich, die Gewalttätigkeit und Unverschämtheit des Gebahrens, zu dem sie sich hinreißen ließen, war unbegrenzt!

Als die Erbitterung des Volkes ihren Höhepunkt erreicht hatte, wurden die drei Bataillone chinesischer Truppen nach dem Palast gezogen in der Absicht, uns Schutz zu gewähren, worauf die japanischen Truppen unerwarteter Weise das Feuer auf sie eröffneten und mit ihnen ins Gefecht traten, wobei es auf beiden Seiten Tote und Verwundete gab.

Wir nahmen diese Gelegenheit wahr, um uns zu entfernen, und zogen uns an einen innerhalb des Nordthores gelegenen Ort zurück; jedoch die drei Bataillone chinesischer Truppen sowie unsere Leibwache geleiteten uns später in feierlichem Zug unter den Beglückwünschungen einer ungeheuren Volksmenge, welche bis zu Tränen der Freude gerührt war, zurück.

Hung-ying-chih wurde von der Bevölkerung niedergemacht, alle übrigen Verräter jedoch entgingen der Gefangennahme mit Ausnahme des Hsü-tsai-chang, welcher verhaftet wurde und ein umfassendes Geständnis über den in der Nacht vom 4. Dezember ausgeführten mörderischen Überfall abgelegt hat.

Diese fünf verräterischen Minister, bauend auf die Hilfe der Truppen einer anderen Nation, haben an ihrem König und Landesvater Gewalt ausgeübt und damit ein selbst durch den Tod nicht zu sühnendes Verbrechen begangen; während der japanische Gesandte in einer außergewöhnlichen und unverständlichen Art und Weise gehandelt hat, indem er den Worten verräterischer Minister Gehör gab und der von ihnen vertretenen Partei Hilfe leistete.

Möge es sich damit verhalten, wie dem wolle, so stellt doch unsere Regierung die Aufrechterhaltung freundschaftlicher Beziehungen mit anderen Nationen an die Spitze ihrer Politik, und wir werden niemandem erlauben, das Verhalten des fremden Gesandten als schlechtes darzustellen; wir sind im Gegenteil geneigt, dasselbe zu entschuldigen.

Was die von einer ungebildeten Volksmenge ausgeübte Rache anbetrifft, so war es unmöglich, einzelne Akte derselben aufzuhalten; daß aber der japanische Gesandte Chu-tien seine Wohnstätte in Brand steckte und gleich darauf abreiste, kann vom Standpunkt des allgemeinen Rechts nicht gebilligt werden.

Die fremden Vertreter werden zweifelsohne diese Angelegenheit zum Gegenstand gemeinsamer Beratungen machen und die Sache auf dem Wege der Vermittlung beizulegen wissen."

Berlin, den 13. März 1885.   ad. A. 2703

Der Kaiserl. Gesandte in Tokyo berichtet unterm 26. Februar, die japanische Regierung habe nunmehr den Grafen Ito als Botschafter nach Peking gesandt, um dort über die bekannten Vorfälle in Korea mit der chinesischen Regierung zu verhandeln. Ito will Vorschläge machen, die er selbst als sehr milde bezeichnet, ohne sich jedoch der Befürchtung erwehren zu können, daß sie vielleicht in Peking nicht angenommen werden. In diesem Fall würde sodann ein Konflikt in Korea unvermeidlich werden; und ein solcher würde eine russische Einmischung zur Folge haben.

Der hiesige japanische Gesandte Aoki war telegrafisch von seiner Regierung beauftragt worden, dem Ausw. Amt Mitteilung von der Botschaft Itos nach Peking zu machen. Herr Aoki hat diesem Auftrag s. Zt. entsprochen und seine Mitteilungen sind Seiner Durchlaucht vorgetragen worden.

Unruhen in Korea. Erledigung der japanisch-koreanischen Verwicklung durch Abschluß eines Vertrages. Seiner Durchlaucht dem Fürsten von Bismarck.

PAAA_RZ201-018904_189 ff.

Empfänger	Bismarck	Absender	Brandt
A. 1698 pr. 14.März 1885.		Peking, den 17. Januar 1885.	

A. 1698 pr. 14.März 1885.

Peking, den 17. Januar 1885.

A. № 10.

Inhalt: Unruhen in Korea. Erledigung der japanisch-koreanischen Verwicklung durch Abschluß eines Vertrages. Seiner Durchlaucht dem Fürsten von Bismarck.

Seiner Durchlaucht

dem Fürsten von Bismarck.

Eurer Durchlaucht beehre ich mich ganz gehorsamst zu berichten, daß nach hier eingegangenen telegrafischen Mitteilungen aus Söul die koreanisch-japanische Verwicklung durch Abschluß eines am 10. hujus nach nur zweitägigen Verhandlungen unterzeichneten Vertrages ihren Abschluß gefunden hat. Die Bedingungen der Verständigung sind:

1.) Die Absendung eines Entschuldigungs- und Dankschreibens seitens des Königs von Korea an den Kaiser von Japan;

2.) Die Zahlung einer Entschädigung von 110000 Yen (ca. $ 100000) für die Hinterbliebenen der getöteten und verwundeten Japaner wie für zerstörtes Eigentum;

3.) Die Ergreifung und Hinrichtung der Mörder des Kapitän Isobayashi (?);

4.) Der Wiederaufbau der japanischen Gesandtschaft und des Konsulats auf einem von der koreanischen Regierung zu gebenden Grundstück, für welchen Zweck die koreanische Regierung der japanischen den Betrag von 20000 Yen zur Verfügung stellen wird;

5.) Die japanischen, zum Schutz der Gesandtschaft bestimmten Truppen werden in der unmittelbaren Nähe des Gesandtschaftsgebäudes untergebracht werden, und soll mit Bezug auf diese Truppen nach Artikel des koreanisch-japanischen Vertrags vom 30. August 1882. (Anlage zum diesseitigen Bericht № 57 vom 14. September 1882) verfahren werden, welcher bestimmt, daß es dem japanischen Vertreter freistehen solle, Truppen, welche von der koreanischen Regierung zu unterhalten seien, zu seinem Schutz in Seoul zu haben, und daß diese Truppen nach Jahresschluß zurückzuziehen seien, falls der japanische Vertreter sich auch ohne dieselben für hinreichend gesichert erachte.

Zwei Separatartikel setzen fest, daß die Zahlung der Entschädigung nach drei Monaten zu Chemulpo in japanischem Gelde und die Ergreifung der Mörder des Kapitän Isobayashi innerhalb zwanzig Tagen zu erfolgen habe.

Der japanische Botschafter Inouye war bereits am 15. dieses Monats wieder in Shimonoseki angekommen. Eine Erledigung der sich aus den Unruhen in Korea ergebenden Differenzen zwischen der chinesischen und japanischen Regierung hat nicht stattgefunden; die Frage ist überhaupt in Korea nicht berührt worden, da, wie Herr Inouye telegrafisch nach Yedro berichtete, die chinesischen Kommissare erklärten, keine Vollmachten zu dahingehenden Verhandlungen zu haben. Die japanische Regierung wird ihre etwaigen Forderungen daher voraussichtlich jetzt hierher richten; die Lage der chinesischen Regierung ist aber insofern eine günstigere, als nicht in Abrede gestellt werden kann, daß einerseits die Bewegung in Seoul von der sogenannten „Japanischen Partei" ausgegangen ist, deren Mitglieder bei der Gelegenheit zahlreiche Mordtaten verübt haben, und andererseits der japanische Vertreter zum mindesten sehr unvorsichtig gehandelt hat, was seine Regierung auch durch seine Beurlaubung und die Übertragung der zeitweiligen Vertretung ihrer Interessen an einen Geschäftsträger, Herrn Kondo, anerkannt zu haben scheint.

Brandt.

Bestrafung der Mordtaten vom 4. – 7. Dezember 1884.

PAAA_RZ201-018904_193 ff.			
Empfänger	Bismarck	Absender	Budler
A. 1699 pr. 14. März 1885.		Söul, den 31. Januar 1885.	
Memo	J. № 68.		

A. 1699 pr. 14. März 1885.

Söul, den 31. Januar 1885.

Lfde. № 11

Seiner Durchlaucht

dem Fürsten von Bismarck.

Nach einer mündlichen Mitteilung des japanischen Vertreters ist die in Artikel 3 des japanisch koreanischen Vertrages vom 9. Januar (cf. Lfde. № 5 vom 10.d.Mts.) vorgesehene Bestrafung des Beamten Chi-lin (der Mörder des Hauptmann Isobayashi) bereits erfolgt. –

Zwei Personen seien, so sagte mir Herr Kondo, des Mordes überführt und in Gegenwart eines japanischen Beamten am Ort der Tat am 29.d.Mts. enthauptet worden; er sei überzeugt, daß die wirklich schuldigen Personen bestraft seien.

Am 29. sind auch eine Anzahl der Aufrührer, es scheint zehn Individuen, hingerichtet worden, welche der Teilnahme an der Ermordung der hohen koreanischen Beamten schuldig befunden worden waren.

Es waren der Mehrzahl nach junge Leute, welche als Zöglinge der Militär-Akademie in Japan ihre Ausbildung erhalten hatten.

S. M. Kbt. „Iltis", welches gestern entsprechenden Befehl erhalten hat, verläßt morgen den Hafen von Chemulpo. Da ein amerikanisches Kriegsschiff längere Zeit dort stationiert bleiben wird und auch ein englisches Schiff bald zu längerem Aufenthalt erwartet ist, so war keine Veranlassung das Kanonenboot „Iltis" hier länger zurückzuhalten.

Ich hatte schon am 16.d.Mts. mich dahin ausgesprochen, daß ein ferneres Verbleiben desselben nicht mehr notwendig sei, doch mußte der Kommandant das Eingehen einer Order abwarten.

Budler.

Inhalt: Betrifft Bestrafung der Mordtaten vom 4. – 7. Dezember 1884.

[   ]

PAAA_RZ201-018904_196

Empfänger	Graf von Hatzfeldt-Wildenburg	Absender	Caprivi
A. 1764 pr. 16. März 1885.		Berlin, den 14.März 1885.	
Memo	s. Schreiben an die Admiralität v. 25.3. A.1440. I		

A. 1764 pr. 16. März 1885. 1 Anl.

Berlin, den 14.März 1885.

An den Königlichen Staats-Minister und Staatssekretär des Auswärtigen Amtes,
Herrn Grafen von Hatzfeldt Wildenburg, Excellenz

Eurer Excellenz beehre ich mich, anliegenden Bericht des Geschwaderchefs auf der
ostasiatischen Station, Kommodore Paschen, d.d. Shanghai den 28. Januar d. Js. -115-,
betreffend die politischen Verhältnisse in China und Korea,
zur gefälligen Kenntnis und mit der Bitte um Rückgabe ganz ergebenst zu überreichen.

Caprivi

[   ]

PAAA_RZ201-018904_197

Empfänger	Auswärtiges Amt in Berlin	Absender	Brandt
A. 2013 pr. 23. März 1885.		Irvitzkofarwsk, den 23. März 1885.	

A. 2013 pr. 23. März 1885.

Telegramm.

Irvitzkofarwsk, den 23. März 1885. 6 Uhr 40 M.

Ankunft: 10 Uhr 50 Vor.

Der K. Gesandte an Auswärtiges Amt.

Entzifferung.

№ 2.

Ito als außerordentlicher Botschafter für Japan Mitte März erwartet um japanisch-chinesischen Konflikt hier zu erledigen. Lage scheint dadurch unzweifelhaft ernster und kann China zum Frieden mit Frankreich und Krieg mit Japan gedrängt werden.

Brandt.

Unruhen in Korea. Beziehungen zwischen China und Japan.

PAAA_RZ201-018904_198 ff.

Empfänger	Bismarck	Absender	Brandt
A. 2045 pr. 24. März 1885.		Peking, den 25. Januar 1885.	

A. 2045 pr. 24. März 1885. 1 Anl.

Peking, den 25. Januar 1885.

A. № 11.

Seiner Durchlaucht
dem Fürsten von Bismarck.

Eurer Durchlaucht habe ich die Ehre in der Anlage Übersetzung eines Telegramms zu überreichen, welches der japanische Minister der auswärtigen Angelegenheiten nach der Rückkehr von seiner außerordentlichen Mission nach Korea um 23. Januar an den hiesigen japanischen Gesandten gerichtet hat und welches mir von dem Empfänger vertraulich mitgeteilt worden ist.

Wie aus dem Telegramm hervorgeht, hat Herr Inouye einen Versuch des chinesischen Kommissars, sich in die japanischen Verhandlungen mit Korea zu mischen, entschieden zurückgewiesen und die bei dieser Gelegenheit abgegebene Erklärung des letzteren, daß er, da ja überhaupt keine Differenz zwischen China und Japan bestehe, auch keine Vollmachten zur Beilegung einer solchen habe, als Vorwand genommen, jede weitere Auseinandersetzung oder Berührung mit denselben zu vermeiden.

Hier ist man wenig zufrieden damit, daß das Abkommen zwischen Japan und Korea direkt und nicht durch die Vermittlung Chinas abgeschlossen worden ist und fürchtet, daß es auf diese Weise in Korea ähnlich gehen könne, wie dies in Annam der Fall gewesen, aber ich möchte annehmen, daß dieses Gefühl der Verstimmung vorderhand wenigstens keinen praktischen Ausdruck finden wird.

Brandt.

Inhalt: Unruhen in Korea. Beziehungen zwischen China und Japan.

Anlage zum Bericht A. № 11 vom 25. Januar 1885.

Inouye an Enomotto

Tokyo, den 22. Januar 1885.

In Ihren Telegrammen vom 24. und 29. Dezember teilen Sie mit, daß das Tsungli-Yamen Sie amtlich benachrichtigt habe, daß Wu und Sü mit erneuten und speziellen kaiserlichen Befehlen versehen werden sollten, um sich nach Korea zu begeben und auf dem Wege der Verhandlungen die koreanische Verwicklung friedlich zu lösen. Der chinesische Minister in Japan, Li-shu-chang, schrieb auf Weisung des Tsungli-Yamens unter dem 23. Dezember in dem gleichen Sinne an Yoshida, indem er ihn ersuchte, mich benachrichtigen zu wollen, damit ich bei meiner Ankunft in Korea mit den chinesischen Kommissaren verhandeln und die Angelegenheit erledigen könne. Bei meiner Ankunft in Seoul begann ich naturgemäß die Verhandlungen mit der koreanischen Regierung zuerst, indem es meine Absicht war, eine Begegnung mit Wu in der mit den diplomatischen Gebräuchen übereinstimmenden passenden Weise zu suchen; während ich jedoch mit den koreanischen Bevollmächtigten in einer Verhandlung über die zwischen Japan und Korea schwebende Frage begriffen war, kam derselbe ohne alle Umstände in das Gemach und stellte sich mir vor. Ich gab natürlich meiner Verwunderung Ausdruck, daß er sich auf diese Weise in Verhandlungen eindrängte, welche allein Japan und Korea beträfen, fügte jedoch hinzu, daß ich hoffte, daß er mit Vollmachten versehen sei, um die zwischen Japan und China bestehenden Fragen mit mir zu besprechen. Er antwortete, daß die freundschaftlichsten Beziehungen seit langer Zeit zwischen Japan und China bestanden hätten und das nichts vorläge, was zum Gegenstand von Verhandlungen zwischen uns über irgendwelche zwischen Japan und China entstehende Fragen gemacht werden könnte und daß er daher auch keine Vollmachten habe und seine Ermächtigungen sich auf die koreanische Frage beschränkten. Ich erklärte ihm darauf in deutlicher Weise, daß diese Frage von mir direkt mit Korea erledigt werden müsse, und begab er sich darauf fort. Seine eigene Erklärung, daß er keine Vollmachten habe, schloß alle formellen Verhandlungen zwischen uns aus, ich würde jedoch wenigstens versucht haben, ihn zu sehen, um ihm privatim die Gesichtspunkte meiner Regierung, unter welchen eine friedliche Lösung der Frage mit Korea tunlich erschien, mitzuteilen, wäre sein Verhalten nicht ein so befremdendes und beinahe unwürdiges gewesen. Aus diesem Grunde ist die chinesische Frage noch immer unerledigt.

Sie müssen eine gute Gelegenheit auswählen, um den Inhalt dieser Benachrichtigung dem Tsungli-Yamen mitzuteilen und demselben zu verstehen geben, daß es einzig an ihm und an seinen Agenten in Korea gelegen hat, daß in Betreff des chinesischen Teiles der Frage, ungeachtet des aufrichtigen Wunsches meiner Regierung und ungeachtet meiner Vollmachten, nichts in Korea geschehen ist.

(gez.) Inouye

Anzeige über das Eintreffen S. M. Kbt. „Iltis" von Korea.

PAAA_RZ201-018904_206			
Empfänger	Bismarck	Absender	Lührsen
A. 2046 pr. 24. März 1885.		Shanghai, den 5. Februar 1885.	
Memo	Herrn Ges. Leg. Rat von Kusserow zur gef. Kenntnisnahme vorlegen, sodann z. d. A.		

A. 2046 pr. 24. März 1885.

Shanghai, den 5. Februar 1885.

№ 21.

Seiner Durchlaucht
dem Fürsten von Bismarck.

Eurer Durchlaucht beehre ich mich ganz gehorsamst anzuzeigen, daß S. M. Kbt. „Iltis" gestern abend von Korea hier eingetroffen ist.

Lührsen

Inhalt: betr. Anzeige über das Eintreffen S. M. Kbt. „Iltis" von Korea.

Berlin, den 25. März 1885.   A. 1764

An

tit. General von Caprivi

Den mir mittels gef. Schreibens vom 14. ds. M. übersandten Bericht des Geschwaderchefs auf der ostasiatischen Station vom 28.1., betreffend die polit. Verhältnisse in China u. Korea, beehre ich mich, nachdem ich von dessen Inhalt Kenntnis genommen, beifolgend zurückzusenden.

N. S. E

(i. M.)

Vom Japanischen Gesandten mitgetheilt vom 18. 3. 1885.

A FULL ACCOUNT

OF THE

LATE DISTURBANCE AT SEOUL;

COREA:

(Translated from the Japanese)

A FULL ACCOUNT OF THE LATE DISTURBANCE AT SEOUL, COREA.

One the 4th of the 12th month of the 17th year of Meiji (Dec. 4, 1884) a reception was given at Seoul, Corea, to celebrate the opening of the Government Post Office, Hog-yog-shik the director of the Post Office Department acted as the host. Among the guests present were Gen. Foote, the American Minister, Mr. Scudder, the Secretary of the American Legation, Mr. Aston, the British Consul-General, Chen-Shu-tan, the Chinese Consul-General, Tan-kan-yao, the Chinese Vice-Consul-General as well as the following Corean gentlemen: Min-yog-ik, Kim-hog-chip, Han-kiu-chig, Nee-zo-you, Puk-yog-hio, Kim-ok-kium, Sho-kwag-bom, Yun-chi-ho and others. Mr. Möllendorf, the German in the Employment of the Corean Government was also present. Of those who received invitations but were unable to be present were the German Consul-General Herr Zempsh and our Minister Resident Mr. Takezoye. Mr. Takezoye was suffering from a cold caught a few days previously while making visits on the American Minister, the German Consul General, and some of the Corean Gentlemen. He being unable to be present at the reception, Mr. Shimamura, the secretary of our legation, went in his place.

The guests having assembled at the Post Office building, the dinner was served in due course. About 9 o' clock in the evening when the dinner was about to be ended, suddenly there was a great deal of din and confusion in the neighborhood and a cry of "fire" was heard. All the guests astonished at the noise, sprang up and ran out of the house. Among others, Secretary Shimamura, in company with the American Minister, Gen. Foote, the Corean Hog-yog-shik, and a few others stood on the balcony at the back of the building; and according to his statement, the fire seemed to be close to the back of the building; but even while he was looking at it, the fire grew fainter and fainter and seemed to be on the point of being extinguished. Satisfied that there would be no further trouble, he reentered the building together with the other guests; but having occasion to step outside again, when he reentered the building for the second time, he was surprised to find the room filled with Coreans, and in such a state of confusion that it was almost impossible to make his way through that all this disturbance was due to the fire; but, finally, suspecting that there was something more in the affair, asked the cause and learned that, in the midst of the confusion, somebody had been seriously wounded, although nothing further was known about the particulars of the case. On looking about him, Shimamura found that the American Minister and all the rest of the guests had taken their departure; and so great was the confusion that he had nothing to do but to return to our Legation and to report the whole occurrence to Minister Takezoye. While he was making his report to the Minister, Mr. Aston, the British Consul-General, came to the Legation and informed Shimamura that the person who had been seriously wounded at the Post Office was no other than Min-yog-ik, and asked for our soldiers to escort him to his own quarters on the ground that there was some trouble brewing abroad and that he feared that an outbreak of some nature might take place. Secretary Shimamura complied, and obtaining the permission of the Minister placed two of our soldiers at the service of Mr. Aston, who was thus safely escorted back to the English Legation. It is to be noticed that this was first time that it was known at our legation that Min-yog-ik was the person wounded. At the same time that Shimamura went to the door with Mr. Aston, our soldiers from their barracks at Chin-kokai arrived in great haste. Shimamura turning to Murakami, the commander of the guard, asked him the reason of his coming. Murakami answered that, seeing that the fire was near to our Legation, he came according to precedent. Thereupon Shimamura went in and was communicating this to the Minister, when Asayama Kenzo came in and said that one Pen Tsui, a special messenger from the King, had that moment arrived. Shimamura wondering at the arrival of the Royal messenger went to the reception room and meeting Pen Tsui asked him his errand. Pen Tsui with a frightened look said to Shimamura that there was trouble abroad and that the King's Person was not perfectly safe and concluded by earnestly requesting our Minister to enter the palace for the purpose of guarding it. When Shimamura conveyed this message to Takezoye, the Minister who was at the time confined to his bed, rose, dressed himself, and going to the reception room, asked Pen Tsui the state of affairs. Pen Tsui repeated his message that there was some trouble abroad, although he did not exactly know its nature, and that the King was in great anxiety, and finally requested Mr. Takezoye to come to the palace. At this moment Yu-tsai-hen, an attendant of the King and one other Corean came running breathless and handed to Mr. Takezoye a personal letter from the King in which the King confided to our Minister the protection of the palace: and the messenger further urged Minister Takezoye to go to the palace as quickly as possible. Thinking now that no time ought to be lost in taking some action Minister Takezoye started for the palace with the soldiers. He was marching with quickened step (this was about 10. P.M.) when another of the King's attendants came running to him and told him that his Majesty the King had removed to the Ken-yu-kun (one of the palaces) and requested him to repair thither. Employing the King's attendant as a guide, Minister Takezoye went to the Ken-yu-kun. By this time the King, the Queen, the Prince, and the Princess were already at the Ken-yu-kun; and the Queen Mother arrived soon after. On seeing the arrival of Minister Takezoye, the King came out of the palace into the garden to receive him, and with his countenance full of joy and showing every sign that he had been impatiently waiting our Minister's coming, thanked him for coming so quickly for the protection of the palace. The Corean commander on duty for the evening, Yun-tai-shun, was in attendance with his soldiers. Beside the soldiers, there were several Corean gentlemen, the personal attendants of the King, officials of various description, ladies of the court etc., and they crowded in a space so small that one hardly room to turn around. Minister Takezoye, accompanied by Shimamura and Asayama, stood at the foot of the stairs leading up to the palace. Ken-gi-kam-sa Shing-shang-hun stood outside with drawn swords and were keeping off the crowd who attempted to enter the palace. At one time all the candles in the palace were burnt out and utter darkness prevailing, there was no end of anxiety. By having a lantern that we had brought with us lighted by one of the King's attendants, we were enabled to get first one faint glimmer of light. In such a state of things every one was flurried and anxious, when Murakami, the commander of our guards, remarked to Minister Takezoye that, to say nothing of detecting the evil minded persons, and thus ensuring the safety of the King, it would be a matter of the greatest difficulty to guard so large a space as the palace grounds where the gates were so far distant from one another and where there were so many large groves of trees; that it would be best to keep out the crowd and establish some order for protecting the palace. Accordingly Minister Takezoye conveyed to the King the opinion of Murakami and following commands were issued: the ladies were to be placed in a chamber in the northern portion of the building; the Corean soldiers were to guard the eastern, western, and southern sides of the palace, leaving the northern front to be guarded by our soldiers; of the gates of the palace, Coreans were to guard those at the north-west and south-west corners of the palace grounds, while our soldiers kept guard over the outer and inner north-eastern gates, the outer southern gate, the small southern gate, and the outer south-western gate. A disposition of the forces having been thus completed, no one was permitted to enter the palace grounds until he had given in his name and had obtained the permission of the king; and any one passing out of the grounds had also to be provided with the card of some one attached to the king as a passport. A little after midnight the disturbances were at last quelled. The king came out to the western chamber of the palace and calling Minister Takezoye to him, thanked him for his protection, and conversed familiarly with him. A little after one o'clock messengers had been despatched to request the American Minister and the British and German Consul-Generals to come also to the palace; but at a late hour none of them had arrived. Only Mr. Barnadou, the naval attaché of the American Legation accompanied by an interpreter, Yun-chi-ho, presented himself and asked after the welfare of the King. About 3 o'clock in the morning the execution of Yu-tasi-hen, an attendant of the king, took place; and on inquiring the reason for his punishment, they learned from Sho-zai-pil that Yu-tsai-hen had been guilty of an attempt to burn the palace by the use of gunpowder and had therefore met his punishment. Early on the following morning (5th) the King gave notice to his private secretaries of the change made in his councilors. The change made in the King's council is said to be as follows;

I-CHA-WAN

Councilor of State on the Right.

PAK-YOG-HIO

Commander-in-chief of the Right and Left Armies, and chief of the police and Vice-Minister of the interior.

KIM-OK-KUN

Vice Minister of Finance and chief of the Commercial Bureau.

SHO-KWAG-BOM

Vice-minister for Foreign Affairs

Acting Minister for Foreign Affairs.

YUN-WUN-NIOL

Minister of Judicial Department.

SHO-TASI-PIL

Vice commander-in-chief of the Rear Army.

KIM-HOG-CHIB

Governor of Seoul.

YUN-CHI-HO

PEN-TSUI

Secretaries of the Foreign Department.

PAG-YOG-GIO

KIM-OK-KUIN

SHIN-KEE-SHOU

Private secretaries of the King.

About 10 o'clock on the morning of the 5th, Gen. Foote, the American minister, and Mr. Aston, the British Consul-General, came and asked an audience which was immediately granted.

The audiences of both gentlemen took place in the same chamber and the King addressed them with every appearance of joy and satisfaction and congratulated them on their safety, Minister Takezoye was also present, and everyone in the room conversed familiarly together; and the King expressed the following sentiments: "I was pleased beyond measure by prompt assistance rendered to me by the Japanese Minister in the present crisis. At a time like the present I look upon him almost like a countrymen, and I am happy in being together with him, and the presence of the other Foreign representatives in addition, makes me think more and more that there exists a brotherhood among all mankind; I am deeply touched by the friendship of the respective representatives toward me; and would like to have your counsel and advice." He said further that he had heard that any country which after throwing off its ancient customs and is on the point of advancing in the light of civilization must, of necessity, pass through many dangerous crisis of change and disturbance: that the Japanese Minister now present having passed through many crisis of this nature is well acquainted with them and that even in America, England, and other countries examples of this kind are not rare. The American Minister answered "Yes, Your Majesty. At a moment when a country is about to advance into a state of civilization crisis of this kind are not rare." Some time passed in this manner, when the Queen Mother complaining of the cold, the King expressed his intention of going to the house of I-cha-wan and requested the American Minister and the British Consul-General to accompany him. So these two gentlemen with Mr. Takezoye went with the King.

The house of I-cha-wan is close to the Ken-yu-kun; there being communication between the two by means of gate. Corean soldiers were posted on the outside while Japanese and Corean soldiers guarded the inside of the ground. About 2 o'clock the German Consul General Sempsh came and had an audience with the King. At this time the American Minister turning to the Consul Generals of England and Germany said that at a time and place like the present it was well for the Foreign Representatives to have an understanding with each other and to devise same means of ensuring the common safety. The German Consul General said in answer that he thought that things did not wear a very serious look at present but that if by a chance a great outbreak did take place, it was understood without saying that all the Forign Representatives would concert with each other for ensuring their common safety. All the representatives conversed with each other wondering what all this disturbance meant; the American Minister remarking that it was but a step in the revolution and in the advance to civilization. A little past three o'clock all the other Foreign Representatives having taken leave of each and departed; Minister Takezoye asked through Kin-ok-kiun, for leave to retire. He was told that the King earnestly desired him to stay for the purpose of guarding the King's person. Finding it hard to refuse the request, Mr. Takezoye gave order to Sec. Shimamura to write a telegram announcing his affair to the Japanese Government and sent him to the Legation, telling him to make arrangements for despatching the telegram immediately. About 4 o'clock P.M. the King calling Minister Takezoye imformed him that on account of the inconvenience experienced by his mother he intended to return to the palace. Although fearing accidents in a return to the palace toward evening Mr. Takezoye could not well refuse so confiding a request and had nothing to do but to accompany the King.

In the meanwhile Secretary Shimamura had gone to the Legation, and, having finished his errand, again returned to the house of I-cha-wan and found that both the King and Mr. Takezoye had taken their departure. On inquiring of the Coreans who happened to be in the premises Shimamura found that the King and our Minister had started back for the palace. He followed and overtaking them on the way went into the palace with Mr. Takezoye.

By the time they entered the palace, the sun had already set. The King, the Queen, the Prince, and the Princess, as well as the Queen Mother were assembled in the sleeping chamber of the Queen Mother. Our soldiers stood and guarded around the chamber. Right and Left Corean guards kept watched over the first gate, the Van and Rear Corean guards were stationed at the second and third gates; while the eastern and the western gates were also guarded by Corean soldiers.

The evening of this day (5th) the report, heard during the previous night that several Ministers of state had been killed at the Ken-yu-kiun, was confirmed. Here it might be asked why did not Minister Takezoye who had been all the previous night at the Ken-yu-kun see or hear about the murders. The answer is that Mr. Takezoye, as stated above, spent the whole night by the side of the King and as nobody about the King spoke anything about the murders and as there was no communications in the King's chamber from outside Mr. Takezoye had no opportunity of hearing anything about the affair. It was only on the following day (5th) when the occurrences of the previous night were in everybody's mouth that we had any certain knowledge of the deaths of the Ministers.

The following morning (6th) there being no further danger apprehended our Minister again asked through Hog-yog-shik, for permission to retire but the King requested him again to remain till he himself, the Queen the Prince and others had returned in safety to their respective quarters; and Mr. Takezoye again finding it hard to decline, remained in the palace till afternoon. Early this morning appointments of some high officials took place.

It was reported that I-cha-wan was promoted to Great Councillor of State on the Left, and Hog-yog-shik to Great Councillor of State on the Right. Shio-kwag-bom was appointed to the Commander of the Right and Left Armies and the Chief of the Police. The offices of the Minister of Interior and the head of the Bureau of Commerce were abolished. About 3 o'clock in the afternoon the King had summoned the Great Councillors of State on the Right and the Left to give them orders for issuing a Royal decree announcing a change in the government of the county, when suddenly a sound was heard that seemed to shake the ground; this was the first sound of the muskets. On hearing the sound everybody was astonished; the King being the most astonished asked over and over again what the sound was. At this time, one of the attendants brought a letter addressed to Minister Takezoye and handed it to Shimamura, and he was going to give it to the Minister when a second rattle of the muskets was heard. The King in the greatest consternation rushed into his chamber. Soon a third volley followed and the bullets came thick as hail. The Minister had no time to read the letter above referred to and was still standing with it unopened in his hand, when Capt. Murakami approached him and said, "As you see, the Chinese have broken in through the second series of gates and the Corean soldiers have either run away or have joined with the Chinese and turned their guns upon us. What shall I do?" The Minister replied. "We are here for protecting the King. So we must make such defense as is compatible with that object." On hearing this order Murakami returned to his post and gave one loud command of "fire." Our soldiers, who were boiling with indignation at the insolence of the Chinese and were impatiently expecting this order, no sooner heard their commander's word than they discharged volley after volley of well-directed fire among the Chinese and Coreans who were driven back and dispersed. Minister Takezoye anxious about the King's welfare was on the point of entering his chamber to inquire after him when he was prevented by Ken-gi-kan-sa Shing-shang-hun, who said that the King was safe and that Minister Takezoye need have no anxiety on that point. Recollecting that the Queen and the Queen Mother were with the King and fearing that he might commit an offence against the rules of Corean etiquette by intruding into a chamber where ladies were present, Minister Takezoye desisted and took his station with Shimamura, Asayama, and others in front of the chamber. Now, however, the bullets came raining upon them, and fearing for the King's safety, Minister Takezoye finally decided to enter the chamber for the purpose of conducting him to a safer place of refuge, but on entering he found that the King had somehow made his escape and not a trace of him was to be seen. Surprised at this,

Minister Takezoye went out to the back of the chamber and sent in every direction to look for the King.

Now within the third gate and on each side of it, there are some small buildings and the main building of the palace is a little removed to the east; and the sleeping apartment of the Queen Mother is situated at the back of one of the smaller buildings. The Chinese suddenly and unexpectedly took possession of the third gate and of the outhouses around it and being joined by the Coreans attacked us from three sides simultaneously. Lieut. Kontani met them and finally repulsed them. Minister Takezoye continuing his search for the King went out to the back of the palace when the Chinese coming round to the east began firing toward where he stood. Lieut. Onisi hastened up and soon dispersed the Chinese.

At this time Capt. Murakami said to the Minister. "The back of the Queen Mother's palace is well fitted for a post of defense. I beg of you to conduct the King back there and complete the work of protection that you have begun. I and my men when drawn up together do not fear the odds against us." The Minister answered: "You are right; now I will go and look after the King." So saying, he went up a little hill at the back of the palace and sought after the King among a grove of trees, but could find no traces of him. Then Murakami, who had accompanied the Minister thus far, again said: "This is the highest point in the garden and a ground of vantage for both attack and defense. Let us make this our headquarters and, sending detachments in every direction, meet the attacks of the enemy and crush them at one blow." He said that with much force and energy and the Minister praising his courage entrusted the defense entirely to him. 'At this moment one of the attendants of the King suddenly made his appearance in the distance, and beckoning to them, called out in a loud voice, "His Majesty is here." The Minister thinking that there was not a moment to be lost when the hiding place of the King was known hastened toward the attendant. Murakami told a detachment of his men to die at their posts and not to give way; then he followed the Minister toward the King's hiding place. They went together to where the attendant pointed and found the King in a small house built among the hollows of the hill.

Our Minister with Murakami and half a company of soldiers was guarding the King when a large force of Chinese and Coreans attacked them from the right. Lieut. Omodaka and Lieut. Ando facing them made them retire. The place where the King then was, being but poorly fitted for a position of defense, they informed him of that fact and removed him to a higher ground and spreading a blanket under a tree made him sit down. Minister Takezoye was still holding unopened in his hand the letter which he had received when the first attack was made and which has been above referred to. Having now for the first time a few moments' leisure he opened the letter and found that it was from the Chinese commander, informing him of the approach of the Chinese soldiers for the purpose of protecting the King. While Minister Takezoye was still reading this letter Capt. Murakami spoke to him and said "If His Majesty is so flurried and unquiet, it gives me the greatest difficulty. At a time like the present the thing to do is to hear the sound of the guns distinctly, and, after making an estimate of the enemy's strength to make the disposition of our forces. Pray request the King to be seated quietly for a while." The King, however assisted by one of his attendants again made him escape and entered a house that stood at the extreme back of the palace grounds; but this place again was ill fitted for a position of defense Fearing lest some accident may happen, if he left the King at such a place, Minister Takezoye and others finally persuaded him to go up on a little hill next to the rear gate.

On turning toward the rear gate, they saw one mass of Coreans rolling on like billows. At this time the Queen Mother was said to be resting on a hill at the back of the palace and was separated from the King by a considerable distance. The King turning to Minister Takezoye expressed his pleasure to go to the side of his mother. Murakami again explained to the attendants that, without exactly ascertaining the sound of the shots, it is difficult to make any movements and through them begged the king to keep quiet. Whereupon the king turned toward the Japanese who were near him and said. "Do not all of you wish to see your mother? I too wish to see my mother as soon as possible," and the King hit with both hands the shoulders of the attendant who was bearing the King on his back and ordered the latter to make haste and he would not keep quiet. The attendants advised him to keep quiet and the King said "I will keep quiet for a short time, therefore you shall arrange so as I may be able to see my mother soon." Up to this time the raffle of muskets was heard on every side, but now suddenly the report of a cannon sounded, then a mass of black smoke was seen among the trees and then great flame of fire rose heavenward. As the sound of guns ceased soon after, it was thought that the Chinese had set fire to the palace by discharging the cannon against it and that they had ended the fighting. Now in order to go to the side to the Queen Mother, it was necessary to break through a line of Coreans. To add to the difficulty, the Coreans were stationed on a rising ground outside of the rear gate, while our men had to shoot up to reach them. Under the circumstances it seemed almost impossible to accomplish their purpose of reaching the side of the Queen Mother. But as it was difficult to refuse the repeated requests of the King, our soldiers placing the King in their midst, started to go out of the rear gate. As soon as the Coreans saw this movement, they called out. "The Japanese are coming out! Kill them! Leave not a single man alive?" and they sent off a volley of shots. Immediately one of the King's attendants was shot through the wrist. Finding that the King was in personal danger, they placed him under a pine tree within the gate. The King then again said to Minister Takezoye that he would go to his mother even if he were to die in the attempt; and he seemed to have the notion of going alone, leaving the Japanese guards behind him.

Minister Takezoye then thought to himself that it would be impossible to cope with the Coreans outside of the gate, and to attempt to guard the King there with our soldiers, would be but to plunge His Royal person into danger and destruction; that now the Chinese having dispersed, Coreans only were left, and whatever their barbarity or want of principle, the Coreans would not harm the person of their King, and that therefore the best plan would be to entrust the King to the keeping and protection of the Coreans themselves. He communicated his thoughts to the King who simply cried "good" and taking his attendants with him walked hastily out of the gate. Thus the mission that Minister Takezoye had undertaken of guarding the king was completed.

At this time, night set in and darkness prevailed so that it was impossible to recognize any one by face. Murakami therefore called in the soldiers despatched to several quarters and inspected them calling them by names.

Then Takezoye said to Murakami "We have already bade forewell to the King and now we must return to the Legation and share the fate with the members." Murakami replied "Allow me, Sir, to fight a good fight with the Chinese." Whereupon Takezoye said "It is not a Minister's business to fight for victory but simply to stand by right and justice. A guard is for defensive purpose and not for the offensive. Moreover, in to-day's engagement our *one* fought against *ten* of the enemies, defended effectively for three hours and dispersed them and therefore we have nothing to regret for."

And now he had to think of returning to the Legation. Determined to issue out of one of the gates and make his way to the Legation, he asked the counsel of Murakami who replied; "Whichsoever gate we go out of, we shall have to break through a strong line of the enemy. For my part I have no choice; but am ready to obey your orders;" Minister Takezoye then gave orders to go out of the gate nearest to the Legation; so collecting together the scattered forces, they issued from the rear gate. By this time the sun set, and here and here and there within the castle walls flames of burning houses were seen. As it has been said, the Japanese issued out of the rear gate and following the ridge of a small hill came out by the Chui-wun-jek whence they dimly saw through fire and smoke the flagstaff of our Legation and knew for the first time that our Legation was still safe. Here they drew up in order and plunged among the narrow streets. In their march through the streets, whenever they came upon crossways or where one road branched off from another, they found the Coreans in waiting with torches in their hands, and from the roadside and housetops, Coreans discharged guns and threw down stones and tiles upon them. In the course of this march Lieut. Omodaka was slightly wounded. As they neared the Legation, some Coreans obstructed the road and began firing upon them; but our soldiers returned the fire and, easily dispersing Coreans, succeeded in reaching our Legation. This was 8 o'clock in the evening.

After our soldier had gone to the palace, there were left at the Legation some clerks, servants, mechanics, workmen and eight soldiers guarding the gate in all a little over a hundred men. As soon as the sound of guns was heard at the palace, some soldiers on Chinese outfit made an attack upon the Legation but when our men returned their fire, they ran away. Soon after the Coreans made two attacks, throwing stones and discharging arrows, but they too, were easily driven back. During these attacks some of our men were killed and wounded. There were, also, some Japanese tradesmen staying within the castle walls who suffered the most horrible deaths.

About 2 o'clock of that night, there seemed to be a fire at the camp of our outpost at Nansan and a column of smoke was seen in that direction; and they knew that the enemy had captured their provisions and were burning them. After their return to the Legation the Minister and his followers had the supper and took a little rest, the ladies were placed in a safe room in the Legation and were made as comfortable as possible. Our Minister wished to have an audience of the King as well as an interview with the Chinese Representative but, finding all the roads obstructed, he had to give up the idea, though much against his will. So he proceeded to prepare a report of the late occurrences to his Government as well as the copy of a telegraphic dispatch. The confusion that prevailed at the Legation during the whole night is beyond the power of description; guarding against the attacks of the enemy on the one side, and attending to the care of the women and children on the other, they spent the whole night without a moment of rest. From the early hours of the following morning (the 7th) the firing continued without cessation against the front and rear gates of the Legation; and a large number of rioters in one mass made two attacks against the main gate, but they were repulsed. About 8 a.m., a Corean came running up to the gate, left a letter on the outside and immediately ran away. One of the soldiers handed it to Minister Takezoye who opened it and found that the lietter was from Kim-hog-chib; and that its contents were hostile and threatening. Minister Takezoye deeming that he ought not to let that pass unnoticed wrote an answer and also sealed within the letter an answer to the letter received from the Chinese commander at the time of the first outbreak with a request to Kim-hog-chib to forward it to the Chinese commander. When, however, he looked round for means of sending the letter, he could find no one whom he could employ as a messenger: as the streets were filled with the rioiters, if a Japanese were sent, he would be seized and killed in an instant. To send a large number of soldiers was out of the question, for that would weaken the guard of the Legation; of the Coreans usually employed at the Legation, all excepting three had run away, and these three were afraid to go out of the gate. Finally he succeeded in persuading one of these three Coreans to act as the messenger. Minister Takezoye was also anxious to see the American Minister and the English Consul-General in order to take counsel with them upon the existing state of affairs but the greatest confusion prevailed within the Legation, and without was one mass of the rioters who filled the streets, burnt down houses, and threw stones. As on the one hand there was no knowing when an attack might be made on the Legation and it was necessary to keep a strict guard, and on the other hand, all the roads were blocked, Minister Takezoye had no choice but to give up the idea of meeting the other Representatives.

Now within the Legation there were over 30 clerks, servants &c., over 70 mechanics and laborers, over 140 soldiers, and besides these, 38 Japanese residents at Seoul who had taken refuge in our Legation; and the food at hand was only a little more than one koku of rice. At noon Mr. Takezoye asked of the steward how much provision were left. The steward answered that provisions were very scarce; from the previous day, every house in the city had close up its doors and even the rice sellers who usually bring in rice from outside the city and sell in the streets, had disappeared and there having been no way to purchase rice it became very short; that since that morning the civil officers, women, servants, the tradesmen, and mechanics had only had kayu for food; ant that the military officers and soldiers were the only ones who had had regularly cooked rice; and that even then he had some doubt of the provisions holding out until evening. Upon receiving this information Mr. Takezoye thought that rather than remain to die of hunger he would make his way to Chemulpo and there await the orders of the Home Government. About this time he was informed that since morning all the gates of the Castle had been closed; that there was ever sign of preparation for fighting; that in the streets stones and tiles had been collected and timber piled; and that the Coreans intended to attack our Legation after nightfall and, if the Japanese broke through the line of assailants, to put fire to the lumber on the road and by the aid of the light thus obtained to throw stones and tiles and to kill every one of them. This communication decided him and calling Captain Murakami and the civil officers of the Legation, he told them that there was but little food left and how he intended to make his way to Chemulpo. Captain Murakami answered and said. "To die is my duty as a soldier. I am ready to die at any place and it only remains for you to name the place of my death." All the officials of the Legation said with one voice that they agreed with the Minister perfectly, only that the southern gate was most strictly guarded; that they had better issue out from the western gate, and, cutting their way through the enemy, take the risk of reaching Chemulpo; that within two hours night would come on, and then, the scheme of the enemy being fully developed, they would not have one chance out of a thousand of getting to Chemulpo; and they concluded by saying they hoped the Minister would come to a speedy decision. So Minister sent a letter to Kim-hog-chib and entrusted him with the protection of the Legation.

He then passed the following notice through the Legation. "The Chinese soldiers attacked the palace yesterday and began the firing. I had no choice but to return the fire and thus give protection to the King. Now the Coreans have turned against us and the Corean Government do not think proper to interfere. It may be said that we are in the midst of an enemy's country, and that the means of performing my functions as the Representative of my country are at an end. I am therefore determined to retreat to Chemulpo and to report the whole occurrence to the Home Government before taking any further step." So they burnt all the private papers and every one lighly equipped started out of the Legation. This was at about 2 o'clock in the afternoon. Lieut. Ando commanded the vanguard; Lieut. Otani brought up the rear. Captain Marukami placed himself beside the Minister and general command of all. The Secretaries, Clerks, and Employes followed, with sword in their belts and guns in their hands. Of the mechanics and workmen some carried the wounded, some transported the ammunition, some, with axes in their hands, kept guard over the women and children. In such array as this they took the great road which leads to the Western gate. The Corean soldiers discharged guns, shot arrows, threw stones and tiles, and made many attacks on them from every side, but our soldiers succeeded in repulsing the Coreans. As they came to the front of the old palace, the "left guard" of the Corean soldiery drew up in order before their barracks and discharged guns and cannon against their flank, but the bullets either passed several feet above their heads or fell short of reaching them and only three or four men were slightly wounded. Our soldiers lying down in the midst of the road or crouching in the small ditches returned their fire and made them retire into the barracks. In this manner they made their march to the Western gate, only to find it firmly locked and barred, and the Corean police with guns and swords guarding it. Our soldiers rushing upon them put them to flight, and the workmen with their axes cut through the locks and bars and thus opened the gate. Our soldiers then went through the gate. The enemy kept up a continued attack upon their rear, but our men turning upon them drove them back. So with great difficulty they reached Mapo when turning back smoke and flame were seen rising in Seoul, which, from judged to be coming from our Legation which had obviously been set on fire. At

Mapo they took possession of some boats and started to cross the Kanko. Our rearguards stationing themselves on the high ground drew up in order to ensure the safe passage of the river. At this moment a large number of Coreans came up armed with guns and tried to prevent their passage, but our soldiers shot at them and killing some of them dispersed the rest. When our boats had reached the middle of the stream a few shots were fired from some boats below. But these also our soldiers soon drove away. By the time they had crossed the river it was dark, and, as no enemy were following, they relaxed a little the strict discipline they had thus far maintained and marched quietly one. Thus through bitter cold and over snow covered ground, they marched all night and at 8 o'clock the following morning they arrived Chemulpo and proceeded to our Consulate. On the 10th sixteen Japanese escorted by Chinese and Corean soldiers arrived at Chemulpo. These Japanese were the persons who had taken refuge in the American Legation during the outbreak. There were four soldiers among them, and the rest were persons taken prisoners by the Chinese soldiers. These last the American Minister had demanded of the Chinese and had taken under his personal care and protection. Having an interview with the Chinese and Corean officials he made them swear not to harm the Japanese in any manner, and placing thirty Chinese and twenty Coreans under the command of Mr. Barnadou of the U. S. Navy, he sent these sixteen Japanese in safety to Chemulpo. These Japanese owe their lives and safety entirely to the humane and zealous efforts of the American Minister.

In the Seoul disturbance above discribed, the number of the Japanese officials and residents who were killed by Chinese and Corean soldiers amount to 40 including Captain Isobayashi.

End

Jüngste Ereignisse und Ausführung des japanisch-koreanischen Vertrages.

PAAA_RZ201-018904_239 ff.

Empfänger	Bismarck	Absender	Budler
A. 2232 pr. 29. März 1885.		Söul, den 9. Februar 1885.	

A. 2232 pr. 29. März 1885.

Söul, den 9. Februar 1885.

Lfd. № 15.

Seiner Durchlaucht

Dem Fürsten von Bismarck.

Eurer Durchlaucht beehre ich mich das Folgende ganz gehorsamst zu berichten:

Am 7.d.M. machte der König den chinesischen Abgesandten unter großem Gepränge einen Besuch und verlieb fast 3 Stunden bei denselben. Dieser Vorgang wird chinesischerseits dahin gedeutet, daß der König die Oberherrschaft Chinas habe von neuem ausdrücklich anerkennen wollen, von koreanischer Seite wird mehr hervorgehoben, daß der König dem Kaiser von China seine Dankbarkeit für die geleistete Hilfe zu beweisen gewünscht habe. Die Nuance ist nicht wesentlich, da die Koreaner den Kaiser von China stets bereitwilligst als ihren Suzerän anerkennen.

Dieser Besuch ist um deswillen besonders bedeutungsvoll, weil dem japanischen Bevollmächtigten, dem der Rang eines Botschafters verliehen war, ein Gegenbesuch von Seiten des Königs nicht gemacht worden ist.

Die chinesischen Abgesandten haben Söul am gestrigen Tage verlassen. Ihre Eskorte von 500 Mann ist nicht mit denselben nach China zurückgekehrt, sondern halbwegs zwischen Söul und Masampo, dem Anlegeplatz der chinesischen Schiffe, stationiert worden.

Nach den Äußerungen der Abgesandten hätten sie dem König geraten, das Volk von den Bedrückungen des Adels zu befreien und die höheren Beamtenstellen nicht mehr wie bisher dem Adel allein vorzubehalten, sondern alle fähigen Männer zu denselben zuzulassen.

Der erste Gesandte, Wu-ta-cheng, versicherte sehr lebhaft, daß China in Korea durchaus keine Reformen abgeneigte Politik verfolgen werde, und nach allem was ich erfahre, ist diese Erklärung als eine aufrichtige anzusehen. Ich glaube auch, daß für unsere

Handelsinteressen der chinesische Einfluß weniger als der japanische zu fürchten ist, weil die Japaner alles aufbieten, um jede fremde Konkurrenz zu erschweren.

Die chinesische Regierung würde vielleicht gegen eine politische Unterstützung bezüglich der Koreanischen Frage bereit sein, uns kommerzielle Vorteile in China und Korea einzuräumen, und wenn Herr von Möllendorff von deutscher und chinesischer Seite gestützt wird, so könnten hier Reformen durchgeführt werden, die den Interessen unserer Kaufleute zu gut kommen würden. Ob eine derartige Haltung für uns aus allgemeinen Gründen angezeigt ist, kann ich natürlich nicht beurteilen.

Nicht unerwähnt will ich lassen, daß der genannte chinesische Gesandte nach der besonders glaubhaften Mitteilung des japanischen Geschäftsträgers der koreanischen Regierung geraten hat, die Familien der Aufrührer nicht, wie der alte koreanische Gebrauch es will, ohne jeden Bewies der Mitschuld hinrichten zu lassen. Auch ich habe dem Präsidenten des Auswärtigen Amts bei einem Besuch in vertraulicher Weise gesagt, ich hoffe, daß man von dieser grausamen Gewohnheit abgehen und nur die wirklich Schuldigen bestrafen werde.

Nach den Erkundigungen, die ich hier in chinesischen Kreisen einziehen konnte, muß ich schließen, daß China nicht seine Suzerainität über Korea aufgeben und seine Truppen nicht zurückziehen will, doch wird über diesen Punkt Eurer Durchlaucht ja anderweitig zweifellos genauere Information zugehen.

Die kaiserlichen Gesandten in Peking und Tokyo habe ich gebeten, mich bezüglich der Entscheidung über Krieg und Frieden mit zeitiger Mitteilung zu versehen, damit ich imstande bin, der hiesigen deutschen Firma mit Rücksicht auf die Frage der Fortsetzung oder Unterbrechung ihrer geschäftlichen Unternehmungen eine Auskunft zu erteilen.

Die in Artikel I des japanisch-koreanischen Vertrages vom 9. Januar vorgesehene Übersendung einer Staatsschrift ist in diesen Tagen zur Ausführung gekommen. Als erster Gesandter ist Hsü, als zweiter Herr von Möllendorff geschickt worden.

Ich habe mir erlaubt, dem kaiserlichen Gesandten in Tokyo von dem Abschnitt der Instruktion Eurer Durchlaucht vom 13. April v. Js. (II 8940/10678) Mitteilung zu machen, welcher sich auf den letztgenannten koreanischen Gesandten bezieht und in welchem gesagt wird, daß im deutschen Interesse, die schwierige Stellung desselben in Korea durch freundliches Verhalten von unserer Seite tunlichst zu befestigen ist.

Das in Artikel IV des Vertrages bezeichnete Grundstück ist dem japanischen Vertreter bereits zur Verfügung gestellt worden.

Mit Ausnahme der Geldzahlungen ist dieser Vertrag nunmehr schon zur Ausführung gelangt, ob diese aber in der vorgeschriebenen Frist geleistet werden können, erscheint zweifelhaft.

Diese Frist beträgt drei Monate, wie aus dem von der japanischen Regierung veröffentlichten Anhang des Vertrages hervorgeht.

Den hiesigen fremden Vertretern war von diesem Zusatz-Protokoll keine Mitteilung gemacht worden.

Budler.

Inhalt: Jüngste Ereignisse und Ausführung des japanisch-koreanischen Vertrages.

Die Beziehungen zwischen China und Japan in Betreff Koreas.

PAAA_RZ201-018904_246 ff.

Empfänger	Bismarck	Absender	Budler
A. 2816 pr. 14. April 1885. p. m.		Söul, den 24. Februar 1885.	
Memo	Orig.15.4. der Admiralität		

A. 2669 pr. 11. April 1885. a.m.

Peking, den 6.Februar 1885

A. № 20.

Seiner Durchlaucht

dem Fürsten von Bismarck.

Die in Berichten des kaiserlichen Vize-Konsuls Budler vom Anfang Januar dieses Jahres erwähnte angebliche Absicht der japanischen Regierung, die gleichzeitige Zurückziehung der japanischen und chinesischen Truppen aus Korea anzuregen, hat mir Veranlassung gegeben, daß Tsungli Yamen in vorsichtiger Weise über die Lage der Beziehungen zwischen China und Japan zu befragen. Die Minister erklärten, daß diese Beziehungen ganz vortrefflicher Art seien und daß keinerlei Forderungen oder Anfragen japanischerseits an China gerichtet worden seien. Nur der japanische Minister der auswärtigen Angelegenheiten Inouye habe bei seiner Rückkehr von Korea nach Tokyo dem dort akkreditierten, ihm sehr befreundeten chinesischen Gesandten gesagt, daß Japan sehr gern bereit sein würde, seine in Korea befindlichen Truppen (nach anderweitigen Nachrichten circa 1500 Mann) sofort zurückzuziehen, falls China dasselbe tun wollte. China sei aber, wie die Minister hinzufügten, hierzu nicht imstande, da der König von Korea dringend um die Belassung der chinesischen Truppen in Korea gebeten habe. In dieser Idee, die Zurückziehung der japanischen Truppen von der gleichzeitigen Zurückziehung der chinesischen Garnison abhängig zu machen, liegt wohl unzweifelhaft der Keim eines zukünftigen Konflikts und habe ich daher geglaubt, Eurer Durchlaucht hochgeneigte Aufmerksamkeit ganz gehorsamst bereits jetzt auf diesen Punkt lenken zu sollen.

Brandt.

Inhalt: Die Beziehungen zwischen China und Japan in Betreff Koreas.

Koreanische Gesandtschaft in Japan.

PAAA_RZ201-018904_250 ff.

Empfänger	Bismarck	Absender	Dönhoff
A. 2702 pr. 12. April 1885. p. m.		Tokyo, den 24. Februar 1885.	

A. 2702 pr. 12. April 1885. p. m.

Tokyo, den 24. Februar 1885.

A. № 10

Seiner Durchlaucht
dem Fürsten von Bismarck.

Laut Artikel I des letzten japanisch-koreanischen Abkommens vom 9. Januar d. Js. sollte ein Entschuldigungsschreiben des Königs von Korea an den Tenno von Japan gerichtet werden. Dieser Verpflichtung ist die koreanische Regierung nachgekommen, indem sie eine außerordentliche Gesandtschaft versandte, an deren Spitze sich Sö-sang-u als erster und Herr von Möllendorff als zweiter Gesandter befinden.

Die beiden Genannten haben dem Mikado das bezügliche Schreiben am 20. d. Mts. in feierlicher Audienz überreicht.

Da nach hier eingegangenen Nachrichten die Mörder des japanischen Hauptmanns Isobayashi in Söul ausfindig gemacht und bereits abgestraft sein sollen, so bleibt nur die Zahlung der Indemnität noch zu erwarten, um den genannten Vertrag als erfüllt anzusehen. Japanischerseits wird auf diesen letzten Punkt weniger Gewicht gelegt, da es der hiesigen Regierung mehr auf den moralischen Erfolg der öffentlichen Meinung gegenüber ankommt; die Nichtzahlung oder verspätete Zahlung der stipulierten Indemnität wird daher nicht zu Schwierigkeiten führen. Man betrachtet hier den letzten japanisch-koreanischen Zwischenfall mit Korea erledigt.

Die beiden Gesandten werden noch einige Wochen hier bleiben, um japanische Etablissements und Einrichtungen zu studieren und gegen Ende des nächsten Monats erst nach Söul zurückkehren.

H. Dönhoff

Inhalt: Koreanische Gesandtschaft in Japan.

Die Mission des Ministers Graf Ito nach Peking.

PAAA_RZ201-018904_254 ff.

Empfänger	Bismarck	Absender	Dönhoff
A. 2703 pr. 12. April 1885. p. m.		Tokyo, den 26. Februar 1885.	

A. 2703 pr. 12. April 1885. p. m.

Tokyo, den 26. Februar 1885.

A. № 11.

Seiner Durchlaucht
dem Fürsten von Bismarck.

Im Anschluß an meinen ganz vertraulichen Bericht A. № 4 vom 25. Januar d. Js., die Lage der japanisch-chinesischen Differenzen betreffend, beehre ich mich gehorsamst zu berichten, daß die japanische Regierung nach langem Schwanken und, auch mit Rücksicht auf die Jahreszeit, absichtlicher Verzögerung jetzt zu dem Entschluß gekommen ist, den Minister Graf Ito als Botschafter nach Peking zu schicken, um dort wenn möglich die schwebenden Differenzen in friedlicher Weise beizulegen.

Graf Ito wird, begleitet von dem General Graf Saigo und einer größeren Zahl von Personen, unter der sich auch der hier seit Jahren angestellte deutsche Professor Roesler befindet, am 28. d. Mts. über Shanghai und Tientsin nach Peking reisen.

Ich habe Gelegenheit gehabt, mich sowohl mit Graf Ito als auch mit Graf Inouye vertraulich über die Absichten der japanischen Regierung und die dem Botschafter erteilten Instruktionen zu unterhalten und beehre mich, darüber folgendes ganz gehorsamst zu berichten.

Graf Ito hat den Auftrag, die Desavouierung und Bestrafung der chinesischen Kommandanten, die den Angriff auf die japanischen Truppen im Palast in Seoul befehligten, zu verlangen, wobei aber die Art der Bestrafung der chinesischen Regierung ganz überlassen bleiben soll, und eine Verständigung über die beiderseitige Zurückziehung der Truppen aus Korea anzustreben.

Graf Inouye erhofft einen zufriedenstellenden Ausgang der Mission, besonders da er davon informiert ist, daß aller Wahrscheinlichkeit nach Li-hung-chang seitens der chinesischen Regierung mit der Führung der Verhandlungen betraut werden wird und Graf Ito seine Aufgabe unter diesen Umständen vielleicht in Tientsin wird lösen können, ohne nach Peking zu gehen; sprach aber gleichzeitig die Befürchtung aus, daß außer der stets unberechenbaren Überraschung der chinesischen Politik auch englische Einflüsse in Peking mitwirken könnten, deren Tragweite sich nicht vorhersehen ließe. Sollte die chinesische Regierung der in milder Form gestellten japanischen Forderung nicht entsprechen wollen, so glaubt Graf Inouye genug Friedensliebe gezeigt zu haben und berechtigt zu sein, die ganze Schuld der daraus etwa entstehenden Konsequenzen auf chinesische Seite schieben zu können. Für den Fall, daß die Pekinger Regierung auf die Truppendislozierungs-Vorschläge nicht einzugehen bereit wäre, fürchtet der Minister, daß ein Konflikt in Seoul in kurzer Zeit unvermeidlich werden und eine russische Einmischung zur unmittelbaren Folge haben würde.

Der zur Begleitung des Grafen Ito bestimmte Graf Saigo, augenblicklich Minister für Handel und Ackerbau, ist einer der Leiter der Satsuma-Partei; er gehört zu den Kabinettsmitgliedern.

Den kaiserlichen Gesandten Herrn von Brandt habe ich von der eventuellen Ankunft des Grafen Ito brieflich in Kenntnis gesetzt.

H. Dönhoff

Inhalt: Die Mission des Ministers Graf Ito nach Peking.

Die politische Lage.

PAAA_RZ201-018904_261 ff.

Empfänger	Bismarck	Absender	Budler
A. 2816 pr. 14. April 1885. p. m.		Söul, den 24. Februar 1885.	
Memo	Herrn G.L.R von Kusserow zur gef. Kenntnisnahme vorzulegen. J. № 116.		

A. 2816 pr. 14. April 1885. p. m.

Söul, den 24. Februar 1885.

Lfd. № 23.

Seiner Durchlaucht

dem Fürsten von Bismarck.

Meinem gehorsamsten Bericht vom 9. d. Mts., - № 15 -, habe ich mit der heute schließenden Post betreffs der politischen Lage nur Weniges nachzutragen.

Der König wird in einigen Tagen in einem anderen Palast Wohnung nehmen, wie man meint, weil ihm der Aufenthalt in den jetzigen Gebäuden wegen der dort geschehenen Mordtaten verleidet ist.

Sehr bezeichnend ist, daß, wie glaubwürdig verlautet, das Bataillon chinesischer Truppen, welches in unmittelbarer Nähe des Palastes stationiert ist, dem König folgen und neue Quartiere vor einem der Tore der künftigen Residenz beziehen wird. Man sieht, die hiesigen chinesischen Vertreter halten daran fest, daß es ihre Pflicht ist, den König von Korea zu beschützen und ihren Einfluß auf denselben in keiner Weise schmälern zu lassen, und es deutet dieses Vorgehen in derselben Richtung wie der in dem vorzitierten Bericht schon gemeldete Besuch des Königs bei dem chinesischen Kommissar.

Daß eine Reformen feindliche Politik eingeleitet worden ist, dafür liegen auch jetzt noch keine Anzeichen vor.

Ein Erlaß des Königs ist allerdings erschienen, der die früher befohlene Abänderung der Tracht (cf. Bericht №12 vom 16. August 1884) zurücknimmt, und das kurz vor den Unruhen inaugurierte Postamt ist wieder aufgehoben, doch dürfte hierin nur ein mäßiges Nachgeben gegen die reaktionäre Partei zu erblicken sein. Das Postamt wird auch wahrscheinlich bald wieder eröffnet werden.

Die Bestellung der Münze, das Chartern eines Dampfers, die Befestigung der Stellung des Herrn von Möllendorff sind günstige Anzeichen, und ich weiß, daß noch neuerdings von angesehenen Literaten Reformvorschläge nach verschiedenen Seiten der Regierung unterbreitet und günstig aufgenommen worden sind.

Die Aussichten auf Erhaltung der Ruhe hierselbst sind bedeutend bessere geworden. Chinesische und japanische Soldaten begegnen sich häufig in den Straßen der Stadt, ohne daß man von irgendwelchen Händeln gehört hätte. Die koreanische Bevölkerung hat sich wieder daran gewöhnt, mit den Japanern wieder freundschaftlich zu verkehren.

Sollte es zum Kriege zwischen Japan und China kommen, so werden natürlich auch hier neue Gefahren entstehen, selbst wenn der eigentliche Krieg nicht auf koreanischem Boden geführt wird.

Ich werde mir daher erlauben, den kaiserlichen Chef der ostasiatischen Station zu bitten, dahin zu wirken, daß für diesen Fall, wenn tunlich, auch ein deutsches Kriegsschiff nach Chemulpo kommt, wohin ich mich dann voraussichtlich begeben müßte.

Ob Familienmitglieder der Verschwörer hingerichtet worden sind, darüber habe ich bis jetzt keine Sicherheit erlangen können. Der japanische Geschäftsträger will erfahren haben, daß dies geschehen, koreanischerseits wird es in Abrede gestellt. Daß einzelne Angehörige der Rebellen Selbstmord begangen haben, ist wahrscheinlich.

Über die Ereignisse in China und Japan erhalten wir hier im allgemeinen erst sehr spät Nachrichten, die Postsachen gehen sehr unregelmäßig ein. Beispielsweise erwähne ich, daß meine letzten Briefe aus Deutschland vom 11. Dezember datiert und am 31. Januar eingegangen sind, sowie, daß meine brieflichen Nachrichten aus Shanghai nur bis zum 7. Januar gehen.

Budler.

Betrifft: Die politische Lage.

A. 2669.

Der Bericht des kaiserlichen Gesandten in Peking vom 6. 2. wird Seiner Excellenz dem Chef der kaiserlichen Admiralität, Herrn Generalleutnant von Caprivi zur geneigten Kenntnisnahme s.p.r. ganz ergebenst übersandt.

Berlin, den 15. April 1885

[   ]

PAAA_RZ201-018904_266

Empfänger	Auswärtiges Amt in Berlin	Absender	Brandt
A. 2918 pr. 18. April 1885.		Peking, den 17. April 1885.	

A. 2918 pr. 18. April 1885.

Telegramm.

Peking, den 17. April 1885. 5 Uhr - M. V.

Ankunft: 18. 4. 5 Uhr 15 M. V.

Der K. Gesandte an Auswärtiges Amt.

Entzifferung.

№ 4.

Japanisch-Chinesischer Conflict beigelegt.

Brandt.

[   ]

PAAA_RZ201-018904_267

Empfänger	Bismarck	Absender	Schweinitz
A. 3032 pr. 21. April 1885. a. m.		St. Petersburg, den 18. April 1885.	

A. 3032 pr. 21. April 1885. a. m.

St. Petersburg, den 18. April 1885.

№ 125.

Seiner Durchlaucht
dem Fürsten von Bismarck.

Der „Regierunsbote" № 74 vom heutigen Tage veröffentlicht einen Allerhöchsten Ukas, demzufolge der bisherige kaiserlich-russische Konsul in Tjan-Tsin, Herr Weber, zum kaiserlichen Geschäftsträger und General-Konsul in Korea ernannt worden ist.

Schweinitz.

Betreffend angebliche russische Pläne auf Corea.

PAAA_RZ201-018904_268 ff.

Empfänger	Bismarck	Absender	Brandt
A. 3046 pr. 21. April 1885. a. m.		Peking, den 18. Februar 1885.	
Memo	s. Ang. v. 3. 5. nach Peking		

A. 3046 pr. 21. April 1885. a. m.

Peking, den 18. Februar 1885.

A. № 38.

Seiner Durchlaucht

dem Fürsten von Bismarck.

Das immer wieder auftauchende Gerücht von angeblichen Russisch-Koreanischen Pourparlers über die Abtretung von Port Lazareff an Rußland hat mir Veranlassung gegeben, meinen russischen Kollegen bei einem freundschaftlichen Gespräch nach den etwaigen Gründen für dieses zu fragen. Herr Popoff bestritt, daß irgendwelche derartigen Verhandlungen mit Korea geführt worden seien oder geführt würden, aber die bedeutende Vermehrung des russischen Geschwaders in den ostasiatischen Gewässern, das sofortige Erscheinen eines russischen Legationssekretärs von Tokio in Seoul nach dem Ausbruch der jüngsten Unruhen daselbst, wie die Tatsache, daß Herr Popoff es aufgegeben hat, vor der Hand von einem ihm im letzten Herbst für dieses Frühjahr bewilligten Urlaub Gebrauch zu machen, scheinen darauf zu deuten, daß man für die Entwicklung der Angelegenheiten in Ostasien und besonders in Korea in diesem Augenblick ein größeres als gewöhnliches Interesse zeigt.

Daß der sich in Korea aufhaltende P. von Möllendorff sich mit dem Plan tragen soll, die Neutralität Koreas durch Rußland, Japan und China garantieren zu lassen, in ähnlicher Weise, wie dies für Belgien durch die Großmächte geschehen ist, wird Eurer Durchlaucht wohl unzweifelhaft bereits von anderer Seite berichtet worden sein.[26]

Brandt.

Inhalt: Betreffend angebliche russische Pläne auf Corea.

---

26 von welcher sollte das sein?

Die Ernennung des Herrn Weber zum Kaiserlich.
Russischen Geschäftsträger in Korea.

PAAA_RZ201-018904_271 f.			
Empfänger	Graf von Hatzfeldt- Wildenburg	Absender	Caprivi
A. 3131 pr. 23. April 1885 p. m.		Berlin, den 21. April 1885.	

A. 3131 pr. 23. April 1885 p. m. 1 Anl.

Berlin, den 21. April 1885.

An den Chef der Admiralität. königlichen Staatsminister und Staatssekretär des Auswärtigen Amts
Herrn Grafen von Hatzfeldt-Wildenburg, Excellenz

Eurer Excellenz beehre ich mich anliegend den mittelst gefälligen Schreibens vom 15. d. Mts. - J. № 1551 - übersandten Bericht des kaiserlichen Gesandten in Peking vom 6. Februar d. Js., betreffend die Beziehungen zwischen China und Japan in Betreff Koreas, mit verbindlichstem Dank ganz ergebenst zurückzusenden.

Caprivi

Inhalt: Die Ernennung des Herrn Weber zum Kaiserlich. Russischen Geschäftsträger in Korea.

Auswärtiges Amt
Abth. A.

Politisches Archiv d. Auswärt. Amts

Acta

betreffend
Korea.

Vom 24. April 1885.
Bis 23. Juli 1885.

Vol.: 5.
conf. Vol.: 6.

Politisches Archiv des Auswärtiges Amt
R 18905

KOREA. № 1.

Beziehungen zwischen China und Japan in Betreff Corea's.
Französische Allianz-Vorschläge in Japan.

PAAA_RZ201-018905_002 ff.			
Empfänger	Bismarck	Absender	Brandt
A. 3373. p. 30. April 1885.		Peking, den 18. Februar 1885.	
Memo	mitgeth 5. 5. nach Paris, London, Tokio		

A. 3373. p. 30. April 1885. p. m.

Peking, den 18. Februar 1885.

A. № 36

Seiner Durchlaucht, dem Fürsten von Bismarck.

Im Anschluß an meinen ganz gehorsamsten Bericht A. № 20 vom 6ten Februar dieses Jahres beehre ich mich zu melden, daß die Minister des Yamen auch heute noch behaupten, daß von Japanischer Seite keine auf Corea und die jüngsten Ereigniße daselbst bezughabende Forderung an die chinesische Regierung gerichtet worden sie.

Dagegen werden Euere Durchlaucht unzweifelhaft von Tokio aus von den Anstrengungen in Kenntniß gesetzt worden sein, welche die Französische Regierung dort gemacht hat, um Japan zu einem Bündniß mit Frankreich gegen China zu vermögen.

Wie mir Sir Harry Parkes erzählte, habe Frankreich sich sogar erboten die Verpflichtung zu übernehmen, Japan während eines Zeitraums von zehn Jahren gegen jeden Angriff von Chinesischer Seite zu schützen; er habe aber sofort an den Englischen Vertreter in Tokio Mr. Plumkett telegraphiert, Herrn Inouyé zu warnen, sich auf solche Vorschläge einzulassen, da der in China immer schärfer hervortretende militärische Geist und das in Folge der langsamen Fortschritte der Franzosen gesteigerte Selbstgefühl der Chinesen eine derartige Politik Japans als eine höchst gefährliche erscheinen lassen müsste.

Brandt.

Inhalt: Beziehungen zwischen China und Japan in Betreff Corea's. Französische Allianz-Vorschläge in Japan.

ad A. 3046

Bitte festzustellen, ob sich bei II Berichte befinden, wonach Herr von Möllendorff (in Korea) bemüht wäre, die Neutralität Koreas durch Russland, Japan u. China garantieren zu lassen.

In den Akten der Abth. II befindet sich kein Bericht über die Neutralisirung Korea's ganz ergebenst

Muot

Parlamentsvorlage betreffend Korea.

PAAA_RZ201-018905_007

Empfänger	Bismarck	Absender	Münster
A. 3407 pr. 1. Mai 1885. am.		London, den 25. April 1885.	
Memo	s. Ang. v. 11. 5. nach Petersburg 300, Peking 6		

A. 3407 pr. 1. Mai 1885. am. 4 Anl.

London, den 25. April 1885.

Seiner Durchlaucht
dem Fürsten von Bismarck.

Eurer Durchlaucht beehre ich mich beifolgend die Parlamentsvorlage Corea № 2 (1885), welche einen Bericht über die Reise des Mr. Carles im Norden Koreas enthält, in vier Exemplaren ganz gehorsamst einzureichen.

Münster.

Inhalt: Parlamentsvorlage betreffend Korea.

COREA.   NO. 2 (1885).

REPORT
OF A

JOURNEY BY MR. CARLES
IN THE
NORTH OF COREA.

Presented to both Houses of Parliament by Command of Her Majesty.
April 1885.

LONDON:
PRINTED BY HARRSION AND SONS.

———

To be purchased, either directly or through any Bookseller, from any of the following Agents, viz.,

Messrs. HANSARD, 13, Great Queen St., W.C., and 32, Abingdon St., Westminster;

Messrs. EYRE & SPOTTISWOODE, East Harding St., Fleet St., and Sale Office, House of Lords;

MESSRS. ADAM and CHARLES BLACK, of Edinburgh;

MESSRS. ALEXANDER THOM & Co. (Limited), or MESSRS. HODGES, FIGGIE, & Co. of Dublin.

(2)

REPORT
OF A
JOURNEY BY MR. CARLES
IN THE
NORTH OF COREA.

Of the two main roads running north and south in the northern provinces of Corea one follows the strip of land, seldom exceeding 40 miles in width, which lies between the Japan Sea and the range of mountains which traverse the whole length of Corea, and whose eastern face is bold, and in parts precipitous. The other road, which forms the chief line of communication between Corea and China, continues along the western coast, to which the mountains descend by a gradual slope extending over more than two-thirds of the breadth of the country. Though only once coming in sight of the sea, this road crosses the mountain spurs which lie in its path at an elevation seldom exceeding 300 or 400 feet.

The heart of the country is difficult to traverse, either from north to south or from east to west, but the valley of the Han and its large tributary, the Im-jin-gang affords access to Söul from Gensang on the east coast, by a route which crosses the main chain, within sight of the Japan Sea, at a height of 2,000 feet.

Another link between the two coasts is formed by the mountain road which follows the course of the Yalu on the northern frontier, and, after crossing the water-shed of the Sam-su-gang at a height of over 6,000 feet, divides into two branches, the one leading to Tan-chhön and the other to Ham-heung.

Leaving Söul on the 27th September I took the north-west route, the first large town on which is Kai-söng, at a distance of 50 miles from the capital. The road to it crosses numerous low spurs of hills, on which there are frequent patches of woodland, and traverses several small valleys well planted with rice, millet, beans, sesamum, perilla, tobacco, cotton, chilies, cabbage, castor-oil, and turnips, and more rarely with the loose panicled millet, the egg-plant, and coix lacryma. Peach, plum, pear, persimmon, and chestnut trees grow on the slopes above the farms, and many cabins are scattered about in the more sheltered dells, while villages of thirty to forty houses are situated at intervals of 5 to 6 miles along the road side. This portion of the country has been recently described by Consul-General Aston, and there is consequently no occasion to refer to it again except to draw attention to the Im-jin-gang, a branch of the Han, as large as the main river, on the banks of which the remains of earth-works, made to resist Japanese invasion, are still to be seen.

Kai-söng retains to this day much of the importance which is possessed 500 years ago as the capital of the country. The number of families in the town and suburbs is said to be 7,000 with 19,610 males and 10,260 females, exclusive of children under 15 years of age. As the numbers of persons in a family seems throughout Corea to average between five and six, the whole population of the town and suburbs may be estimated at about 40,000. A great disproportion between the number of males and females in favour of the males is characteristic of the whole of the north of Corea. In the large towns this is ascribed to the immense staffs attached to the officials, but in the villages there is no corresponding balance in favour of the females, and it is probable that an explanation accounting for the fact by a greater number of deaths among girls in infancy may be correct. Of female infanticide I was assured that there were not many instances, and I certainly saw no evidence of it.

The foundation of the old palace at Kai-söng, which was destroyed when the capital was removed to Söul on the change of dynasty in 1392 A. D., lie at the foot of a range of high mountains running east to west. A stone causeway, 50 paces wide and 150 paces long, which, at the lower part, is shaped like a boot with the toe turned west, leads by terraces, on which the stone base of pillars how the plan of the old buildings, to a moon-shaped hill at the back of the old palace gardens. On undulating ground on either side of the causeway are the sites of many smaller buildings, but almost the whole of the débris has been removed, and no sculpture nor inscriptions are visible.

Kai-söng owes its present importance in large measure to the cultivation and preparation of ginseng being confined to its neighbourhood, and the chief source of the Royal revenue is derived from the taxes imposed on the producer, manufacturer, and exporter of this medicinal root. The tax on the farmer is calculated by the number of screens, 18 feet long, under which the plants are grown, and is 150 cash per screen. The merchant, before he can purchase ginseng, has to obtain a licence from men "Pao-tjeang," to whom licences are sold in the capital for prices ranging from 100,000 to 200,000 cash, and by whom they are resold for about 1,900 cash a catty, a profit cleared being about as much as the original outlay, seeing that a license covers rather more than 200 catties.

After being prepared for consumption, the ginseng, known in this condition as red seng, pays an export duty of 375 cash per catty before being taken to Kao-li men in Chinese Manchuria, where it is sold for from 8,000 to 9,000 cash per catty, its preparation and carriage having by that time raised its actual cost to about 6,000 cash. In 1883 the year's crop is said to have been 10,000 catties of red seng, of which only one catty is obtained from 34 oz. of the white, the raw, seng.

Without data as to the extent of ground in cultivation or the cost of collection of taxes it is impossible to estimate the revenue derived by the King, but it is easy to see that his revenue would be immensely increased by selling licences direct to the merchant instead of thorough the medium of the Pao-tjeang. These fortunate men, forty in number, reside in the capital or elsewhere, as is most convenient, and have no other work to perform than to make as large a profit as possible on the licences which they have for sale, and which in many cases have been given to them consequent on their recommendation to Royal favour by some patron who receives a very solid token of gratitude.

The figures given above are those ruling in 1883; a fall in value of 40 per cent. has taken place in the last ten years, partly due to the importation into China of American ginseng, which has greatly affected the profits of all concerned in the trade.

On leaving Kai-söng the country becomes much wilder, the valley being confined between high steep hills, and the woods on the high mountains to the east extending across the roads to the hills opposite. Ten miles from Kai-söng the valley begins to widen out, and patches of cultivated land are occasionally seen high up the hill-side. At Teuk-tjin Kow, 17 miles out, the country resumes its former character. The road there strikes in to the hills and continues along narrow valleys, until opposite Keum-chhöu, where a finely-built resting-place for the Chinese Ambassador is in marked contrast to the huts of the villagers. Immediately below Keum-chhöu, 20 li from the sea, two rivers are crossed, which unite 300 yards down. The farther of these, the Tao-tjol, forms the boundary of the two provinces, Kyong-hwi Do and Hwang-hai Do. It is 150 yards wide, but in the autumn is only 4 feet deep, and is reported to be of no use for navigation on account of shallows.

Some fine hills stretch away to the south-east, and on the north bank of the river are low downs of gravel and pudding-stone, while to the east is a large well-cultivated plain some miles in extent, on which most of the crops had already been taken in, and the winter wheat was well above ground.

A long, gradual ascent leads to Phyong-san, a small town of no importance. On the hill facing it runs a stone wall 12 feet high, with a circuit of between 1 and 2 miles, inclosing a wilderness of wood and brake, and two or three cottages. This is the "hill town" of Phyong-san, *i.e.*, the fortress to which the people of the district flee in time of danger. All towns in this part of the country, if unprovided with walls, are supposed to be supplemented with a stronghold of this kind, well stocked with rice and soy. As it is some 300 years, however, since the protection of such places has been sought, it may be presumed that the granaries are now empty, and that the soy has lost its flavor.

The road beyond Phyong-san is for the first miles much like that to its south, but after crossing a stream which flows eastwards, and ascending its course for a few miles, the hills, apparently of limestone, narrow considerably, and at Chhong-su the scenery becomes very bold, with fine trees growing in every inequality on the face of the rocks. Tigers are said to be found in these mountains, though an occasional field of grain is to be seen almost at their summit. These hills are the eastern spur of a range which runs to the sea, and are said to be so steep that no road such as is shown in the maps exists across them from Phyong-san to Pong-san, but a detour to So-heung is necessary. Near Chhong-su and for miles onward the hill-sides are studded with dark upright rocks, which, from their height and shape, look like the headstones in a graveyard. Both colour and shape are evidently due to the action of water, but presumably not to that of torrents, as many of them are found on the summit of the hills near So-heung. A great deal of limestone rock lies to the west of Chhong-su, and there appear to be outcroppings of coal. The magistrate at So-heung was not aware, however, of its existence, and I was too weak that day from fever to leave the road to examine them.

From So-heung the road runs almost due west, twice crossing a stream which flows into the Yellow Sea, until within a few miles of Pong-san, where, on escaping from some spurs of a high range facing that of Chhong-su, a sudden turn is made into the hills to the north. At the point where the road turns the valley begins to open out to a width of two to three miles, but to the east the space available for cultivation is somewhat cramped. Three villages containing 200 to 300 houses, however, are passed on the road, the hills north of which are very bare of wood and herbage.

Pong-san, a town of 400 houses lying at the foot of a steep range of hills, is one of many prominent instances of extravagance in official expenditure in the western provinces. Apart from the magistrate's yamên, to which a staff of over 200 men is attached, and which contains numerous Courts, is one of which I was most comfortably lodged, there are, as in all the towns, a temple to Confucius and a hall in honour of the King's family, where homage is paid to the tablet of the reigning Sovereign.

In addition to these there is at Pong-san and some other places on the road a fine building destined for a resting-place for the Chinese Ambassador when he visits Söul. These buildings are all solidly built and kept in fair repair, while the huts of the people are mere cabins of mud roofed with thatch, and entirely destitute of furniture, excepting such vessels as are necessary to cook their rice and serve it up in.

On leaving Pong-san the road strikes at once into the hills, and soon after crosses a pass 500 feet high, which is the stiffest piece of road between Wi-ju and Söul. At its summit were several bullock carts, carrying tobacco-leaf from Wi-ju to the capital, which on account of the steep descent had been lightened of half their loads. As a rule the road north is very easy travelling, and kept in fair repair. Its width, which south of Phyong-yang is from 8 to 10 feet, is increased to 14 and 16 feet north of that town.

In the granite country, through which far the greater part of this road lies, the foundation is very good, and it is only in crossing the dips of the valleys that treacherous ground is met with. In summer rains must undoubtedly alter its condition, but the causeway is generally partially drained by ditches on either side, and a slight outlay on drainpipes and brick culverts would, I should imagine, keep the road in working order throughout the year. At present, in autumn, carts are said to cover the 1,060 li from Wi-ju to Söul in fourteen days.

The descent on the northern side of the pass lies through woods of oak, chestnut, maple, fir, acauthopanax, rhus, and eunymus, which when I saw them were beautified with all the tints of autumn. The timber is not of very large growth, but the scenery owes an additional charm to this, as the view is the less restricted.

Facing the pass is a "hill city," on the top of a high hill, whose base the road skirts, passing through a little village with a stone gateway, and mounting another ridge, from the summit of which is a view of the plain of Hwang-ju, stretching north-east towards some fine mountains. The plain, which is 5 miles broad, richly cultivated and well watered, is bounded on the north by the Nam-chhon, a river 130 yards wide, which flows immediately under Hwang-ju, and falls into the Ta-tung[27]* 50 li lower down, at Nung-chiang.

A little distance below the ford, opposite the town, some small boats were lying at anchor, but the water is said to be very shallow, except when swollen by floods, against which the city walls are well guarded by stone embankments.

In the towns in the north of Corea the chief officer of the place is generally a military man, and this is the case at Hwang-ju, where the General in command of the troops of Hwang-hai Do is also the chief civil officer. The town and suburbs are said to hold 3,000 families, a large part of whom live outside the city wall, which is 3 miles in circumference, and extends to the summit of a hill at the back of the town, the greater portion of the higher ground remaining unoccupied, and covered with firs. The trade of the place is inconsiderable, and contains nothing of special interest; and the General in command at the time, who had served many years at different posts in this neighbourhood, assured me that no trade was done at the Nam-chhon's junction with the Ta-tung.

---

27 The Corean name of this river is „Tai-dong Gang.

The country north of Hwang-ju is very remarkable, consisting of low downs of red soil many feet in depth, traversed by slow, muddy streams flowing between steep banks, and extending for miles right and left of the road. Fertile as the country appears it is not cultivated to its full extent, large patches of ground being left unbroken. The plain is about 10 miles wide, with but few trees going on it, and the houses are stowed away out of sight in little gullies sheltered from the wind. The high millet and beans, though not so far advanced as in the neighbourhood of Kai-sŏng, looked well, but the cotton, which was largely grown, had suffered from the rain.

Near Chung-chun a few miles of low hills interrupt the plain, which extends north of them as far as Phyong-yang, and appears to contain the richest soil in its northern division. The occurrence of this plain, which is almost entirely free from stones, is a very striking phenomenon in Corea, where so much of the ground is occupied by hills, and where the valleys are elsewhere drained by clear bright streams with stony beds. Its formation was accounted for by Dr. Gottsche, lately Professor of Geology at Tôkiô, whom I met at Phyong-yang, as due to the deposit of sediment by the Ta-tung, whose mouth, he considered, must formerly have been much farther inland. Whatever its origin this tract of land, which is some 20 miles wide, appears to be far the richest in the north of Corea, and is sufficiently raised above the level of the rivers to be safe from floods.

The approach to Phyong-yang lies for 4 or 5 miles between a thick hedge, mostly of gleditschia, mulberry, and sophara trees, among which are placed hundreds of tablets commemorating the good administration of different officers at Phyong-yang. As Phyong-yang is neared the tablets, many of which are protected by walls and tiled roofs, form almost a street; some are in stone, others in iron or copper, but in spite of their numbers and lasting materials, I saw none that dated back more than 250 years. These tablets, and the avenue in which they stand, are almost invariably to be found outside any town of official rank. The avenue, as a rule, is supposed to be 5 li long (1 miles), and where it is not, the conscience of the public is quieted by a mile-post at the extremity, stating that the distance to the Royal hall in the town, from which distances are measured, is 5 li. Originally, the tablets may have been erected only to those officials who deserved grateful recognition, but the omission of their erection is so invidious that, latterly, only in flagrant cases of oppression has this honour been denied, and the construction and good repair of tablets and their little houses are more a sign of a good harvest, and consequent ability to afford this expense, than of gratitude felt by the people towards their magistrate.

The day happening to be the 15th of the eighth moon, numbers of people in their best clothes were visiting the graves of their relations, and the mixture of family picnics with wailing women was very striking.

The praise that has been lavished on the picturesqueness of Phyong-yang is well deserved. Standing on the north bank of the Ta-tung the city walls keep parallel with its course for 2 miles, topping escarped hills, and descending to a water-gate, almost on a level with the water. Beneath flows the river, on the upper part a clear bright stream 400 yards wide, between green banks, shallowing lower down and broadening out, with a large waste of sand on its south bank. Scores of fishing-boats were paddling about, either from curiosity, or to find some better spot for another cast of the net, and long ferry-boats, open at the stem to allow animals to embark more easily, were being poled backwards and forwards. A constant string of animals was passing to and fro across the sand, and underneath the city gate and on the walls were assembled a crowd of people in holiday dress. The first impression of its picturesqueness is increased on ascending the hills inside the city, and looking either eastwards over the rich plain to the mountains, through which the river finds its way, or down the stream, or northwards to its confluent, whose valley forms the weakest side of the city, and down which there poured in 1593 the joint forces of Coreans and Chinese to recover the city when held by the Japanese. An earthen wall, barring the approach from this valley, shows where the earthworks lay in those days, and where the fighting took place. The city itself, with its large yamêns, public buildings, and sinuous streets, with dark-roofed houses, relieved by the towers on the city gates, and a few clumps of trees on rising ground, is a pleasing change from the monotony of ordinary Corean towns.

The Province of Phyong-an, of which Phyong-yang is the capital, contains forty-four districts, and a population of 887,480[28]*, of whom 484,954 are males. According to the last census the number of families in this province was 219,569, a considerable decrease on 293,400 the number given by Mr. Griffis, in "Corea, the Hermit Nation," as the population a few years since. The district of Phyong-yang holds 23,070 families, with 43,074 males and 32,864 females, while in the town and suburbs there are 6,500 families with 6,607[29]*men and 4,109[30]* women.

Phyong-yang's position is well calculated to secure it a more flourishing trade than it at present possesses, though it has been long since regarded as one of the chief commercial centres. To its south is the richest agricultural plain between the capital and the Chinese frontier; to the east lie the valleys of the two branches of the Tai-dong, reputed to be rich in silk and holding at least one extensive iron mine, to which there

---

28 Children of under 15 are probably not included in these Returns.
29 Children of under 15 are probably not included in these Returns.
30 Children of under 15 are probably not included in these Returns.

is access by water; to its north runs the main road for centuries of all trade between Corea and the outer world, and less than 40 miles to the west is the sea, with which there is communication by a river one-quarter of a-mile wide, which flows under the walls of the town. Yet with all these natural advantages, Phyong-yang does not rise much above the level of an ordinary town, except in the number of buildings dedicated to Corean heroes of antiquity.

The greater part of the wares for sale are, as usual, exposed in booths and stalls lining the main streets. In them are to be found a mixed assortment of pipe-stems and bowls, aniline dyes, tobacco in the leaf and cut, paper tobacco pouches, hempen cloth, English shirtings, Victoria lawns, handkerchiefs, paper, scissors, baskets, hats, locks, pieces of iron and cooper, looking-glasses 3 inches square, glass bowls from Manchuria, shoes, sandles, bark, lacquer trays from Japan, lamp-oil bowls from Song-chhön, bars of iron, combs of salotja wood from Chollado, cedar wood for incense, rice, millet, beans, Indian corn, safflower, "omi" (a seed used for fixing dyes), "hong-hoa" (the petals of a plant which are pressed and sold in strings as a dye), sophora flower (used as a yellow dye), xanthoxylum seeds (used for skin diseases), ginger from Chollado, sea-weed, salt fish, fungi, chestnuts, pears, windfall apples, "tarai" (a rich luscious fruit looking like a compromise between a gooseberry and a crushed greengage), dried persimmons, the Cape gooseberry, cone seeds, cabbages, and many other vegetable products.

It is only, however, after careful search that the few shops containing silks and piece-goods in any quantity are discovered. Iron pots and tools, copper utensils, hats, sandles and wicker baskets represent the chief manufactures, exclusive of those above-mentioned, and no porcelain, bronzes, or other works of art indicative of a higher state of civilization in former days are to be procured.

It is in towns such as Phyong-yang that the poverty of the country is fully realized. In the villages and mountains little sign of wealth is expected, and the clean outer clothing of the men and the good quality of their food foster an expectation in the traveler of finding thriving towns, bearing some evidence of comfort. The towns, however, are simply large villages, with streets of mud cottages, grouped around official residences, which, from the gateways leading to them and the numerous courtyards surrounded by substantial buildings well raised above the ground, have, by contrast with their surroundings, an air of almost palatial grandeur. The interior of the yamêns is, however, almost as bare as that of the cottages. The furniture of a room consists in a folding-screen placed against the blank wall and mats on the floor; and it is only in the quality of the mats, the condition of the paper on the wall, the absence or presence of a screen, or the style of painting on its panels, that the grades of riches and poverty are detected. Even the appointments of the table differ but slightly. Each villager has a separate table, with a separate set of brass bowls, containing his portion of rice, soup, soy, in the same manner that the Governor of a province is served. The spoons and chopsticks are generally very simple, even among the higher classes, and the articles of food as well as the wine are in all cases almost invariably of local growth or manufacture.

It is hard to learn whether Phyong-yang is at all times accessible from the sea, from which it is said to be 110 li distant. In July 1866 the "General Sherman," [31]*an American schooner, came up to Phyong-yang, and, according to local evidence, it would always be possible for steamers of 10 to 12 feet draught to come up the river as far as the city during the summer floods, but at other times boatmen said sailing-vessels of more than 5 feet draught could not come up on account of shallows, except at high tide, when there are ten feet of water. A boatman, however, who knew the steam-ship "Nanzing," which has been trading to Chemulpo, said that she would be able to come up under conduct of a pilot at high tide. Sea-junks are in the habit of transferring cargo at Sam-hoa, at the mouth of the river, to smaller boats, which take three or four days coming up, and the transfer seems to be made more on account of the awkwarduess of the sea-boats in a strong river than on account of the depth of water being insufficient for them. Forty-seven boats, ranging from 10 to 200 piculs capacity, were lying under the city walls, and the number of houses of entertainment in the neighbourhood (many of them of two stories, an unusual sight in Corea), testified to the presence of a stronol sailor element, but the cargo at the time chiefly consisted of reeds, the stems of which are used for the manufacture of matting, and the flowers for short brooms. Another kind of matting is made of a grass, and a stronger kind, used for packing, of rice stalks. Ropes are made of hemp or human hair.

A trading Company of Phyong-yang men has a large branch in Chemulpo, the agent at which place had spoken to me very favourably of the trading capabilities of his native place, though he considered that its resources would take some little time for developing, as the people were ignorant of what kind of goods were sought by foreign merchants. On

---

31 The local account of the loss of this vessel differs in some respects from what has appeared in books. According to what I heard from several natives in the country and the city, when the schooner lay opposite the city presents of food were sent to her by the Governor, with a request that she would retire, and it was not until after ten days had elapsed and the "General Sherman," on finding permission to trade absolutely refused, had endeavoured to find a market by force, and had fired upon the city, that she was attacked. Being obliged to retreat she dropped down the river, and owing to a thick fog took the wrong passage round an Island four miles below the city. While aground at this point she was burnt by fire-junks, with all her crew on board. On this last point every account agreed.

Consulting the leading man in the Company at Phyong-yang, he informed me that some twenty men were partners in this business, in which they invested from 5,000 to 10,000 dollars a-piece, and that the branch at Chemulpo was becoming of great importance to them, as the opening of the ports had largely withdrawn trade from the overland route to China. He estimated the import of shirtings into Phyong-yang for the year at 3,000 pieces, of which only 300 came overland. The cost of carriage from Chemulpo was not great, the hire of a pony carrying 28 pieces being from 2,500[32] to 3,000 cash. Victoria lawns, handkerchiefs, dyes, and miscellaneous goods form the main imports, and the products of the country are raw silk (chiefly from Thai-chhön, Yong-pvon, and Song-chhön), hides (probably 10,000 annually), beans, cotton, silks, and cotton and hempen cloths. Safflower, sophora flower, and indigo were formerly used as dyes, but the introduction of aniline dyes has almost put a stop to the cultivation of the last named. Iron is found in large seams at Kai- chhön, and bars weighing from 25 to 30 catties are sold in Phyong-yang for about 10 cash a catty, or 50 per cent cheaper than the cost of Iron in Hwang-hai Do, even at the place of production. Copper and lead come from Kap-san, in Ham-gyon Do, the best timber from across the frontier, and pottery from Son-chhön.

Silkworms, he said, were fed solely on mulberry leaves - a statement which I found repeated throughout the whole of the north of Corea, though I am informed by gentlemen who have travelled in the early summer in Kang-won Do that they have seen worms fed on oak leaves and the wild silkworm is unknown. White cocoons cost 600 cash per catty, the red being cheaper. Oil is made from perilla, sesamum, and the castor-oil plant, but the last-named, on account of its medicinal qualities, is only used for lighting purposes.

It would appear that the iron mines at Kai-chhön are of considerable importance, a vein 14 feet deep being close to the river, and the only Impediment to its working being the absence of coal.

Phyong-yang is rich in historical interest. Ki-tsze, who is reported to have emigrated from China in 1122 B.C., and to have founded a dynasty which lasted until the fourth century B.C., made this his capital, and his memory is still kept in the names of the different yamêns, while his grave is preserved with great respect, and a hall containing his portrait lies to the south of the city. In its immediate neighbourhood is the standard of land measurement introduced by him, which is illustrated by paths and ditches said to have been cut under his direction.

A hall also exists in honour of Dan-kun, the fabulous hero who founded the country

---

32 At the end of September the dollar exchanged at Chemulpo for 1,200 cash.

in 2356 B. C.; and in the same place is a tablet to the first Prince of the Kou-ku-li race, who entered Corea about the beginning of the Christian era.

By far the most perfect building that I have seen in Corea is a little temple to the Chinese god of war, who "manifested himself" at Phyong-yang during the time of the Japanese invasion. Frescoes representing events in his lifetime cover the walls of some low buildings which form three sides of one of the courtyards, and the figures in the temple, with their trappings and sacrificial utensils, are all well designed and of a costly description. Among other ornaments are some Persian bronzes, a present from the Palace at Peking. The high flagstaffs at the temple gate are themselves an object of curiosity to foreigners, as they do not touch the ground, and are held in position by two slabs of stone, to which they are fastened by wooden pins, the slabs themselves being sunk only 5 feet in the ground.

There is also an interesting temple in honour of the Corean General Kim-she-heung and the Chinese General Li-yo-sun, who, by a combined attack, which is represented in frescoes on the walls, recovered Phyong-yang from the Japanese in 1593.

The hats worn by the poor women in this town are baskets, 3 feet long, 2 feet wide, and 2 feet deep, which conceal their faces as effectually as the white cloak worn by women of a better class over their heads. The men wear a basket of the same shape, but somewhat smaller. It, however, requires the use of both hands to keep it in place. A structure of a size but little larger which is used to cover fishing-boats suggests the advisability of converting the women's hats into coracles.

A considerable traffic exists on the road from Phyong-yang to Wi-ju, which is 16 feet wide and kept in good condition. On the* part south of An-ju a considerable quantity of rice is grown, the valleys being frequently a mile in width, and watered by shallow streams 40 to 80 yards wide. Black rice is extensively grown, but otherwise the crops are the same as those in the neighbourhood of Söul. On the sides of the hills, which are of disintegrated granite, is a sufficient growth of timber and brushwood to supply the needs of the villagers. But few fruit trees are to be seen, and the persimmon is not found far north of Söul on the west coast.

It is difficult to calculate the Return given by the different crops on account of the uncertain modes of measurement in use. In good years a piece of ground which can be "ploughed by two bulls in a day" will yield, including straw—

15 to 20 loads of high millet, valued at 400 cash a load when threshed.

20 to 30 loads of small millet (of which one-half is straw), valued at 600 cash a bushel.[33]

50 loads of loose panicled millet, turning out 2 sheng a load, and valued at 55 cash

a sheng.

30 loads of rice, turning out 6 sheng a load, valued at 80 cash a sheng.

15 loads of yellow beans, turning out 1 bushel a load, valued at 400 cash a bushel.

10 loads of green beans, turning out 1 bushel a load, valued at 550 cash a bushel.

The present year's has been only a half crop, in consequence of heavy rains, which, as is generally the case in summer, had washed away many of the bridges. A few li beyond Sun-an a party of over 100 men were engaged m reconstructing a better bridge than usual, but of the usual design, consisting of wooden poles driven into the bed of the stream and connected by bars on which heavy logs are laid, with branches of trees and sods of earth stamped in to make a level surface. Nearer An-ju, in a stream which was evidently subject to heavy floods, but at other times held little more than a foot of water, a bridge was formed of large flat stones, wide enough for a cart to pass over, laid side by side, but offering so little resistance as to be undisturbed by a rise of water.

Permanent bridges are, however, very rare, though one of stone-work, with a key-stone arch, spans a small confluent on the left bank of the' Ta-tung, near Phyong-yang. The repair of bridges and roads is one of the duties which devolve upon the country people, and it must be no small tax upon their time to repair the bridges in autumn, when their services are needed in the harvest field. There is, however, no reluctance apparent in any work which is engaged in by them when excited by the stir and the society of their fellows.

Extensive gold washings are said to have existed formerly 5 miles south-east of Sun-an, but to have been closed of late years, as bas also been the case to the east of Sok-chhön.

An-ju, a walled city of 3,000 families, stands on a hill overlooking the Chhöng-chhön Gang, and is of some importance, owing to its being the key to the road to Phyong-yang from the north. A garrison of 300 soldiers is stationed in it under the command of a general, and the militia are summoned there in autumn for their drill.

The quantity of sand brought down by the Chhöng-chhön Gang has impoverished a large portion of its valley, bat at the time of my visit (8th October) there were only 4 feet of water in the river, which is not navigable, even by small boats, above a point 5 miles below the city. The river is divided into two branches, with a wide tract of sand between them, and is said to have a rise and fall of only 2 feet. As seen afterwards from a hill near Ka-san, there appear to be sandbanks of several miles in extent near its mouth.

Crossing the river bed and a small barren range of hills the road descends into a rich

---

33 10 sheng equal 1 ton (or bushel).

valley, in which stands Pak-chhön, the commercial part of the town being situated on the left bank of the Tai-cheng Gang, and the official portion, as is often the case, at the foot of some hills more than a mile front the road. The river, which is 200 yards wide, has a rise and fall of 5 feet, but at low water there are only a few inches on some of the shallows below the town. Several junks, however, of 100 to 150 piculs capacity, were lying on the river bank.

At a fair held in the Street some Victoria lawns, shirtings, hempen cloth, and coloured handkerchiefs, with a little iron, some earthenware pots, and dyes of various kinds were exposed for sale, but the cattle were very few, and the market, which presented the town at its best, gave but a poor promise of trade for a place of 1,000 families.

After crossing the river the road strikes a little north of west through very poor country to Ka-san, and thence follows the coast at a distance of from 10 to 20 miles to Wi-ju.

Ka-san numbers but 400 families, though over 200 men are attached to the local yamên, and has some wild country near it with thick cover, in which there are said to be tigers and other beasts of prey.

An evidence of Chinese trade in the coast existed in the presence of a Corean wearing the cangue, who had been imprisoned for swindling the master of a Chinese junk that had put in near Ka-san, but frequent inquiry on the road as to Chinese traffic elicited only two other instances, one of them that of a deserter from Söul, who had been arrested and was awaiting a guard to take him back for punishment.

About half-way between Ka-san and Chung-ju is a village called Nap-tjen, which showed signs of greater activity than is usual even in the large towns. Some fifty men are employed there in working up copper ore, brought from the north division of Kang-ge, and are said to be famous all over Corea for their skill as coppersmiths; they were quite unable to account for the existence of their industry so far (over 1,000 li) from the place of production, but as clay for their crucibles, sand for smelting, and a pine wood, whose smoke they said was necessary to impregnate the sand, are found in the neighbourhood, the existence of the furnaces may be due to their presence. I am entirely ignorant of what function the pine smoke is supposed to perform, but afterwards at Kang-ge I found the coppersmiths there also speaking of it as essential.

The rough copper pigs brought from Kang-ge are said to be the best in the country (that from Kap-san being its nearest rival), and sell at Nap-tjen at 150 small cash (equal to 25 Cents) per catty. It is said to turn out 75 per cent of pure copper.

Near Nap-tjen was a very fine specimen of a "Sao-tai-o," the monument which is erected on the grave of a "Chin-shih," a doctor of letters. It consisted of the stem of a tree painted like a barber's pole, some 30 feet up. The top and branches had been cut off, and on the summit rested a carved figure of slim proportion 20 feet long, and with a forked tail in Imitation of a Corean dragon. From the head, which resembled that of an alligator, depended cords on which brass bells and a wooden fish were strung. These quaint monuments are frequently met with on the out- skirts of villages in Kang-wen Do, but it is seldom that so fine a specimen is seen.

The hills between Ka-san and Chüng-ju are chiefly of limestone, and a large part of their sides is covered with woods. There is little room for agriculture in the narrow valleys between them, but a little fertile ground lies near Chüng-ju, a town very picturesquely placed on the side of a hill with a wall and gateways, that give an impression of a much larger place than it proves to be. A hundred head of cattle were tied up in the market outside the wall, but, otherwise, a fair which was taking place there was little better than that at Pak-chhön. Its trade, as well as that of Kwak-san, farther west, is said to consist largely of exchange. The large cash used in Söul until recently were not current north of Phyong-yang, except at Wi-ju, but their circulation seems to be gradually extending in this province, and has been assisted by an Edict ordering them to be accepted as the equivalent of 5 small cash, their proper rate. For the moment their value is very uncertain; apparently at Wi-ju they are worth 5 small cash, at some places they exchange for 2, and at Gensan and in its neighbourhood no difference is made between them and the small cash, the large cash being often found in small quantities on a string of small cash.

The land between Chüng-ju and Kwak-san continues very poor, and the population is scanty, the whole district of Kwak-san counting but 6,000 people. Sin-mi-tao, 60 li from Kwak-san, is the port to which junks trading with it come, but their number is very small. A beacon to the south-east, and on the north-east Neung-ham-san, a hold hill 1,300 feet high, with a scarped face, and the remains of a "hill town" on its sea-front, mark the site of Kwak-san very distinctly from the sea. Outside the mud flats on the coast, which are said to be only a few li in extent, is a line of small islands sloping to the north, and with a vertical face to the south-east, "because," as the country people say, "they look towards the capital."

Sön-chhön, a town of 600 families, 50 li north-west of Kwak-san, is 15 miles from the sea, and prettily situated under wooded hills. The magistrate of the place was especially courteous, and had prepared some attractively clean-looking quarters, in which a night's rest would have been very welcome, as the vermin in most of the places on the road south of Wi-ju made sleep almost impossible.

A pretty pavilion stood outside the town facing the archery ground. Unfortunately no opportunity occurred, either here or elsewhere, of witnessing the archery practice. The short bow used at Söul, which has a double curve like Cupid's, has a light pull, but shoots well at 160 yards. A heavier bow is said to be used in war, while a bow only 18 to 20 inches long occasionally forms part of dress uniform, and is carried in what at first sight looks like holsters for a horse pistol.

The road continues considerably north of west to Chhöl-san, passing Tong-nim, a walled market-town, not marked in most maps, 25 li on.

The arable ground along the road-side is very limited, owing to the number of ranges of hills, which descend to the sea between An-ju and Wi-ju, and which do not at present repay cultivation. Of their capabilities for timber growing a good example is seen in a fine belt of wood, two miles deep, running along the crest of the hills at the back of Tong-nim. This happens to be under the care of an official, and is consequently taken good care of; but, as a rule, except on those spots where clumps or groves of trees are preserved round a family burying-place, the wood is cut without any regard for the future, large tracts of ground being cleared of every stick, and no young trees being planted.

The result on a loose disintegrated granite soil is naturally not only that the soil on the spot is swept away, but that the lower grounds are injured by the rapid drainage of the heights above them. Between Söul and Wi-ju there is, however, still a large quantity of small timber left, and four large woods, viz., near Kai-song, Pong-san, Tong-nim, and Wi-ju, contain a rich supply of maple, alder, small oak, ash, fir, and other woods, well adapted for furniture. At Söul there are several cabinet- makers who employ these woods largely for veneering, but in the north little use is made of them except for the manufacture of travelling boxes and eating stools.

The latter are always on the same pattern, circular tops, 2 feet in diameter, resting on a frame-work 18 inches high, part of which is cut away, in order not to interfere with the sight of the boy who carries it on his head; the stool serving both as a tray for the dishes from the kitchen and a table for the guest, each man having his portion of the meal served to him on a separate stool.

This part of Corea seems to draw its foreign supplies entirely from China, and many ponies and carts laden with English shirtings and German dyes were met on the road. Some few of the goods find their way, for want of a market, to Söul, but, South of Phyong-yang, Chemulpo is the main source of supply. Manchurian cotton cloth, a very strong fabric, used for socks and trousers, pieces of which, 1 1/2 hands wide and 56 feet long, cost 450 cash at Sun-an, seems for its special uses to be almost unaffected by foreign competition, and is to be bought at Chemulpo as well as at Wi-ju; the native cotton cloth, which is 2 hands wide and 66 feet long the piece, is comparatively cheaper, costing 600 cash the piece. As a rough index of the value of these goods, it may be worth mentioning that foreign shirtings, presumably 10 Ibs., cost 4,000 cash a-piece in the same place.

Though the traffic on approaching Wi-ju became gradually larger, it was throughout surprisingly small for the main road of communication between two countries. A string of fourteen carts laden with tobacco near Sun-an, and three others bringing copper from Kang-ge to Nap-tjen, were very noticeable phenomena. On some stages not fifty men were met in 50 li, and in the neighbourhood of towns vegetables and brush-wood accounted for the larger portion of the beasts of burden. Between Söul and Phyong-yang foot passengers were more numerous, as candidates were on their way to a literary examination in the capital; but travellers on pony-back were not common, and they very rarely had so much as three ponies in attendance; chairs were even less frequently met with.

The official part of Chol-san stands 5 miles away from the road, and travellers, therefore, generally stop instead at a village by the road-side of some 200 houses. There appears to be a small iron industry in the place, the iron coming from Kai-chhön, which place, with a small supplement from Tau-chhön on the north-east coast supplies the whole of the north-west of Corea.

Sye-rim, a walled town of 100 houses, stands on the crest of a hill 5 miles out of Chhöl-san. The descent leads past Yöng-chhön, which also is at some distance from the road, through a stony valley into a wide extent of poor grounds, which reach up to the Ko Jin-gang, a fine looking stream 70 yards wide, but subject to floods, and not navigable above a point 10 miles lower down, which is 12 miles from the sea.

Yüng-chhön is said to have a large manufacture of reed mats, and is the nearest point on the road to the mouth of the Yalu.

The country between it and the Ko Jin-gang has the nearest pretensions to ugliness of any part that I traversed, but after crossing the river the country is very pretty, and a wide belt of oak and maple woods, in all the beauty of their autumn tints, stretches for miles along the north face of a line of hills which run down to the sea. From their crest the first view of China is obtained, and after skirting the top of the hills on the opposite slope of the valley, the Yalu Valley opens to the view. Wi-ju, standing on a hill near the left bank, is approached by an avenue of trees 4 miles long, which crosses the valley at its centre. To right and left is a clear view along the river's course; on its opposite bank are low hills, the monotony of which is relieved by one fine mountain, and behind are rich woods on the spurs of a fine mountain to the south-east.

The houses in the valley are widely scattered, but outside Wi-ju the road for a mile of its length is lined with houses of a poor class. Booths and stalls also encroach upon it, and an open market is kept in such ground as is left vacant.

The city wall runs along the crest of a low hill, of which one spur descends close to the river bank, and another forms the limit of the city to the east. Its circumference is said to be 15 li (5 miles), and much less of the space inclosed is left unoccupied than is generally the case. The figures given for the population varied from 10,000 to 40,000, but probably 30,000 is not far from the correct number. The yamên of the Lieutenant-Governor, the "pou youn," is built, as is always the case with the official buildings in Corean towns, on rising ground behind the business portion of the place. The south gate of the city, and a pavilion built in Chinese style, from which there is an extensive view on all sides of the town, are the only other buildings of any size.

The river opposite Wi-ju has three branches of about the same width, 250 yards, the southernmost of which is very shallow, and separates the town from a low island of half-a-mile in width, on which there are but few houses, and the soil is sandy. Beyond it is the main channel, rather wider than the first, and 20 to 25 feet deep. On the farther bank is another island, which is Chinese soil, and is called in Chinese "Chung-chiang" (mid river), on which is a Chinese customs-house. On the far side of this island, which is about 1 mile wide, is another shallow channel near Chiu- lien-chêng, the nearest station of Chinese trade, in which I counted with my field-glass some twenty-six substantial houses.

Formerly the whole trade between China and Corea was confined to three annual fairs held at Kao-li Men, 40 miles from Wi-ju, but in 1875 many of the restrictions were removed, consequent on the incorporation in China of the wide strip of land between the two countries, in which for centuries Coreans and Chinese alike had been forbidden to settle. This step has generally been represented as taken at the expense of Corea, but there is reason to believe that the border-land when first set apart belonged to China, and this belief is strengthened by a story, which is current among Coreans, that more than two centuries since Corea bought an island in the Yalu, a few miles below Wi-ju, and that the money paid for its purchase was actually sent to China, though lost on the way.

The present trade Regulations permit an open market to be held daily at Chung-chiang (mid river), and Coreans may purchase under pass whatever goods they desire in China. A corresponding privilege is not extended to Chinese, who are prohibited under a severe penalty from crossing the river into Corean territory. It is of course impossible that, with only a river between them, communication should be closed by an arbitrary rule, but the visits of Chinese to Corea are evidently very rare, and do not extend far beyond the river bank. On the other hand, Coreans avail themselves to a large extent of their privilege of travel in China. The regulations drawn up Li Hung-chang, and the Corean Commissioner Yü, assert very prominently the sovereignty of China, and claim for her the exclusive right of fishing in the Yalu, but the condition of trade which had existed for centuries survive to some extent, and the old Tariff is said to be still in force; while the monopoly of fishing rights is not only not asserted by Chinese, but largely invaded by Coreans, the more important river trade being almost entirely in the hands of the Chinese. As access to China is prohibited, except by Chung-chiang, a large traffic on that route would appear natural, and it was a great disappointment, on looking across the river from the Wi-ju hill, to see hardly any sign of trade. On crossing the river its absence became still more noticeable. Only nineteen boats, the largest of which carried 10 piculs, lay on the river bank near the town of Wi-ju; a man with a string of salt fish was coming away from the custom-house, to which a few baskets of shrimps were being carried, and two porters with loads of deerhorns were crossing in the ferry-boat. The ferry-boat, with its heavy round oars, which worked most clumsily on their pins, and the narrow track across the island, which, narrow as it was, was not trodden hard, were so many further evidences of the absence of commerce. In the main channel were numerous Chinese boats, laden with salt and crockery, making their way up stream; but they all kept to the Chinese shore, as though Corean soil were infested with the plague. After waiting some ten minutes at the second ferry, there were only three persons in the boat besides my own servants.

The picture seems incredible, and the contrast formed by the reality to the expectations formed on first viewing the valley of the Yalu, with its magnificent stream, was most disheartening.

Chung-chiang consists of the customs officer's residence and a small warehouse. Traders are not permitted to remain there after nightfall, and when I was there the men with the deerhorns were the sole representatives of the trade of the two countries.

The usual difficulties raised by Chinese officials prevented a visit to Chiu-lien-chêng, the country round which is thickly dotted with Chinese cottages, and has a far more well-to-do air than the Corean bank. On returning to the Corean custom-house no information was gained as to the receipts, amount of trade, or number of junks engaged in it. Full reports on all such matters were said to be furnished to Sŏul and to the Lieutenant-Governor, but that official later on said that Sŏul, and the superintendent of customs, who was absent, were the sole depositaries of such information.

As far as could be gathered from the non-official class, who were quite ready to speak when not under surveillance, duties are paid on exports at the custom-house of the producing country, and no import duty is paid except in the case of cattle and horses imported into China, or of goods imported by Coreans from China.

The import duty on piece-goods is 350 large cash per piece; on lead, iron and copper, 3 cash per catty. On cattle there is an export duty of 600 cash paid to the Corean custom-house and of 2,000 cash to the Chinese. There is an export duty of 4,000 cash on Chinese ponies, on the exportation of which there are restrictions, if not a prohibition. As Newchwang is only 480 li from Wi-ju, the country in its neighbourhood is supplied with foreign goods from that source, but they do not penetrate farther south than An-ju.

Two years since, on the institution of new regulations for trade, the Corean Commissioner, who had negotiated them with Li Hung-chang, was sent to introduce them to Wi-ju, but the *ad valorem* duty which he endeavoured to establish was found so inconvenient that the old system was reverted to on his departure. A warehouse, built under his instructions, for the reception of Corean exports, which were to be cleared every five days, and which was to derive an income from the storage of goods during that time, was used for that purpose only for a short time, and goods are now cleared as soon as they are brought to the Corean custom-house. On crossing over to the Chinese frontier at Chung-chiang they are examined, and, if they tally with their description, are allowed to pass without further payment of duty. The income of the Corean Commissioner of Customs a few years since was about 10,000 strings of cash (say 8,200 dollars) in good years, and from it all expenses incurred by his establishment had to be defrayed, the minor officials receiving about ten strings each three times a-year, viz., at the different fairs. The chief trade still continues to take place at the time of these fairs, though their importance has greatly decreased. The trade of Wi-ju has been very much prejudiced by the opening of ports in Corea to foreign trade, and the diminution in its volume is becoming steadily aggravated. Officials and non-officials alike concurred in the loss suffered by Wi-ju owing to this cause, and the merchants held that the abolition of restrictions on the frontier had also told upon them detrimentally, in that Chinese merchants possessed of capital were deterred from coming to buy Corean products by the doubt as to whether the supply would be adequate for their requirements. The export of furs, deerhorns, &c., was said to be entirely in the hands of factors, who travelled through Corea to buy them up, and exported them direct, there being no market for them in Wi-ju, which was looked upon as having no commercial importance except as a depôt. The export of furs was estimated not to exceed 10,000 dollars in value, but as this number is commonly used to express the idea of vastness, I am not inclined to interpret this estimate literally.

The chief articles of trade are: shirtings, hides, paper, Manchurian cotton cloth and bêches-de-mer. Logs of timber 2 feet in diameter and 8 to 10 feet Ions are easily procurable, but logs of greater length are very scarce. The cause of this is in great measure that timber of greater length is not portable by pack animals. It is said to be floated down the Yalu from the Corean bank, but the rarity of timber of this size on the south bank makes me doubt this statement.

A few miles below Wi-ju, on the Chinese side of the river, is An-rung-hsien, also called Sha-ho-tzu, a walled town of some few hundred houses, which is the place of transshipment of Chinese cargo. It is visible from Wi-ju, but the valley of the river is so wide that on walking 7 miles down its course no better view is obtained of the town. Some score of Chinese junks were lying off it, and the number of Chinese boats which navigate the upper waters of the Yalu shows that its trade must be considerable. These boats are very narrow on account of the rapids, and as their crew consists of only two men, they generally sail in company, and when there is occasion for many trackers, the crews of five or six boats aid each other in towing the boats up singly past the awkward reaches. An ordinary boat, costing about 40 taels, carries from 60 to 100 piculs, and it is seldom that any reach of the river is seen without from eight to ten of these craft on its waters. The boatmen all come from Shan-tung.

Very great difficulty was experienced in learning anything about the mouth of the Yalu. After questioning nearly a score of men on the subject, it appeared that there is no place of importance at the mouth or on the Corean side. The flotilla sent by Li Hung-chang in 1875 was said not to have come beyond Ta-ku-shan, which is some distance to the north of the mouth, and the entrance of the river appears to be barred by sand flats, said to be 30 li in extent. The larger sea-going junks are reported to discharge at Mil-ku-tjin, 20 miles lower down, where there is a rise and fall of tide of 20 feet (at Wi-ju the rise and fall is only a few inches). Ta-tung-kon, a small place near Mil-ku-tjin, is said to be also visited occasionally by large junks. The difficulty of approaching the river's mouth from the land appears to be very great, and the absence of Corean passenger boats prevented my settling a question on which I could obtain no light from official sources.

The damage done this year by the Yalu below Wi-ju has been very great - the water is said to have stood 1 foot deep in the streets of An-tung; but even the immense rise needed to effect this in a valley 5 miles wide, where the water was in autumn 12 feet below the river bank, failed to convey such an impression of its immense volume in summer floods as was experienced later on, when, in gorges more than a mile wide, river drift was seen lying in trees 40 feet above the surface of the stream. In October the river was beautifully clear, with a current of 1 to 2 knots, and tug-boats could probably be employed to great advantage between Wi-ju and Wi-wön. The first rapid is a little below Chhang-söng, but offers no serious obstacle to steamers.

The suspicion evidently entertained by the officials of the object of my visit prevented me from obtaining more than the most superficial information on matters of trade, and

I am uncertain how far to trust the data which are given above respecting the working of the customs. Undoubtedly, at one time, there must have been considerable capital in Wi-ju, for the ginseng trade was entirely in the hands of Wi-ju merchants, but nothing could be learnt on the spot to justify such an opinion at present.

The road east from Wi-ju follows the valley of the Yalu with such detours as are necessitated by the hills which debouch upon it. The country is but thinly inhabited, and it is not therefore necessary to describe the route at great length. As a rule, the low land near the river is covered with stones or sand, and little woodland is left, except where steep banks flank the river, or near the crests of the ridges. Travelling east from Wi-ju the ridges increased in height, but so gradually that on topping them no extensive view was ever obtained, and it was not until the fifth day out that an ascent of over 2,000 feet occurred. The valleys, however, are very narrow, and the sides of the hills steep, with generally not more than 5 to 10 feet of level walking ground along their crests. The havoc that has been wrought by indiscriminate wood cutting, and by cultivation without terracing, is terrible to contemplate. Between Chhong-söng and Chhang-söng the courses of the mountain torrents show 15 to 25 feet of detritus, covered with barely 2 inches of soil, and in some places the yoke for a pair of bulls ploughing abreast was made wide enough to allow them to walk five furrows apart, that the ploughman might see what was ahead. On Clearings where the recently blackened stumps of trees showed that not more than one crop had been gathered in the soil was already almost entirely washed away, and it was evident that cultivation of the hill-sides and summits denoted not an excess of population, but an endeavour to find on the high ground some soil to atone for the poorness of that which was lacking in the valleys, and neither the elevation nor the smallness of the plot prevented its cultivation, if soil were to be found there.

Owing to the exhaustion of the soil in the north of Corea, emigration across the frontier has been steadily proceeding for years past. A Corean who had frequently travelled along the north bank of the Yalu asserted that as many as 50,000 families had taken up their residence there. For the most part they arrive perfectly destitute, but are taken in by their countrymen, whose hospitality in their new homes is greatly extolled, and receive from them assistance in building a house and sowing crops for the next year, and such is the fertility of the new soil that after the first harvest has been reaped the new immigrant is independent. Since the incorporation in China of this rich territory it has been divided into four districts, An-tung, Kuan-tien, Huai-yuan, and Tung-hua, and placed under the government of Chinese officials. The Coreans have in some degree adapted themselves to their new country by changes in their dress, and devote themselves to agriculture, timber cutting, and gold washing. In the Tung-hua district there is said to be coal, which is burnt by the natives in the form of coke. From the quantity of timber and brushwood on the north of the Yalu it would seem that the coal must be very abundant to make it worth the people's while to use it rather than wood for fuel.

The crops grown between Wi-ju and Kang-ge are much the same as along the west coast, excepting that there is less rice land and more Indian corn, and that the yield is, of course, inferior; rice, however, seemed to do better than was probable in such unfavourable circumstances, but though the grain was ripe there was no sign of activity in the fields. The men for the most part were in their houses smoking tobacco, and the harvest seemed to be left to take care of itself. It was a constant puzzle to me how the rice and beans were cut and carried. Now and again a small party of people were seen at work, and the tobacco had been cut and was hanging up on strings under high frames to dry, but the excitement of harvest time in Europe was completely absent. It was no uncommon thing, on inquiring at a house for the road, to find half-a-dozen men inside doing nothing. Farther east all the work appeared to devolve on the women. It was they who bound the sledges used for carting corn, who cut the corn, and put it in sheaves. Their husbands assumed the more responsible duty of walking behind the bulls which carried the straw, and indeed were debarred from any more active occupation, from the fact that their hands were tucked up their sleeves, a luxury in which the women could not indulge, as their sleeves are tight fitting. The field-work done by the women follows on the completion of their house duties, such as cooking and washing their lord's clothes - no light task without soap - and it is no wonder that they have no time to wash their own clothes, or to attend to their personal appearance, great as is the need for so doing. Sometimes a man will take his rod to angle by the river-side at a time when his services are much required on the farm, and the sight of such energy attracts to his side three or four spectators; but the result of his fishing is of as little profit to the household as in other countries. The long dry autumn, however, prevents such evil consequences ensuing on this inactivity as might be dreaded in other countries, except in those years when winter sets in very early.

Silk seems to be produced in small quantities all along the valley of the Yalu, and is woven in their houses by the women, who also manufacture the chief portion of the cotton and hempen clothing worn by themselves and the men. The silk is very narrow and full of knots; but the people seem to have some experience in the treatment of the worms, as pierced cocoons are rare, and the combination of silk and cotton enables them to use the broken thread in cotton silks.

Chhang-söng is a very pretty little town of 300 houses, situated on some low hills a few hundred yards from the Yalu, and surrounded by two walls. Great friendliness was shown me by both the officials and people, and the sense of this was heightened by the usual civility shown to benighted travellers, in parties of men corning with torches to show the road to the town, in the streets of which a few lighted sticks or a wick in a small bowl of oil, placed before each house door, evidence the same kindly attention. When travelling under official protection, news is always sent on beforehand as to when travellers may be expected, and if they do not arrive before nightfall men with bundles of reeds for torches are stationed along the roadside to await their coming. This duty is said to fall only on the keepers of inns or wine-shops, and seems to be very readily fulfilled, the men apparently entering into the excitement of the scene.

Between Chhang-söng and Chhu-san the only place of any importance is Pyök-dong, a town of 400 houses set on a steep hill, the base of which is skirted by the road. In the valley at its back there were formerly large gold washings, but work on them has now been discontinued.

Progress through the country between Wi-ju and Chhu-san is very slow, detours being frequently occasioned by hills abutting on the river. When such is the case the path as a rule follows one stream to its head, and descends another until it falls into the Yalu a few miles above the point where its south bank was left, and it is seldom that the road on reaching the summit of a ridge does not descend at once down the other side. As the tributaries of the Yalu on its left bank below Chhu-san are of no great volume except in summer, when their waters rise very rapidly, and as the hills are very uniform in height, it would seem quite possible to construct a road following the higher ground, which would greatly shorten the journey from east to west; but as little traffic takes place between the two coasts the road naturally passes through all the places situated near the Yalu.

The number of small fish in the mountain streams is very large, and good angling is to be had in the Yalu, the fish, among which is a trout weighing 2 to 3 Ibs., running to 7 or 8 Ibs in weight; but though the supply of fish is large, they are not salted for a market elsewhere. The tackle used by the Coreans is very light, the lines being of silk and horse-hair. The hooks, which are barbed, are probably imported.

Many of the villagers in the mountains keep bees. The hives in general use are made from branches of trees which have been hollowed out, but clay cylinders with straw tops are frequently seen placed in some recess in the rocks, where the bees will be safe from storms and animals. The honey obtained from a hive is said to be three to eight cupfulls, or about 5 to 12 Ibs., and sells for 30 to 80 cash a cup. It is generally obtained by smoking the hive, but sometimes, when it is desired to save part of the swarm, is scooped out with spoons. Beyond the fact of the existence of the queen, known as "the General," little is known by the Coreans of the domestic life of the bee.

Chhu-san, 150 miles above Wi-ju, is the most thriving place that I passed in the valley of the Yalu. Situated on the bank of a small river only 15 li from the Yalu, it has on two sides of it a valley of from three-quarters to one and a-half mile wide, in which rice is largely grown. In the hills in the neighbourhood small deer are plentiful, and on the opposite bank of the Yalu there is said to be very fine timber, which undoubtedly is cut by the Coreans, though, according to the official account, there is no intercourse between the inhabitants of the two banks. The houses are roofed with shingles, as is the case generally to the east. Fine white marble is found in the neighbourhood, the geological formation being different to that farther west, and some of the rocks in the neighbourhood apparently volcanic.

There has been a steady stream of emigration from Chhu-san to Manchuria for some years past, estimated by some of the villagers at a sixth of the whole population in the course of the last ten years, but no official Returns could be obtained on the subject. At present there are 3,875 families in the district, which as tax-payers are divided into three classes - the "paying" families (of whom there are 1,311), the "smoke," and the "charcoal," the "smokers" numbering 3,722 and "charcoal" 2,229. I was unable to learn the meaning of the two last terms, but presume that "charcoal" refers to their being employed in charcoal-burning. Curiously enough, though charcoal was obtainable at almost every place on the road, I never saw any charcoal-burning.

The volume of the Yalu shows little diminution as its course is ascended. Where the road strikes it, a few miles from Chhu-san, it is still over one quarter of a mile wide, with a great depth of water, and the width continues much the same as far as Wi-won, the last point at which I sighted it.

The rise in its waters is, however, less in the higher reaches, though even in the Chhu-san country signs of the summer floods were visible 25 feet up the banks. The river traffic continues the same as far as Sam-su, and a certain amount of trade is carried on from Chhu-san upwards by the Chinese boatmen with the Coreans on the South bank. Lower down such trade as exists takes place chiefly at night, and by means of small fishing-boats, which risk little chance of being detected, as they can easily drop down the swift stream beyond pursuit if any danger arises.

The difference between the two countries on the opposite banks is very noticeable. Though not a decade has passed since occupation by Chinese of the northern bank has been sanctioned, the houses on that side of the river are far more substantially built than those on the Corean shore; temples are planted in the well-wooded hills, and numerous small craft lie at anchor of the towns, whose walls appear to be in good repair. The dress of the Chinese settlers and their demeanour also indicate a state of material independence which does not exist on the south bank, where no temples, few woods, and hardly any boats are seen. That the prosperity on the north bank is due to the richness of the soil, and not to the advantages of Chinese administration, is evident from the fact that already complaints have been made to the Throne at Peking of the rapacity of the Chinese officials in the newly-opened districts. The Corean immigrants are said to be treated on the same footing as Chinese, and to be allowed to penetrate as far north as Kirim.

Beyond Chhu-san the road, as is occasionally the case lower down, follows the bank of the river on a level from 30 to 40 feet above the water at its foot, and passes through the most exquisite woods of maple. The clear waters of the Yalu, as seen in autumn through the russet woods stretching for miles in the sunlight to the foot of the hills at some distant bend, offer a scene of quiet river beauty such as can hardly be surpassed. The only signs of life are the sails of the long boats working up the river and a few ducks and divers on the surface of the water.

Silver is said to be found in the hills on the north bank of the Yalu opposite Chhu-san, but the mines are not worked at present, and in North-west Corea silver appears to be entirely absent.

On leaving the Yalu the road strikes across country, until it reaches it again near Wi-wön. Large quantities of tobacco are grown in the valleys on the way. The quality of the leaf appears to be very good, and Corean tobacco out of a Corean pipe is not to be despised when other tobacco runs short. The best class is cut up into thin shreds, but the common tobacco is curled up into a ball, open at two sides, and is stuffed into the bowl, only the centre of the ball being consumed, and the coarser portion being thrown away. The pouch which hangs at a Corean's waist carries but little tobacco, and on entering a village there is generally a shout raised by some improvident pony driver asking where spirits and tobacco are to be had. When neither luxury is to be procured, he passes a malediction on the place, and travels on without profiting by his experience.

Spirits, which in the south of Corea are generally made from rice, near Wi-wön are distilled from Indian corn, which is largely grown in that neighbourhood, and are more suited to an English palate than the ordinary kind, which is usually sweetened with honey at officials' tables.

Fish traps are laid in the torrents of the mountains in this part of the country, consisting of basket-work shaped like a wedge, converging from the banks to a mouth at the apex leading downstream, where baskets like eel-traps are placed, or a tray under a wide-barred hurdle receives the fish as they fall through.

A small industry exists also in the manufacture of the large earthen pots used for holding water. These are baked in ovens of hard beaten city, sometimes 50 yards long, and with a slope of 30°, for which reason they are generally built on the side of a hill, the mouth being situated at the bottom.

The little hamlets in these mountains are too small to demand the presence of an official, and the Collection of taxes devolves on the head of the tithing. Large granaries are built for their reception, as the greater part of the land tax is paid in kind; and there is generally some room attached in which a night's lodging can be found.

The tithing-men are divided into three classes: (1) the "Sa-im," (2) the "Tjoa-shang," and (3) the "Tson-eu," the first of whom is chosen by the magistrate and the two latter by the villagers. The " Sa-im " keeps the register of inhabitants in a book called " Song-tchaik," a copy of which is sent to the magistrate, and therein records all deaths and births; the " Tjoa-shang " attends to public matters, such as the repair of roads and bridges, and reports deaths and births to the " Sa-im," while the " Tson- eu ' are intrusted with the settlement of minor disputes among the villagers, the amount of land-tax due from each household, and the subscription to be raised for the erection of tablets to officials, and similar public expenditure.

Three miles west of Wi-wön my road struck the Yalu for the last time,[34] and turned up a stream 200 yards wide called Poung Mön-gang to Wi-wön, which is remarkable for its position in the hollow of a basin of hills, unlike most Corean towns, which, as a rule, rest their hack against a hill and face a valley. This may be partly due to the geological formation, which I was informed by Dr. Gottsche, whom I again met at Wi-wön, consists of diabese. A small volcanic cone is just outside the town, and many varieties of lava are to be found in the valley.

The town contains but 190 houses, with 600 odd adults, and the district, which is said to have a population of 20,000, produces little but grain and tobacco. Its supplies are drawn partly by land and water from Wi-ju, and partly from Söul.

On leaving Wi-won the road, after following the Poung-men for a couple of miles, struck over some low hills into the valley of the Toung Nai-gang, a fine stream, over 200 yards wide, and with 6 feet of water, on which there is a rise of 30 feet in summer, as evidenced by the drift on the banks. The valley of this stream, which flows into the Yalu 15 li lower down, at Oreuranting, is very narrow, and affords little room for cultivation, though such soil as there is is good. A large part of the hill-side has not been broken up, and the population is scanty, only two large villages being passed between Wi-wön

---

34 The aneroid at this spot showed a difference of only three-tenths of an inch from that at Wi-ju, from which the distance by road is 520 li.

and Kang-ge. Furnaces for iron, which is said to come from the east coast, exist at two or three places on the road, where pans and plough-shares are manufactured. The men employed on the works receive 5,000 cash (about 8 dollars) per annum, in addition to their keep.

After crossing the Toung-nai, 40 li below Kang-ge, the road becomes very bad, and in parts dangerous for animals, no attempt having been made to cut a level way through the slippery rocks which extend into the river bed. Several of the pony drivers, whose spirits were already damped by heavy rain, gave way to tears on seeing their animals floundering in the water, and a good deal of damage was done to the packs owing to their frequent immersion in the stream.

Kang-ge is a walled town of over 1,000 houses, and stands on a hill overlooking the river, into which a branch falls on the east side; the east and south sides are precipitous. It is backed by a hill covered with wood.

Kang-ge copper, though well-known all over the north-west of Corea, is not produced in the district of Kang-ge, but in Keui-chhön, a district to the north of Kang-ge, and which has recently been separated from it. There are said to be several hundred men engaged in working the mines, some of which are 350 feet deep. The water is drained off by an outlet at the foot, but accidents frequently occur from the falling-in of earth. In spite of the quantity of ore produced, there are, however, only two copper- smiths' shops in Kang-ge.

The products of the place are cotton and hempen cloth, deer-horns, and velvet, wild ginseng, and potatoes. The only artizans besides the copper-smiths and one iron-smith are carpenters, coopers, hat and stocking makers. Its foreign supplies are drawn from Gensan, which is 800 li to the south-east, and a fair quantity of shirtings, lawns, and handkerchiefs was for sale in the shops. Seaweed, salt-fish, and salt were its chief other Imports.

The local official seemed to take a great interest in the welfare of his people, and had been making some experiments in the preparation of the leaf of a kind of cratægus as a substitute for tea. The beverage produced, though indifferent, is worth introducing into a country in which spirits are the only drink, excepting water. The fruit of the bush, which in China is made into an excellent preserve, is here left for the birds to fatten upon.

On leaving Kang-ge there was a change of weather, which brought a fall of snow and made travelling difficult. The road striking due east into the mountains followed the bed of a stream upwards towards its source through a country very thinly populated, with large woods chiefly of birch. Twenty-three miles out from Kang-ge I reached the edge of a forest, which extended to the summit of the mountains, 6,000 feet high, which form the left line of the valley of the Sam-su River. In the lower portion of the forest some of the trees had been ringed 10 feet high and left to die; others, whose trunks were too large to be easily removed, had been cut through, 20 feet and even 30 feet from the ground; but there had been no regular wood-cutting, and farther up the hill-side no trees had been felled except such as served to form runs for martens across streams. In some parts such trees were laid every 10 yards, and springs weighted with heavy stones were set on their trunks midway across the brooks. The season for peltries had, however, hardly commenced, though the snow was already knee deep.

The trees of largest girth seemed to be a kind of elm, several of which were 4 to 5 feet in diameter. Birch, rowans, oak, and maple were interspersed, and those that had fallen formed a tangle of rotten trunks and boughs, through which it was almost impossible in the deep snow to find a way if the track were left for a moment. A belt of poplars came between the mixed wood and the yellow pines, which reached to the summit of the mountain and were quite perfect in their growth, every tree standing with a straight stem and drooping fringe of branches quite ready for a painter's pencil. The finest trees seemed to have been blown down; one measured 5 ft. 6 in. in diameter 6 feet from the base, and 2 ft. 6 in. 50 feet up. Among those that were standing few, how- ever, had a diameter of more than 3 feet. I could not estimate their height at all accurately, but should imagine they ranged from 70 to 120 feet.

The mountains apparently reached several hundred feet above the pass, at the summit of which the aneroid stood at 24-80, but no clear view of their summit was obtained until four days later, when 320 li of road had been travelled. A peak 6,000 to 7,000 feet high was visible to the west of the pass, and a high range, probably the Paik-san, was seen lying to the south, but the view was greatly restricted by the density of the forest, which is said to follow this range of mountains as far north as Sam-su. The water power on the spot appeared quite sufficient to work saw-mills, and thus render available for transportation the fine timber, which at present is too cumbersome to be brought to the river and floated down. In spite of all that Coreans say about the wealth of timber on the south bank of the Yalu, I am inclined to believe that there is none fit for shipbuilding to be found in any quantity west of Kang-ge. Time after time on the road Coreans had maintained that, 100 li farther on, dense forests still existed, but when the locality named was reached it always proved to have been exhausted years since.

Only one house was passed in the first 10 miles of the descent down the east face of the mountains, the timber on which seemed hardly as fine as on the other slope, but at last a few cottages and farms were reached. Not a single person was seen on the road in the whole day's march, which was nine hours long without a break, but the absence of traffic may have been partly due to the intense cold, from which my servants suffered considerably on horseback.

At O-man-dong, 30 li north of Chang-jin, are some mines, which used to yield a large quantity of silver. Of late years, however, the galena has proved very poor, and of 300 miners who formerly were employed only a score or two are left. The owner of the mine came to me at hang-jin to ask for assistance. According to his account, a shaft had been sunk very successfully to a depth of 400 feet, when its working was stopped by water. A gallery was then driven into the hill-side to meet it, but some hard rocks had been encountered, which resisted all attempts at boring and blasting. The gallery, which I saw, was 4 ft. 6 in. high by 4 feet, and was lined with poles and boarding. The yield of silver at one time had been as much as 8 ounces from 100 catties of lead, but latterly it had dropped to 3 ounces, and sometimes to nothing. The mine was therefore now only worked for its lead, which was sold on the spot for 3,000 cash per 100 catties to men sent from the mint at Söul. Wages were 30 cash a-day and 60 cash for night work, as well as the men's food. A royalty of 8,000 cash is paid annually to the Board of Revenue, and a tax of 150 cash is paid every five days, if ore is found, to the Governor at Phyong-yang.

The whole of the valleys from the foot of the A-te-kai Pass to the junction of the Chang-jin and Sam-su Rivers, and up to the head of the latter river, lie at an elevation of 3,000 to 4,500 feet above the sea. The height and exposure render the growth of rice, cotton, and corn impossible, and the main staples of food are potatoes, oats, buckwheat, and beans. The oats are hulled in water-mills in the same manner as rice is in the low lands, and cooked whole in the same manner as rice, oatmeal being apparently quite unknown. The number of washings required to cleanse the oats is very great. A very typical picture of Corean highland life is presented in the large kitchens of the inns, where the women of the house are cleansing the oats, seated on the ovens, which extend far back into the room, and serve to hold the huge earthen pots required for the washing and cooking of the rice, while at the same time they heat the floor on which perhaps a score of Coreans are squatting, each dining at his separate table with his separate service of copper utensils, the number of which is the only sign of comfort in the room.

Chang-jin is the only town in Corea at which I saw evident signs of poverty. The dress of the servants attached to the yamên showed that they shared in the common distress, and the crowd, assembled outside the room in which I was lunching, applied to me for advice as to how to improve their position. A recommendation for different villages to exchange their seed, and to use only the best grain as seed, met with a ready consent, and I am in hopes that some Australian oats which Mr. Wright, the Commissioner of Customs at Gensan, promised to send to this district as seed, may give a better return than has been known before.

The ascent of the Sam-su River was full of surprises. At the point where the Chang-jin stream joined it, it showed no sign of its being so considerable a stream as it is, but the diminution of its volume was hardly perceptible until 90 miles up. The higher the level the more placid was the stream, and while on some of the lower reaches the water was hidden out of sight by the sheets of ice which had been piled one on top of another by the swift stream, in the higher waters, where there was hardly any current, there was not even a fringe of ice on the river's banks. Near Chang-jin the river flows through gorges in which there are few houses and but little ground for farming. Higher up, and indeed quite near the head of the river, the country opens out into a wide valley with rounded downs, suggestive of sheep farming, stretching away into the far distance, and at last permitting a view of the A-te-kai mountains. To add to the puzzle, my aneroid, which had apparently become deranged by the sudden change of climate, rose at night as much as it fell in the daytime, and showed a rise of only 30 feet after following the stream upwards for over 80 miles, whereas there had really been an ascent of 1,200 feet.

In the Chang-jin valley some men were at work carrying their crops on the light sledges drawn by bulls, which are in general use during the winter. They are made as a rule of two poles bent so as to meet at one end the yoke on the bull's neck, and at the other to trail on the ground sufficiently wide apart to allow a light frame being supported by them. Where the depth of snow is slight, the poles attached to the yoke only reach half the length of the body of the sledge, and a second pair of poles is attached to the front part of the frame which trails behind the other; as the points of the poles are turned to the back of the sledge they do not interfere with its progress, and the friction is less than would be the case with runners.

This high plateau has but recently been opened up, and emigrants front the Ham-heung country and the Province of Phyong-an are constantly taking up ground in it, to which they become entitled on payment of the regular land tax. There are gold washings at Teuk-sil-tung, 55 li south of Chang-jin, and at Chung-nyong-pho, near the head of the Sam-su River, but the main attraction at present is said to consist in the cheapness of living. A large log hut, with accommodation for several persons besides the family of the owner, and sheds for cattle, all inclosed in a courtyard by a high stake fence, costs only 15 dollars, and any man who has the strength and tools wherewith to build himself a house has the materials ready at hand.

As the whole of the country between Kang-ge and the descent from the plateau to Ham-heung was under snow, it was impossible to tell why much of the ground was left fallow after having been broken up. The people complained of poorness of the soil, but the fact that immigration was steadily continuing seemed in itself to disprove the assertion, against the truth of which the character of the valley seemed conclusive evidence. The apathy of the people in this district was almost beyond belief.[35] The open season, in which work can be done on the farms, extends only from May to the end of September, and this year there had been a heavy fall of snow earlier than usual, following on heavy rains which had prevented the grain from ripening before October. The result was that a large part of a very poor harvest had been buried in the snow. Oats, beans, buckwheat, turnips, potatoes, and hemp were all outstanding, some of them cut and some uncut; but though only 4 or 5 inches of snow remained on the ground, the people showed no intention of bestirring themselves to save what might be saved before there came another fall. When reproached with their inactivity, they answered that next month they would go on to the hills to cut firewood. The only explanation of their conduct, with famine staring them in the face as they knew, seems to be that their ignorance prevents their appreciating the horrors that await them. It was very sad to contemplate what threatens to be the extinction of a Colony, which in its houses, pigs, and cattle showed greater sign of comfort than the richer Province of Phyong-an. The poorness of their clothing was the only marked sign of their want of money, and was more noticeable in the town of Chang-jin than in the villages of the district. As no cotton will grow at this height hemp has to serve its stead, and gives but a poor protection against the cold of the winter. As the people said, their dress, which is open at the waist, is in itself ill-calculated for a cold climate, and many a man caught in a sudden storm on the mountain side is frozen to death; but caste prejudice against the preparation of skins hinders all but the hunters from utilizing the excellent material which they have at hand in deer-skins. These highlands are almost hemmed in by snow in the later part of the winter, and every household is called upon to supply a man to assist in treading down the road by which communication between Kang-ge and Ham-heung is alone possible. No other road seems to exist in the course of this valley, but no use is made in summer of the waters of the Sam-su to export timber or the surplus of a good harvest, and the advantages in winter of snow-shoes when explained to the country people were in their eyes apparently quite counterbalanced by the necessity for exertion which their use would entail. It is difficult to understand how men who will not stir out of their houses to get in their crops if 4 inches of snow are on the ground are induced to leave their houses and families and seek their fortune in such a hard land, but the cleanliness and substantial air of the buildings show that there is good stuff in the men, which only requires education for development. As far as could be seen the country appeared well suited for

---

35 The valley of the Sam-su River.

root crops and sheep, there being a sufficiency of timber ready at hand to protect sheep during the winter. The large hawks, numbers of which are trained to strike pheasants and small deer, would perhaps be a danger in lambing time; but wolves are unknown, and the larger beasts of prey keep to the more secluded parts of the mountains. A few miles below the crest of the ridge which forms the south limit of the Sam-su watershed a number of streams, which drain a large extent of country to the east and west, unite to form the Sam-su River, which thus almost at its head is of considerable volume, and might be used to float timber from the mountains to the Yellow Sea.

Above the junction of the streams woods of pine richly festooned with lichens stretch up a gentle slope to the top of the ridge, which forms the divide of the watersheds of the two coasts. The descent on the south side is very rapid, and commands a fine view of the Ham-heung Plain, flanked on the west by the Paik-un-san, a range of mountains the eastern face of which is almost precipitous. In the far distance the waters of the Japan Sea are seen to the south-east, and immediately at the foot of the pass is Chong-nyong, from which woods of small oak extend up the hill to a low stone wall, which marks the division between the Ham-heung and the Chang-jin districts. In the gorges are torrents tumbling over boulders of rock to the plain below, and behind to the north-west is the fine chain of mountains which forms the eastern boundary of the Sam-su Valley.

The snow came to an end a few hundred feet above Chong-nyong, which is a hamlet of only fifteen houses, and only a few patches lay on the Chao-pang-ryong, a pass 1,000 feet above the sea to its south. On descending into the plain signs were visible of the same distress that pre- vailed in the Sam-su Valley. The year's crop was said to be already consumed, and some families were preparing to emigrate north. The failure in the crops, which were only two-tenths of an average yield, was ascribed to the exceedingly heavy rains which had fallen in the summer.

In the plain, north of Ham-heung, and as far south as Chong- phyong, most of the produce is carried in carts, with a body 6 feet long and 2 feet wide, and wheels 5 feet high, the spokes of which are arranged in a concave form about the axle, the nave of which projects 2 feet.

The shafts run the whole length of the cart, and rest without any harness on the light yoke, which is placed on the bull's neck. If, therefore, any accident occurs the animal is freed instantly, and the cart is prevented from falling right over by the long boss of the axle, while the strain on the cartilage of the nose of cattle, caused by a sudden strain on the leading rope, is greatly relieved by the rope taking a turn over the band which crosses the forehead between the horns.

Some royal tombs of the last dynasty lie to the east of the Ham-heung Valley, which is greatly impoverished by the quantity of sand deposited upon it by floods.

Near the city large earthen embankments are carried for miles along the banks of the river to protect the fields from its attacks, and in spite of the heavy rains this year the embankments seemed to have remained uninjured.

Hundreds of people were in the fields carrying the turnip crop, which looked very well, and the empty carts returning from Ham-heung created almost a block in the narrow streets.

Close under the south gate of Ham-heung flows a wide stream, which my ponies forded, but which in the summer had carried away a substantial wooden bridge, said by the people to be 5 li long, but which proved on measurement to be only 400 paces across. Scores of men were at work repairing it, and foot passengers were already able to cross by it. The cost of the repair, which is said to be inconsiderable, logs 16 feet long, costing only 30 to 50 cash, falls upon the people in Ham-heung and seven districts to the south of it.

The town of Ham-heung, which is 30 li from the sea, and inaccessible by boat, contains over 3,000 houses, and there are 10,240 houses in the district. The number of carts laden with firewood and turnips gave quite a busy air to the streets, in which more business was being done than in any town seen since leaving Phyong-yang. The chief trade of the place is in hemp and hempen cloth, but large quantities of English shirtings were for sale at 2,300 cash per piece, and iron from Tau-chhön was sold at several shops, though there are only five iron smithies in the town.

Graphite-cylinders for the boxes of cart-wheels were the only novelty that I observed; but there was an appearance of well-being about the streets, due partly to the presence of little luxuries, such as fur-lined cuffs and caps, and partly perhaps to comparison with the poverty of Chang-jin.

Owing to some unknown cause, the great courtesy and friendliness which had been extended to me by almost every official on the road were here absent, and the lodgings that were given me were far filthier and less cared for than the cottage in which I had slept on the previous night.

As Ham-heung is the capital of the province, it is the residence of the Governor, a Lieutenant-Governor, and a large number of officials; and some of the houses are built as in Söul, of stones tied together with millet stalks, and coated with mud, and are roofed with tiles instead of being covered in with birch-bark weighted with stones, as is the case nearer the mountains. There are no buildings, however, in the town worthy of remark, except the towers over the city gates, in one of which is placed the large bronze bell, which seems to be the distinctive mark of provincial capitals.

A few miles east of Ham-heung is the home of the founder of the present dynasty, in whose honour a hall has been built, which contains a portrait of that King.

A wide plain of fertile ground stretches as far south as Chong-phyong, the crops on which had mostly been carried, and on which thousands of wild geese were feeding. Not only here, but in the whole extent of country, from Ham-heung past Gensan to Kosan the harvest had been exceedingly bad, ranging from three-tenths of an average crop to nothing. Rice, which is the main cereal, was still outstanding near Gensan, and the damage done by the wet season had been seconded by the inactivity of the people; on hundreds of acres the rice after being cut had been laid on the wet ground to rot, and as rain was falling hardly a man left his house to set the rice in shocks on the ridges between the fields.

Hemp is very largely grown in North-east Corea, and is steamed in pits lined with stone, at the bottom of which large stones are placed after being heated in a fire. The hemp is heaped on, covered in with brushwood and grass, and through an orifice in the top water is poured on to the hot stones, the steam arising from which is said to render the fibres easy of separation. This process is quite different from that in use in China, when the hemp is thrown into water and left there, thoroughly sodden and half decomposed.

Gold washings were formerly worked near Chong-phyong, and one of the largest gold-fields of Corea lies at Keum-pai-wön, a few miles to the north of Yong-heung. The whole bed of the stream in the latter place has been washed out from its very source, and the gold export from Gensan chiefly depended upon this place. The produce this year has fallen off considerably, and the Customs figures give a Return of between 70,000 and 80,000 dollars' worth for the first ten months of the year; but a considerable addition has to be made to this figure on account of gold on which no freight is paid.

The System under which gold is worked is peculiar. Permission has first to be obtained from the King; and is sometimes sold to merchants, sometimes granted to officials: the magistrate of Chang-jin had recently applied for permission to work some gold mines in his district, in Order to recoup himself for the expenditure entailed by rebuilding his yamén, which had been burnt down a short time before his arrival at his post. When a permit has been granted gangs of men, numbering from ten to thirty, undertake to pay the licensee an ounce a-month per gang for the privilege of working. His income therefore is regulated by the number of gangs engaged, and, so long as gold continues to be found, he is paid very regularly; but if their gains fall below the value of their labour the men decamp, and leave the licensee in undisturbed possession of his barren gold-bed. On the south bank of the valley of Keum-pai-wön is an outcropping of graphite, which is carried away to Ham-heung and made into boxes for the axles of carts. There is said to be no ingredient mixed with it, and the only preparation consists in hammering the clay on a round stick until it is hard enough for use.

Nearer Yong-heung is a dark soil which is much used for the manufacture of water-pots, and a kind of slate is found on the hills which is used for roofing houses.

Yong-heung is a town of 1,000 houses, prettily situated on the southern bank of the Yao-heun-gang, a river with two branches, each 150 yards wide, and crossed by bridges. The town is said to be accessible by boat from the sea, from which it is 110 li distant by water. Its chief trade is in silk, which is produced and manufactured in the villages in the neighbourhood; three to four pieces, worth from 1,200 to 1,600 cash each, are made by the women of a house.

The hills to the west of Ko-wön contain several monasteries and are very picturesque, but the valleys between Yong-heung and Gensan were low and wet. Little is seen on the way that calls for attention except the posts that warn persons from entering the valleys in which are some royal tombs and the marks by the road-side which define the limits of residence and travel outside Gensan under the Japanese Treaty of 1876.

Gensan is still almost purely a Japanese Settlement. Streets well kept up, good roads and bridges, and a well-constructed jetty, with a substantially-built Customs examination shed, all speak favourably for the place; but there is little improvement in its trade, and it is to be feared that a long time will elapse before the importance of the place does justice to the style in which the Japanese Consulate has been constructed.

The boundaries of a Chinese Settlement have, it is true, been defined, but the Chinese Consul with his half-dozen subjects resides in the Japanese Settlement, the population of which numbers about 300, and there are no European merchants in the place. At a distance of about three-quarters of a mile from the Japanese Settlement is the Corean town, consisting of little more than a street running along the shore for about 10000 yards. Hides and beans are the chief articles of export, and among other things exposed in the market were fox, raccoon, and antelope skins, seaweed, benitoes, mackerel, sardines, paper, &c. Ham-gyong is said to be the province from which most of the peltries are exported and tiger and other skins are brought to Gensan in small quantities for sale. Much has already been written about this port, and there is little occasion therefore to do more than notice the absence at Gensan of the mud-flats which occur on the west coast, the slight rise and fall of tide (only about 2 feet), and the mistake made in most maps in placing Mun-chhön and Tök-wön south of Gensan, Mun-chhön being almost due north and Tök-wön due west of that place.

The road from Gensan, after making a slight deviation to the east as far as Kosan, continues very little west of south until reaching Söul.

An-byon. a town of 510 houses, which lies to the east of the road, about 80 li from Gensan, is remarkable for the manufacture, at a small monastery outside the town, of a paper from the "thak" tree. No specimens of the paper or leaf or seed of the tree, were procurable on the road, and the manufacture seems to be confined entirely to one place.

A rich cultivated plain extends about 10 miles south of Gensan, on leaving which hills of volcanic rock are entered, which continue as far as Namsan. Hence up to Kosan there stretches a great plain of lava 3 miles wide, with a river flowing through precipitous banks on either side of it. The surface is slightly convex, and nearly at its centre is a pool of water 300 yards long, the only pool which I have seen in Corea.

In spite of the plain appearing well adapted for cultivation a great part of it is left waste, and very few houses are to be found on it.

Several men were met on this part of the road who had been robbed by a party of men, thirty in number, armed with guns and spears, who waylaid travellers when crossing the mountains. An ascent of 1,200 feet from Kosan leads to the crest of the mountains which part the watershed of the two coasts, and which, judging from an aneroid, are 2,000 feet above the sea at the pass. A little Zaoist shrine is erected there, at which almost all the passers by paid 5 cash to the priest in attendance for offering up prayers on their behalf for protection against robbers.

The bed of the stream on the south side of the pass had been much worked for gold, but the richest gold-field in the country was said to be at Phyong-kong, a place about 80 li south-west of Kosan, and through which there runs the shortest road to Söul, a fact carefully concealed by the pony drivers, who were afraid of the robbers said to infest that region. It is impossible to tell what importance Phyong-kong has as a gold-field without first visiting it. The Coreans, when questioned about it, at first always denied that there was any gold there at all, but afterwards acknowledged that 3,000 men were working there. The small export of gold from Gensan for this year makes it however appear improbable that the latter statement is truer than the former.

At Hoi-yang there are again signs of a bed of lava near the course of the river, but the road continues across low hills for 30 li, and then once more enters a plain of lava which extends as far as Chhang-do. At the point where it is intersected by the Hoi-yang River the banks are cut 130 feet deep, but the general appearance of the country, which is chiefly grass land, is almost level, the view across which is but little interrupted by trees. The bad harvest on the eastern coast has not extended across the mountains, and between Keum-song and Söul the people spoke very well of the rice crop. As this country was described by me in a Report written last year, I shall not enter into particulars again.

It is worthy of notice, however, that the gold-washings at Mansitari, 120 li from Söul, have been tested this year by foreigners, and promise to be remunerative whenever permission to work them is granted by the King.

In addition to the dolmens alluded to in the previous Report as existing in this valley, there are two other objects of historical interest. The one is a small inclosure at a place called Zi-kyeng-tjeng, 20 li north of Thoun-tjen, with a high earthen wall planted with trees. According to local tradition, on the downfall of Shin-ra in 912 A. D. its Ruler fled from Chhol-wŏn, which is regarded here as his capital, and made a stand in this place, from which he was driven to the hills, where he died of a broken heart. The other place of interest is on the left bank of the stream opposite Chao-liang, 110 li from Söul, and consists of the remains of an old city which formerly stood there on a hill. Excavations among the ruins of its ancient cities may perhaps discover some of the antiquities generally ascribed to Corea in bygone centuries, but of which hardly a trace is to be found in these days; but after diligent inquiry made on my journey I am inclined to believe that the Corea of olden days differed but little from that of the present time, and that her early civilization has been greatly overrated. It seems impossible otherwise that in places such as Phyong-yang no remains indicative of a higher state of art and culture should be known. The officials, one and all, pointed to Söul as the centre to which all that was of any value gravitated, and denied that either books, bronzes, porcelain, or carvings were to be found in their jurisdictions such as would show a higher state of civilization in the past.

It is true, however, that Corean officials are very ignorant of the places in which they hold posts. Their tenure of office is only for three years, and a large portion of that time is spent in frequent journeys to the capital, where as a rule their families reside, and in which alone they find any society among men of their own rank in life. The men permanently attached to the staff of the yamêns are much better acquainted with the country, the administration of which is practically in their hands.

This frequent change of office naturally entails a lack of interest in the people governed, and prevents the completion of any reforms which an active magistrate may desire to introduce.

It is, however, only one among many defects which stand in the way of the advancement of the people, and which can be removed by a beneficent government.

Chief among these is undoubtedly the enormous staff of underlings attached to the local yamêns. To take the Province of Phyong-an as an instance: there are in it forty-four districts, each under the supervision of a magistrate, whose staff on an average consists of 400 men, whose only public duties are the policing of the district and the collection of taxes, but the chief part of the latter duty is taken off their shoulders by the heads of tithings. There are thus in the cities alone of Phyong-an Province 17,600 men, whose board alone, at the rate of 2 dollars per month, amounts to 392,400 dollars. Many of them, however, of course, receive more than their bare food, and all are well clad and lodged. It is not either only in the expense entailed by the maintenance of such an army that the country suffers, though probably three-fourths of the expense could be curtailed without any diminution in the efficiency of the public service, but the nation suffers as well through the labour which is lost to it. If 12,000 men, most of them able-bodied, were turned into artisans and labourers, the material condition of Phyong-an would be very different from what it now is.

Another great obstacle to the progress of the country lies in the sumptuary laws and the insecurity of property. What Stimulus has a labouring man to work when the utmost that he can do with the fruits of his toil is to procure some more copper pots and lay in a larger store of spirits? He is not allowed to exercise his wits by making himself chairs and suchlike furniture. Chairs are for the use of the magistrates, and not for working men like him. If he has an excess of funds, he may subscribe with his neighbours towards the repainting of the towers on the city gates, or erect or restore an official tablet, or, if he is still at a loss as to how to dispose of his money, lend it to the magistrate, to whom he may at the same time present some of his surplus stock of pigs or calves. It is undoubtedly the knowledge that the acquisition of riches will only slightly benefit their holder that induces such extraordinary apathy as is seen in Corea, and no change for the better can be hoped for until men know that their property is their own to deal with.

It is evident that the country is easily susceptible of great improvements. At present on the eastern road a few hundred yards of bad ground here and there prevent carts being used continuously along its whole length. Again, the country is being impoverished year by year through want of protection for its woods, which form one of the chief treasures of the land. Were a little care exercised in this direction, and were sheep and goats gradually introduced on to the downs and hills, which now serve only to supply firewood, a great improvement might be seen without much expense being incurred, such as later on will be requisite, on replacing the present coinage by a currency in one of the precious metals.

The innate spirit of gambling in a Corean is so great that it is doubtful whether the natives as a whole would be benefited by the removal of the present restrictions on the working of gold and silver. The result of the change probably would be that men would leave their farms to rush to the gold mines, the outturn of which, though sufficient to repay the work of spare hours and to form a very useful supplement to a man's income if he lived on the spot, would in all probability demonstrate that the fabled wealth of Corea vanished like a fairy's gift on being roughly handled.

(Signed)   W. R. CARLES.

Shanghae, December 23, 1884.

Itinerary of route from Söul to Wi-ju, Ham-beung, and Söul.

Date.	Name of Place.				Distance.	Number of Houses.
1884					Li.	
Sept. 27	Ko yang	**	**	**	40	280
	Pha ju	**	**	**	40	200
28	Chang daa	**	**	**	40	400
	Kai song	**	**	**	40	7,000
29	Teak tjen kou	**	**	**	50	50
	Phyong san	**	**	**	50	200 (?)
30	Ka won tan	**	**	**	40	40
	So heung	**	**	**	40	1,000
Oct. 1	Keum shu	**	**	**	30	100
	Pong san	**	**	**	40	400
2	Hwang ju	**	**	**	40	3,000
	Chung hwa	**	**	**	50	700
3	Phyong yang	**	**	**	50	6,500
6	Sun an	**	**	**	50	150 (?)
7	Suk chhön	**	**	**	60	400
	An ju	**	**	**	60	3,000
8	Pak chhön	**	**	**	30	1,000
	Ka san	**	**	**	20	400
9	Chung ju	**	**	**	60	600
	Kwak san	**	**	**	30	300
10	Son chhön	**	**	**	50	600
	Chhol san	**	**	**	45	300 (?)

Date.	Name of Place.				Distance.	Number of Houses.
1884					Li.	
Oct. 11	Ma wie yuan	(Chinese	name)	**	50	80 (?)
	Wi ju	**	**	**	60	5,000 (?)
14	Yen bong	**	**	**	50	30 (?)
	Chhöng söng	**	**	**	30	80 (?)
15	Phal mang wön		**	**	40	40
	Chhang söng	**	**	**	40	300
16	Chhang ju	**	**	**	40	130
	Pyok dan	**	**	**	40	200 (?)
17	Pyok dong	**	**	**	50	400
	Ping chhang	**	**	**	20	40 (?)
	Wu mien cchang		**	**	50	100 (?)
18	Teuk chhang	**	**	**	50	30
	Chhu san	**	**	**	30	600
19	Sia a tjan	**	**	**	40	15
	Wi wön	**	**	**	50	190
20	Tung shang	**	**	**	40	25
	Hat tje tjang	**	**	**	30	60 (?)
21	Ko ha pang	**	**	**	70	20 (?)
	Kang ge	**	**	**	40	1,000
23	Morai pou ri	**	**	**	40	15
	A te kai	**	**	**	30	7
24	Tsao tek tai	**	**	**	80	30
25	Chang jin	**	**	**	40	150
	Teuk sil tung	**	**	**	55	40 (?)
26	Tjen ö su	**	**	**	50	20
	Ku tjen	**	**	**	20	50
27	Sa seu	**	**	**	40	50
	Kot te su	**	**	**	40	40
28	Chung nyong	**	**	**	35	15
	Wong bon i	**	**	**	25	52
29	Ku tjang	**	**	**	35	50
	Ham heung	**	**	**	40	3,000
30	Chong phyong	**	**	**	50	500
	Ko san	**	**	**	35	100

Date.	Name of Place.				Distance.	Number of Houses.
1884					Li.	
Oct. 31	Yong heung	**	**	**	40	1,000
	Ko wön	**	**	**	40	300 (?)
	So rai won	**	**	**	20	30
Nov. 1	Mun chhön	**	**	**	30	(?)
	Ti kyeng	**	**	**	15	30
	Gen san	**	**	**	35	300 foreigns Houses.
3	Nam san	**	**	**	50	80 (?)
	Ko san	**	**	**	50	80 (?)
4	Hoi yang	**	**	**	50	220
	Si nan	**	**	**	30	40 (?)
5	Chhang do	**	**	**	40	80 (?)
	Keum söng	**	**	**	30	200
	Chiu mo ki	**	**	**	15	15
6	Kim hwa	**	**	**	35	200 (?)
	Phoun tjen	**	**	**	50	50 (?)
7	Man si ta ri	**	**	**	50	80 (?)
	Sol mo rou	**	**	**	40	30 (?)
8	Söul **	**	**	**	80	

Berlin, den 3. Mai 1885

A. 3046.

An

tit. Herrn v. Brandt

Peking

№ A. 4

In dem gef. Berichte № 38 vom 18. Februar, angebliche russische Pläne auf Korea betreffend, erwähnen Ew. tit. zum Schluß, es dürfte dem Ausw. Amte wohl sicher von andere Seite berichtet worden sein, daß der in Korea residierende Herr von Möllendorff sich mit dem Plane tragen solle, die Neutralität Koreas durch Russland, Japan und China garantiren zu lassen.

Der Kais. Vertreter in Söul hat in der That im Allgemeinen über die Thätigkeit des Herrn v. Möllendorff berichtet, indessen möchte ich Ew. tit. doch ersuchen, aus der Vermuthung, daß dies geschehen nicht Veranlassung zu nehmen, Ihre eigene Berichterstattung zu kürzen. Die Informationsquellen, welche unsern Vertretern im fernen Osten, also namentlich auch in Korea zur Verfügung stehen, sind nicht immer absolut zuverlässig, so daß es hier von Werth ist, die denselben gemachten Mittheilungen durch andere Berichte möglichst vervollkommnen zu können.

N. S. E.

[Unterschrift]

B

L 1. 5.

Berlin, den 5. Mai 1885   A. 3773

An

die Missionen

in:

Vertraulich.

1. Paris   № 201

2. London   № 146

3. Tokio A. № 3

Euer p. beehre ich mich anbei Abschrift eines
Berichts des K. C. Gesandten in Peking vom 18.
Febr. betreffend die Allianzverhandlungen zwischen
Frankreich und Japan,
zur gefl. persönlichen Information zu übersenden.

N. S. E.

i. m.

Kriegsbefürchtungen und die politische Lage.

PAAA_RZ201-018905_046 ff.

Empfänger	Bismarck	Absender	Budler
A. 3552 pr. 5. Mai 1885. a. m.		Söul, den 12. März 1885.	
Memo	mitgeth.d.14/5 nach London 159, Paris 221, Petersburg 308 und Washington A. 14 J. № 133		

A. 3552 pr. 5. Mai 1885. a. m.

Söul, den 12. März 1885.

Lfde № 25.

Seiner Durchlaucht, dem Fürsten von Bismarck.

Im Anschluß an meinen Bericht № 23 vom 24ten Februar betreffend die politische Lage erlaube ich mir das Folgende ganz gehorsamst zu melden.

Am 3ten ds. Ms. hat der König mit seiner Familie seine bisherige Residenz verlassen und sich in feierlichem Aufzuge mit Entfaltung großen Gepränges in den westlichen Palast begeben. Auch die fremden Vertreter waren als Zuschauer erschienen, der König sowie der Kronprinz ließen in ihrer Nähe angekommen die Tragstühle halten und erwiderten ihre Verbeugungen, eine Höflichkeitsbezeugung, die vom Volke sehr bemerkt wurde, weil nach koreanischer Etiquette der Fürst sich jeden Gegengrußes enthält.

Ein Teil der chinesischen Truppen befand sich in Gefolge des Königs, und sind dieselben schon vor einem der Thore der jetzigen Residenz stationiert worden.[36]

Die aus Japan und China in letzter Zeit hierhergebrachten Nachrichten, welche den Ausbruch eines Krieges zwischen den beiden Ländern wahrscheinlich erscheinen lassen, haben Regierung und Volk sehr beunruhigt, weil sie annehmen, daß der Krieg vor allen Dingen auf koreanischem Boden ausgefochten werden wird, und auch die hiesigen chinesischen Vertreter sind von diesen Befürchtungen nicht frei.

Der japanische Geschäftsträger hat deshalb, wie er mir mittheilte, den koreanischen Staatsministern die Versicherung gegeben, daß von japanischer Seite das Möglichste gethan werden würde, um Kämpfe auf koreanischem Boden zu vermeiden.

Er wiederholte mir gegenüber dieser Versicherung in sehr nachdrücklicher Weise, und da die japanischen Interessen einen Krieg auf koreanischem Boden durchaus nicht zu

---

36 ["Im Anschluß ⋯ stationiert worden.": Durchgestrichen von Dritten.]

erfordern scheinen, so dürfte die Versicherung allen Glauben verdienen.

Ich habe mich daher in vertraulicher Weise dahin geäußert, ich hielte es für unwahrscheinlich, daß Japan die kriegerischen Operationen auf koreanischen Boden verlegen würde. Japan hat wiederholt erklärt, daß es auf keinen Landerwerb in Korea ausgehe, Rußland habe zu erkennen gegeben, daß es etwaigen derartigen japanischen Bestrebungen entgegentreten werde, China würde sicher nie endgültig seine Zustimmung geben; Japan's Interesse sei lediglich China und Rußland von Korea fern zu halten, seine Vertreter hätten sich für eine Neutralisirung Korea's ausgesprochen[37], Japan wolle jetzt China bewegen, auf seine Suzerainität über Korea zu verzichten, ein wirksamer Druck auf die chinesische Regierung könne durch ein militärisches Vorgehen gegen die Hauptstadt Peking am leichtesten ausgeübt werden, nicht durch Operationen in Korea, ein Vorgehen hier werde also für die japanischen Zwecke werthlos sein, und sie würden keine Truppen dafür übrig haben, auf keinen Fall aber könnten sie ohne vorherige Ankündigung in dem befreundeten Lande zu einem plötzlichen Überfall schreiten.

Da die übrigen fremden Vertreter ähnliche Äußerungen gethan haben, so wird wohl eine gewisse Beruhigung der Gemüther bewirkt worden sein. Die koreanische Regierung wünscht sehr die Verwicklung Korea's in einen Krieg zwischen China und Japan abzuwenden und würde auch wohl die definitive Neutralisirung ihres Landes mit Freuden begrüßen. Der König von Korea soll jetzt den General-Gouverneur Li Hung-chang gebeten haben mehr Truppen hierher zu schicken, da die jetzige Anzahl nicht genüge, um das Land zu beschützen wohl aber für den Frieden desselben gefährlich sei. Dies wird als eine versteckte Bitte um die Zurückziehung der Truppen angesehen.

Es ist mir wahrscheinlich, daß von japanischer Seite eine Einwirkung auf die koreanische Regierung stattgefunden hat, um sie zu diesem Schritte zu bestimmen, ob koreanische Vorstellungen aber die Haltung China's in der Frage beeinflussen werden, ist wohl sehr fraglich.[38]

Der amerikanische Vertreter ist, wie er mir mittheilte, gefragt worden, ob seine Regierung bewaffnete Hülfe leisten würde, um die Neutralität Korea's aufrecht zu erhalten. Es scheint mir wenig wahrscheinlich, daß diese Anfrage weitere Folgen haben wird, dieselbe ist aber ein Zeichen, wie ohnmächtig die koreanische Regierung sich fühlt.

Wären der König und seine Minister etwas energischer und entschlossener, so würden sie wohl mehr auf ihre eigene Kraft vertrauen.

Für den Fall, daß es zum Kriege zwischen Japan und China kommt, wird darauf

---

37 [Randbemerkung] cf. A. 3046 Berichte aus Peking vom 18.2.85.

38 ["Der König ⋯ sehr fraglich.": Durchgestrichen von Dritten.]

hingearbeitet, daß Söul sowohl von chinesischen als japanischen Truppen geräumt wird, daß die ersteren sich nach dem Hafen Masampo, ihrem Verbindungsplatz mit China, die letzteren sich nach Chemulpo zurückziehen.

Mit Bezug auf diesen Punkt äußerte der japanische Vertreter mir gegenüber, die chinesischen Truppen müßten sich in einem solchen Falle aus Söul zurückziehen, die japanische Wache könne aber in Folge ihres Vertragsrechtes hier bleiben. Ich wies in freundlicher Weise darauf hin, daß die chinesischen Truppen schon längere Zeit und mit Zustimmung der koreanischen Regierung hier stationirt gewesen seien, und daß man daher doch wohl nicht sagen könne, sie hätten weniger Recht hier zu sein als die japanische Wache.

Wenn nur mit Besonnenheit verfahren wird, so ließe sich wohl erreichen, daß Korea durch einen Krieg zwischen China und Japan ebensowenig berührt wird, wie durch den Krieg China's mit Frankreich.

Japan hat Korea als von China unabhängiges Land behandelt und kann deshalb das erstere nicht bekriegen, weil es mit letzterem in Streit geräth, es wird auch in dem befreundeten Lande nicht eine kleine Abtheilung Soldaten des feindlichen Staates angreifen können, so lange dieselben in die kriegerischen Operationen in keiner Weise eingreifen, sondern lediglich ihre bisher geübten Rechte weiter ausüben.

Der Streit betreffend die Suzerainität China's über Korea würde ja durch lokale Kämpfe hier nicht wesentlich dem Austrage näher gebracht werden, vorausgesetzt, daß die Hauptaktion nach China verlegt wird, und wird diese Überlegung hoffentlich dazu beitragen den Ausbruch von Feindseligkeiten hierselbst zu verhüten.

Die fremden Vertreter können, wie schon früher, so auch jetzt in vertraulicher Weise Manches thun, um übertriebenen Befürchtungen auf Seiten der koreanischen Beamten und der hiesigen chinesischen Vertreter entgegenzuarbeiten und so auch der Hervorrufung gefährlicher Aufregung unter der Bevölkerung vorzubeugen, und ich hoffe Euere Durchlaucht werden es gutheißen wenn ich in vor-sichtiger Weise die obigen Erwägungen als meine persönliche Ansicht bei passender Gelegenheit zu erkennen gebe, einer ruhigen Auffassung der Lage das Wort rede und in dieser Weise zur Vermeidung von Konflikten mit zu-wirken suche. Betreffend die Hinrichtung von Angehörigen der Verschwörer habe ich jetzt in Erfahrung gebracht, daß allerdings eine Anzahl der näheren Verwandten, ungefähr dreißig Personen, in den Gefängnissen erdrosselt worden sind, es scheint aber, daß dies Mal wenigstens eine geringere Zahl von Angehörigen hingerichtet worden ist als dies in früherer Zeit der Fall gewesen sein würde.[39]

Budler.

Betrifft: Kriegsbefürchtungen und die politische Lage.

---

39 ["Wären der König ⋯ sein würde": Durchgestrichen von Dritten.]

[   ]

PAAA_RZ201-018905_057

Empfänger	Bismarck	Absender	Schweinitz
A. 3680 pr. 9. Mai 1885. a. m.		St. Petersburg, den 5. Mai 1885.	

Abschrift

A. 3680 pr. 9. Mai 1885. a. m.

St. Petersburg, den 5. Mai 1885.

№ 153.

durch Feldj.

Vertraulich

Seiner Durchlaucht

dem Fürsten von Bismarck.

pp.

Schließlich beehre ich mich zu melden, daß die angebliche Besitzergreifung von Port Hamilton durch die Engländer bis jetzt nicht zum Gegenstande diplomatischer Verhandlungen gemacht worden ist.

gez. v. Schweinitz.

Orig. in act is: I. B. 10.

Berlin, den 10. Mai 1885   ad A. 3407

Auszug aus
dem Blue-book

Corea № 2. 1885

Die Anlage enthält den Bericht einer Reise in Nord-Korea, die Herr Codes vom 27. September bis 8. November vrg. Jahres unternommen hat.

Carles beschreibt zunächst Kaisong, die alte Hauptstadt von Korea mit etwa 40000 Einwohnern. Kaisong hat noch immer eine gewisse Bedeutung, die es hauptsächlich dem Handel in Ginseng verdankt, einer Wurzel, die von den Chinesen zu Heilzwecken verbraucht wird. Sodann erwähnt der Berichterstatter verschiedene kleine Ortschaften, ohne dabei etwas Bemerkenswertes zu notieren. Den Boden beschreibt er als fruchtbar, aber mangelhaft kultiviert. – Es folgen darauf Notizen über die Provinz Phyong-an und deren Hauptstadt Phyong-an, der Haupthandelsstadt von Korea, in malerischer Lage inmitten einer fruchtbaren Ebene, in der Seidenkultur getrieben wird. Auch Eisenminen werden in den naheliegenden Gebirgen gefunden, und an den Ufern der Flüße findet eine ergiebige Goldwäscherei statt.

Im Norden von Phyong-yang zieht sich die große Handelsstraße von Nord-Korea hin, die durch einen Fluß mit dem 40 engl. Meilen entfernten Meer in Verbindung steht.

Von den Handelsartikeln, die in Phyong-yan feilgeboten werden, gibt Carles folgende Liste: Pfeifenstiele, Schalen, Anilin-Farben, Tabak, Tabaksbeutel, hanfene Stoffe, engl. Schirtings, Taschentücher, Stärke, Scheren, Eisenwaren, Geräte, Schlösser, Eisen und Kupfer in Stangen, kleine Handspiegel, Gefäße aus Glas aus der Mandschurei, Schuhe, Sandalen, japanische Schüsseln und Teller, Öl, Kämme, Räucherholz, Reist, Mais, Bohnen, indischer Weizen, verschiedene Pflanzen zu Heilzwecken, Ingwer, Seegras, gesalzene Fische, Kastanien, Birnen, Äpfel, Stachelbeeren, verschiedene Blumen und Samen, Kohl und andere Gemüse, endlich auch Seide und seidene Stoffe, diese beiden letzten Artikel jedoch nur in geringer Quantität. - Porzellan, Bronze und [*sic.*], was auf eine alte Zivilisation hindeutet, findet sich nicht vor.

Unangenehm berührt zeigt sich Carles durch die schmutzige Armut des Volkes, die ihm überall entgegentritt.

Phyong-yang steht in regelmäßiger Handelsverbindung mit Chemulpo, jedoch besteht nur geringe Hoffnung, daß der Verkehr einen bedeutenden Aufschwung nehmen werde, da die Eingeborenen stumpf und unwissend erschienen. Augenblicklich werden nur etwa 3000 Stück Schirtings von Chemulpo aus Phyong-yang eingeführt, die übrigen Importen sind von ähnlicher geringer Bedeutung.

Weiter nördlich konstatiert Carles, daß der Handel, auch der in europäischen Importen, ausschließlich in chinesischen Händen ist; im Allgemeinen erscheint derselbe von geringer Bedeutung und wird durch allerhand chinesische Verordnungen erschwert.

Die dritte größere Stadt, der Carles eine Besprechung widmet, ist Wi-ja, mit etwa 30000 Einwohnern, sodann Kao-li, etwa 40 Meilen von Wi-ja entfernt und durch seine großen Intereßanten bekannt.

Carles konnte nur wenig Erkundigungen einziehen, da man ihm überall großes Mißtrauen zeigte. Seine oberflächlichen Beobachtungen haben nur geringen Wert, und er selbst gibt dies zu. – Korea erscheint ihm großer Reformen bedürftig. Als die Plage des Landes bezeichnet er die bedeutende Anzahl untätiger Beamten, die von der Bevölkerung ernährt werden müssen, und sodann die Unsicherheit der Besitzer, da der prosperierende Bürger mit Neusteuern von den Mandarinen systematisch ausgesogen wird und gänzlich ruiniert werden kann.

Berlin, den 11. Mai 1885   A. 3407

An

1. tit. s. Herrn von Schweinitz
   St. Petersburg № 300

2. tit. Herrn von Brandt
   Peking № A6

Ew. tit. beehre ich mich beifolgend ein
Exemplar des englischen Blaubuchs № 2
Corea 1885, enthaltend den Bericht einer
Reise in Nord-Korea, für die dortigen [*sic.*]
erg. zu übersenden.

[Unterschrift]

i. m.

Berlin, den 14. 5. 1885

An

die Missionen in

1. London   № 159
2. Paris   № 221.
3. St. Petersburg № 305.
4. Washington   № A14.

Euer p. beehre ich mich anbei Auszug eines Berichts des K. Konsulats in Söul vom 12 Mai, betreffend die Politische Lage von Korea zur gefälligen persönlichen Information zu übersenden.

N. S. E.

i. m.

Bei. Abth. II

M. A. Ztg. № 221.

14. 5. 85.

Rußland.

Das „Russische Gesetzblatt" vom 1. Mai der öffentlich unter § 335 folgende Bekanntmachung, die gesetzlichen Bestimmungen über die Errichtung einer Diplomatischen und Konsularischen Vertretung in Korea betreffend:

1. Für das Amt eines Geschäftsträgers und Generalkonsuls in der Stadt Söul in Korea ist ein Jahresgehalt von 15000 Rubel und für Kanzleiausgaben im Jahre die Summe von 2000 Rubeln ausgeworfen worden.

2. Für den Posten eines Legationssekretairs sind 3500 Rubel Gehalt ausgesetzt. Dem Sekretair fallen zugleich die Obliegenheiten eines Dragomans zu.

3. Für das Amt eines Vizekonsuls in der Stadt Chemulpo ist ein Jahresgehalt von 4000 Rbln. und für die jährlichen Kanzleiausgabe die Summe von 2000 Rbln. bestimmt.

4. Der in Berlin anzustellende Missionstudent erhält jährlich 1800 Rbl.

Alle diese Diensteinkommen werden in Metallrubeln zur Auszahlung kommen.

Chinesisch-Japanischer Conflict. Stand der Verhandlungen.

PAAA_RZ201-018905_067 ff.

Empfänger	Bismarck	Absender	Brandt
A. 3984 pr. 19. Mai 1885. a. m.		Peking, den 30. März 1885.	

A. 3984 pr. 19. Mai 1885. a. m.

Peking, den 30. März 1885.

A. № 73.

Seiner Durchlaucht
dem Fürsten von Bismarck.

Im Anschluß an meinen ganz gehorsamsten Bericht A. № 65 vom 19. März dieses Jahres, die Entsendung einer japanischen Botschaft nach hier zur Regelung der Koreanischen Angelegenheiten betreffend, beehre Euer Durchlaucht ich mich zu melden, daß Staatsrath Ito mit seiner sehr zahlreichen Begleitung am 21. hier eingetroffen ist und bereits am 31. dieses Monats wieder nach Tientsin zurückkehrt.

Aus den mit Herrn Ito, wie mit dem hier beglaubigten Gesandten, Vic Admiral Enomotto, geführten Gesprächen habe ich bestimmt feststellen können, daß abgesehen von der ceremoniellen Frage, Empfang des Botschafters durch den Kaiser oder einen ad hoc ernannten Stellvertreter, die Aufgabe der Mission dahin geht, von der chinesischen Regierung einen Ausdruck des Bedauerns über das Seitens der Chinesischen Beamten in Korea beobachtete Verfahren, die gleichzeitige Zurückziehung der chinesischen und japanischen Truppen und die Bestrafung des Offiziers zu verlangen, unter dessen Befehl die chinesischen Truppen das Schloß des Königs in Seül angegriffen haben.

Herr Ito war nach Peking gekommen, einerseits um die Ceremonial Frage zu erledigen, andererseits um den Sitz der Verhandlungen womöglich nach hier zu verlegen, in beiden Punkten hat er Seitens des Tsungli Yamen wenig Entgegenkommen gefunden und geht daher wieder nach Tientsin zurück, um mit dem zum Bevollmächtigten ernannten General Gouverneur, Li-hung-chang, dort zu verhandeln. Der einzige relative Erfolg seiner Reise nach Peking ist gewesen, daß das Tsungli Yamen ihm die Li ertheilten Vollmachten, welche Herr Ito als grade genügend um mit demselben verhandeln zu können, bezeichnet, schriftlich mitgetheilt hat.

Herr Ito wie Admiral Enomotto haben mir gegenüber wiederholt ausgesprochen, daß falls China jede Genugthuung, namentlich auch jede „Apology" verweigere, die japanische Regierung sich durch die in der Armee und Flotte wie unter den Studierenden herrschende aufgeregte Stimmung dazu gezwungen sehen würde, sich selbst ihr Recht zu verschaffen. Beide Herren betonten dabei ausdrücklich, daß auch in diesem Falle die japanische Regierung sich nicht zu einem Bündniß mit Frankreich verleiten lassen, sondern selbstständig vorgehn werde.

In ganz ähnlicher Weise hat sich der Minister der Auswärtigen Angelegenheiten Inouye am 21. Februar dieses Jahres in einem an meinen amerikanischen Collegen gerichteten vertraulichen Schreiben ausgesprochen.

Wenn ich auch annehmen will, daß man Japanischer Seits durch die in Aussicht gestellte Eventualität eines Bruchs mit China in erster Linie auf die hier beglaubigten Vertreter zu wirken und dieselben zu einer Pression auf die Chinesische Regierung zu vermögen sucht, so möchte ich doch nicht in Abrede stellen, daß die Japanische Regierung sich bei einer ganz ablehnenden Haltung China's nicht durch die Stimmung im eigenen Lande, wenn auch nicht zu einem Kriege mit China, so doch zu einem Act der Selbsthülfe in Korea, vielleicht in der Art der in 1874 nach Formosa entsendeten Expedition, gezwungen sehen könnte. Ein derartiger Schritt würde aber vor Allem deswegen von Bedeutung sein, weil er voraussichtlich Rußland die schon lange herbeigewünschte Gelegenheit geben würde, sich Port Lazareff's und der Grenz Districte zu bemächtigen, und damit ein neues Element in die schon an und für sich verwickelte Frage zu bringen.

Im Allgemeinen haben sich der Prinz Ching und die Minister des Yamen den Japanern gegenüber auf deren Andeutungen in Bezug der von ihnen zu stellenden Forderungen, dahin geäußert, daß, da die beiden Länder von den freundschaftlichsten Gesinnungen gegen einander, wie von dem Wunsche dieselben zu befestigen beseelt seien, sie, die Minister, überzeugt wären, daß eine gütliche Verständigung binnen Kurzen erzielt werden würde.

Es entspricht dies durchaus der bisher Seitens der Chinesischen Regierung befolgten Politik, das Vorhanden sein eines Conflicts mit Japan überhaupt in Abrede zu stellen, aber ich glaube gerade deßwegen, daß sich China nicht zu irgend welchen Zugeständnissen von practischem Werth, am Allerwenigsten aber zu Entschuldigungen Japan gegenüber, verstehen wird.

Die Aussichten auf eine Verständigung scheinen mir auch dadurch nicht grade günstiger zu werden, daß man Japanischer Seits auf eine schnelle Erledigung der Angelegenheit dringen wird, um auch aus dem Zerwürfniß China's mit Frankreich Nutzen ziehn zu können.

Brandt.

Inhalt: Chinesisch-Japanischer Conflict. Stand der Verhandlungen.

[   ]

PAAA_RZ201-018905_074 f.

Empfänger	Auswärtiges Amt in Berlin	Absender	Brandt
A. 4028 pr. 20. Mai 1885.		Troitzkosawsk, den 20. Mai 1885.	

A. 4028 pr. 20. Mai 1885 p. m.

Telegramm.

Troitzkosawsk

(Peking) · · · · · · den 20. Mai 1885. 1. Uhr 30 M.

Ankunft: 3. Uhr 58 M.

Der. K. Gesandte an Auswärtiges Amt.

Entzifferung.

№ 5.

Japanisch-Chinesisches Uebereinkommen enthält gleichzeitige Zurückziehung der Truppen aus Corea in 4 Monaten, Organisation einer Coreanischen Schutzwache unter fremden Offizieren und Zusage von Enquête über chinesische Verpflichtungen zur Entschädigung beschädigter Japanesen. Die Bestimmung über Zurückziehung der Truppen erweckt allgemein Besorgnisse vor Ruhestörung in Corea da Schutzwache innerhalb der Frist unmöglich organisirt sein kann.

Brandt.

M. A. Ztg.

23. 5. 85

———————————

Über die Konvention, welche zwischen China und Japan in Betreff der bekannten Vorgänge in Korea abgeschlossen worden ist, sind aus Peking die nachfolgenden Einzelheiten auf telegraphischem Wege mitgetheilt worden: Die Japaner sowohl wie die Chinesen verpflichten sich, in vier Monaten ihre Truppen aus Korea zurückzuziehen, gleichzeitig soll eine koreanische Schutzwache unter fremden Offizieren zur Aufrechterhaltung der öffentlichen Ordnung organisirt werden. Die chinesische Regierung endlich hat zugestimmt, daß eine Untersuchung darüber eingeleitet werde, in wie weit sie verpflichtet sei, die während des Aufstandes beschädigten und verwundeten Japaner zu entschädigen.

Chinesisch-Japanischer Conflict. Stand der Verhandlungen.

PAAA_RZ201-018905_078 ff.

Empfänger	Bismarck	Absender	Brandt
A. 4185 pr. 26. Mai 1885. a. m.		Peking, den 6. April 1885.	

A. 4185 pr. 26. Mai 1885. a. m.

Peking, den 6. April 1885.

A. № 80.

Seiner Durchlaucht
dem Fürsten von Bismarck.

Im Anschluß an meinen ganz gehorsamsten Bericht A. № 73 vom 30. März dieses Jahres, betreffend den Chinesisch-Japanischen Conflikt, beehre Euerer Durchlaucht ich mich zu melden, daß nach einer mir heute zugegangenen Mittheilung des Tsungli Yamen die Beziehungen der Japanischen und Chinesischen Bevollmächtigten in Tientsin noch nicht über die ersten Ceremoniellen Besuche hinausgegangen sein sollen, womit allerdings die mir von anderer Seite berichtete Thatsache, daß einer dieser Besuche über 8 Stunden gedauert hat, im Widerspruch zu stehen scheint.

Sonst kann ich meinen früheren ganz gehorsamsten Berichten nur hinzufügen, daß Herr Ito, nachdem der Versuch, eine Audienz beim Kaiser zu erlangen, fehlgeschlagen war, sich damit begnügt hat, dem Tsungli Yamen eine Abschrift des ihn beglaubigenden Schreibens des Tenno zu überreichen.

Brandt.

Inhalt: Chinesisch-Japanischer Conflict. Stand der Verhandlungen.

Die Feier des Geburtstages Seiner Majestät des Kaisers.

PAAA_RZ201-018905_081 ff.

Empfänger	Bismarck	Absender	Budler
A. 4223 pr. 27. Mai 1885. a. m.		Söul, den 26. März 1885.	
Memo	J. № 144.		

A. 4223 pr. 27. Mai 1885. a. m.

Söul, den 26. März 1885.

Lfde. № 26.

Seiner Durchlaucht

dem Fürsten von Bismarck.

Euerer Durchlaucht erlaube ich mir betreffend die Feier des Geburtstages Seiner Majestät des Kaisers das Folgende ganz gehorsamst zu berichten.

Der König von Korea sandte einen höheren Palastbeamten und ließ mich bitten, seine Glückwünsche Seiner Majestät dem Kaiser zu übermitteln.

Der Präsident und ein Vize-Präsident des Auswärtigen Amtes, ferner die Vertreter China's, Japan's, England's und der Vereinigten Staaten mit je einem Attaché waren zu einem Festmahle bei mir vereinigt und brachten ihre Glückwünsche dar.

Durch die eifrige und verständnißvolle Thätigkeit des Schreibers Herrn Brann war es trotz mannigfacher Schwierigkeiten gelungen, die Gebäude außen und innen festlich zu schmücken und zu illuminiren, und durch einen Anschlag am Thor wurde der Koreanischen Bevölkerung bekannt, daß das hohe Fest des Geburtstages unseres Kaisers gefeiert werde.

Auch in Chemulpo wurde der Tag von den dortigen Deutschen festlich begangen und die Feier durch Flaggenschmuck und Illumination auch nach außen hin erkennbar gemacht.

Noch am 22. erhielt ich von Chemulpo ein Schreiben, welches die Glückwünsche der Reichsangehörigen für Seine Majestät den Kaiser enthielt.

Budler.

Betreffend: die Feier des Geburtstages Seiner Majestät des Kaisers.

Die politische Lage.

PAAA_RZ201-018905_084 ff.

Empfänger	Bismarck	Absender	Budler
A. 4224 pr. 27. Mai 1885. a. m.		Söul, den 2. April 1885.	
Memo	J. № 159.		

A. 4224 pr. 27. Mai 1885. a. m.

Söul, den 2. April 1885.

Lfde. № 29.

Seiner Durchlaucht.

dem Fürsten von Bismarck.

Euerer Durchlaucht erlaube ich mir unter Bezugnahme auf meine Meldung vom 12. vor. Ms. № 25 das Folgende betreffend die augenblickliche politische Lage ganz gehorsamst zu melden.

Die Regierung erließ Mitte des Monats eine Bekanntmachung an das Volk, in welcher darauf hingewiesen wurde, daß seit den Ereignissen im Dezember vorigen Jahres bereits ein neuer Vertrag mit Japan abgeschlossen werden, daß also ein feindliches Vorgehen seitens dieses Staates gegen Korea nicht zu erwarten sei, und daß dem Volke rechtzeitig Warnung von der Regierung zugehen würde, falls der Ausbruch eines Krieges auf koreanischen Boden wahrscheinlich werde. Der japanische Vertreter Herr Kondo (Masuki) lud die chinesischen Beamten zu sich ein, ohne daß andere Gäste zugegen waren und der chinesische Kommissar erwiederte alsbald diese Höflichkeit in entsprechender Weise.

Herr Kondo that auch sonst das Möglichste, um die Koreaner zu überzeugen, daß Japan nicht wünsche, Korea in kriegerische Konflikte hineinzuziehen, die Vertreter Englands und der Vereinigten Staaten, so wie ich selbst, fuhren fort in vertraulicher Form darauf hinzuweisen, daß ein Krieg zwischen Japan und China wahrscheinlich nicht auf koreanischem Boden würde ausgefochten werden. Diese verschiedenen Einwirkungen, sowie die Thatsache, daß es bisher nicht zu den erwarteten Feindseligkeiten kam, haben zu einer gewissen Beruhigung des Volkes geführt und den aufregenden Gerüchten einigen Einhalt gethan.

Es war hohe Zeit daß dies geschah, denn die Aussicht auf einen Krieg, und damit auf allgemeine Unruhen und den Umsturz der bestehenden Ordnung, hatten schon bedenkliche

Anzeichen von Gesetzlosigkeit hervorgerufen. So hatten koreanische Soldaten ihren Offizieren den Gehorsam verweigert und zwar mit ausdrücklicher Berufung auf die in Aussicht stehenden Unruhen, und Unsicherheit auf den Landstraßen hatte sich in bedenklicher Weise eingestellt.

Es ist mir glaube ich, während dieser Zeit der Kriegsbefürchtungen gelungen, mir das Vertrauen der koreanischen Regierungskreise in erhöhten Maaße zu erwerben, und auch meine Beziehungen zu allen fremden Vertretern sind freundschaftliche.

Da die mündliche Verständigung mit den koreanischen Beamten besonders schwierig ist, so habe ich meine im vorzitirten Berichte dargelegten Ansichten über die Lage und die Mittel, Korea vor dem Ausbruche von Feindseligkeiten zu bewahren, auch zu Papier (in chinesischer Sprache) gebracht und dem Präsidenten des Auswärtigen Amtes Einsicht von diesen Aufzeichnungen gegeben, habe aber ausdrücklich hervorgehoben, daß ich lediglich meine persönlichen Ansichten wiedergegeben habe und ihm nur ganz vertraulich auf seinen Wunsch Kenntniß davon ----- gebe.

In der Abwesenheit des Herrn von Möllendorff war es der koreanischen Regierung besonders erwünscht zu erfahren, wie ihre Stellung und Haltung von unpartheiischen europäischen Beobachtern aufgefaßt werde. Ich hoffe auch, daß mein Rath, man solle vor allen Dingen das Volk davon zurückhalten, sich in irgendwelche zufällige Händel zwischen chinesischen und japanischen Soldaten zu mischen, befolgt werden wird.

Erscheint die Gefahr, daß Korea in einen etwaigen japanisch-chinesischen Krieg verwickelt werden wird, nicht groß, so sind doch die Schwierigkeiten im Innern nicht geringe.

Die Geldnoth ist groß. Erst vor kurzem ist die letzte Rate der Entschädigung von 1882 im Betrage von $ 25,000 an Japan gezahlt worden, es hat große Anstrengungen gekostet diese Summe zusammenzubringen, und schon steht der Termin für die Zahlung der im Vertrage vom 9. Januar festgesetzten Entschädigungssumme von $ 130,000 vor der Thür. Herr von Möllendorff soll beauftragt gewesen sein, mit japanischen Bank-Instituten eine Anleihe abzuschließen, damit Korea seinen Verpflichtungen genügen kann, aber es ist fraglich ob ihm dies gelungen ist.

Das minderwerthige Kupfergeld, (Fünfer) verliert noch immer an Kaufkraft, worunter fast jedermann leidet, vor allem aber die Beamten und andere Personen, die ein festes Einkommen in baarem Gelde beziehen. Doch auch der Lohnarbeiter steht sich schlechter als vorher, denn während er selbst, im Verhältniß zu früher höchstens den dreifachen Betrag erhält, muß er für seine notwendigsten Lebensbedürfnisse den vier- und fünffachen Betrag bezahlen.

Die Regierung fühlt die Dringlichkeit einer Abhülfe, aber es fehlen ihr die Mittel, um vollwerthige Kupfermünzen zu prägen und mit denselben die Fünfer einzulösen.

Man hat auch daran gedacht, durch Dekret die Fünfer in Zweier zu verwandeln, ist aber zu keinem Entschluß gekommen. Die Regierung hat neuerdings Beamte entsandt, um die Bearbeitung von Bergwerken zu beginnen, es bleibt aber abzuwarten ob der Plan wirklich durchgeführt werden und ob es schließlich zur Einziehung der Fünfer kommen wird.

Inzwischen werden nicht nur die Fünfer diskreditirt, sondern es wird auch der Außenhandel des Landes in Mißachtung gebracht, weil das Volk das Heraufgehen der Preise nicht der Entwerthung der Fünfer sondern der Eröffnung des Landes für den fremden Handel zuschreibt. Es ist dieser Umstand eine Waffe, welche den Fremden-Feinden sehr gelegen kommt. Die Reformparthei ist durch die Dezember-Verschwörung naturgemäß geschwächt worden und es ist ein Leichtes, die wenigen Reformfreunde durch Verdächtigung, Genossen der Rebellen zu sein, zurückzuschrecken. Doch wenn erst die Kriegsbefürchtungen gänzlich geschwunden sein werden, wird auch die Reform-Parthei wieder größeren Einfluß haben. Der König selbst ist nach wie vor zu Gunsten von Reformen und nur augenblicklich in Folge der reaktionairen Strömung nicht im Stande, seine Wünsche durchzusetzen. So sagte mir vor kurzem ein hoher Palastbeamter im Vertrauen, und die Äußerung erscheint glaublich. Die Beamten, mit denen der König sich umgiebt, wünschen augenscheinlich, Korea durch fremden Handel und fremde Hülfe zu heben, reicher und mächtiger zu machen.

Nach den Nachrichten, welche am gestrigen Tage hier aus Japan und China eingetroffen sind, hofft man daß es zwischen den beiden Ländern nicht zum Kriege kommen wird, und diese friedlichen Aussichten werden ihre günstige Einwirkung auf die Stimmung der Bevölkerung nicht verfehlen.

Herrn von Möllendorff's Ankunft, die in einigen Tagen erwartet ist, wird ferner zur Beruhigung des Volkes, welches große Stücke auf ihn hält, beitragen.

Falls Japan und China über die Zurückziehung ihrer Truppen übereinkommen, so ist zu wünschen, daß wenigstens die chinesischen noch so lange bleiben, bis die Organisation der koreanischen, nach fremden Muster ausgebildeten Soldaten, womöglich unter Leitung einiger fremden Offiziere, etwas weiter vorgeschritten ist, so daß die Regierung eine verläßliche Truppe zur Verfügung hat, um die Ordnung in der Hauptstadt unter allen Umständen aufrecht zu erhalten.

Daß dieselbe sonst von den fremdenfeindlichen Elementen gefährdet werden koennte, habe ich schon in meinen gehorsamsten Berichten vom 14. und 22. Januar ds. Js. № 6 und № 9 hervorgehoben.

Herr von Möllendorff trug sich schon seit einiger Zeit mit der Absicht, die Ausbildung koreanischer Soldaten durch deutsche Instrukteure ausführen zu lassen, und gelingt es ihm vielleicht jetzt, diesen Plan zur Ausführung zu bringen.

Bei der augenblicklichen Lage kann ich Söul sehr wohl auf kurze Zeit verlassen, und da die Ankunft eines von der Firma E. Meyer & Co gecharterten deutschen Dampfers (cf. Bericht № 17 vom 17. Februar) bevorsteht, auch die Uebertragung der Grundstücke bald vorzunehmen sein wird, da Bauten geplant werden, so beabsichtige ich in den nächsten Tagen, mich auf kurze Zeit nach Chemulpo zu begeben.

Budler.

Betrifft. Die politische Lage.

Berlin, den [o. A.] Mai 1885.

Zu A. 4224.

Notiz,
betr. den Kaiserl.
Dolmetscher,
charakterisierten
Vice-Konsul
Hermann Budler

Ref.: G 2 B. Humbert.

Hermann Budler, 1846 geboren, trat am 13. Nov. 1874 aus dem Dienst der chinesischen Zollverwaltung in denjenigen eines interimistischen Dolmetschers bei dem kaiserl. Deutschen Konsulats in Amoy über und wurde am 1. Jan. 1876 zum etatsmäßigen Dolmetscher daselbst bestellt.

Im Jahre 1882 verwaltete er dieses Konsulat vertretungsweise während etwa 10 Monaten.

Nachdem er im Herbst 1883 den zur Führung von Vertragsverhandlungen mit der koreanischen Regierung bevollmächtigten Kais-Konsul Zappe nach Korea begleitet hatte, wurde er im Frühjahr 1884 dem zum Konsul für Korea designierten Gen. Konsul Zembsch, unter Beilegung des Charakters als Vice-Konsul, beigegeben. Vom 25. Febr. d.J. bis zum 15. Mai hat er denselben während seines Urlaubs vertreten.

[Unterschrift]

Chinesisch-Japanischer Conflict. Ankunft des Botschafters Ito.

PAAA_RZ201-018905_100 ff.

Empfänger	Bismarck	Absender	Brandt
A. 4251. p. 28. Mai. 1885. a. m.		Peking, den 19. März 1885.	

A. 4251. p. 28. Mai. 1885. a. m. 1 Anl.

Peking, den 19. März 1885.

A. № 65.

Seiner Durchlaucht

dem Fürsten von Bismarck.

Euerer Durchlaucht beehre ich mich ganz gehorsamst zu berichten, daß der zum außerordentlichen Botschafter für China ernannte Staatsrath und Minister des Kaiserlichen Hauses, Ito, am 27. Februar von Tokio abgegangen und am 14. dieses Monats, nach längerem Aufenthalt in Nagasaki und Chefoo in Tientsin eingetroffen ist. In den chinesischen Regierungskreisen hatte sich das Gerücht verbreitet, daß Ito über Shanghai gegangen sei und dort eine mehrstündige Unterredung mit Herrn Patenôtre gehabt habe, der japanische Gesandte bestritt auf eine Interpellation des Yamen die Richtigkeit dieser Nachricht, und ich glaube mit Bestimmtheit annehmen zu können, daß nicht Ito, sondern der Zweite Gesandte, General Saigo, oder einer der anderen die Mission begleitenden Generäle in Shanghai gewesen und nach Rücksprache mit Herrn Patenôtre, mit dem Botschafter in Chefoo, wo derselbe ihn erwartete, wieder zusammengetroffen ist.

Vor Eintreffen der Botschaft hatte der hier beglaubigte japanische Gesandte Admiral Enomotto, dem Tsungli Yamen nahe gelegt, daß man japanischer Seits am Liebsten mit Li-hung-chang verhandeln würde; derselbe ist daher mit den bisher in Korea gewesenen und erst kürzlich von dort zurückgekehrten Chinesischen Commissaren Wu-ta-Cheng und Hsü-Chang zu Bevollmächtigten für die Verhandlungen mit Japan ernannt worden. Von den Japanern wird aber nunmehr das Verlagen gestellt, daß die Verhandlungen mit Li in Peking stattfinden sollen, während die Chinesische Regierung erklärt, daß derselbe von Tientsin unabkömmlich sei. Herr Ito hat sich daher entschlossen, zuerst nach hier zu gehen, wo er am 20. März erwartet wird, und wird es sich erst später entscheiden, ob die Verhandlungen hier oder in Tientsin stattfinden werden.

Was die Japanischen Forderungen anbetrifft, so bestehen dieselben im Wesentlichen in der Forderung des gleichzeitigen Zurückziehens der chinesischen und japanischen Truppen aus Corea und der Bestrafung des chinesischen Offiziers, welcher während der letzten Unruhen in Seoul den Angriff auf die japanischen Truppen im Palais des Königs geleitet hat. – Zur Sicherheit der Fremden solle eventuell ein Corps coreanischer Truppen unter fremden Offizieren gebildet werden, eine, wie man mich versichert, von Möllendorff'sche Idee. Das Schattenbild chinesischer Oberhoheit in Korea, scheint man japanischerseits nicht antasten zu wollen.

Wie man die Sache Chinesischerseits auffaßt, wollen Euere Durchlaucht hochgeneigtest aus dem in der Peking Zeitung vom 16. März veröffentlichten Kaiserlichen Edict, welches ich in Uebersetzung ganz gehorsamst beizufügen die Ehre habe, entnehmen. In demselben wird das Abhängigkeits-Verhältniß des Königs zu China ganz besonders hervorgehoben.

Die erste Forderung der Japaner wird möglichen Falls, wenn nicht zu peremptorisch gestellt, auf weniger Wiederspruch stoßen, namentlich wenn die Japaner sich entschließen das gemeinschaftliche Zurückziehen der Truppen von der Wiederherstellung der Ruhe abhängig zu machen, was den Termin für die Ausführung der Maßregel um ein bedeutendes hinausschieben würde.

In Betreff der zweiten Forderung wird die Chinesische Regierung sich bereit erklären, sie zu erfüllen, falls die (gemeinschaftliche?) Untersuchung ergeben sollte, daß den Offizier irgendwelche Schuld träfe. Ich kann aber nicht in Abrede stellen, daß nach allen hier eingegangenen Berichten der fremden Agenten aus Seoul, kaum ein Zweifel darüber bestehen kann, daß die jüngsten Unruhen daselbst den Anzettelungen der sogenannten japanischen Partei, wenn nicht des japanischen Vertreters, zuzuschreiben sind und daß nicht die Chinesen, sondern die mit den Japanern zusammen im Palast des Königs befindlichen Koreanischen Truppen zuerst das Feuer auf die in einer breiten Straße anrückenden Chinesischen Truppen eröffnet haben, welchen ihr Commandant auf mehrere Hundert Schritt Entfernung durch einen Offiziar eine Tafel, mit einigen seine friedlichen Absichten ausdrückenden Zeichen beschrieben, voraustragen ließ. Diese Tafel ist mehrfach durch das Feuer der Koreanischen Truppen durchlöchert worden und sind die chinesischen Truppen erst zum Angriff vorgegangen, nachdem die Kugeln ihrer Gegner auch in ihre Reihen eingeschlagen waren. — Es ist also kaum anzunehmen, daß die Chinesen sich unter diesen Umständen zu der von Japan geforderten Bestrafung des betreffenden Offiziers entschließen dürften.

Außerdem kann der dem Staatsrath Ito ertheilte Rang als Botschafter, vielfach Veranlassung zu Reibungen und Zwistigkeiten geben, da ich den Empfang des p. Ito durch den Kaiser für nicht möglich halte und die Substituirung eines Prinzen für den Kaiser, um an dessen statt das Beglaubigungsschreiben des p. Ito in Empfang zu nehmen, eine für alle in Vertragsbeziehungen zu Japan stehenden Mächte tief einschneidende nachtheilige Wirkung haben würde. Es ist zu bedauern, daß die Japanische Regierung sich nicht an den Präcedenz-Fall vom Jahre 1874 gehalten hat, in welchem sie dem zur Regierung der Formosa Angelegenheit hierher geschickten Staatsminister Okubo, den Rang als high commissioner beigelegt und damit alle ceremoniellen Fragen vermieden hatte.

Ich selbst glaube Euerer Durchlaucht hohen Intentionen am Besten zu entsprechen, wenn ich, falls ich zu einer Meinungsäußerung veranlaßt werden sollte, mich einfach darauf beschränke zu erklären, daß wir in Korea nur commercielle Interessen verfolgen. Euerer Durchlaucht darf ich dabei aber nicht vorenthalten, daß ich die baldige Zurückziehung der chinesischen Truppen aus Korea als diese Interessen sehr wesentlich schädigend ansehen muß, da derselben unbedingt Unruhen, deren Tragweite schwer zu übersehen sein dürfte, folgen würden. Koreanische Truppen unter fremden Offizieren würden aber erst nach einer Reihe von Jahren, nachdem die Offiziere die Landessprache erlernt und das Vertrauen ihrer Leute erworben haben, als zuverlässig anzusehen sein. Außerdem würde die Aufrechterhaltung selbst eines kleinen Corps solcher Truppen mit 15-20 Offizieren die verfügbaren Mittel der koreanischen Regierung weit übersteigen, während eine solche auf gemeinschaftliche Kosten Japan's und China's ein Condominium herbeiführen würde, bei welchem die Interessen der fremden in Korea interessirten Mächte, kaum ihre Rechnung finden dürften.

Brandt.

Inhalt: Chinesisch-Japanischer Conflict. Ankunft des Botschafters Ito. 1 Anlage.

Anlage zum Bericht A. № 65. vom 19. März 1885.
Übersetzung.

Aus

der Peking Zeitung vom

16 März 1885 (Kuangsü 11. Jhr. 1. Mt. 30 Tg.)

Edikt. Das Ministerium der Ceremonien hat Uns ein an Uns gerichtetes Dankschreiben des Königs von Korea übermittelt, welches derselbe durch den Spezial-Gesandten Li-ying-chün nach Unserer Hauptstadt hat überbringen lassen. In diesem Schreiben erinnert der König daran, wie im vergangenen Jahre, am 17ten Tage des 10ten Monats (4. December

1884), Nachts, die rebellischen Beamten Kin-yü-chün, Piao-yung-hsiao, H'ung-ying-chih, Hsü-kwang-fan, Hsü-tsai-pi und Genossen eine Verschwörung angezettelt hätten, und in den Palast eingebrochen seien, woselbst sie sechs hohe Würdenträger ermordeten. Am 19. Monatstage (6. December) habe darauf die Koreanische Regierung, dem allgemeinen Unwillen der Beamten und des Volks Gehör gebend, den commandirenden General Unserer in Korea stehenden Garnison, Wu-chao-yo, sowie den Subpräfekten Yüan-shih-kai und den Brigade General Chang-kwang-chien. Beide gleichfalls zu dieser Garnison gehörig, gebeten, mit ihren Mannschaften den Schutz des Palastes zu übernehmen. Als sie aber dieser Bitte der Regierung Folge geleistet, seien Seitens der aufrührerischen Beamten Schüsse aus Gewehren und Geschützen gefeuert worden, welche den Tod von über vierzig Mann zur Folge gehabt hatten. Es habe sich darauf ein langes währendes Gefecht entsponnen, welches mit der Flucht der Aufrührer geendet habe. Nachdem so das Land dem drohenden Verderben entrissen war, hätten Wir ferner die Gnade gehabt, zwei Spezial-Bevollmächtigte - Wu-ta-chêng und Hsü-chang - behufs Untersuchung und Beilegung der Angelegenheit nach Korea zu entsenden, welche auch ihre Aufgabe vollständig gelöst und in unerwartet kurzer Zeit die Anarchie beseitigt und die Ruhe wiederhergestellt hätten. Für diese Rettung, ja gewissermassen Neuschaffung seines Landes sei er (der König) von einer Dankbarkeit erfüllt, welche er gar nicht in Worte zu fassen vermöge.

Wir haben obiges Schreiben (wörtlich: den Bericht) des Königs mit Befriedigung über die darin zum Ausdruck kommende loyale Gesinnung gelesen.

In Anbetracht, daß Korea zu den Staaten an unseren Marken gehört, deren Beherrscher ihre Investitur von Uns erhalten, und in Anbetracht, daß es von Generation zu Generation Uns den schuldigen Tribut stets entrichtet, hatten Wir bereits im 8. Jahre Kuangsü (1882) eine Truppenmacht dorthin entsendet, um die damals daselbst ausgebrochene Revolution mit Gewalt niederzuschlagen. Nachdem dies gelungen, zogen Wir ferner in Erwägung, daß es in Anbetracht der nach einem so gefährlichen Ausbruch kaum erst wiederhergestellten Ruhe und der noch nachgebliebenen Gährung der Gemüther, für Uns eine Pflicht des Wohlwollens gegen diesen Unseren Vasallenstaat sei, demselben auch fernerhin Unseren Schutz nicht zu entziehen. Wir ordneten daher an, daß ein Paar Bataillone Unserer Truppen als Garnison dort bleiben sollten, um die Keime der Anarchie niederzuhalten, und die nachgebliebenen Reste der Revolutionären an weiteren Unternehmungen verrätherischer Art zu verhindern.

Die diesmalige Katastrophe, nach Verlauf von kaum über zwei Jahren, ist daher eine gegen alles Erwarten eingetretene. Daß es aber trotz der Plötzlichkeit des Ausbruchs Unserem General Wu-chao-yo möglich gewesen ist, hülfbereit bei der Hand zu sein und im entscheidenden Augenblick ohne Säumen einzugreifen; daß Hung-ying-chih und

Andere der Verschwörer kurze Zeit darauf mit dem Tode ihre Schuld gebüßt haben, während die Übrigen in der Flucht haben ihre Rettung suchen müssen, daß mit einem Wort die Ruhe in dem Staate an unseren Marken wiederhergestellt ist: dies Alles ist Uns ein Trost und eine Freude. Was Unsere bei dem Gefecht gefallenen Soldaten anbetrifft, welche, tapfer und treu, ihr Leben geopfert haben, und deren Tod Wir aufrichtig betrauern, so geben Wir gerne Unsere Zustimmung zu der von dem Könige ausgesprochenen Bitte, daß denselben durch im Frühjahr und Herbst zu diesem Zweck hinzusendende Beamte in dem für den verstorbenen Contre-Admiral Wu-chang-ching (den Leiter der Chinesischen Expedition nach Korea im Jahre 1882) dort errichteten Tempel, gleichzeitig mit diesem alljährlich zweimal Opfer dargebracht werden mögen.

Der König hat sich ferner bereit erklärt, für die bei dem mehrerwähnten Gefecht verwundeten, sowie für die Familien der bei dieser Gelegenheit gefallenen chinesischen Soldaten aus Koreanischen Staatsmitteln Sorge tragen zu wollen, womit er die Bitte verbunden hat, daß Wir den Handels-Superintendenten der Nördlichen Häfen (Li hung chang) anweisen möchten, die nöthigen Erhebungen zu diesem Zweck zu veranstalten.

Eingedenk indessen der Maxime, daß der die Lehnsherrlichkeit ausübende Staat sein Wohlwollen gegen kleinere Vasallenstaaten dadurch zeigen soll, daß er ihnen nur leichte Lasten auferlegt, können Wir dieser Bitte des Königs um so weniger willfahren, als Wir selber bei Werken der Mildthätigkeit nur stets von der Besorgniß erfüllt sind, daß das in dieser Beziehung wirklich Geschehende mit Unseren Intentionen nicht vollständig gleichen Schritt halten möchte.

Wir beauftragen daher Li-hung-chang, über Unsern in Korea gefallenen und verwundeten Soldaten die erforderlichen Erhebungen zu veranstalten und Uns Vorschläge in Betreff der in dieser Beziehung zuzuerkennenden Unterstützungen und posthumen Auszeichnungen — welche Wir reichlich zu bemessen den Willen haben, zu unterbreiten.

Auch dem Koreanischen Gesandten, welcher Uns das Dankschreiben überbracht hat, befehlen Wir die üblichen Geschenke zukommen zu lassen.

Von dem Könige erwarten Wir, daß er sich aus dem Geschehenen eine Warnung für die Zukunft entnehmen, daß er die Herstellung einer geordneten Verwaltung mit allen Kräften anstreben, sich mit wohldenkenden und talentvollen Staatsmännern umgeben, auf die Remedur vorgekommener Verwaltungsfehler Bedacht nehmen, das Volk liebevoll behandeln, und das Militär gehörig ausbilden werde, um sein Land auf festen Grundlagen sicher zu stellen; sowie auch, daß er seine Verpflichtungen anderen Staaten gegenüber loyal erfüllen und ein einträchtiges Verhältniß zu denselben pflegen werde, so wie es einer richtigen Werthschätzung der freundschaftlichen Beziehungen verschiedener Staaten unter einander angemessen ist. Durch Befolgung solcher Grundsätze wird er Unseren Marken eine die Gewähr der Dauer in sich tragende Festigkeit verleihen (wörtlich: „auf ewig befestigen Unsere Brustwehr und Hecke", Letzteres ein stehender Ausdruck für einen Vasallenstaat im Chinesischen Sinne) und sich auch ferner der Beweise Unserer Gnade und Huld zu erfreuen haben.

Wir geben Uns in dieser Hinsicht den bestimmtesten Hoffnungen hin. Das Ministerium (der Ceremonien) wird beauftragt Unser vorstehendes Edikt zur Kenntniß des Königs zu bringen.

Für richtige Übersetzung.

(gez.): C. Arendt.

Notiz ad A. 4251.

Der Bericht des kaiserl. Gesandten in Peking vom 19. März enthält Einzelheiten über die Unterhandlungen zwischen China und Japan behufs Regelung der bekannten Vorgänge in Korea. - Diese Einzelheiten sind insofern nicht mehr von aktuellem Interesse, da der Telegraf bereits die Nachricht von dem Abschluß eines Vertrages zwischen China u. Japan in Bezug auf den koreanischen Zwischenfall gebracht hat. - Jener Vertrag erscheint uns ein Erfolg der japanischen Regierung über die chinesische, denn letztere hat sich zu Zugeständnissen herbeigelassen, die, aus früheren Berichten aus Peking, außerhalb der Absichten der chinesischen Regierung lagen.

Herr von Brandt glaubt, daß der (seitdem vertragsmäßig stipulierte) Zurückzug chinesischer Truppen aus Korea, den europäischen Handel schädigen werde, insofern nach Abzug der Truppen Unruhen ausbrechen dürften. Diese Befürchtung wird auch von unserem Vertreter in Korea geteilt.

L. 30. 5.

Berlin, den 31. Mai 1885

An
tit. Herrn Budler
Seoul № A. 1

Aus dem gef. Berichte № 29 vom 2. v. M. habe ich erfahren, daß Ew. tit. dem Präsidenten des A.A. in Seoul eine schriftliche Aufzeichnung Ihrer Ansichten über die politische Lage Koreas hinterlassen haben.

Wennschon der koreanische Minister ausdrücklich darauf aufmerksam gemacht worden ist, daß es sich in jener Aufzeichnung nur um Ihre persönlichen Ansichten handelt, so wird derselben doch jedenfalls eine andere Bedeutung beigelegt werden, als den Mitteilungen einer Privatperson. Ew. tit. ersuche ich

erg. in Zukunft von der Abgabe schriftlicher Meinungsäußerungen an die koreanische Regierung Abstand zu nehmen, um auf diese Weise allen Mißverständnissen vorzubeugen, zu denen eine Benutzung derartiger Schriftstücke Veranlassung geben könnte.

N. S. E.
[Unterschrift]

B.
L 30. 5.

[   ]

PAAA_RZ201-018905_122

Empfänger	Auswärtiges Amt in Berlin	Absender	Zembsch
A. 4385 pr. 1. Juni 1885. a. m.		Shanghai. den 1. Juni 1885.	

A. 4385 pr. 1. Juni 1885. a. m.

Telegramm.

Shanghai. den 1. Juni 1885. 1 Uhr 50 M. Hch.

Ankunft: 10 Uhr 40 M. Vor.

Der K. General-Konsul an Auswärtiges Amt.

Entzifferung.

№ 2.

Engländer besetzen Hafen Hamilton. Koreanische Regierung und Bevölkerung sehr beunruhigt, fürchten ähnliches Vorgehen der Russen und anderer Mächte. Koreanische Regierung protestirt und wünscht Korea zu neutralisiren.

Zembsch.

Orig. i. a.: Ⅰ. B.10.

Abschrift.

Berlin, 2. Juni 1885.   A. 4385.

An

den Kaiserlichen Botschafter,   Telegramm in Ziffern.

Herrn von Schweinitz   Nach einer telegraphischen Meldung des General-

St. Peterburg.   Konsuls für Korea vom 1. Juni sollen die Engländer

№ 97.   den Hafen Hamilton besetzt und dadurch große
                                     Beunruhigung in Korea hervorgerufen haben, wo
                                     man zu befürchten scheint, daß Rußland und auch
                                     andere Mächte nun mehr in ähnlicher Weise
                                     vorgehen werden. Die Koreanische Regierung soll
                                     gegen die Besitznahme von Hamilton protestirt und
                                     den Wunsch geäußert haben, daß Korea neutralisirt
                                     werde.

                                         Euere Ezcellenz bitte ich Erkundigungen hierüber
                                     einzuziehen und Ihre Ansicht mitzutheilen.

                                              gez. Hatzfeldt.
                                         Orig. i. a.: I . B. 10.

Chinesisch-Japanischer Conflikt. Ungünstiger Verlauf der Verhandlungen.

PAAA_RZ201-018905_127 ff.

Empfänger	Bismarck	Absender	Brandt
A. 4439 pr. 3. Juni 1885 a. m.		Peking, den 15. April 1885.	

A. 4439 pr. 3. Juni 1885 a. m. 1 Anl.

Peking, den 15. April 1885.

A. № 85.

Seiner Durchlaucht

dem Fürsten von Bismarck.

Aus Tientsin ist nur die anliegend ganz gehorsamst beigefügte Zusammenstellung der Seitens der Japaner angeblich gestellten Forderungen zugegangen, über welche sich das Tsungli Yamen dahin ausgesprochen hat, daß die Anerkennung der politischen Unabhängigkeit Koreas von der Japanischen Botschaft nicht verlangt worden sei, daß die Zahlung einer Entschädigung und die Bestrafung der chinesischen Beamten allerdings gefordert, aber von chinesischer Seite mit großer Entschiedenheit zurückgewiesen worden seien, da den chinesischen Beamten in der ganzen Angelegenheit keine Schuld zuzuschreiben sei; über die gleichzeitige Zurückziehung der Truppen werde sich ein Einverständniß erzielen lassen, und über die Forderung der Zulassung der Japaner nach der Mandschurei über die Koreanische Grenze sei dem Yamen nichts bekannt.

Der hier beglaubigte Japanische Gesandte Admiral Enomotto, welcher den Botschafter nach Tientsin begleitet hat, hat sich in einem vom 11. April datirten Schreiben mir gegenüber dahin ausgesprochen, daß trotz vielfacher Conferenzen und beiderseitigen guten Willens bis jetzt nur die Zustimmungen Principe der chinesischen Regierung zu dem Vorschlage der gleichzeitigen Zurückziehung der beiderseitigen Truppen aus Korea wahrscheinlich sei. Was die anderen berechtigten Forderungen Japans anbetreffe, so müsse er mit Bedauern sagen, daß China nicht bereit scheine Japan Genugthuung zu geben, und daß daher zu besorgen sei, daß falls China in dieser Haltung beharre, sich ernstliche Schwierigkeiten daraus ergeben könnten.

Auch die letzten Nachrichten aus Tientsin lassen auf kein besseres Fortschreiten der Verhandlungen schließen.

Brandt.

Inhalt: Chinesisch-Japanischer Conflikt. Ungünstiger Verlauf der Verhandlungen.

Anlage zum Bericht A. № 85. vom 15. April 1885.

Die angeblichen Forderungen der Japaner.

1. China gestattet Korea als unabhängigen Staat zu betrachten, in dessen politische Angelegenheiten China sich in keiner Weise hereinmischen wird.
2. China wird das Chinesische Militär zurückziehen und nie wieder Garnison nach Korea legen.
3. Für die durch chinesische Soldaten ermordeten Japaner resp. durch dieselben durch Brand zerstörte Legation zahlt China als Schmerzensgeld bezw. Entschädigung die Summe von Tls. 800000.
4. China gestattet den Japanern sich zu Handelszwecken via Korea nach Kirin zu begeben.
5. China wird für Bestrafung der in Korea commandirenden Generäle Wuchao-yo und Yüan-shih-kai, wegen eigenmächtigen Vorgehens, Sorge zu tragen haben.

[   ]

PAAA_RZ201-018905_132 ff.

Empfänger	Auswärtiges Amt in Berlin	Absender	Schweinitz
A. 4456. p. 3. Juni 1885. p. m.		Petersburg, den 3. Juni 1885.	
Memo	Antwort auf Telegramm № 97.		

A. 4456. p. 3. Juni 1885. p. m.

Telegramm.

Petersburg, den 3. Juni 1885. 8 Uhr 50 M
Ankunft: 8 Uhr 50 min.

Der. K. Botschafter an Auswärtiges Amt.

Entzifferung.

№ 108.
Abschrift Orig. in actis: I. B. 10.

Meldungen von Commandanten russischer Kriegsschiffe bestätigen Nachricht von Besetzung Hamiltons durch die Engländer. Herr v. Giers hat diesen Gegenstand durch den Botschafter in London nicht berühren lassen, sondern nur eine beiläufige Bemerkung gegen Sir G. Thorton gemacht, worauf dieser erwiderte, England befestige den Hafen nicht, sondern errichte nur ein Depot.

Im Einvernehmen mit Marineminister will Herr von Giers genauere Informationen abwarten; Legationssecretär Speyer wurde von Tokio nach Soul geschickt; Generalkonsul Weber ist mit ratificirtem Handelsvertrag unterwegs nach Korea.

Herr von Giers muthmaßt, daß England im Einverständniß mit China zur Besetzung Hamiltons schritte. Meiner Ansicht nach ist es wahrscheinlich, daß Rußland gelegentlich einen eisfreien Hafen im Japanischen Meer occupiren wird, daß aber noch keine Wahl getroffen wurde.

Schweinitz.
Orig. in actis: I. B. 10.

Beilegung des japanisch-chinesischen Konfliktes.

PAAA_RZ201-018905_135 ff.

Empfänger	Bismarck	Absender	Dönhoff
A. 4472. p. 4. Juni 1885.		Tokio, den 19. April 1885.	

A. 4472. p. 4. Juni 1885. a. m.

Tokio, den 19. April 1885.

A. № 17.

Seiner Durchlaucht

dem Fürsten von Bismarck.

Wie mir der Minister des Äußern Graf Inouye heute mittheilte, ist es gestern in Tientsin zur Unterzeichnung eines Abkommens zwischen Li-hung-chang und dem Grafen Ito gekommen, (vergl. Bericht vom 26. Februar d. J's A. № 11) durch welches der in Folge der koreanischen Unruhen entstandene chinesisch-japanische Konflikt beigelegt wird.

Nach den hierüber eingegangenen telegraphischen Mittheilungen soll Folgendes vereinbart worden sein:

1. China u. Japan ziehen ihre beiderseitigen Truppen aus Korea binnen vier Monaten zurück, behalten sich aber das Recht vor, für den Fall der Noth und unter vorhergehender gegenseitiger Benachrichtigung wiederum Truppen nach Korea zu schicken.

2. China wird Japan in offizieller Note die Versicherung geben, daß es die begangenen Gewaltthätigkeiten untersuchen und die schuldig befundenen Soldaten bestrafen lassen wird.

3. China wird in derselben Note die Zusicherung aussprechen, den Truppenführern für ihre leichtsinnige Handlungsweise in Seoul einen Verweis zu ertheilen.

Wie Graf Inouye hinzufügte, ist die bezügliche chinesische Note bereits in Händen des Grafen Ito und Letzterer heute früh von Tientsin nach Yokohama in See gegangen, woselbst er gegen Ende des Monats erwartet wird.

Der Minister sprach mir des Längeren seine Befriedigung über den Ausgang der Mission Ito's aus, deren Erfolge seine Erwartungen bei augenblicklicher Lage der Verhältnisse übertreffen.

Einen nicht geringen Einfluß auf den günstigen Beginn der Verhandlungen schreibt Graf Inouye dem plötzlich eingetretenen Tode des Englischen Gesandten Sir Harry Parkes zu, durch den die chinesische Regierung den Einflüssen dieses Englischen Diplomaten entzogen wurde. Dennoch schien der Erfolg im Augenblicke des ganz unerwarteten Abschlusses des französisch-chinesischen Waffenstillstandes sehr kompromittirt zu sein. Ob in diesem Augenblicke Englische Einflüsse, im Hinblick auf die Verwickelungen mit Rußland, zu Gunsten Japans in Peking thätig gewesen sind, ist von hier aus unmöglich zu beurtheilen, vom Grafen Inouye wird es auf das Entschiedenste verneint.

Die Art der Lösung der Differenz hat dem japanischen Nationalstolz geschmeichelt: die Tragweite derselben wird sich in den zukünftigen Beziehungen der beiden Länder zu einander abspiegeln.

Graf Ito's persönliche Stellung dürfte nach diesem diplomatischen Erfolge nur noch einflußreicher werden. Da er der Leiter der den deutschen Institutionen huldigenden Regierungs-Mitglieder ist, kann die Erhöhung seines Einflusses für die hiesigen deutschen Interessen nur günstig wirken.

Dönhoff.

Inhalt: Beilegung des japanisch-chinesischen Konfliktes.

[   ]

PAAA_RZ201-018905_139 f.

Empfänger	Bismarck	Absender	Dönhoff
A. 4473 pr. 4. Juni 1885. a. m.		Tokio, den 22. April 1885.	

Abschrift.

A. 4473 pr. 4. Juni 1885. a. m.

Tokio, den 22. April 1885.

A. № 18.

Seiner Durchlaucht
dem Fürsten von Bismarck.

Wie mir Graf Inouye heute sagte, ist ihm vom japanischen Gesandten in China, Admiral Enomoto, die telegraphische Meldung aus Tientsin zugegangen, daß nach einer dem Letzteren von Li-hung-chang gemachten Mittheilung, der englische Admiral Dowell mit mehreren Schiffen des Geschwaders nach der an der Südspitze von Korea gelegenen Inselgruppen, Port Hamilton, gesegelt und daselbst bis auf Weiteres vor Anker gegangen sei.

Der Minister, der von dieser Nachricht sichtlich unangenehm berührt war, glaubt annehmen zu sollen, daß für den Fall eines englisch-russischen Krieges, diese Inselgruppe zur Operationsbasis für das englische Geschwader bestimmt sei und definitiv besetzt werden würde; anderer Seits befürchtet er aber auch, daß wenn es auch nicht zum Ausbruch offener Feindseligkeiten kommen sollte, die Besetzung von Port Hamilton Seitens Englands dennoch erfolgen könnte, und zwar unter dem Vorwande, einer russischen zuvorzukommen.

Die Aussicht dieser englischen Nachbarschaft scheint dem Grafen Inouye beunruhigend, besonders, da nach seiner Ansicht ein derartiges Vorgehen Englands von russischer Seite im geeigneten Momente jedenfalls als Beispiel und Präcedenz Nachahmung finden würde.

gez. G. Dönhoff
Orig. i. a.: I . B. 10.

[   ]

PAAA_RZ201-018905_141

Empfänger	[o. A.]	Absender	[o. A.]
A. 4522 pr. 5. Juni 1885		[o. A.]	

A. 4522 pr. 5. Juni 1885 p. m. 1 Anlage

Notiz ad A. 4472

Ein Telegramm aus Peking vom 20.mai, dessen Inhalt in der Nordd. Allg. Ztg. vom 23. ds. Monats veröffentlich worden ist, bestätigt den Abschluß einer Konvention zwischen China und Japan unter Bedingungen, die mit den unterm 19. April aus Tokio gemeldeten im Wesentlichen übereinstimmen.

N. S. E.

[Unterschrift]

L. 5. 6.

Die politische und die kommerzielle Lage.

PAAA_RZ201-018905_143 ff.

Empfänger	Bismarck	Absender	Budler
A. 4865 16. Juni 1885.		Seoul, den 27. April 1885.	

A. 4865 16. Juni 1885. a. m.

Seoul, den 27. April 1885.

№ 34.

Seiner Durchlaucht

dem Fürsten von Bismarck.

Eurer Durchlaucht erlaube ich mir unter Bezugnahme auf meine Berichte vom 2. ds. Mts. № 29 und vom 17. Februar № 17. das Folgende betreffend die politische und die kommerzielle Lage ganz gehorsamst zu melden.

Am 25. ds. Mts. kam hier ein Attaché des nach Peking vor kurzem gesandten japanischen Botschafters an und brachte die Nachricht, daß Japan und China die wegen der koreanischen Frage zwischen ihnen entstandenen Schwierigkeiten auf gütlichem Wege ausgeglichen hätten; ein Vertrag sei unterzeichnet, an dessen Ratifikation kaum ein Zweifel bestehe.

Von Koreanischer Seite erfuhr ich, daß die Truppen der genannten beiden Länder nach Ablauf von 4 Monaten zurückgezogen werden sollen, daß dieselben sich verpflichten, in Zukunft keine Truppen nach Korea zu senden, und daß die koreanischen Soldaten nicht von chinesischen oder japanischen Instrukteuren ausgebildet werden sollen.

Falls derartige Abmachungen zur Ausführung gelangen, dürfte die koreanische Regierung zunächst über diesen Ausgang der Sache befriedigt sein. Ob es aber möglich sein wird, die koreanischen Soldaten zu einer festen Stütze der jetzigen Regierung zu machen, sodaß diese feindlichen Parteien unterdrücken kann, erscheint zweifelhaft, wie ich schon mehrmals angedeutet habe. Hoffentlich gelingt es Herrn von Möllendorff, der am 4. April von Japan hierher zurückgekehrt ist, bald, einige deutsche Militärs zu gewinnen, welche die Ausbildung der Koreanischen Truppen in die Hand nehmen würden. Ein guter Führer würde wohl auf dieselben zählen können.

Auf jeden Fall aber wird es höchst wünschenswert sein, daß einige fremde Kriegsschiffe im Hafen von Chemulpo liegen zu der Zeit, wo die Räumung des Landes von den chinesischen und japanischen Truppen vollendet wird, und es wäre vielleicht zu erwägen, was geschehen soll, wenn die fremdenfeindliche Partei sich erhebt, um die Regierung zu stürzen und die Fremden zu vertreiben. Es ist möglich, daß die Aufrührer wenig ernstlichen Widerstand finden würden.

Euere Durchlaucht erlaube ich mir unter diesen Umständen ganz gehorsamst zu bitten, dem Chef des ostasiatischen Geschwaders die Weisung zukommen zu lassen, ein Kanonenboot für den gedachten Zeitpunkt nach Chemulpo zu senden, damit den deutschen Reichsangehörigen Schutz gewährt werden kann.[40] Ob darüber hinaus von den nicht-asiatischen Vertragsmächten Schritte getan werden können um die bestehende Regierung gegen die fremdenfeindliche Partei zu stützen, damit die Fremden selbst ihre Stellung im Lande behaupten, weiß ich nicht. – Von Koreanern selbst wird die Befürchtung vor inneren Umwälzungen nach Abzug der chinesischen Truppen ausgesprochen; doch, wenn die fünf koreanischen nach fremden Systemen ausgebildeten Bataillone erst einige Zeit unter deutschen Offizieren gestanden haben, so dürfte selbst eine so kleine Truppe schon genügen, die Ordnung aufrecht zu erhalten. Nur so lange dies nicht der Fall, möchte fremde Hilfe notwendig sein.

Die bisher vom Volk und von der Regierung gehegten Kriegsbefürchtungen müssen ja nun, sobald der Friede zwischen Japan und China definitiv abgeschlossen ist, verschwinden. Zur Zeit scheint der König und seine Umgebung zu besorgen, daß die Aufrührer, welche nach Japan geflüchtet sind und deren Auslieferung verweigert worden ist, dort weitere Pläne gegen die jetzige koreanische Regierung schmieden werden, doch glaube ich, daß Besorgnisse dieser Art unbegründet sind. Die japanische Regierung scheint jetzt aufrichtig bemüht freundliche Beziehungen mit Korea zu pflegen und die bestehende Regierung zu erhalten, sie wird den Aufrührern schwerlich Vorschub leisten, und ohne solche Hilfe werden dieselben nicht zu fürchten sein. Hoffentlich wird sich auch der König hiervon bald überzeugen, und der Plan, mit dem einige seiner Ratgeber sich trugen, hier noch alte Freunde der Rebellen auszuspüren und hinzurichten, nicht zur Ausführung kommen.

Leider ist der König wieder zu einem persönlichen Regiment zurückgekehrt, in dem Palastbeamte mehr Einfluß haben als wünschenswert ist, und die Erklärung, er wolle sich eines persönlichen Eingreifens in die Regierungsgeschäfte enthalten (cf. Bericht vom 22. Januar Nr.9) scheint in Vergessenheit geraten. Es liegt hierin eine Gefahr, die nicht zu unterschätzen ist. Wegen dieser Palastregierung haben, so scheint es, kürzlich die beiden

---

[40] [Randbemerkung] Der Zeitpunkt wäre jetzt gekommen, wenn die 4-monatige Frist innegehalten worden ist. Hr. Budler muß sich mit solchen Requisitionen an die Gesandtschaften in Peking oder Tokio wenden.

ersten Staatsminister ihre Entlassung eingereicht, die des einen ist angenommen, die des anderen abgelehnt, doch hat derselbe wiederholt um Gewährung des Abschieds gebeten. Herr von Möllendorff versucht jetzt, einige der einflußreichsten Palastbeamten in die Regierung aufzunehmen und ein geregeltes gemeinsames Arbeiten der Ministerien herbeizuführen, aber ob er Erfolg haben wird, ist unsicher.

Erwähnen will ich hier, daß Herr von Möllendorff in Folge der Armut des Landes fortwährend, sowohl im Amt als privatim, mit pekuniären Schwierigkeiten zu kämpfen hat.

Eine Anleihe in Japan aufzunehmen ist ihm nicht gelungen. Von der japanischen Indemnität sollen erst jetzt die ersten ₩25000 bezahlt werden, und selbst dies kann nur geschehen, indem die der früheren „China Merchants Company" geschuldeten Zinsen unbezahlt gelassen würden.

In kommerzieller Beziehung ist Folgendes zu erwähnen:

Die deutsche Firma E. Meyer & Co. hat die in meinem Bericht vom 17. Februar – № 17 – erwähnte Charter eines Dampfers abgeschlossen und hat einen passenden deutschen Dampfer hierfür gefunden. Es scheint, daß die Kosten durch die Einnahmen des Schiffes werden gedeckt werden und wird in diesem Falle der Charter auf drei Monate erneuert werden. Der Dampfer hat auch einen Nichtvertragshafen im Süden Koreas angelaufen, um Reis für die koreanische Regierung nach Chemulpo zu bringen.

Mit Herrn von Möllendorff ist von Japan ein deutscher Landwirt hierher gekommen, der für den König ein größeres Gut nach deutschem System kultivieren soll, die Verhandlungen sind aber noch nicht zum Abschluß gelangt.

Der deutsche Geschäftsmann, welcher die schon mehrfach erwähnte Glasfabrik errichten soll, ist mit zwei böhmischen Glasarbeitern angekommen.

Der Seidenbauinspektor Maertens ist von China zurückgekehrt, aber er hat keine Maulbeerbäume mitgebracht, da die Jahreszeit schon zu weit vorgeschritten war, um dieselben überzuführen. Er wird nun zunächst mit den vorhandenen Bäumen die Arbeiten beginnen.

Budler.

Betrifft: die politische und die kommerzielle Lage.

Chinesisch-Japanischer Conflikt. Beilegung desselben.

PAAA_RZ201-018905_152 f.

Empfänger	Bismarck	Absender	Brandt
A. 4872 pr. 16. Juni 1885.		Peking, den 17. April 1885.	
Memo	Mitgeth. D. 16. 6. n. Petersburg 373, Wien 355, Rom 105, Paris 271, London 212 u. Constantinopel 177		

A. 4872 pr. 16. Juni 1885. a. m.

Peking, den 17. April 1885.

A. № 87.

Seiner Durchlaucht

dem Fürsten von Bismarck.

Euerer Durchlaucht habe ich die Ehre ganz gehorsamst zu berichten, daß nach einer dem Königlich Großbritannischen Geschäftsträger O'Conor von den Ministern des Yamen gestern mündlich gemachten Mittheilung der zwischen China und Japan bestehende Konflikt seine Erledigung durch Abschluß eines Abkommens gefunden hat, durch welches beide Teile sich verpflichten ihre Truppen nach Ablauf von vier Monaten aus Korea zurückzuziehn mit dem Vorbehalt jedoch, daß dieselben im Falle von Unruhen in Korea wieder dorthin zurückgesendet werden können.

Über die Frage, ob von China eine Entschädigung an Japan zu zahlen sei, soll eine Enquete stattfinden.

Die Forderung der Bestrafung der Chinesischen Beamten ist Seitens des japanischen Bevollmächtigten fallen gelassen worden.

Das Inkrafttreten des Waffenstillstandes zwischen Frankreich und China, wie die sich steigernden Aussichten auf den Abschluß eines Friedens zwischen den beiden Mächten mag wesentlich dazu beigetragen haben, die Japaner im letzten Augenblicke nachgiebiger zu stimmen.

Brandt.

Inhalt: Chinesisch-Japanischer Conflikt. Beilegung desselben.

Berlin, den 16. Juni 1885. A. 4872.

An

die Missionen in:

Vertraulich.

1. Petersburg № 373.

2. Wien № 355.

3. Rom № 105

4. Paris № 271.

5. London № 212

6. Constantinopel № 177

Euer p. beehre ich mich anbei Abschrift eines Berichts des K. Gesandten in Peking vom 17. April betreffend die Beilegung des chinesisch-japanischen Konflikts zur gefl. persönlichen Information zu übersenden.

N. S. E.

i. m.

L 16. 6.

Chinesischer-japanischer Conflikt. Betreffend das in Tientsin am 18. April d. j. unterzeichnete Abkommen und die Organisation einer Gendarmerie aus Koreanern mit fremden Offizieren.

PAAA_RZ201-018905_157 ff.			
Empfänger	Bismarck	Absender	Brandt
A. 5049 pr. 21. Juni 1885.		Peking, den 28. April 1885.	
Memo	Mitgeth. d. 21. 6. n. London 231		

A. 5049 pr. 21. Juni 1885. a. m.

Peking, den 28. April 1885.

A. № 97.

Seiner Durchlaucht
dem Fürsten von Bismarck.

Admiral Enomotto, der mich nach seiner Rückkehr von Tientsin aufsuchte, bestätigte im Wesentlichen, was Euerer Durchlaucht ich über den Inhalt des Japanisch-Chinesischen Abkommens zu berichten die Ehre gehabt hatte; den genauen Text desselben erklärte er mir indessen vor dem erfolgten Austausch der Ratifikationen nicht mitteilen zu können. Er fügte hinzu, daß für Sicherheit des Landes respective der sich in Seul aufhaltenden Fremden durch die Errichtung eines Koreanischen Truppencorps unter fremden Offizieren Sorge getragen werden würde. Auf meine Bemerkung, daß zur Organisation einer solchen Truppe vier Monate kaum hinreichen dürften, da diese Zeit nicht genügen würde, den Soldaten das nötige Zutrauen in die fremden Offiziere zu geben und den letzteren nicht ermöglichen würde, die koreanische Sprache zu erlernen, was mir, wenn die Truppe überhaupt von Wert sein solle, doch unumgänglich notwendig erschiene, meinte er, daß es sich weniger um eine Truppe von militärischem Wert handle, als um eine Art Gendarmerie und daß Herr von Möllendorff gemeint habe, daß zur Aufstellung und Ausbildung derselben sechs Monate vollständig ausreichen würden. Außerdem werde dem Japanischen Vertreter in Seul eine starke Abteilung Polizisten beigegeben und japanische Kriegsschiffe bei Chemulpo stationiert werden, so daß eine Gefahr für die fremden Residenten kaum vorhanden sein dürfte.

Die ganzen Auseinandersetzungen Admiral Enomotto's machten mir den Eindruck als wenn man selbst japanischerseits das in Tientsin am 18. April unterzeichnete Abkommen mehr als einen augenblicklichen Erfolg, dazu bestimmt, die öffentliche Meinung in Japan zu beruhigen ansähe, denn als eine definitive Erledigung der Frage.

Kurz nach Admiral Enomotto's Besuch suchte mich der Englische Geschäftsträger auf, um mir mitzutheilen, daß er dem Tsungli-Yamen gegenüber die Formirung der vorerwähnten Gendarmerie zur Sprache gebracht und darauf hingewiesen habe, wie wünschenswert es sei, die Sache sofort in die Hand zu nehmen, um den in Korea ansässigen Fremden den notwendigen Schutz zu gewähren, da er sonst den Ausbruch von Unruhen im Lande und sich daraus ergebende Belästigungen der Fremden respective Gefahren für dieselben fürchte. Das Yamen habe sich dieser Anregung gegenüber aber ganz apathisch verhalten.

Herr O'Conor bat mich, mich in demselben Sinne dem Tsungli-Yamen gegenüber zu äußern, was ich aber mit der Bemerkung ablehnte, daß ich dadurch, daß ich das getroffene Abkommen als den fremden Interessen schädlich darstellte, einerseits nicht der japanischen Regierung einen Grund sich über mein Vorgehen zu beschweren geben möchte. Im Übrigen teilte ich durchaus seine Befürchtungen, wenn aber etwas geschehen solle, so müsse die Anregung dazu von den bei der Frage interessirten Regierungen ausgehen; ich hätte vor der Hand dem Befehlshaber unserer Station in den Ostasiatischen Gewässern anheimgeben, sich mit unserm Vertreter in Korea über die für den Fall der Räumung des Landes durch die chinesischen und japanischen Truppen zu ergreifenden Sicherheitsmaßregeln ins Einvernehmen zu setzen. Zu einem weiteren hielte ich mich aber für den Augenblick nicht ermächtigt.

Ich kann hier nur wiederholen, daß ich das Zurückziehen namentlich der chinesischen Truppen aus Seul um so weniger als im Interesse der dort befindlichen Fremden und der friedlichen Entwicklung der eben erst angebahnten Handelsverhältnisse liegend ansehn kann, als mir nicht ersichtlich ist, woher die coreanische Regierung, die vollständig mittellos ist, das Geld zur Bezahlung einer größeren Anzahl fremder Offiziere nehmen soll.

Brandt.

Inhalt: Chinesischer-japanischer Conflikt. Betreffend das in Tientsin am 18. April d. j. unterzeichnete Abkommen und die Organisation einer Gendarmerie aus Koreanern mit fremden Offizieren.

Berlin, den 21. Juni 1885.   A. 5049

An

die Mission in:

vertraulich.

1. London № 231

Euer p. beehre ich mich anbei Abschrift eines Berichts
des K. Gesandten in Peking vom 25/7 betreffend den
chinesisch-japanischen Konflikt zur gefl. persönlichen
Information zu übersenden.

d. R. K.

i. A.

i. m.

L. 21. 6.

Den Abschluß des chinesisch-japanischen Abkommens betreffend

PAAA_RZ201-018905_164 f.

Empfänger	Bismarck	Absender	Brandt
A. 5054 pr. 21. Juni. 1885. a. m.		Peking, den 21. April 1885.	
Memo	Mitgeth. d. 21. 6. n. Petersburg 385, Wien 365, Rom 111, Paris 282, London 233 u. Constantinopel 182		

A. 5054 pr. 21. Juni. 1885. a. m.

Peking, den 21. April 1885.

A. № 90.

Seiner Durchlaucht

dem Fürsten von Bismarck.

Meinem ganz gehorsamsten Bericht A. № 87 vom 17. April in Betreff der Beilegung des Japanisch-chinesischen Konflikts kann ich heute hinzufügen, daß die Unterzeichnung des Abkommens nach einer Mitteilung des Japanischen Gesandten, Admirals Enomotto, am 17. stattgefunden hat. Am 19. hat der Botschafter Ito seine Rückreise nach Japan angetreten. Seitens der Japaner ist strenges Schweigen über den Inhalt des Abkommens, dessen Ratifikation wie ich höre, innerhalb eines Monats erfolgen soll, beobachtet worden, von Chinesischer Seite sind mir indessen die in Meinem ganz gehorsamsten Bericht A. № 87 enthaltenen Angaben über die Vereinbarung bestätigt worden.

Den Ausschlag zu Gunsten der Chinesen hat in der Tat die Verständigung zwischen Frankreich und China gegeben, welche auf Wunsch des General-Gouverneurs Li hung chang der französische Konsul Ristelhueber in Gegenwart der Japaner bestätigen musste.

Brandt.

Inhalt: Den Abschluß des chinesisch-japanischen Abkommens betreffend.

Berlin, den 21. Juni 1885.   A. 5054

An

die Missionen in:

Vertraulich.

1. Petersburg № 385.

2. Wien № 365.

3. Rom № 111.

4. Paris № 282.

5. London. № 235.

6. Constantinopel № 182.

Euer p. beehre ich mich anbei Abschrift eines Berichts des K. Gesandten in Peking vom 21/4 betreffend den Abschluß des chinesisch-japanischen Abkommens zur gefl. persönlichen Information zu übersenden.

d. R. K.

i. A..

i. m.

L. 21. 6.

Betreffend Japanisch-Chinesischer Konflikt. Übersetzung des Vertrages vom 18. April 1885.

PAAA_RZ201-018905_169			
Empfänger	Bismarck	Absender	Brandt
A. 5057 21. Juni 1885. a. m.		Peking, den 30. April 1885.	

A. 5057 21. Juni 1885. a.m. 1 Anl.

Peking, den 30. April 1885.

A. № 98.

Seiner Durchlaucht
dem Fürsten von Bismarck.

Euerer Durchlaucht habe ich die Ehre in der Anlage Übersetzung des am 18.April d. j. zu Tientsin abgeschlossenen Vertrages zwischen Japan und China ganz gehorsamst zu überreichen. Da derselbe der von China zugesagten Enquete über die etwa an Japan zu entrichtende Entschädigung keine Erwähnung tut, so dürfte anzunehmen sein, daß das auf dieselbe bezügliche Versprechen der chinesischen Regierung entweder durch einen besonderen geheimen Artikel oder nur durch Notenaustausch zwischen den Bevollmächtigten festgesetzt worden ist.

Brandt.

Inhalt: Betreffend Japanisch-Chinesischer Konflikt. Übersetzung des Vertrages vom 18. April 1885. 1 Anlage.

Anlage zum Bericht A. № 98 vom 30. April 1885.
Übersetzung.

Auf Grund der ihnen erteilten Allerhöchsten Vollmachten haben

Li-hung chang und Ito

nach gemeinsamer Beratung zur Befestigung der freundschaftlichen Beziehungen eine Spezialkonvention abgeschlossen, welche aus den nachstehend verzeichneten Artikeln besteht.

Art. 1. Es ist, um Konflikte zwischen den beiden kontrahirenden Teilen zu vermeiden, verabredet worden, daß China seine augenblicklich in Korea stehende Garnison, sowie Japan seine daselbst zum Schutz der Gesandtschaft befindlichen Mannschaften zurückziehen sollen. Es wird zu diesem Behuf eine mit dem Tage der Unterzeichnung gegenwärtiger Konvention beginnende, viermonatliche Frist festgesetzt, innerhalb deren die vollständige Evakuation beiderseits durchgeführt werden muß. Die chinesischen Truppen werden ihren Rückzug über Shan-pu, die japanischen über Iênchuan(Chemulpo) bewerkstelligen.

Art. 2. Die beiden kontrahirenden Teile sind übereingekommen, der koreanischen Regierung anzuraten, ein Truppenkorps auszubilden von genügender Stärke, um die Sicherheit der Regierung und die Ruhe des Landes zu gewährleisten. Zu diesem Zweck würde der König von Korea einen oder mehrere fremdländische - aber weder chinesische, noch japanische - Offiziere in seinen Dienst nehmen, und ihnen die Ausbildung dieses Truppencorps anvertrauen können. Weder China noch Japan dürfen hinfort Offiziere nach Korea schicken, um dortige Truppen auszubilden.

Art. 3. Im Falle des zukünftigen Ausbruchs ernstlicher Ruhestörungen in Korea, können entweder China und Japan gemeinsam, oder eines dieser beiden Länder für sich, schleunigst (wörtlich: in fliegender Eile) Truppen dorthin entsenden, sie müssen sich hiervon jedoch gegenseitig offiziell und schriftlich benachrichtigen. Nach Wiederherstellung der Ordnung sind die Expeditions-Corps alsbald wieder zurückzuziehen. Die Zurücklassung ständiger Garnisonen ist in Zukunft unstatthaft.

Kuangsü 11 Jhr. 3. Mt. 4 Tg

(18. April 1885.)

Für richtige Übersetzung:

(gez.): E. Arendt.

N. A. Ztg. № 285.
23. 6. 85.

Die letzte Post aus China hat den Text des am 18. April in Tientsin zwischen China und Japan abgeschlossenen Vertrages gebracht, durch den das zwischen den beiden Ländern, gelegentlich der bekannten Vorgänge in Korea ausgebrochene Zerwürfniß zu einem friedlichen Abschluß gebracht worden ist. Der Vertrag lautet in der Übersetzung:

„Auf Grund der ihnen ertheilten Allerhöchsten Vollmachten haben Li-Hung-Chang und Ito nach gemeinsamer Beratung zur Befestigung der freundschaftlichen Beziehungen eine Spezialkonvention abgeschlossen, welche aus den nachstehend verzeichneten Artikeln besteht.

Artikel 1. Es ist, um Konflikte zwischen den beiden kontrahirenden Theilen zu vermeiden, verabredet worden, daß China seine augenblicklich in Korea stehende Garnison, sowie Japan seine daselbst zum Schutz der Gesandtschaft befindlichen Mannschaften zurückziehen sollen. Es wird zu diesem Behuf eine mit dem Tage der Unterzeichnung gegenwärtiger Konvention beginnende, viermonatige Frist festgesetzt, innerhalb derer die vollständige Evakuation beiderseits durchgeführt werden muß. Die chinesischen Truppen werden ihren Rückzug über Shan-p´u, die japanischen über Iênch´uan (Chemulpo) bewerkstelligen.

Artikel 2. Die beiden kontrahirenden Theile sind übereingekommen, der koreanischen Regierung anzurathen, ein Truppenkorps auszubilden von genügender Stärke, um die Sicherheit der Regierung und die Ruhe des Landes zu gewährleisten. Zu diesem Zweck würde der König von Korea einen oder mehrere fremdländische - aber weder chinesische, noch japanische - Offiziere in seinen Dienst nehmen, und ihnen die Ausbildung dieses Truppenkorps anvertrauen können. Weder China, noch Japan dürfen hinfort Offiziere nach Korea schicken, um dortige Truppen auszubilden.

Artikel 3. Im Falle des zukünftigen Ausbruchs ernstlicher Ruhestörungen in Korea können entweder China und Japan gemeinsam, oder eines dieser beiden Länder für sich, schleunigst (wörtlich: in fliegender Eile) Truppen dorthin entsenden, sie müssen sich hiervon jedoch gegenseitig offiziell und schriftlich benachrichtigen. Nach Wiederherstellung der Ordnung sind die Expeditionskorps alsbald wieder zurückzuziehen. Die Zurücklassung ständiger Garnisonen ist in Zukunft unstatthaft.

Kuangsü 11 Jhr. 3. Mt. 4 Tg. (18. April 1885.)“

[   ]

PAAA_RZ201-018905_176

Empfänger	Bismarck	Absender	Schweinitz
A. 5156 pr. 25. Juni 1885.		St. Petersburg, den 20. Juni 1885.	
Memo	durch Kgl. Feldjäger.		

Abschrift.

A. 5156 pr. 25. Juni 1885. a. m.

St. Petersburg, den 20. Juni 1885.

№ 206.

Seiner Durchlaucht

dem Fürsten von Bismarck.

pp.

Von jeher, schon von Jahren und in neuerer Zeit nach den Unruhen in Söul, stellte der Russische Minister der auswärtigen Angelegenheiten den Grundsatz auf, daß Russland sich nicht in die Angelegenheiten Koreas mengen, aber auch nicht zulassen dürfe, daß eine fremde Macht dort präponderire, wobei er zunächst an Amerika zu denken schien.

pp.

(gez.) von Schweinitz.

orig. i. a: Korea 2.

Chinesisch-Japanischer Conflikt. Betreffend das Chinesisch-Japanische Abkommen vom 18. April d. J.

PAAA_RZ201-018905_177 ff.			
Empfänger	Bismarck	Absender	Brandt
A. 5325 pr. 30. Juni 1885. (p. m.)		Peking, den 4. Mai 1885.	
Memo	mitgeth. d. 1. 7. v. London 258		

A. 5325 pr. 30. Juni 1885. (p. m.)

Peking, den 4. Mai 1885.

A. № 104.

Seiner Durchlaucht

dem Fürsten von Bismarck.

Im Anschluß an meinen ganz gehorsamsten Bericht A. № 98 vom 30. April dieses Jahres mit dem Euerer Durchlaucht ich die Übersetzung des am 18. April zwischen den Bevollmächtigten Chinas und Japans zu Tientsin unterzeichneten Abkommens ganz gehorsamst zu überreichen die Ehre hatte, kann ich heute nach vertraulichen Mitteilungen des Tsungli Yamen melden, daß die von China zugesagte Enquete durch einen Depeschen-Austausch festgestellt worden ist, durch welchen China verspricht, solche Verluste, welche japanische Kaufleute etwa durch irgend welche Handlung chinesischer Soldaten erlitten haben sollten, zu ersetzen, falls hinreichende Beweise dafür beigebracht würden.

Ein Austausch von Ratifikationen ist, nach weiteren Mitteilungen des Yamen, nicht in Aussicht genommen, da das in Tientsin unterzeichnete Instrument, weder ein Vertrag noch eine Konvention sei, sondern nur eine Punktierung über ein Verfahren, welches man übereingekommen sei zu beobachten. Man werde sich daher darauf beschränken, sich innerhalb zweier Monate vom Tage der Unterzeichnung an, von der erfolgten beiderseitigen Allerhöchsten Zustimmung, welche bis jetzt chinesischer seits noch nicht extrahiert worden sei, gegenseitig in Kenntniß zu setzen.

Eine Andeutung über ein in Tientsin umgehendes Gerücht, nach welchem bei Gelegenheit der jüngsten Verhandlungen ein engeres Zusammengehn Chinas und Japans in Korea etwaigen Absichten anderer Staaten gegenüber angebahnt worden sein solle, wurde mit einer Heiterkeit aufgenommen und in einer Weise als leeres Geschwätz bezeichnet, welche eine gereizte Stimmung, und noch mehr vielleicht eine gewisse Mißachtung Japans deutlich durchklingen ließ.

Brandt.

Inhalt: Chinesisch-Japanischer Konflikt. Betreffend das Chinesisch-Japanische Abkommen vom 18. April d. J.

Berlin, den 1. Juli 1885.   A. 5325.

An   Euer p. beehre ich mich anbei Abschrift eines Berichts
die Missionen in: des K. Gesandten in Peking vom 4/5 betreffend das
Vertraulich.   chinesisch-japanische Abkommen in Betreff Corea zur
1. London № 258.   gefl. persönlichen Information zu übersenden.

                                                    Der R. K.
                                                     i. A.
                                                    (i. m.)
                                                    L. 1/7

PAAA_RZ201-018905_182 f.

Empfänger	Auswärtiges Amt in Berlin	Absender	Münster
A. 5657 pr. 11. Juli 1885. a. m.		London, den 10. Juli 1885.	
Memo	Antwort auf Telegramm № 120.		

Abschrift.

A. 5657 pr. 11. Juli 1885. a. m.

Telegramm.

London, den 10. Juli 1885. 7 Uhr 17 M.
Ankunft 9 '' 40 ''

Entzifferung.

№ 180.

Lord Salisburg teilt mir ein vertrauliches Memorandum mit, wonach das vorige Kabinet die temporäre Besetzung Port Hamiltons als Kohlenstation beschlossen und darüber mit der chinesischen Regierung verhandelt habe. Verhandlungen seine noch im Gang, sowohl mit der Chinesischen als auch der Koreanischen Regierung, um zu einem Abkommen zu gelangen, nach welchem letzterer eine jährliche Pachtsumme für die Dauer der Occupation gezahlt werden soll.

Nach der Auffassung der hiesigen Regierung kann Korea unabhängig von China über auswärtige Angelegenheiten nicht verhandeln. Ein Protest der Koreanischen Regierung würde ohne die ausdrückliche Zustimmung der Chinesischen Regierung von keinem internationalen Wert sein.

Münster.

Orig. in actis: Korea 2.

Japanisch-chinesische Konvention vom 18. April d. J's

[   ]

PAAA_RZ201-018905_184

Empfänger	Bismarck	Absender	Dönhoff
A. 5684 pr. 12. Juli 1885 a. m.		Tokio, den 1. Juni 1885.	

A. 5684 pr. 12. Juli 1885 a. m. 1 Anl.

Tokio, den 1. Juni 1885.

A. № 26.

Seiner Durchlaucht

den Fürsten von Bismarck.

Nachdem die in Tientsin zwischen dem Grafen Ito und dem Vice-König Li-hung-chang am 18. April abgeschlossene Konvention, (vergleiche [*sic.*] pl. Bericht A. № 17 vom 19. April d. J.) beiderseitig ratifiziert worden ist, hat die japanische Regierung den Wortlaut derselben, sowie den Text der von Li-hung-chang an den Grafen Ito am selben Tage gerichteten Note im Staatsanzeiger publiziert.

Ich beehre mich die bezügliche Veröffentlichung in Übersetzung ganz gehorsamst vorzulegen.

Dönhoff.

Inhalt: Japanisch-chinesische Konvention vom 18. April d. J's
    1. Anlage.

Anlage zu Bericht A. № 26.
Übersetzung.

Bekanntmachung № 3 des Staatsraths.

In Verbindung mit den im Dezember v. J's in Soul, Corea, stattgehabten Zwistigkeiten, wird hiermit die Konvention bekannt gemacht, welche nach vorheriger Beratung zwischen den Kaiserlichen Regierungen von China und Japan abgeschlossen wurde, ebenso im

Anhang eine Note, welche von der Ersteren der Regierung Sr. Majestät des Tenno von Japan zugegangen ist, und die die ganze Angelegenheit endgültig beilegt.

gez. Herzog Sanjo Sanetomi

Staatsrats Präsident

gez. Graf Inouye Kaoru

Minister des Äußern.

dem 27. Mai 1885.

Konvention.

Der Japanische Außerordentliche Botschafter, Staatsrat, Minister des Kaiserlichen Hauses, Inhaber des Verdienst-Ordens der Aufgehenden Sonne II. Klasse,

Graf Ito;

Der Chinesische Außerordentliche Botschafter, Gouverneur und Ratgeber des Kronprinzen, Senior des Staatsrats, Superintendent des Handels der nördlichen Meere, Chef des Kriegs-departments, Vice-König von Chili, Shikuki des ersten Ranges,

Graf Li:

haben in Übereinstimmung mit ihren Instruktionen, welchen nachzukommen sie gebunden sind, nach vorhergehender Beratung und in der Absicht die freundlichen Beziehungen zu bewahren und zu fördern, eine Konvention abgeschlossen, welche in dem nachstehenden Artikel niedergelegt ist.

China verpflichtet sich alle ihre in Korea sich aufhaltenden Truppen und Japan die daselbst zum Schutze der Gesandtschaft stationierten Truppen innerhalb von vier Monaten, vom Tage der Unterzeichnung und Ratifizierung dieser Konvention angerechnet, zurückzuziehen und, um irgendwelchen Konflikten zwischen beiden Ländern vorzubeugen, sollen die chinesischen Truppen sich in Masampo und die japanischen sich in Ninsen einschiffen.

Die beiden Mächte sind übereingekommen, dem König von Korea anheimzugeben, eine Armee zu schaffen und heranzubilden, welche ihn in den Stand setzt, die öffentliche Ruhe und Sicherheit zu gewährleisten und zu diesem Zwecke einen oder mehrere Offiziere einer dritten Macht in seinen Dienst zu nehmen, welche die Ausbildung der qu. Truppen anzuvertrauen sein würde. Die beiden kontrahierenden Mächte verpflichten sich gegenseitig, fortab keinen ihrer Offiziere nach Korea zum Zwecke der gedachten Heranbildung zu entsenden.

Für den Fall, daß sich die beiden Länder, oder eins derselben, gezwungen sehen sollten, aus Anlaß ganz besonders ernster Revolten oder ähnlicher Ereignisse, Truppen nach Korea zu entsenden, so ist es Bedingung, daß der eine Teil den anderen von dieser

Absicht vorher schriftlich in Kenntniß setzt und das betreffende Land seine Truppen zurückzieht und nicht dort beläßt, wenn die Ruhe wiederhergestellt resp. die qu. Angelegenheit beigelegt ist.

Den 18. April des 18. Jahres Meiji (1885) japanischer Zeitrechnung.

gez. Ito Hirobumi (L. S.)

Außerordentlicher Botschafter, Staatrath etc.

Den 4. Tag des 3. Mondes des 11. Jahres Kosho, chinesischer Zeitrechnung.

gez. Graf L-hung-chang (L. S.)

Außerordentlicher Botschafter etc. etc. etc.

Li, Außerordentlicher Botschafter, spricht sein tiefstes Bedauern aus, über das zwischen den beiderseitigen Kaiserlichen Truppen am Palaste des Königs von Korea stattgehabte Handgemenge, welches sich bei Gelegenheit der in der Hauptstadt Koreas ausgebrochenen Unruhen im 10. Monat vor. J's zutrug, Ereignisse, welche sich ganz der Berechnung beider Länder entzogen. Durchdrungen von dem großen Wert freundlicher Beziehungen, wie sie seit alten Zeiten zwischen beiden Mächten bestehen, muß zugestanden werden, daß unsere Kaiserlichen Truppen es schließlich an der nötigen Vorsicht haben fehlen lassen, wenngleich sie unvermeidlich durch die eingetretene Crisis jener Zeit, zu kämpfen gezwungen waren.

In Betreff der Aussagen der Frau Honda Shinnosuke, eines Japanischen Untertanen, und Anderer, welche Euere Excellenz einsandten, und aus denen hervorgeht, daß chinesische Soldaten in der Hauptstadt in japanische Häuser eingedrungen sind, Eigentum geraubt und Menschen getötet haben, so liegen diesseits keine überzeugende Bewiese hierüber vor; es sollen deshalb Beamte entsandt werden, welche die Untersuchung gegen Offiziere und Soldaten einzuleiten und den Tatbestand festzustellen haben.

Sollte sich ergeben, daß an jenem Tage, Soldaten oder andere Leute unserer Besatzung Unruhe gestiftet oder japanische Untertanen bestohlen und ermordet haben, so sollen die Schuldigen nach der ganzen Strenge der chinesischen Militärstrafgesetze bestraft werden.

obiges zu Euer Excellenz Beachtung.

(L. S.)

den 4. Tag des 3 Mondes des 11 Jahres Kosho.

Sr. Excellenz Grafen Ito 2C. 2C. 2C.

PAAA_RZ201-018905_192 ff.

Empfänger	Auswärtiges Amt in Berlin	Absender	Zembsch
A. 5726 pr. 13. Juli 1885.		Söul, den 25. Mail 1885.	

Abschrift
A. 5726 pr. 13. Juli 1885. p. m.

Söul, den 25. Mail 1885.

Auszug

aus einem Privatberichte

pp.

Die Bevölkerung von Korea wird jetzt die geschehene Zulassung der Fremden bereuen, wenn die abgeschlossenen Freundschaftsverträge Korea nicht einmal vor derartiger Vergewaltigung (Besetzung P. Hamilton's durch die Engländer) schützen, und wenn ein energischer Mann, wie der Tai wan Kun, an die Spitze der Regierung tritt, kann es allen Fremden hier schlecht gehen. Jedenfalls werden durch das Verfahren der Engländer die Bemühungen der andern Vertragsmächte auf friedlichem Wege in Korea Handel und Industrie einzuführen, erheblich geschädigt werden.

Die koreanische Regierung wünscht Korea zu neutralisieren. Die Besetzung Port Hamilton's durch die Engländer könnte einen guten Anlaß geben, um die Neutralisierung Korea's in Vorschlag zu bringen und unter gemeinsamer Garantie der Vertragsmächte durchzusetzen. Engländer würde Port Hamilton wahrscheinlich wieder räumen, wenn Sicherheit vorhanden wäre, daß letzteres nicht von Rußland genommen wird.

Rußland wird vermuthlich in die Neutralisierung Korea's einwilligen, wenn England zustimmt und Port Hamilton wieder aufgibt. China und Japan könnten wohl damit zufrieden sein. Deutschland, die Vereinigten Staaten, Italien, Oesterreich und auch Frankreich dürften ebenfalls ihre Rechnung dabei finden.

Die koreanische Regierung wird noch auf lange Zeit hin nicht im Stande sein, selbst ihr eigenes Gebiet zu schützen.

Bisher hat China dies gethan und zwar in einer eigentlich recht anerkennenswerth uneigennützigen und für Korea wohlvollenden, ich möchte sagen väterlichen Weise. Durch den letzten Aufruhr ist nun China, in Folge seiner derzeit durch den französischen

Conflikt bedrängten Lager gezwungen worden, seine bisherige Beschützerrolle aufzugeben.

Dies ist, meiner Ansicht nach, sehr zu bedauern und es wäre sehr wünschenswerth, wenn an die Welle dieses Schützens von Seiten China's nun ein Schutz Korea's durch sämmtliche Vertragsmächte träte etwa in Form einer Neutralisierung Korea's.

Die Deutschen Interessen können dadurch nur gewinnen und werden ohne eine solche Maßregel stets gefährdet sein.

pp.

(gez.) Zembsch.

Orig. i. a   Korea 2

[   ]

PAAA_RZ201-018905_195 ff.

Empfänger	Auswärtiges Amt in Berlin	Absender	Zembsch
A. 5727 pr. 13. Juli 1885.		Söul, den 25. Mai 1885.	

A. 5727 pr. 13. Juli 1885. p. m.

Söul, den 25. Mai 1885.

Auszug aus einem Privatbriefe.

pp.

Was die zukünftige deutsche Vertretung in Korea betrifft, so möchte ich Folgendes bemerken:

Der Reichstag hat für Korea nur einen Konsul bewilligt. Je weniger Beamten hier sind, um so wichtiger ist es, daß diese Personen chinesisch (wenn möglich auch japanisch) sprechen.

Meine Gesundheit gestattet mir voraussichtlich nicht den Winter hier zuzubringen.

Herr Konsul Kempermann, der während meines kurzen Aufenthalts in Nagasaki, auf Urlaub gehend, dort durch kam, würde, wie ich gehört habe, sehr gern nach Korea gehen, wegen des kälteren Klimas. Er wäre wegen seiner Sprachkenntnisse ganz besonders gut geeignet dazu.

Ferner glaube ich, daß es sehr zweckmäßig wäre, die deutsche Vertretung in Korea der Gesandtschaft in China zu unterstellen, aus mehrfachen Gründen, namentlich auch wegen Requisitionen an die Kriegsschiffe. Die Regierung von Korea würde sich sehr geschmeichelt fühlen, wenn ein Gesandter dort akkreditiert würde.

Derselbe brauch ja nur selten hinzukommen. Für unsern deutschen Standpunkt wird Korea tatsächlich doch immer eine Art Appendix zu China bleiben.

Mit Herrn von Brandt sind wir immer in Verbindung geblieben und habe ich demselben in ähnlichem Sinne geschrieben.

(gez.) Zembsch.

———————————

In Nr. 285 vom 23. v. Mts. veröffentlichen wir, nach dem chinesischen Texte, die zwischen China und Japan in Bezug auf die Vorgänge in Korea abgeschlossene Konvention. Die nunmehr eingetroffene Post aus Japan bringt die japanische Version desselben Vertrages. Der Inhalt der beiden Schriftstücke stimmt überein; der Wortlaut zeigt jedoch verschiedene Abweichungen. Zur Vervollständigung des Materials geben wir deshalb nachstehend eine Uebersetzung des japanischen Textes, wie derselbe im „Staatsanzeiger von Tokio" veröffentlicht worden ist.

In Verbindung mit den im Dezember v. Js. in Söul, Korea, Stattgehabten Zwistigkeiten wird hiermit die Konvention bekannt gemacht, welche nach vorheriger Berathung zwischen den kaiserlichen Regierungen von China und Japan abgeschlossen wurde, ebenso im Anhang eine Note, welche von der ersteren der Regierung Sr. Majestät des Tenno von Japan zugegangen ist und die die ganze Angelegenheit endgültig beilegt.

gez. Herzog Sanjo Sanetomi,
Staatsraths-Präsident.
gez. Graf Inouye Kaoru,
Minister des Aeußern.

Den 27. Mai 1885.

Konvention.

Der Japanische Außerordentliche Botschafter, Staatsrath, Minister des Kaiserlichen Hauses, Inhaber des Verdienstordens der aufgehenden Sonne I. Klasse, Graf Ito;

der chinesische außerordentliche Botschafter, Gouverneur und Ratgeber des Kronprinzen, Senior des Staatsrathes, Superintendent des Handels der nördlichen Meere, Chef des Kriegsdepartements, Vizekönig von Chili, Shikuki des ersten Ranges, Graf Li;

haben in Uebereinstimmung mit ihren Instruktionen, welchen nachzukommen sie gebunden sind, nach vorhergehender Berathung und in der Absicht, die freundlichen Beziehungen zu bewahren und zu fördern, eine Konvention abgeschlossen, welche in dem nachstehenden Artikel niedergelegt ist:

China verpflichtet sich, alle seine in Korea sich aufhaltenden Truppen und Japan die daselbst zum Schutze der Gesandtschaft stationirten Truppen innerhalb von vier Monaten, vom Tage der Unterzeichnung und Ratifitzirung dieser Konvention ab gerechnet, zurückzuziehen und, um irgendwelchen Konflikten zwischen beiden Ländern vorzubeugen, sollen die chinesischen Truppen sich in Masampo und die japanischen sich in Ninsen einschiffen.

Die beiden Mächte sind übereingekommen, dem König von Korea anheimzugeben, eine Armee zu schaffen und heranzubilden, welche ihn in den Stand jetzt, die öffentliche Ruhe und Sicherheit zu gewährleisten und zu diesem Zwecke einen oder mehrere Offiziere einer dritten Macht in seinen Dienst zu nehmen, welchen die Ausbildung der qu. Truppen anzuvertrauen sein würde. Die beiden kontrahirenden Mächte verpflichten sich gegenseitig, fortab seinen ihrer Offiziere nach Korea zu Zwecke der gedachten Heranbildung zu entsenden.

Für den Fall, daß sich die beiden Länder, oder eines derselben, gezwungen sehen sollten, aus Anlaß ganz besonders ernster Revolten oder ähnlicher Ereignisse, Truppen nach Korea zu entsenden, so ist es Bedingung, daß der eine Theil den anderen von dieser Absicht vorher schriftlich in Kenntniß setzt und das betreffende Land seine Truppen zurückzieht und nicht dort beläßt, wenn die Ruhe wiederhergestellt resp. die qu. Angelegenheit beigelegt ist.

Den 18. April des 18. Jahres Meiji (1885) japanischer Zeitrechnung.

gez. Ito Hirobumi (L. S.),

außerordentlicher Botschafter, Staatsrath 2C., den 4. Tag des 3. Mondes des 11. Jahres Kosho, chinesischer Zeitrechnung.

gez. Graf Li-Hung-Chang (L. S.), außerordentliches Botschafter 2C.

Li, außerordentlicher Botschafter 2C. 2C. 2C. spricht sein tiefstes Bedauern aus über das zwischen den beiderseitigen kaiserlichen Truppen am Palaste des Königs von Korea stattgehabte Handgemenge, welches sich bei Gelegenheit der in der Hauptstadt Koreas ausgebrochenen Unruhen im 10. Monat v. Js. zutrug, Ereignisse, welche sich ganz der Berechnung beider Länder entzogen. Durchdrungen von dem großen Werthe freundlicher Beziehungen, wie sie seit alten Zeiten zwischen beiden Mächten bestehen, muß zugestanden werden, daß unsere kaiserlichen Truppen es schließlich an der nöthigen Vorsicht haben fehlen lassen, wenngleich sie unvermeidlich durch die eingetretene Krisis jener Zeit zu kämpfen gezwungen waren.

In Betreff der Aussagen der Frau Honda Shinnosuke, einer japanischen Unterthanin, und Anderer, welche Euere Exzellenz einsandten, und aus denen hervorgeht, daß chinesische Soldaten in der Hauptstadt in japanische Häuser eingedrungen sind, Eigenthum geraubt und Menschen getödtet haben, so liegen diesseits keine überzeugenden Beweise hierüber vor; es sollen deshalb Beamte entsandt werden, welche die Untersuchung gegen Offiziere und Soldaten einzuleiten und den Thatbestand festzustellen haben.

Sollte sich ergeben, daß an jenem Tage Soldaten oder andere Leute unserer Besatzung Unruhe gestiftet oder japanische Unterthanen bestohlen und ermordet haben, so sollen die Schuldigen nach der ganzen Strenge der chinesischen Militair-Strafgesetze bestraft werden.

Obiges zu Eurer Exzellent Beachtung.

(L. S.) den 4. Tag des 3. Mondes des 11. Jahres Kosho.

Sr. Exzellenz Grafen Ito 2C. 2C. 2C.

[   ]

PAAA_RZ201-018905_199 ff.

Empfänger	Bismarck	Absender	Schweinitz
A. 5854 pr. 18. Juli 1885. p. m.		St. Petersburg, den 11. Juli 1885.	

Abschrift.

A. 5854 pr. 18. Juli 1885. p. m.

St. Petersburg, den 11. Juli 1885.

№ 225.

Ganz vertraulich!

Durch Gelegenheit.

Seiner Durchlaucht

dem Fürsten von Bismarck.

Der hiesige Agent der Dänischen Telegraphen-Compagnie hat die Nachricht erhalten, daß England eine unterseeische telegraphische Verbindung zwischen Schanghai und Quelpart, beziehungsweise Port Hamilton herstellt. Die genannte Gesellschaft wird hierdurch in ihren Interessen bedroht, ja sogar, nach dänischer Auffassung, in ihren Rechten verletzt, indem sie mit China einen Vertrag hat, welcher fremde Konkurrenz ausschließt mit Benutzung der Russischen Sibirischen Linien sicherte sie sich den größten Teil des schnell zunehmenden telegraphischen Verkehrs zwischen Europa und Ost-Asien; die Französischen Kriegsdepeschen wurden fast ausschließlich von ihr besorgt und die Aktien, deren viele in deutschen Händen sein sollen, sind gestiegen. Von Russischer Seite wird diese Gesellschaft begünstigt, wie ich wiederholt zu berichten hatte, wenn ich, vertraulich und stets vergeblich, mit dem hiesigen Telegraphendirektor wegen Bevorzugung der Linie Petersburg-Fanö-Paris sprach.

Mein dänischer Kollege konnte also auf Entgegenkommen rechnen, als er, an einem der letzten Tage den Adjoint des Ministers der auswärtigen Angelegenheiten, Herrn Vlangaly, auf die englische Kabellegung aufmerksam machte; General Kjoer fügte hinzu, die Dänische Compagnie stehe grade jetzt im Begriff, Verbindung mit Korea anzubahnen, und durch das Kabel Schanghai-Quelpart würden ihr die Engländer zuvorkommen.

Auffälliger Weise war dem Russischen Ministerium keine Mitteilung über dieses, unter gegenwärtigen Umständen doch recht interessante Englische Unternehmen zugegangen, obgleich mehrere Russische Kriegsschiffe sich in jenen Gewässern befunden, und man könnte deshalb fast versucht sein, an der Richtigkeit der dänischen Nachricht zu zweifeln.

Herr Vlangaly hat dem General Kjoer geantwortet, so lange als der General-Konsul Weber nicht auf seinem Posten in Söul angekommen sei, könne gar nichts geschehen.

gez. von Schweinitz.

Auszug

Berlin. den 19. Juli 1885.

A. 5709. 5657.

An

tit. Herrn von Schweinitz

St. Petersburg.

№ 439.

pp.

Bisher herrschte in Europa kein Zweifel über die Berechtigung Koreas zu selbstständigen auswärtigen Unterhandlungen. In den Verträgen, welche jenes Land während der letzten Jahren mit verschiedenen Mächten – am 26. November 1883 auch mit England – abgeschlossen hat, ist der König von Korea als unabhängiger Souverain aufgetreten.

Die Jetzige Auffassung der englischen Regierung, wonach Korea, unabhängig von China, über auswärtige Angelegenheiten nicht verhandeln könnte, ist neu. Ich bitte Ew. tit. Herrn von Giers über die Ansichten seiner Regierung in Bezug auf diese Frage sondieren zu wollen. Die Mitteilung des Londoner Telegramms dürfte eine geeignete Gelegenheit dazu darbieten.

(gez.) Graf von Hatzfeldt.

Orig. in actis: Korea 2.

[   ]

PAAA_RZ201-018905_204 f.

Empfänger	Bismarck	Absender	Schweinitz
A. 5887. p. 19. Juli 1885. a. m.		St. Petersburg. 16. Juli 1885.	
Memo	s. Erb. n. Petersburg 446 v. 22. 7.		

Abschrift.

A. 5887. p. 19. Juli 1885. a. m.

St. Petersburg. 16. Juli 1885.

№ 233.

Seiner Durchlaucht

dem Fürsten von Bismarck.

Entzifferung.

Legationssekretär Speyer, welcher von der russischen Gesandtschaft in Japan nach Korea delegiert worden war, meldet, daß dortige Regierung die guten Dienste Rußlands in Bezug auf die Angelegenheit von Port Hamilton erbittet. Herr von Giers hat an den Botschafter in Berlin einen Erlaß über diesen Gegenstand gerichtet. Herr Speyer meldet ferner, daß die Stellung des Herr Möllendorff erschüttert sei; die Vertreter Englands und anderer nicht näher bezeichneten Mächte agitierten gegen Möllendorff und da der, Herr Speyer, nur an diese eine Stütze fand, so habe er eingesehen, daß er jetzt nichts ausrichten könne und deshalb Korea wieder verlassen.

Herr von Giers glaubt, daß Generalkonsul Weber bald an seinem Bestimmungsorte eintreffen wird.

Schweinitz.

Orig. i. a. Korea 2

Abschrift.

Berlin, den 20. Juli 1885.   ad. A. 5657

Betrifft das Verhältniß Koreas
zu China und Port Hamilton.

Ref: W. L. R. Lindau.

Das Verhältniß Koreas China gegenüber ist nicht
klar:

I. Der Kaiser von China behauptet, das Königreich
   Korea stehe unter chinesischer Oberhoheit.[41]

II. Korea hat auch noch in jüngster Zeit chinesische
    Eingriffe in die innere Verwaltung des Landes
    geduldet, andererseits aber, was die auswärtigen
    Beziehungen angeht, als unabhängiger Staat
    gehandelt.

III. Japan stellt auf das Entschiedenste in Abrede, daß der chinesischen Regierung irgend
     welche Eingriffe in die koreanischen Angelegenheiten gestattet werden dürfen.

IV. Die europäischen Mächte und die Vereinigten Staaten haben ebenfalls mit einem
    unabhängigen Korea verhandelt.

    Die mit Korea abgeschlossenen Verträge sind ohne Hinblick auf China gemacht und
    ohne Zustimmung oder einen Protest jenes Landes in Kraft getreten.

ad I. Die chinesische Auffassung der Stellung Koreas zu China ist gekennzeichnet durch
      verschiedene Kais. Edikte, welche in der offiziellen Pekinger Zeitung veröffentlicht
      worden sind. Die aus Anlaß der Unruhen in Korea erschienene Kais. Verordnung
      vom 23. September 1882 beginnt mit den Worten: Das unter der Oberhoheit unserer
      Manschu-Chinesischen Dynastie stehende Königreich Korea, dessen Herrscher seit
      vielen Generationen mit unserer Erlaubniß an den Grenzen unseres Reichs regiert
      haben, hat seit langen Jahren in dem Rufe besonderer Ehrerbietung und
      Anhänglichkeit gestanden, und ist von uns immer gleichsam als zu uns selber
      gehörig angesehn worden. Wir wollen deshalb Milde und Gnade statt Recht walten
      lassen und verfügen, daß der Vater des Königs in Pao-Ting-Fu in unserer Provinz
      Chili internirt werde " (cf. A. 7061 Peking 29. Sept. 1882) Diese Verfügung ist auch
      ausgeführt worden. Eine in unterwürfigster Form abgefaßte Petition des Königs von

---

41 [Randbemerkung] Die Ansicht war früher allgemein und herkömmlich. Die chinesischen Beziehungen sind
   für uns wichtiger wie die zu Korea, es wird sich deshalb empfehlen, sie nicht aus Rücksicht auf Korea
   und auf staatsrechtliche Theorien, zu schädigen, zu vermeiden, was uns mit Chinas Prätensionen direkt in
   Widerspruch setzen kann. Im Korea ist nicht viel zu holen. Zunächst ist Verständigung mit Russland über
   Behandlung der Frage zu suchen, für den Fall, daß wir genötigt sein sollten, Stellung zu derselben zu
   nehmen. Ohne solche Nötigung unterbleibt letzteres besser.

Korea, der Kaiser von China möge seinen Vater frei geben, ist abschlägig beschieden worden.

Herr v. Brandt, der über das Vorgehen der Chinesen gegen den Vater des Königs von Korea berichtet, schreibt, dasselbe habe in nicht-chinesischen Kreisen von Peking einen schlechten Eindruck hervorgebracht, da es im Gegensatz zu den früheren Erklärungen Chinas, wonach Korea ganz unabhängig in seiner inneren Verwaltung sei[42], anzudeuten scheine, daß China sich auch tatsächlich noch als der Oberherr Koreas betrachte[43].

Bei welcher Gelegenheit China die vollständige administrative und äußere Selbstständigkeit Koreas betont hatte, darüber ist in den hiesigen Akten nichts gefunden worden. Der Kais. Gesandte in Peking ist aber nunmehr ersucht worden, darüber zu berichten.

Was die Veröffentlichung in der amtlichen Pekinger Zeitung angeht, so bemerkt Hl. v. Brandt, daß es in den Gepflogenheiten der chinesischen Regierung liegt, dem Volke gegenüber, und zwar oftmals ohne jede Berechtigung zu betonen, daß der Kaiser von China der mächtigste Herrscher der Welt und im Besitze gewisser unbestreitbarer Rechte sei. Viele dieser angeblichen Rechte werden aber tatsächlich nicht mehr ausgeübt und könnten auch gar nicht ausgeübt werden.

ad II. Am 9. Februar 1885 berichtet der Vice-Konsul Budler aus Söul: „der König von Korea habe dem Kais. chinesischen Gesandten unter großem Gepränge einen Besuch gemacht. Dieser Vorgang wurde von chinesischer Seite dahin gedeutet, daß der König die Oberhoheit Chinas habe von Neuem ausdrücklich anerkennen wollen. Die Koreaner selbst hätten den Kaiser von China stets bereitwillig als ihren Oberherrn anerkannt."

Dagegen ist zu bemerken, daß die koreanische Gesandtschaft in Japan (vgl. Bericht Tokio vom 25. Oktober 1882 A. 7168) wiederholt betont hat, daß Korea ein unabhängiges Land sei.

ad III. Die japanische Regierung hat stets in Abrede gestellt, daß China Hoheitsrechte über Korea auszuüben befugt sei. Der Vertrag, den Japan kürzlich (am 18. April 1885) mit der chinesischen Regierung in Bezug auf die Vorgänge in Korea abgeschlossen hat, stipuliert u. A., daß China alle seine in Korea sich aufhaltenden Truppen gleichzeitig mit den japanischen Truppen aus Korea zurückziehe, und daß beide Mächte dem König von Korea anheimgeben sollten, eine eigene koreanische Armee

---

42 [Randbemerkung] wo sind die zu finden?
43 [Randbemerkung] kein Zweifel.

zu bilden. China hat somit auch bei dieser Gelegenheit tatsächlich anerkannt, daß es in Korea nicht mehr Autorität besitze, als es anderen Mächten einräumt.

ad IV. In den Verträgen, welch Korea mit den Vereinigten Staaten und den europäischen Mächten abgeschlossen hat, erscheint nur der Name des Königs von Korea. Dieser allein hat den koreanischen Vertreter, der die Vertragsverhandlungen leitete, mit Vollmacht dazu versehen. Auch in dem englischen Vertage mit Korea vom 26. Novbr. 1883 findet sich kein Hinweis auf die Oberhoheit von China.

Die heutige englische Auffassung, wonach Korea ohne die ausdrückliche Zustimmung von China keine auswärtigen Verhandlungen anknüpfen könnte, ist demnach neu und steht im Widerspruch mit allem, was über die englischen Beziehungen zu Korea seither bekannt geworden ist.

Nach alten Berichten aus Japan besteht schon seit mehreren Jahren eine bestimmte Abmachung zwischen Russland und Japan bezüglich Koreas. Herr v. Eisendecher berichtete am 30. Dezember 1879, Sir Harry Parkes habe sich für 5000 Dollars eine Abschrift jenes Abkommens verschafft. Das englisch-chinesische Einverständniß dürfte demnach schon seit geraumer Zeit zu dem besonderen Zwecke bestehen, den russischen Plänen und der russisch-japanischen Abmachung bezüglich Koreas entgegenzuwirken.

pp.

Orig. in act: Korea 2.

Abschrift.

Berlin, den 22. Juli 1885.   A. 5657.

An

tit. Hn. v. Brandt

Peking № A. 11.

In dem gef. Berichte № 68 vom 29. 9. 82, ein Kaiserl. Edikt über koreanische Angelegenheiten betreffend, bemerkten Ewpp., daß jene Kundgebung in den nicht chinesischen Kreisen der Hauptstadt unangenehm berührt habe, weil sie im Gegensatz zu früheren Erklärungen Chinas stehe, welche die vollständige administrative und äußere Selbstständigkeit Koreas anerkannt hatten.

Nachdem Korea jetzt eine gewisse politische Bedeutung gewonnen hat, wäre es von Interesse festzustellen, auf welchen Grundlagen seine staatliche Unabhängigkeit beruht. Ich ersuche Ewpp. deshalb, möglichst eingehend über das Verhältniß zu berichten, in dem Korea zu China steht, und namentlich auf diejenigen Kundgebungen der chinesischen Regierung hinzuweisen, aus denen hervorgehen würde, daß China auf die Oberhoheit in Korea tatsächlich Verzicht leistet und die Unabhängigkeit jenes Landes in seiner inneren Verwaltung sowie seine Berechtigung zu auswärtigen Verhandlungen anerkannt hat.

gez. Graf von Hatzfeldt.

Orig. in act: Korea 2.

Abschrift.

Berlin, den 22. Juli 1885.   A. 5887.

An   Postziffern.

tit. Herrn Von Schweinitz   Antwort auf chiffrirten Bericht № 233. Ew. tit. sind

St. Petersburg   ermächtigt Herrn von Giers gelegentlich mündlich

№ 446.   mitzuteilen, daß wir mit Möllendorff leider nicht in

Verbindung stehen und keine Nachricht von ihm

besitzen.

(gez.) Graf von Hatzfeldt.

Orig. in actis: Korea 2.

Ratifikation des Japanisch-Chinesischen Abkommens in Betreff Koreas. Angestrebte Rückkehr Tai-in-kuns nach Korea und wahrscheinliche Folgen derselben.

PAAA_RZ201-018905_221 ff.			
Empfänger	Bismarck	Absender	Brandt
A. 5988. p. 23. Juli 1885.		Peking, den 27. Mai 1885.	

A. 5988. p. 23. Juli 1885. a. m.

Peking, den 27. Mai 1885.

A. № 122.

Seiner Durchlaucht

dem Fürsten von Bismarck.

Euerer Durchlaucht habe ich die Ehre ganz gehorsamst zu berichten, daß der Austausch der Mittheilungen, daß das am 18. April dieses Jahres in Tientsin abgeschlossene Abkommen zwischen China und Japan durch die Souveräne der beiden Länder ratifiziert worden sei, vor einigen Tagen zwischen der hiesigen japanischen Gesandtschaft und dem Tsungli-Yamen stattgefunden hat.

Wie mir die Minister des Yamen sagen, ist Li hung chang mit dem Erlaß der Anordnungen in Betreff der Evakuation Koreas durch die Chinesischen Truppen betraut worden; dieselbe wird staffelweise stattfinden und voraussichtlich in der nächsten Zeit beginnen.

Die aus Korea hier eingetroffene Nachricht, daß die dortige Regierung um die Freilassung des in Pao ting fu seit 1882 internierten Vaters des Königs, Tai in kun zu bitten beabsichtige, hat mich veranlasst, die Minister des Yamen über die Sache zu interpelliren. Dieselben äußerten sich dahin, daß sie ebenfalls von dieser Absicht der koreanischen Regierung gehört hätten, daß die Chinesische Regierung die Rückkehr Tai in kun's nach Korea zwar nicht wünsche, daß es ihr aber schwer werden würde, einer dringenden wiederholten Bitte des Königs um die Freilassung seines Vaters eine abschlägige Antwort entgegenzusetzen. Auf die Äußerung, daß bei der bestehenden Feindschaft zwischen Tai in kun und der Min Familie, welcher die Königin angehört, die Rückkehr des Vaters des Königs nach Korea voraussichtlich das Zeichen zum Ausbruch von Unruhen geben werde, meinten die Minister, daß das Sache der koreanischen

Regierung sein würde.

Der Eindruck, welchen diese Äußerungen der Minister auf mich, wie auf den englischen Geschäftsträger, demgegenüber sie sich in derselben Weise ausgesprochen, gemacht haben ist der, daß die chinesische Regierung Tai in kun nach Korea zurückzusenden beabsichtigt um dort die Führung der anti-japanischen Partei zu übernehmen und so den chinesischen Einfluß dort zu stärken. Vielleicht liegt ihr auch der Gedanke nicht fern, daß der Ausbruch von Unruhen in Korea ihr einen Vorwand geben würde, um ihre Truppen dort wieder einrücken zu lassen. Die Stimmung gegen Japan ist hier durchaus keine gute und ich glaube nicht zu irren, wenn ich annehme, daß nach Abwicklung des Konflikts mit Frankreich die Chinesische Regierung sich Japan gegenüber sehr wenig entgegenkommend zeigen wird.

Abgesehen von den drohenden Aussichten welche die Rückkehr Tai in kun's nach Korea eröffnen würde, liegt ein anderer Grund zu Mißhelligkeiten zwischen China und Japan in der Absicht der Japanischen Regierung, auch nach Zurückziehn ihrer Truppen aus Korea eine starke Polizei-Wache zum Schutz ihrer Gesandtschaft in Seul zu stationieren, während sie andererseits geneigt ist, das Recht der chinesischen Regierung zu einer solchen Maßregel unter dem Vorwande zu bestreiten, daß diese letztere keine Gesandtschaft in Seul habe. Es ist klar, daß man mit einem solchen Vorgehn japanischerseits nur beabsichtigen kann, die Chinesische Regierung vor die Wahl zu stellen, ihrerseits entweder auf die Unterhaltung einer ähnlichen Polizei-Wache in Korea zu verzichten oder ihre Stellung als Schutzmacht aufzugeben und sich durch Beglaubigung einer Gesandtschaft in Seul als mit den andern Vertragsmächten auf einer Stufe stehend zu erklären. Chinesischerseits wird man aber wenig geneigt sein, sich derartigen japanischen Ansprüchen unterzuordnen.

Brandt.

Inhalt: Ratifikation des Japanisch-Chinesischen Abkommens in Betreff Koreas.
Angestrebte Rückkehr Tai in kun's nach Korea und wahrscheinliche Folgen derselben.

연구 참여자

[연구책임자] **김재혁** : 출판위원장·독일어권문화연구소장·고려대학교 독어독문학과 교수

[공동연구원] **김용현** : 출판위원·고려대학교 독어독문학과 교수

Kneider, H.-A. : 출판위원·한국외국어대학교 독일어학과&통번역대학원 교수

이도길 : 출판위원·고려대학교 민족문화연구원 HK 교수

배항섭 : 출판위원·성균관대학교 동아시아학술원 교수

유진영 : 출판위원·고려대학교 독일어권문화연구소 연구교수

[전임연구원] **한승훈** : 고려대학교 독일어권문화연구소 연구교수

이정린 : 고려대학교 독일어권문화연구소 연구교수

[번역] **전휘원** : 고려대학교 독일어권문화연구소 연구원 (R18903)

강명순 : 고려대학교 독일어권문화연구소 연구원 (R18904 · R18905)

[보조연구원] **박진홍** : 고려대학교 대학원 한국사학과 박사수료

박진우 : 고려대학교 대학원 독어독문학과 석사과정

서진세 : 고려대학교 대학원 독어독문학과 석사과정

Mueller, M. : 고려대학교 대학원 독어독문학과 석사과정

이세한 : 고려대학교 독어독문학과 학사과정

곽민준 : 고려대학교 독어독문학과 학사과정

박지수 : 고려대학교 독어독문학과 학사과정

손우헌 : 고려대학교 한국사학과 학사과정

이원준 : 고려대학교 한국사학과 학사과정

[탈초 · 교정] **Seifener, Ch.** : 고려대학교 독어독문학과 부교수

Wagenschütz, S. : 동덕여자대학교 독일어과 외국인 교수

Kelpin, M. : 고려대학교 독어독문학과 외국인 교수

1874~1910

독일외교문서 한국편 2

2019년 6월 17일 초판 1쇄 펴냄

옮긴이 고려대학교 독일어권문화연구소
발행인 김흥국
발행처 보고사

책임편집 황효은
표지디자인 손정자

등록 1990년 12월 13일 제6-0429호
주소 경기도 파주시 회동길 337-15 보고사 2층
전화 031-955-9797(대표), 02-922-5120~1(편집), 02-922-2246(영업)
팩스 02-922-6990
메일 kanapub3@naver.com / bogosabooks@naver.com
http://www.bogosabooks.co.kr

ISBN 979-11-5516-906-3 94340
      979-11-5516-904-9 (세트)
ⓒ 고려대학교 독일어권문화연구소, 2019

정가 50,000원